Platon

/

Alkibiades
Alkibiades deuteros
Hippias meizon
Hippias elatton
Minos
Epinomis
Theages
Kleitophon
Hipparchos
Erastai
Epistolai
Horoi
Notheuomenoi

**플라톤전집 VII**

알키비아데스 I·II / 힙피아스 I·II / 미노스 / 에피노미스 / 테아게스 /
클레이토폰 / 힙파르코스 / 연인들 / 서한집 / 용어 해설 / 위작들

—

제1판 1쇄 2019년 4월 20일

—

지은이 – 플라톤
옮긴이 – 천병희
펴낸이 – 강규순

—

펴낸곳 – 도서출판 숲
등록번호 – 제406–2004–000118호
주소 – 경기도 파주시 해바라기길 34
전화 – (031) 944–3139 팩스 – (031) 944–3039
E–mail – book_soop@naver.com

—


ISBN 978–89–91290–82–2
값 35,000원

—

디자인 – 씨디자인

—



—

이 도서의 국립중앙도서관 출판시도서목록(CIP)은 서지정보유통지원시스템 홈페이지(http://seoji.nl.go.kr)와 국가자료공동목록시스템(http://www.nl.go.kr/kolisnet)에서 이용하실 수 있습니다. (CIP제어번호: CIP2019012445)

# 플라톤전집 VII

/

Alkibiades
Alkibiades deuteros
Hippias meizon
Hippias elatton
Minos
Epinomis
Theages
Kleitophon
Hipparchos
Erastai
Epistolai
Horoi
Notheuomenoi

## 알키비아데스 I · II
## 힙피아스 I · II
## 미노스 / 에피노미스
## 테아게스 / 클레이토폰
## 힙파르코스 / 연인들
## 서한집 / 용어 해설
## 위작들

플라톤 지음 / 천병희 옮김

## 옮긴이 서문

플라톤(기원전 427년경~347년)은 관념론 철학의 창시자로 소크라테스(Sokrates), 아리스토텔레스(Aristoteles)와 더불어 서양의 지적 전통을 확립한 철학자이다. 아버지 쪽으로는 아테나이(Athenai)의 전설적인 왕 코드로스(Kodros)로, 어머니 쪽으로는 아테나이의 입법자 솔론(Solon)으로 거슬러 올라가는 부유한 명문가에서 태어난 그는 당시 다른 귀족 출신 젊은이들처럼 정계에 입문할 작정이었다.

그러나 펠로폰네소스(Peloponnesos)전쟁(기원전 431~404년)에서 아테나이가 패하면서 스파르테(Sparte)가 세운 '30인 참주'의 폭정이 극에 달하고, 이어서 이들을 축출하고 정권을 잡은 민주정체 지지자들의 손에 스승인 소크라테스가 기원전 399년에 사형당하는 것을 본 28세의 플라톤은 큰 충격을 받는다. 정계 진출의 꿈을 접고 철학을 통해 사회 병폐를 극복하기로 결심을 굳힌 그는 철학자가 통치자가 되거나 통치자가 철학자가 되기 전에는 사회가 개선될 수 없다는 확신을 갖게 된다.

이 사건이 있은 뒤 이집트, 남이탈리아, 시칠리아 등지로 여행을 떠났다가 아테나이로 돌아온 플라톤은 기원전 387년경 영웅 아카데모스(Akademos)에게 바쳐진 원림(園林) 근처에 서양 대학교의 원조라고 할 아카데메이아(Akademeia) 학원을 개설한다. 그리고 시칠리아에 있는 쉬라쿠사이(Syrakousai) 시를 두 번 더 방문해 그곳 참주들을 만난 것 이외에는 다른 외부 활동을 하지 않고 연구와 강의와 저술 활동에 전념하다가 기원전 347년 아테나이에서 세상을 떠난다.

플라톤은 50년이 넘는 기간 동안 소크라테스가 대담을 주도하는 30편 이상의 철학적 대화편과 소크라테스의 변론 장면을 기술한 『소크라테스의 변론』(*Apologia Sokratous*)을 출간했는데, 이것들은 모두 지금까지 전해온다. 그 밖에도 13편의 편지가 있지만 그중 일부는 플라톤이 썼는지 확실치 않다. 플라톤의 저술은 편의상 초기, 중기, 후기 대화편으로 구분된다. 『소크라테스의 변론』, 『카르미데스』(*Charmides*), 『크리톤』(*Kriton*), 『에우튀프론』(*Euthyphron*), 『힙피아스 I』(*Hippias meizon*), 『이온』(*Ion*), 『라케스』(*Laches*), 『뤼시스』(*Lysis*), 『프로타고라스』(*Protagoras*)로 대표되는 초기 대화편에서는 소크라테스가 대화를 이끌며 대담자들이 제시한 견해들을 검토하고 폐기하지만 대안을 제시하지 못할 때가 많다. 그래서 이들 대화편은 '소크라테스식 대화편들'(Socratic dialogues)이라 불린다. 『고르기아스』(*Gorgias*), 『메논』(*Menon*), 『메넥세노스』(*Menexenos*), 『에우튀데모스』(*Euthydemos*), 『파이돈』(*Phaidon*), 『파이드로스』(*Phaidros*), 『국가』(*Politeia*), 『향연』(*Symposion*), 『테아이테토스』(*Theaitetos*) 등으로 대표되는 중기 대화편에서는 소크라테스가 여전히 대화를 이끌지만 플라톤이 혼 불멸론과 이데아론 같은 자신의 견해를 제시하며 소크라테스의 견해를 해석하고 부연한다. 『크라튈로스』(*Kratylos*), 『파르메니데스』(*Parmenides*), 『크리티아스』(*Kritias*), 『필레보스』(*Philebos*), 『소피스트』

(*Sophistes*), 『정치가』(*Politikos*), 『티마이오스』(*Timaios*), 『법률』(*Nomoi*) 등으로 대표되는 후기 대화편에서는 소크라테스와 함께 혼 불멸론과 이데아론이 뒷전으로 물러나고 철학적·논리적 방법론에 관심이 집중된다.

이 플라톤 전집은 영국 옥스퍼드 대학교 출판부에서 나온 옥스퍼드 고전 텍스트(Oxford Classical Texts) 중 버넷(J. Burnet)이 교열한 *Platonis Opera*, 5 vols., Oxford 1900~1907을 완역한 것으로, 『소크라테스의 변론』, 34편의 대화편, 13편의 편지와 고대에 이미 위작(僞作)으로 간주된 저술들을 포함하고 있다. 다른 텍스트를 사용한 경우에는 '일러두기'에서 밝혀두었다.

참고로 플라톤 저술들의 진위와 관련해 『소크라테스의 변론』, 『카르미데스』, 『에우튀데모스』, 『에우튀프론』, 『고르기아스』, 『크라튈로스』, 『크리티아스』, 『크리톤』, 『라케스』, 『뤼시스』, 『메논』, 『법률』, 『파르메니데스』, 『파이돈』, 『파이드로스』, 『필레보스』, 『국가』, 『정치가』, 『프로타고라스』, 『소피스트』, 『향연』, 『테아이테토스』, 『티마이오스』는 플라톤이 쓴 것이라는 데, 『알키비아데스 II』, 『연인들』, 『악시오코스』, 『미덕에 관하여』, 『용어 해설』, 『데모도코스』, 『에뤽시아스』, 『정의에 관하여』, 『미노스』, 『시쉬포스』는 플라톤의 위작이라는 데 모든 학자가 동의한다. 그러나 『힙피아스 II』, 『이온』, 『메넥세노스』는 아마도 플라톤이 쓴 것 같고, 『알키비아데스 I』, 『에피노미스』, 『힙파르코스』, 『힙피아스 I』, 『클레이토폰』, 『테아게스』는 플라톤의 위작인 것 같다. 끝으로 편지 중에서 여섯 번째~여덟 번째는 플라톤이 쓴 것 같고 두 번째, 세 번째는 위작인 것 같으며, 나머지는 위작이다. 그러나 이런 진위 판단은 주관적이다. 이 플라톤 전집에서 위작까지 다 옮긴 것은 위작도 플라톤의 철학 체계를 이해하는 데 도움이 될 것이라고 믿기 때문이다.

20세기 영국 철학자 화이트헤드(A. N. Whitehead)는 플라톤이 서양 철학사에 지속적으로 큰 영향을 미친 것을 두고, 서양 철학사는 플라톤 철학에 대한 각주의 역사라 해도 과언이 아니라는 취지의 말을 한 적이 있는데,[1] 그의 이런 주장에 이의를 제기할 사람은 없는 것 같다.

플라톤의 저술들이 2천 년이 넘는 시간 동안 모두 살아남을 수 있었던 것은 물론 그의 심오한 사상 덕분이겠지만, 이런 사상을 극적인 상황 설정, 등장인물에 대한 흥미로운 묘사, 소크라테스의 인간미 넘치는 역설적 언급 등으로 재미있고 생동감 있게 독자에게 전하기 때문일 것이다. 플라톤이 그리스 최고의 산문작가 중 한 사람으로 평가받는 것 또한 그 때문일 것이다.

2019년 3월

천병희

1 A. N. Whitehead, *Process and Reality An Essay in Cosmology*, "The safest general characterization of the European philosophical tradition is that it consists of a series of footnotes to Plato.", Corrected Edition (New york Free Press 1985), p. 39.

## 주요 연대표

(이 연대표의 연대는 모두 기원전)

**469년** 소크라테스 태어나다

**451년** 알키비아데스 태어나다

**450년경** 아리스토파네스 태어나다

**445년경** 아가톤 태어나다

**431년** 아테나이와 스파르테 사이에 펠로폰네소스 전쟁이 발발하다

**427년경** 플라톤 태어나다

**424년** 델리온에서 아테나이군이 패하다

**423년** 소크라테스를 조롱하는 아리스토파네스의 희극『구름』이 공연되다

**404년** 펠로폰네소스 전쟁이 끝나고 스파르테가 지원하는 '30인 참주'가 아테나이를 통치하다

**403년** '30인 참주'가 축출되고 아테나이에 민주정체가 부활하다

**399년** 소크라테스가 재판을 받고 사형당하다

**387년경** 플라톤이 아카데메이아 학원을 창설하다

**384년** 아리스토텔레스 태어나다

**367년** 아리스토텔레스가 아카데메이아에 입학하다

**347년** 플라톤 죽다

## 차례

## 일러두기

1. 이 책의 대본으로는 옥스퍼드 고전 텍스트(Oxford Classical Texts) 중 버넷(J. Burnet)이 교열한 *Platonis Opera*, 5 vols., Oxford 1900~1907을 사용했다.
2. 현대어 번역 중에서는 영어판인 Hackett Publishing Company (Indianapolis 1997), Loeb Classical Library (Harvard University Press 1939), B. Jowett(Oxford 1953), J. Harward (Cambridge University Press 1932)와 독일어판인 Otto Apelt(Hamburg 2004), Verlag Lambert Schneider(Heidelberg 1982)와 한국어판 정암학당 플라톤 전집을 참고했다.
3. 플라톤에 관해서는 R. Kraut(ed.), *The Cambridge Companion to Plato*, Cambridge University Press 1992, 493~529쪽과 C. Schäfer(Hrsg.), *Platon-Lexikon*, Darmstadt 2007, 367~407쪽을 참고하기 바란다.
4. 본문 좌우 난외에 표시한 126a, b, c 등은 이른바 스테파누스(Stephanus, Henricus 프랑스어 이름 Henri Estienne, 16세기 프랑스 출판업자) 표기를 따른 것으로 아라비아 숫자는 쪽수를, 로마자는 문단을 나타낸다. 플라톤의 그리스어 텍스트와 주요 영어판, 독일어판, 프랑스어판 등에서는 스테파누스 표기가 사용되고 있어, 이 표기가 없는 텍스트나 번역서는 위치를 확인할 수 없어 참고문헌으로서의 가치가 거의 없다고 해도 과언이 아니다.
5. 고유명사는 본문에서는 원전대로 읽었다. 예: 헬라스(그리스 대신), 아테나이(아테네 대신), 스파르테(스파르타 대신).
6. 설명이 필요하다고 생각되는 부분에는 간단하게 주석을 달았다.
7. 원전의 긴 문단은 적당한 크기로 나누어 읽었다.

# 알키비아데스 I

## 사람의 본성에 관하여

**대담자**
소크라테스, 알키비아데스

**소크라테스** 클레이니아스의 아들이여, 다른 사람들은 자네에게 구애하기를 그만두었는데 자네의 첫 번째 연인[1]인 나만 홀로 자네를 단념하지 않은 것에, 그리고 다른 사람들은 자네에게 대화하자고 졸라댔지만 나는 자네에게 여러 해 동안 말 한마디 건네지 않은 것에 자네는 아마도 놀랄 걸세. 그러지 못하게 나를 가로막은 것은 인간적인 장애물이 아니라 어떤 신적인 장애물이었네. 그것의 힘이 어떤 것인지는 이제 곧 듣게 될 걸세. 하지만 이제 더는 그것이 가로막지 않기에 내가 자네에게 다가왔으며, 앞으로도 그것이 나를 가로막지 않을 것이라고 낙관하네.

103a

그동안 내내 자네가 연인들을 어떻게 대하는지 유심히 지켜보았는데, 그들은 수가 많고 자부심이 강했지만 자네의 기세[2]에 눌려 도망치지 않는 사람이 한 명도 없더군. 자네가 기세등등한 이유를 내가 설명해보겠네. 자네는 무엇을 위해서든 아무도 필요하지 않다고 말하네. 자네는 가진 것이 아주 넉넉하여 몸에서 혼에 이르기까지 아무것도 부족한 것이 없으니까. 우선 자네는 자신이 얼굴도 아주 잘생기고 키도 훤칠하다고 생각하네. 그 점에서 자네 생각이 틀리지 않다는 것은 누구나 분명히 볼 수 있네. 그다음으로 자네는 자네 가문이 헬라스[3]에서 가장 큰 나라인 자

b

104a

네 나라에서 손꼽히는 명문으로, 부계혈족 중에는 필요할 때 자네에게 도움이 될 더없이 훌륭한 친구와 친족이 아주 많이 있으며, 모계혈족[4] 역시 조금도 뒤지지 않고 수도 적지 않다고 생각하네. 또한 자네는 내가 말한 이들 전부보다 크산팁포스의 아들 페리클레스[5]가 자네에게 더 큰 힘이 된다고 믿고 있네. 자네 부친은 그분을 자네 형제의 후견인으로 남겨 b 두셨는데, 그분은 이 나라에서뿐 아니라 헬라스 전역과 크고 많은 이민족 부족 사이에서 하고 싶은 일은 무엇이든 할 수 있으니 말일세. 나는 자네가 부자라는 것도 덧붙이겠네. 내가 보기에 이 점은 자네가 자랑으로 여기는 것 같지 않지만 말일세. 자네는 이 모든 것을 자랑함으로써 자네의 연인들을 제압했고, 또 그들은 자네만 못하기에 제압당한 것일세. 그 점은 자네도 알고 있었네. 그래서 내가 도대체 무슨 생각으로 자네를 사랑하기를 단념하지 않는 것이며, 남들은 달아났는데 도대체 무엇을 바라 c 고 아직도 남아 있는 것일까 하고 자네가 의아해한다는 것을 나는 잘 알고 있네.

1 erastes. 남자끼리의 동성애에서 남자 역할을 하는 연상의 남자.

2 phronema.

3 Hellas. 그리스의 그리스어 이름.

4 알키비아데스의 어머니 데이노마케(Deinomache)는 아테나이의 명문거족인 알크메오니다이(Alkmeonidai)가(家) 출신으로 아테나이 민주정체의 초석을 쌓은 클레이스테네스(Kleisthenes)의 손녀이다.

5 크산팁포스(Xanthippos)의 아들 페리클레스(Perikles)는 기원전 5세기 중엽 아테나이의 가장 영향력 있는 정치가이자 장군이다. 그의 어머니 아가리스테(Agariste)는 클레이스테네스의 질녀이다.

**알키비아데스** 소크라테스 선생님, 선생님께서는 제가 할 말을 앞질러 말씀하셨다는 것을 모르시나 봐요. 사실 저는 선생님을 찾아가 똑같은 질문을 하고 싶었거든요. "선생님께서는 도대체 무엇을 원하고 무엇을 바라시기에 제가 있는 곳이면 어디나 매번 열심히 나타나 저를 괴롭히시는 겁니까?" 저는 선생님의 의도가 무엇인지 의아해하며 정말 기꺼이 알고

d 싶어요.

**소크라테스** 그렇다면 자네는 아마도 내 말에 열심히 귀를 기울이겠구먼. 자네 말처럼, 내 의도가 무엇인지 알고 싶다면 말일세. 그리고 나는 참을성 있게 들을 사람에게 말할 수 있을 테고.

**알키비아데스** 물론이죠. 말씀이나 하세요.

**소크라테스** 그럼 이 점에 유의해주게. 내가 말문을 열기를 어려워하듯 말을 멈추기를 어려워한다는 것은 놀랄 일이 아니라는 것 말일세.

**알키비아데스** 어서 말씀이나 하세요. 들을 테니까요.

**소크라테스** 그렇다면 말해야겠지. 연인에게 고분고분하지 않은 남자에

e 게 연인 노릇을 하는 것은 쉬운 일이 아니지만, 그럼에도 용기를 내어 내가 의도하는 바가 무엇인지 말하지 않을 수 없네.

알키비아데스, 방금 말한 여건들에 자네가 만족하고 여생을 그런 조건에서 살아야 한다고 생각하는 것을 보았더라면 나는 자네를 사랑하기를 오래전에 단념했을 걸세. 적어도 그러도록 나를 설득할 걸세. 하지만 지금 자네가 사실은 다른 의도들을 마음에 품고 있다는 것을 자네에게 증명하겠네. 그러면 자네는 내가 늘 자네를 마음에 두고 있었다는 것도 알게 될 걸세. 어떤 신이 자네에게 묻는다고 가정해보게. "알키비아데

스, 자네는 지금 갖고 있는 것을 간직하며 살고 싶은가, 아니면 그 이상을 얻을 수 없다면 당장 죽고 싶은가?" 내가 보기에 자네는 죽음을 택할 것 같네. 그런데 지금 자네가 어떤 희망을 품고 살아가는지 말해보겠네. 자네가 아테나이 민중 앞에 모습을 드러내자마자 — 자네는 그런 일이 며칠 안으로 일어날 것으로 믿고 있네—자네가 페리클레스나 이전에 살다 간 누구보다도 더 존경받아 마땅하다는 것을 보여줄 수 있을 것이라고, 그리고 그것을 보여주고 나면 나라에서 가장 영향력 있는 인물이 될 것이라고, 그래서 자네가 이 나라에서 가장 강력한 자가 되면 다른 헬라스인들 사이에서도 아니, 헬라스인뿐 아니라 우리와 같은 대륙에서 사는 이민족 사이에서도 그렇게 되리라고 믿고 있네. 그리고 아까 그 신이 또 자네는 이곳 에우로페[6]에서 절대권력을 휘둘러야지 아시아로 건너가 그쪽 일에 개입해서는 안 된다고 말한다면, 내 생각에 자네는 그런 조건으로는 살고 싶지 않을 걸세. 말하자면 온 세상을 자네 이름과 자네 권력으로 가득 채울 수 없다면 말일세. 그리고 내 생각에 자네는 퀴로스와 크세르크세스[7] 말고는 언급할 만한 인물이 아무도 없다고 믿는 것 같네. 나는 자네가 그런 희망을 품고 있다는 것을 짐작만 하는 것이 아니라 잘 알고 있다네.

105a

b

c

내 말이 사실이라는 것을 알기에 자네는 아마도 이렇게 말하겠지. "소

6 Europe. 유럽 대륙의 그리스어 이름.

7 퀴로스(Kyros)는 페르시아제국을 창건한 사람이다. 크세르크세스(Xerxes)는 기원전 480년 대군을 이끌고 그리스를 침공했으나 살라미스(Salamis) 해전에서 참패한다.

크라테스 선생님, 그게 선생님께서 설명해주겠다고 약속하신 것과 무슨
d 상관이 있지요? [선생님께서는 왜 저를 사랑하기를 단념하지 않는지 설명해주겠다고 약속하지 않으셨나요?] 그래 설명해주겠네, 클레이니아스[8]와 데이노마케의 사랑하는 아들이여, 나 없이 자네의 그런 생각들을 실현하는 것은 불가능하네. 그만큼 나는 자네가 하는 일과 자네에게 강력한 힘을 갖고 있다고 생각하며, 그동안 내내 자네와 대화하는 것을 신이 허용하지 않은 것도 그 때문이며, 그래서 나는 그러는 것을 신이 허락해줄 날만 기다렸던 걸세. 자네가 아테나이인들 앞에서 자신의 엄청난
e 가치를 보여줄 수 있고 그러고 나면 당장 절대권력을 휘두를 수 있다는 희망을 품고 있듯이, 나도 자네에게 엄청난 가치가 있으며, 자네가 바라는 권력—물론 신의 가호가 있어야 가능하겠지만—을 나 말고는 자네 후견인도 친족도 다른 어느 누구도 제공할 수 없다는 것을 보여줌으로써 자네에게 엄청난 영향력을 행사할 수 있다는 희망을 품고 있으니 말일세. 그러나 자네가 지금보다 더 젊고 그런 야망으로 가득차기 전에는 자네와 대화하는 것을 신이 허락하지 않았던 것 같네. 내가 공연히 대화
106a 하는 일이 없도록 말일세. 하지만 이제는 대화하는 것을 신이 허락하셨네. 이제는 자네가 내 말을 귀담아들으려 하니까.

**알키비아데스** 소크라테스 선생님, 선생님께서는 말없이 저를 따라다니시던 이전보다 말문을 여신 지금 훨씬 더이상해 보이십니다. 하긴 그때도 아주 이상해 보이셨지요. 제 의도가 실제로 그런지 아닌지에 대해서 선생님께서는 이미 결정을 내리신 것 같군요. 그러니 제가 부인해도 선생님을 설득하는 데 전혀 도움이 안 되겠지요. 좋습니다. 하지만 제 의도가

실제로 그런 것이라 하더라도, 어째서 선생님을 통해서 이룰 수 있고, 선생님 없이는 이룰 수 없다는 거죠? 설명해주실 수 있겠습니까?

**소크라테스** 자네가 늘 듣곤 하는 장광설을 들려줄 수 있느냐고 묻는 것인가? 그건 내 취향이 아닐세. 하지만 자네가 조금만 나를 도와주겠다면 사실이 그렇다는 것을 자네에게 보여줄 수 있을 것 같네. b

**알키비아데스** 선생님께서 말씀하시는 그 도움이란 게 어려운 것이 아니라면 그렇게 하겠어요.

**소크라테스** 질문받고 대답하는 것이 자네에게는 어려워 보이는가?

**알키비아데스** 어렵지 않아요.

**소크라테스** 그럼 대답하게.

**알키비아데스** 질문하세요.

**소크라테스** 자네가 품고 있다고 내가 말하는 의도를 자네가 실제로 품고 있다고 보고 질문해도 되겠지? c

**알키비아데스** 좋으시다면 그러시죠. 선생님께서 무슨 말씀을 하시려는지 제가 알 수 있도록 말입니다.

**소크라테스** 좋아. 자네는 내 말처럼 머지않아 아테나이인들 앞에 나서서 조언할 작정이네. 그런데 연단에 오르려는 자네를 내가 붙잡고 이렇게 묻는다고 가정해보게. "알키비아데스, 아테나이인들이 대체 무엇에 관해 의논하려고 하기에 자네는 그들에게 조언하려고 일어선 것인가? 그

8 Kleinias.

것에 관해 자네는 그들보다 더 잘 알고 있는가?" 그러면 자네는 뭐라고 대답할 텐가?

d **알키비아데스** 물론 저는 제가 그들보다 더 잘 아는 것들에 관해 조언하려 한다고 대답하겠지요.

**소크라테스** 그렇다면 자네가 알고 있는 것들에 관해서는 자네가 훌륭한 조언자일세.

**알키비아데스** 왜 아니겠어요?

**소크라테스** 자네가 아는 것은 남에게 배운 것이거나 스스로 알아낸 것이 전부겠지?

**알키비아데스** 달리 무엇을 알 수 있겠어요?

**소크라테스** 자네가 배우거나 스스로 알아내기를 원하지 않고도 무엇인가를 배우거나 스스로 알아낼 수 있었을까?

**알키비아데스** 아니요.

**소크라테스** 어떤가? 자네가 이미 안다고 생각하는 것들을 알아내거나 배우기를 원했을까?

**알키비아데스** 아니요.

e **소크라테스** 그렇다면 지금 알고 있는 것들을 자네가 알지 못한다고 생각한 때가 있었겠지?

**알키비아데스** 당연하지요.

**소크라테스** 자네가 무엇을 배웠는지는 나도 상당히 알고 있네. 혹시 내가 빠뜨린 게 있으면 말해주게. 내가 기억하기에 자네는 쓰기와 키타라 연주와 레슬링을 배웠네. 그러나 피리[9] 연주는 자네가 배우려 하지 않았네. 자네가 알고 있는 것들은 그런 것들일세. 자네가 나 몰래 무언가를 배우지 않았다면 말일세. 그런데 자네가 내 눈에 띄지 않고 외출한 적은 밤에도 낮에도 없었다고 나는 생각하네.

**알키비아데스** 저는 그런 것들 말고 다른 것들을 배우러 다닌 적이 없어요.

**소크라테스** 그럼 어떻게 하면 글자를 올바르게 쓸지 아테나이인들이 의논할 때 자네는 일어서서 그들에게 조언할 텐가?

**알키비아데스** 제우스에 맹세코, 저는 그러지 않을 겁니다.

**소크라테스** 뤼라 연주에 관해 의논할 때면? 107a

**알키비아데스** 결코 그러지 않을 겁니다.

**소크라테스** 레슬링 기술에 관해 민회[10]에서 의논하는 관행은 아예 없네.

**알키비아데스** 없고말고요.

**소크라테스** 그들이 무엇에 관해 의논할 때 조언할 텐가? 설마 건축에 관해 의논할 때는 아니겠지.

**알키비아데스** 물론 아닙니다.

**소크라테스** 그 분야에서는 목수가 자네보다 더 훌륭한 조언자일 테니까.

9 '피리'라고 옮긴 aulos는 지금의 오보에나 클라리넷에 가까운 관악기로 디튀람보스, 비극과 희극 코로스의 반주악기로 사용되었으며 잔치 때나 제물을 바칠 때나 장례 때도 연주되었다. 뤼라(lyra)는 활을 사용할 줄 몰라 손가락으로 뜯거나 채 따위로 켜던 발현악기(撥絃樂器)로 현의 길이가 모두 같다는 점에서 하프와 다르다. 피리와 더불어 고대 그리스의 주요 악기인 뤼라는 주로 서정시 반주에 사용되었다. 키타라(kithara)는 소리가 더 잘 울리도록 뤼라를 개량한 것이다.

10 ekklesia.

b **알키비아데스** 그렇습니다.

**소크라테스** 그들이 예언술에 관해 의논할 때도 그러지 않겠지?

**알키비아데스** 네.

**소크라테스** 하기는 그 분야에서는 예언자가 자네보다 더 훌륭한 조언자일 테니까.

**알키비아데스** 네.

**소크라테스** 예언자가 키가 크든 작든, 잘생겼든 못생겼든, 태생이 고귀하든 미천하든 말일세.

**알키비아데스** 왜 아니겠어요?

**소크라테스** 생각건대 어떤 분야에 관해서건 조언하는 것은 아는 사람이 할 일이지 부자가 할 일이 아니기 때문일세.

**알키비아데스** 왜 아니겠어요?

**소크라테스** 아테나이인들이 시민의 건강에 관해 의논할 때도 조언자가 가난한지 부자인지는 그들에게 아무 상관이 없고, 그들은 조언자가 의 c 사이기를 요구할 걸세.

**알키비아데스** 당연하지요.

**소크라테스** 그렇다면 자네가 조언하기 위해 일어서서 올바로 조언하는 것은 아테나이인들이 무엇에 관해 의논할 때인가?

**알키비아데스** 그들이 자신의 업무에 관해 의논할 때입니다, 소크라테스 선생님.

**소크라테스** 자네 말은 그들이 어떤 함선을 건조할지 함선 건조에 관해 의논할 때라는 뜻인가?

**알키비아데스** 그런 뜻이 아닙니다, 소크라테스 선생님.

**소크라테스** 하기는 자네는 함선을 건조할 줄 모르니까. 그게 이유인가, 아니면 다른 이유가 있는가?

**알키비아데스** 아닙니다. 바로 그게 이유입니다.

**소크라테스** 그럼 자네는 아테나이인들이 자신들의 무슨 일에 관해 의논할 때를 말하는가? d

**알키비아데스** 전쟁이나 평화나 그 밖의 다른 나랏일에 관해 의논할 때입니다, 소크라테스 선생님.

**소크라테스** 자네 말은 그들이 누구와 어떻게 강화하고, 누구와 어떻게 교전할지 의논할 때란 말인가?

**알키비아데스** 네.

**소크라테스** 그리고 그들은 강화하는 것이 더 나은 쪽과는 강화하고, 교전하는 것이 더 나은 쪽과는 교전해야겠지?

**알키비아데스** 네.

**소크라테스** 그것도 그러는 것이 더 나을 때 그래야겠지? e

**알키비아데스** 물론입니다.

**소크라테스** 그리고 그러는 것이 더 나은 동안 내내 그래야겠지?

**알키비아데스** 네.

**소크라테스** 아테나이인들이 누구와 어떻게 바싹 붙어서 레슬링을 할지, 누구와 어떻게 떨어져서 레슬링을 할지 의논할 때, 더 훌륭한 조언을 할 수 있는 것은 자네일까 아니면 체육교사일까?

**알키비아데스** 분명 체육교사이겠지요.

**소크라테스** 체육교사가 무엇을 염두에 두고 누구와는 언제 어떻게 바싹 붙어서 레슬링을 해야 한다고 조언하고, 누구와는 언제 어떻게 바싹 붙어서 레슬링을 해서는 안 된다고 조언하는지 말해줄 수 있겠나? 내 말은 이런 뜻일세. 그러는 편이 더 나은 상대와는 바싹 붙어서 레슬링을 해야 하지 않을까?

**알키비아데스** 그래야겠지요.

108a **소크라테스** 또한 그러는 것이 더 나은 만큼만 그래야겠지?

**알키비아데스** 그만큼만 그래야겠지요.

**소크라테스** 또한 그러는 것이 더 나을 때 그래야겠지?

**알키비아데스** 물론이지요.

**소크라테스** 노래하는 사람도 때로는 노래에 맞춰 키타라를 연주하고 춤을 추기도 해야겠지?

**알키비아데스** 그래야겠지요.

**소크라테스** 그러는 것이 더 나을 때 그래야겠지?

**알키비아데스** 네.

**소크라테스** 그리고 그러는 것이 더 나은 만큼만 그래야겠지?

**알키비아데스** 동의합니다.

b **소크라테스** 어떤가? 자네가 노래에 맞춰 키타라를 연주하는 경우에도, 바싹 붙어서 레슬링을 하는 경우에도 '더 나은 것'이라는 용어를 썼으니 말인데, 자네는 키타라 연주에서 무엇을 더 나은 것이라 부르는가? 바싹 붙어서 레슬링을 하는 경우, '체력단련에 좋은 것'을 내가 더 나은 것이라 부르는 것처럼 말일세, 자네는 키타라 연주에서 무엇을 더 나은 것이라

부르는가?

**알키비아데스** 무슨 말씀인지 모르겠어요.

**소크라테스** 그렇다면 내가 하는 대로 따라 해보게. 내 대답은 모든 경우에 올바른 것을 제시했으니까. 나는 기술[11]에 따라 이루어지는 것이 올바르다고 생각하네. 그렇지 않은가?

**알키비아데스** 네, 그래요.

**소크라테스** 그리고 그 기술은 체력단련술이 아니었던가?

**알키비아데스** 왜 아니겠어요?

**소크라테스** 그리고 나는 레슬링에서 더 나은 것을 체력단련에 좋은 것이라고 말했네. c

**알키비아데스** 그렇게 말씀하셨지요.

**소크라테스** 그건 훌륭한 말이 아닌가?

**알키비아데스** 저는 그렇다고 생각합니다.

**소크라테스** 자, 자네도 말해보게. 훌륭하게 대화를 이끌어가는 것은 자네 책임이기도 하니까. 우선 올바르게 키타라를 연주하고 올바르게 노래하고 올바르게 춤추는 것은 어떤 기술에 포함되는가? 그런 기술을 통틀어 무엇이라 부르는가? 아직도 말할 수 없는가?

**알키비아데스** 아직도 말할 수 없어요.

**소크라테스** 그럼 이렇게 시도해보게. 그 기술은 어떤 여신들의 소관인가?

11 techne.

**알키비아데스** 무사 여신들[12] 말씀인가요, 소크라테스 선생님?

d **소크라테스** 그렇다네. 자, 생각해보게. 그 여신들의 이름에서 따온 그 기술의 이름은 무엇인가?

**알키비아데스** 시가(詩歌)를 두고 그렇게 말씀하시는 것 같군요.

**소크라테스** 그렇다네. 그럼 그 기술에 따라 올바로 이루어지는 것은 무엇인가? 내가 앞서 체력단련술에 따라 올바로 이루어지는 것을 자네에게 말해주었듯이, 이번에는 자네가 이 분야에서 그와 비슷한 것을 말해주게. 그것은 어떻게 이루어지는가?

**알키비아데스** 제 생각에는 시가에 맞게 이루어지는 것 같아요.

**소크라테스** 훌륭한 대답일세. 그렇다면 자, 교전을 하는 경우에도 강화를 하는 경우에도 더 나은 것을 자네는 무엇이라 부르는가? 마지막으로 e 예를 든 두 경우 자네는 각각 더 시가적인 것과 체력단련에 더 좋은 것을 더 나은 것이라고 말했는데, 이번 경우에도 무엇이 더 나은지 말해보게.

**알키비아데스** 저는 정말로 말씀드릴 수가 없습니다.

**소크라테스** 하지만 그건 분명 부끄러운 일일세. 그도 그럴 것이 자네가 음식에 관해 말하고 조언하며 이 음식이 저 음식보다 더 좋고 이 시점에 이만큼 먹는 것이 더 좋다고 주장하는데, 자네에게 "알키비아데스, 그대가 말하는 '더 좋은 것'이란 무엇을 의미하오?"라고 묻는 사람이 있다고 가정해보게. 그런 경우에는 자네가 의사로 자처하지 않더라도 '더 좋은 것' 109a 이란 '건강에 더 좋은 것'이라고 말할 수 있을 걸세. 하지만 자네가 안다고 자처하고 또 아는 것처럼 일어서서 조언하는 경우에는 자네가 지금 그래 보이는 것처럼 질문에 대답할 수 없다면 부끄러운 일이 아닐까? 아니면 자네에게는 그것이 부끄럽지 않은 일로 보이는가?

**알키비아데스** 아주 부끄러운 일로 보입니다.

**소크라테스** 그렇다면 숙고한 다음 최선을 다해 말해보게. 강화하거나 마땅히 교전해야 할 자들과 교전할 경우 더 좋은 것이란 어느 것을 가리키는가?

**알키비아데스** 저는 숙고해보아도 알 수가 없어요.

**소크라테스** 하지만 자네는 우리가 교전하기 직전에 서로에게 어떤 일들을 당했다고 비난하는지, 그리고 그런 일들을 무엇이라고 부르는지 알고 있지 않은가?

**알키비아데스** 알지요. 우리는 기만당했다거나 폭행당했다거나 약탈당했다고 주장하지요. b

**소크라테스** 잠깐! 우리는 그런 일들을 각각 어떻게 당하는가? 이렇게 당하는지 저렇게 당하는지에 따라 어떤 차이가 있는지 말해보게.

**알키비아데스** 소크라테스 선생님, 선생님께서 '이렇게' '저렇게'라고 말씀하실 때 그것은 '정의롭게' 또는 '불의하게'라는 뜻인가요?

**소크라테스** 바로 그것일세.

**알키비아데스** 그야 천양지차지요.

**소크라테스** 어떤가? 자네는 아테나이인들에게 어느 쪽과 교전하라고 조언할 텐가? 불의를 행하는 자들인가, 정의를 행하는 자들인가?

12 무사 여신(Mousa 복수형 Mousai)들은 그리스신화에서 시가(詩歌)의 여신이다.

c **알키비아데스** 까다로운 질문을 하시는군요. 설령 누가 정의를 행하는 자들과 교전해야 한다고 생각하더라도 거기에 동의하지는 않을 테니까요.

**소크라테스** 그것은 아마도 도리가 아니기 때문이겠지.

**알키비아데스** 분명 도리가 아니지요. 그것은 또한 아름다워 보이지도 않아요.

**소크라테스** 그렇다면 자네도 이런 것들에 맞춰 논리를 전개할 텐가?

**알키비아데스** 당연하지요.

**소크라테스** 그렇다면 교전을 해야 하는지 하지 말아야 하는지, 누구와는 교전을 하고 누구와는 교전하지 말아야 하는지, 어떤 때 교전하고 어떤 때 교전하지 말아야 하는지와 관련해 내가 방금 자네에게 물었던 '더 좋은 것'이란 '더 정의로운 것'이겠지. 그렇지 않은가?

**알키비아데스** 그런 것 같아요.

d **소크라테스** 친애하는 알키비아데스, 어떻게 된 건가? 자네가 그것을 모르는 것을 자네가 알아차리지 못했는가, 아니면 더 정의로운 것과 더 불의한 것을 구별하는 법을 가르쳐준 교사를 찾아가 자네가 그것을 배운 것을 내가 알아차리지 못했는가? 그가 누구인가? 내게도 알려주게. 자네의 소개로 나도 그의 문하생이 될 수 있도록 말일세.

**알키비아데스** 절 놀리시는군요, 소크라테스 선생님.

**소크라테스** 나와 자네의 우정의 신[13]에 맹세코, 결코 그렇지 않네. 그분의 이름으로 내가 어찌 거짓 맹세를 하겠나! 그러니 그가 누군지 말해주게. 자네가 그럴 수 있다면 말일세.

e **알키비아데스** 제가 그럴 수 없다면요? 선생님께서는 제가 다른 방법으로

정의로운 것들과 불의한 것들을 알 수 있으리라고는 생각하지 않으세요?

**소크라테스** 그럴 수 있겠지. 자네가 스스로 찾아냈다면 말일세.

**알키비아데스** 그럼 저는 찾아낼 수 없을 것이라고 생각하세요?

**소크라테스** 물론 찾아낼 수 있겠지. 자네가 탐구한다면 말일세.

**알키비아데스** 그럼 선생님께서는 제가 탐구할 수 없을 것이라고 생각하세요?

**소크라테스** 나야 자네가 탐구할 수 있을 것이라고 생각하지. 자네가 스스로 알지 못한다고 생각한다면 말일세.

**알키비아데스** 그럼 제가 그런 생각을 한 적이 한 번도 없었나요?

**소크라테스** 좋은 질문일세. 그렇다면 자네가 정의로운 것들과 불의한 것들을 안다고 생각한 시기가 언제였는지 말해줄 수 있겠나? 자, 자네가 탐구를 하며 알지 못한다고 생각한 것이 1년 전이었나? 아니면 자네는 그때 이미 안다고 생각했는가? 사실대로 대답해주게. 우리 대화가 무익한 것이 되지 않도록 말일세. 110a

**알키비아데스** 저는 그때 이미 안다고 생각했어요.

**소크라테스** 3년 전과 4년 전과 5년 전에도 그랬지 않은가?

**알키비아데스** 그랬지요.

**소크라테스** 하지만 그전에는 자네는 어린아이였네. 그렇지 않은가?

**알키비아데스** 그렇습니다.

13 제우스.

**소크라테스** 그때도 자네가 안다고 생각했다는 것을 나는 잘 알고 있네.

**알키비아데스** 어떻게 그리 잘 아세요?

b **소크라테스** 자네가 어렸을 적에 학교나 다른 곳에서 주사위놀이나 다른 놀이를 할 때 정의와 불의에 대해 망설이지 않고, 놀이 친구가 누구든 그가 비열하고 불의하고 속임수를 쓴다고 큰 소리로 자신 있게 말하는 것을 내가 여러 번 들었거든. 내 말이 사실 아닌가?

**알키비아데스** 소크라테스 선생님, 어떤 이가 그렇게 속임수를 쓴다면 제가 어떻게 해야 하나요?

**소크라테스** 그런데 자네가 속았는지 속지 않았는지 정말로 몰랐다면 '어떻게 해야 하나요?'라고 왜 묻는 거지?

c **알키비아데스** 제우스에 맹세코, 저는 모르지 않았어요. 제가 속임을 당한다는 것을 분명히 알았으니까요.

**소크라테스** 그럼 자네는 어릴 때도 정의와 불의를 안다고 생각한 것 같구먼.

**알키비아데스** 그렇습니다. 그리고 실제로 알았고요.

**소크라테스** 어느 시점에 그렇다는 것을 발견했는가? 분명 자네가 안다고 생각한 시점은 아니었을 테니 말일세.

**알키비아데스** 그 시점은 분명 아닙니다.

**소크라테스** 그렇다면 자네가 모른다고 생각한 것은 언제였나? 잘 생각해 보게. 하지만 그 시점을 자네는 찾아내지 못할 걸세.

**알키비아데스** 소크라테스 선생님, 정말로 말씀드릴 수가 없네요.

d **소크라테스** 그렇다면 자네가 찾아내어 그것을 알게 된 것은 아닐세.

**알키비아데스** 결코 그런 것 같지는 않아요.

**소크라테스** 그런데 방금 자네는 배워서 아는 것도 아니라고 말했네. 자네가 찾아낸 것도 아니고 배운 것도 아니라면 어디서 어떻게 알게 되었는가?

**알키비아데스** 찾아내어 알게 되었다는 제 답변은 아마도 틀린 것 같아요.

**소크라테스** 그렇다면 어떻게 그럴 수 있었을까?

**알키비아데스** 저도 남들처럼 그것을 배운 것 같아요.

**소크라테스** 우리는 같은 논의로 되돌아왔군그래. 누구한테서 배웠지? 내게도 말해주게.

**알키비아데스** 대중[14]한테서요. e

**소크라테스** 그 공로를 대중에게 돌린다면 자네는 그리 대단한 교사들에게 의지하는 것은 아닐세.

**알키비아데스** 어떻습니까? 그들은 가르칠 능력이 없나요?

**소크라테스** 그들은 장기를 어떻게 두어야 하는지도 가르칠 수 없네. 내가 생각하기에 그것은 정의에 비해 더 하찮은 일인데도 말일세. 어떤가? 자네는 그렇게 생각하지 않는가?

**알키비아데스** 저도 그렇게 생각합니다.

**소크라테스** 그들이 더 하찮은 것도 가르칠 수 없다면 더 중대한 것을 가르칠 수 있을까?

14 hoi polloi.

**알키비아데스** 저는 있다고 생각해요. 아무튼 그들은 장기 두는 것보다 더 중대한 다른 많은 것을 가르칠 수 있어요.

**소크라테스** 그게 어떤 것들이지?

111a **알키비아데스** 예를 들어 저는 헬라스어를 말하는 법을 그들에게 배웠습니다. 그리고 저를 가르친 교사가 누군지 말할 수는 없어도 선생님께서 대단한 교사가 아니라고 말씀하신 그들에게 그 공로를 돌릴 수밖에 없어요.

**소크라테스** 여보게, 그런 것들에는 대중이 훌륭한 교사일 수 있겠지. 그러니 그들이 그런 것들을 가르친다고 칭찬받는 것은 당연하다 할 수 있겠지.

**알키비아데스** 왜 그렇지요?

**소크라테스** 그런 것들과 관련하여 훌륭한 교사들이 갖추어야 할 것들을 그들이 갖추고 있기 때문이지.

**알키비아데스** 그게 무슨 말씀이죠?

**소크라테스** 무엇인가를 가르치려는 사람들은 자신들이 먼저 그것을 알고 있어야 한다는 것을 자네는 모르는가? 그렇지 않은가? b

**알키비아데스** 왜 아니겠어요?

**소크라테스** 그리고 아는 사람들은 서로 의견이 일치하고 의견이 달라서는 안 되겠지?

**알키비아데스** 네.

**소크라테스** 어떤 것들에 대해 사람들의 의견이 다를 때 자네는 그들이 그런 것을 안다고 말할 텐가?

**알키비아데스** 물론 아닙니다.

**소크라테스** 그렇다면 그들이 어떻게 그런 것들의 교사일 수 있겠는가?

**알키비아데스** 결코 그럴 수 없어요.

**소크라테스** 어떤가? 자네는 대중이 돌이나 나무가 무엇인지에 대해 의견이 다를 것이라고 생각하는가? 자네가 묻는다면 대중은 같은 대답을 하지 않을까? 그리고 돌이나 나무를 갖고 싶으면 대중은 같은 것을 향해 달 c 려가지 않을까? 그런 경우에는 모두 마찬가지일 걸세. 헬라스어를 할 줄 안다는 자네의 말도 사실상 그런 뜻이라고 생각하네. 그렇지 않은가?

**알키비아데스** 그런 뜻입니다.

**소크라테스** 그런 경우 우리가 말했듯이 대중은 사적인 차원에서 자기들끼리도 모두 의견이 같고 개인으로서도 자신과 의견이 같네. 공적인 차원에서도 국가들이 같은 것들에 다른 용어를 사용하면서도 의견이 서로 다르지 않겠지?

**알키비아데스** 다르지 않겠지요.

**소크라테스** 그렇다면 그런 것들에는 대중이 당연히 훌륭한 교사일 수도 있겠구먼.

**알키비아데스** 네. d

**소크라테스** 그렇다면 누군가를 이런 것들에 대해 알도록 만들려면 우리는 당연히 그를 대중에게 보내 배우게 하지 않겠는가?

**알키비아데스** 물론이죠.

**소크라테스** 어떤가? 우리가 어떤 것이 사람이고 어떤 것이 말인지에 그치지 않고 어떤 것이 경주마이고 어떤 것이 아닌지도 알고 싶다면, 이 경우에도 대중이 능히 가르칠 수 있을까?

**알키비아데스** 물론 가르칠 수 없어요.

**소크라테스** 그리고 이것이면 자네에게 그들이 그런 것들을 알지 못하며 그런 것들을 제대로 가르칠 수 없다는 충분한 증거가 되겠는가? 대중은 e 그런 것들에 대해 자기들끼리도 의견이 같지 않다는 것 말일세.

**알키비아데스** 제게는 충분합니다.

**소크라테스** 어떤가? 우리가 어떤 것이 사람인지에 그치지 않고 어떤 사람이 건강하고 어떤 사람이 병약한지도 알고 싶다면, 이 경우에도 대중이 능히 우리를 가르칠 수 있을까?

**알키비아데스** 물론 가르칠 수 없습니다.

**소크라테스** 그리고 이것이면 자네에게 대중이 그런 것들의 보잘것없는 교사라는 증거가 되겠는가? 자네도 보다시피 대중은 자기들끼리도 의견이 다르다는 것 말일세.

**알키비아데스** 제게는 충분합니다.

**소크라테스** 어떤가? 이제 자네가 보기에 정의로운 사람과 불의한 사람 또 112a 는 정의로운 것들과 불의한 것들에 대해 대중은 개인으로서도 자신과 의견이 같고 자기들끼리도 의견이 같은 것 같은가?

**알키비아데스** 제우스에 맹세코, 조금도 그렇지 않은 것 같습니다. 소크라테스 선생님.

**소크라테스** 어떤가? 특히 그런 것들에 대해 대중은 의견이 서로 다른가?

**알키비아데스** 훨씬 그렇지요.

**소크라테스** 생각건대 대중이 건강에 좋은 것과 그렇지 못한 것 때문에 서로 싸우고 죽일 만큼 의견이 심하게 다른 것을 자네는 본 적도 들은 적도 없을 걸세.

**알키비아데스** 물론 없습니다.

**소크라테스** 하지만 정의와 불의에 관해서는 자네가 그런 적이 있었을 것이라고 나는 확신하네. 보지는 못해도 많은 사람, 특히 호메로스한테서 들어는 보았을 걸세. 자네는『오뒷세이아』와『일리아스』를 들어보았을 테니까.[15] b

**알키비아데스** 물론 들어보았지요, 소크라테스 선생님.

**소크라테스** 이 시(詩)들은 정의와 불의의 불화를 다루고 있지 않는가?

**알키비아데스** 그렇습니다.

**소크라테스** 아카이오이족[16]과 트로이아인들이 싸우다 목숨을 잃은 것도, 페넬로페[17]의 구혼자들이 오뒷세우스와 싸우다 목숨을 잃은 것도 불화 때문이었네.

**알키비아데스** 맞는 말씀입니다. c

**소크라테스** 타나그라에서 그리고 나중에 자네 부친 [클레이니아스]를 포함하여 코로네이아에서 전사한 아테나이인들과 라케다이몬인들과 보

15 당시에는 필사본을 구하기가 어려워 장편 서사시는 여러 날에 걸쳐 음유시인을 찾아가 들었다.

16 Achaioi. 트로이아전쟁 때 그리스인들을 통틀어 일컫는 이름 가운데 하나.

17 Penelope. 오뒷세우스의 아내. 오뒷세우스가 20년이 지나도 귀향하지 않자 수많은 이타케(Ithake) 귀족 청년이 그녀에게 구혼한다.

이오티아인들의 경우도 마찬가지인 것 같네.[18] 그들은 바로 정의와 불의의 불화 때문에 싸우다 목숨을 잃었단 말일세. 그렇지 않은가?

**알키비아데스** 맞는 말씀입니다.

**소크라테스** 그들이 어떤 것에 대해 이토록 의견을 달리한 나머지 다툼 끝 d 에 서로 극단적인 조치를 취한다면 우리는 그들이 그것을 안다고 말해야 할까?

**알키비아데스** 그렇지 않은 것 같아요.

**소크라테스** 그런데 자네는 무지하다고 자네 자신도 인정하는 교사들에게 공로를 돌리고 있지 않는가?

**알키비아데스** 그런 것 같아요.

**소크라테스** 자네 의견이 이토록 갈팡질팡하고, 자네가 분명 남에게 배우지도 스스로 찾아내지도 않았다면, 자네가 정의와 불의를 안다는 것이 어떻게 있음직하겠는가?

**알키비아데스** 선생님 말씀에 따르면 있음직하지 않아요.

**소크라테스** 또한 자네가 한 말이 잘못됐다는 것도 알겠는가, 알키비아 e 데스?

**알키비아데스** 그게 뭐죠?

**소크라테스** 내가 그렇게 말한다고 자네가 주장하는 것 말일세.

**알키비아데스** 왜죠? 제가 정의와 불의를 알지 못한다고 주장하시는 것은 선생님 아니신가요?

**소크라테스** 아닐세.

**알키비아데스** 그럼 전가요?

**소크라테스** 그렇다네.

**알키비아데스** 어째서 그렇지요?

**소크라테스** 이렇게 보면 알게 될 걸세. 1과 2 가운데 어느 것이 더 크냐고 내가 물으면 자네는 2라고 말할 텐가?

**알키비아데스** 저는 그렇게 대답할 겁니다.

**소크라테스** 얼마만큼 더 큰가?

**알키비아데스** 1만큼요.

**소크라테스** 그렇다면 2가 1보다 1만큼 더 크다고 말하는 것은 우리 중 누구인가?

**알키비아데스** 접니다.

**소크라테스** 나는 묻고, 자네는 대답하는 것이겠지?

**알키비아데스** 네.

**소크라테스** 자네는 그런 것들을 말하는 사람이 누구라고 생각하는가? 묻는 난가, 대답하는 자넨가? 113a

**알키비아데스** 접니다.

**소크라테스** 내가 '소크라테스'의 철자가 어떻게 되느냐고 자네에게 묻고, 자네가 대답한다면 어떤가? 말하는 자는 둘 중 누구인가?

**18** 아테나이군은 기원전 457년 보이오티아(Boiotia) 지방의 타나그라(Tanagra)에서 라케다이몬과 보이오티아 연합군에게, 기원전 447년 보이오티아 지방의 코로네이아(Koroneia)에서 보이오티아군에게 패한다. 라케다이몬(Lakedaimon)은 스파르테(Sparte)와 그 주변 지역을 가리키는 말이지만 대개 스파르테와 동의어로 쓰인다.

**알키비아데스** 접니다.

**소크라테스** 자, 한마디로 말해보게. 질문을 하고 대답을 할 때 말하는 것은 어느 쪽인가? 질문하는 쪽인가, 대답하는 쪽인가?

**알키비아데스** 제가 보기에는 대답하는 쪽입니다, 소크라테스 선생님.

b **소크라테스** 그런데 나는 여태껏 묻기만 하지 않았는가?

**알키비아데스** 그렇습니다.

**소크라테스** 그리고 자네는 대답을 했고?

**알키비아데스** 물론입니다.

**소크라테스** 어떤가? 앞서 말한 것들은 우리 둘 중 어느 쪽이 말했는가?

**알키비아데스** 우리가 동의한 바에 따르면 저인 것 같아요, 소크라테스 선생님.

**소크라테스** 그리고 앞서 말한 것들은 클레이니아스의 미남 아들 알키비아데스는 정의와 불의를 알지도 못하면서 자신은 안다고 생각하며, 그래서 민회에 가서 자신이 전혀 알지 못하는 것들에 관해 아테나이인들에게 조언하려 한다는 것이었네. 그렇지 않은가?

c **알키비아데스** 그런 것 같아요.

**소크라테스** 그렇다면 알키비아데스, 그 결과는 에우리피데스의 말처럼 되겠구먼. "그대는 내가 아니라 그대 자신에게서 들었소."[19] 따라서 그런 말을 한 것은 내가 아니라 자네이니 공연히 나를 탓하지 말게. 하지만 자네가 한 말은 옳은 말이기도 하네. 여보게, 자네가 알지도 못하고 배우려고도 하지 않은 것들을 가르칠 계획을 세웠다면, 그것은 정신 나간 계획일 테니까.

**알키비아데스** 소크라테스 선생님, 제 생각에 아테나이인들과 그 밖의 다른 헬라스인들이 어느 것이 더 정의롭고 어느 것이 더 불의한지 숙의하는 경우는 드문 것 같아요. 그들은 그런 것은 빤하다고 생각하기에 그런 것은 건너뛰고 어떻게 하는 것이 결과적으로 더 이로운지 따지니까요. 생각건대 정의로운 것과 이로운 것은 같은 것이 아닌데도, 많은 사람이 큰 불의를 저지름으로써 이득을 보았고 다른 사람들은 올바른 일을 하고도 아무런 덕을 보지 못한 것 같아요. d

**소크라테스** 어떤가? 정의로운 것과 이로운 것이 전혀 다른 것인데도 자네는 설마 사람들에게 이로운 것이 무엇이며 왜 그런지 여전히 안다고 생각하는 것은 아니겠지? e

**알키비아데스** 못할 것도 없지 않아요, 소크라테스 선생님? 누구한테서 배웠는지 아니면 스스로 찾아냈는지 선생님께서 또 제게 따지려들지 않는다면 말입니다.

**소크라테스** 이건 또 무슨 짓인가? 자네가 뭔가 옳지 않은 말을 하고, 앞서의 논의로 그걸 증명할 수 있을 때 자네는 새롭고 다른 증거들을 들어야 한다고 생각하는 것일세. 마치 이전 논의는 자네가 더이상 입기를 거부하는 해진 겉옷인 것처럼 말일세. 자네는 때 묻지 않은 새로운 증거를 원하네. 하지만 나는 자네의 반격을 무시하고 다시 묻겠네. "자네는 그것이 이롭다는 것을 어떻게 알았으며, 누구에게 배웠는가?" 그렇게 나 114a

19 에우리피데스(Euripides), 『힙폴뤼토스』(*Hippolytos*) 352행. 에우리피데스는 고대 그리스 3대 비극 작가 중 한 명이다.

는 앞서 물었던 그 모든 것을 하나의 물음으로 요약하겠네. 그러면 자네는 분명 이전과 같은 곤경에 처할 것이고, 자네가 이로운 줄 알게 된 것이 자네가 찾아냈기 때문인지 아니면 배웠기 때문인지 증명하지 못할 걸세. 하지만 자네는 입맛이 까다로워 똑같은 논의를 되풀이해서 맛보려 하지 않을 테니 아테나이인들에게 이로운 것을 자네가 아는지 알지 못

b 하는지의 이 문제는 제쳐두겠네. 그런데 정의로운 것과 이로운 것이 같은 것인지 다른 것인지는 왜 증명하지 않는가? 자네만 좋다면 내가 자네에게 물었듯이 자네가 내게 물어도 좋네. 아니면 자네 혼자서 죽 설명해 보게.

**알키비아데스** 소크라테스 선생님, 제가 선생님에게 설명할 수 있을지 모르겠네요.

**소크라테스** 여보게, 나를 민회나 민중으로 생각하게. 거기서도 자네는 각자를 따로 설득해야 할 걸세. 그렇지 않은가?

**알키비아데스** 그렇습니다.

**소크라테스** 자기가 아는 것을 개개인에게 따로 설득할 수 있는 사람이라

c 면 뭇사람도 설득할 수 있지 않을까? 예를 들어 교사는 읽고 쓰기 분야에서 한 사람도 설득하고 여러 사람도 설득하네.

**알키비아데스** 그렇습니다.

**소크라테스** 수(數)에 관해서도 같은 사람이 한 사람도 설득하고 여러 사람도 설득하지 않는가?

**알키비아데스** 그렇습니다.

**소크라테스** 그런 사람이 수에 관해 아는 사람, 즉 수학자이겠지?

**알키비아데스** 물론이지요.

**소크라테스** 그렇다면 자네도 여러 사람을 상대로 해서 설득할 수 있는 것을 한 사람을 상대로 해서도 설득할 수 있지 않겠나?

**알키비아데스** 그럴 수 있을 것 같아요.

**소크라테스** 그리고 그런 것은 분명 자네가 아는 것일세.

**알키비아데스** 그렇습니다.

**소크라테스** 그러면 대중에게 말하는 연설가와 이런 대화 모임에서 말하는 사람의 유일한 차이점은 전자는 같은 것을 한꺼번에 설득하고, 후자는 한 사람씩 따로 설득한다는 것이겠지? d

**알키비아데스** 그런 것 같아요.

**소크라테스** 자, 이제 같은 사람이 개인도 집단도 설득할 수 있다는 것이 밝혀졌으니, 나를 연습 상대로 삼아 정의로운 것이 때로는 이롭지 않다는 것을 보여주도록 하게.

**알키비아데스** 무리한 요구를 하시는군요, 소크라테스 선생님.

**소크라테스** 내가 지금 무리한 요구를 하는 것은 사실은 자네가 증명하기를 거부하는 것과 반대되는 것을 자네에게 설득하기 위함일세.

**알키비아데스** 그럼 말씀하세요.

**소크라테스** 묻는 말에 대답이나 하게.

**알키비아데스** 아니요, 선생님께서 말씀하세요. e

**소크라테스** 뭐라 했나? 완전히 설득당하고 싶지는 않은 게로군?

**알키비아데스** 물론 그러고 싶지요.

**소크라테스** 자네가 "그건 그렇습니다"라고 말하면 완전히 설득당한 것이 아니겠는가?

**알키비아데스** 저는 그렇다고 생각합니다.

**소크라테스** 그럼 내 물음에 대답하게. 그리고 정의로운 것이 이롭기도 하다는 것을 자네 자신한테 듣지 못한다면 남이 그런 말을 해도 믿지 말게나.

**알키비아데스** 믿지 않겠습니다. 그러나 대답은 하겠습니다. 제가 대답하더라도 손해 볼 것이라고 생각하지는 않으니까요.

115a **소크라테스** 자네는 예언자일세. 그럼 말해보게. 자네는 정의로운 것 가운데 어떤 것은 이롭고 어떤 것은 이롭지 않다고 말하는가?

**알키비아데스** 네.

**소크라테스** 어떤가? 자네는 정의로운 것 가운데 어떤 것은 아름답고, 어떤 것은 아름답지 않다고 말하는가?

**알키비아데스** 무슨 의도로 그런 질문을 하시는 거죠?

**소크라테스** 추하면서도 정의로운 것을 행하는 사람이 있다고 자네가 생각한 적이 있는지 물어보는 걸세.

**알키비아데스** 저는 그렇게 생각해본 적이 없어요.

**소크라테스** 그렇다면 정의로운 것은 모두 아름답기도 한가?

**알키비아데스** 네.

**소크라테스** 아름다운 것은 또 어떤가? 아름다운 것은 전부 좋은 것인가, 아니면 일부는 좋고 일부는 좋지 않은가?

**알키비아데스** 소크라테스 선생님, 저는 아름다운 것 가운데 일부는 나쁘다고 생각합니다.

**소크라테스** 추한 것도 일부는 좋은가?

**알키비아데스** 네.

**소크라테스** 자네가 말하는 것은 다음과 같은 경우인가? 전쟁터에서 친구나 친족을 구조하려다 많은 사람이 부상당하거나 죽었는데, 구조 의무를 소홀히 한 자들은 무사히 탈출한 경우 말일세. b

**알키비아데스** 바로 그렇습니다.

**소크라테스** 그리고 자네가 그런 구조를 아름답다고 하는 것은, 당연히 구조해야 할 사람들을 구조하려 했다는 관점에서가 아니겠는가? 그리고 그런 것이 용기일세. 그렇지 않은가?

**알키비아데스** 그렇습니다.

**소크라테스** 그러나 자네는 그런 구조를 죽음과 부상이라는 관점에서 나쁘다고 말하네. 그렇지 않은가?

**알키비아데스** 그렇습니다.

**소크라테스** 용기와 죽음은 별개의 것이겠지? c

**알키비아데스** 물론입니다.

**소크라테스** 그렇다면 친구들을 구조하는 것이 같은 관점에서 아름답기도 하고 나쁘기도 한 것은 아니겠지?

**알키비아데스** 아닌 것 같습니다.

**소크라테스** 또한 그것이 아름답기에 좋은 것이기도 한지 살펴보게. 방금 예를 든 경우처럼 말일세. 용기란 관점에서 구조가 아름다운 것이라는 데 자네가 동의했으니 말일세. 이번에는 용기 바로 그것을 살펴보고, 좋은 것인지 나쁜 것인지 말해보게. 이렇게 살펴보게. 자네는 어느 쪽을 갖겠는가? 좋은 것들인가, 나쁜 것들인가?

**알키비아데스** 좋은 것들입니다.

d **소크라테스** 좋은 것 중에서도 가장 큰 것들을 택할 걸세.

〈**알키비아데스** 그렇습니다.〉

**소크라테스** 그리고 자네는 그런 것들을 빼앗기는 것을 어떤 일이 있어도 용납하지 않겠지?

**알키비아데스** 왜 아니겠어요?

**소크라테스** 용기에 대해서는 어떻게 말하는가? 얼마를 받으면 자네가 용기를 빼앗기는 것을 용납하겠는가?

**알키비아데스** 저는 겁쟁이가 되느니 차라리 죽고 싶어요.

**소크라테스** 자네는 비겁함을 가장 나쁜 것이라고 생각하는구먼.

**알키비아데스** 저는 그렇게 생각합니다.

**소크라테스** 죽음과 같은 것으로 여기는 것 같구먼.

**알키비아데스** 저는 그렇다고 주장해요.

**소크라테스** 죽음과 비겁함에 반대되는 것은 삶과 용기이겠지?

**알키비아데스** 네.

e **소크라테스** 그리고 자네는 삶과 용기는 가장 갖고 싶고, 죽음과 비겁함은 가장 갖고 싶지 않은가?

**알키비아데스** 네.

**소크라테스** 그것은 삶과 용기는 가장 좋은 것이고, 죽음과 비겁함은 가장 나쁜 것이라고 여기기 때문인가?

〈**알키비아데스** 물론이지요.

**소크라테스** 그러니까 자네는 용기는 가장 좋은 것들 축에 들고 죽음은 가장 나쁜 것들 축에 든다고 생각하는구먼.〉

**알키비아데스** 저는 그렇게 생각합니다.

**소크라테스** 그리고 자네가 전쟁터에서 친구들을 구조하는 것을 아름답다고 한 것은, 그러한 행위에서는 좋은 것인 용기가 실행되기 때문인가?

**알키비아데스** 그랬던 것 같아요.

**소크라테스** 그리고 죽음이라는 나쁜 것을 실행하기 때문에 그것을 나쁜 것이라고 했는가?

**알키비아데스** 네.

**소크라테스** 자네가 그런 행위를 결과가 나쁜 것인 한 나쁜 것이라고 부른다면, 당연히 결과가 좋은 것인 한 좋은 것이라고 불러야 할 걸세. 116a

**알키비아데스** 저는 그렇다고 생각합니다.

**소크라테스** 또한 좋은 것인 한 아름답고, 나쁜 것인 한 추하겠지?

**알키비아데스** 네.

**소크라테스** 그렇다면 전쟁터에서 친구들을 구조하는 것을 자네가 아름답다고도 말하고 나쁜 것이라고 말하는 것은 그런 구조를 좋고도 나쁜 것이라고 말하는 것과 아무런 차이도 없네.

**알키비아데스** 맞는 말씀인 것 같아요, 소크라테스 선생님.

**소크라테스** 그러면 아름다운 것은 아름다운 것인 한 어떤 것도 나쁘지 않고, 추한 것은 추한 것인 한 어떤 것도 좋지 않네.

**알키비아데스** 그런 것 같아요. b

**소크라테스** 이렇게도 살펴보게. 누구든 아름답게 행하는 사람은 잘 행하지[20]도 않을까?

**알키비아데스** 그렇고말고요.

**소크라테스** 잘 행하는 사람들이 행복한 사람들 아닐까?

**알키비아데스** 왜 아니겠어요?

**소크라테스** 그들은 좋은 것들을 소유한 덕분에 행복한 것이 아닐까?

**알키비아데스** 그렇습니다.

**소크라테스** 그들은 아름답게 잘 행한 덕분에 좋은 것들을 소유하고 있겠지?

**알키비아데스** 네.

**소크라테스** 그렇다면 잘 행하는 것은 좋은 것이겠지?

**알키비아데스** 왜 아니겠어요?

**소크라테스** 잘 행함은 아름다운 것이겠지?

**알키비아데스** 네.

c **소크라테스** 그렇다면 아름다운 것과 좋은 것이 같은 것이라는 것이 또다시 밝혀졌네.

**알키비아데스** 그런 것 같습니다.

**소크라테스** 우리가 아름다운 것을 찾아내면 좋은 것도 찾아낼 걸세. 이 논의에 따른다면 말일세.

**알키비아데스** 당연하지요.

**소크라테스** 어떤가? 좋은 것들은 이로운가, 이롭지 않은가?

**알키비아데스** 이롭습니다.

**소크라테스** 자네는 우리가 정의로운 것들에 관해 어떻게 의견이 일치했는지 기억나는가?

**알키비아데스** 정의로운 것을 행하는 사람들은 필연적으로 아름다운 것을 행한다는 데 의견을 같이한 것 같아요.

**소크라테스** 아름다운 것을 행하는 사람들은 필연적으로 좋은 것을 행한다는 데도 의견을 같이하지 않았는가?

**알키비아데스** 그랬지요.

**소크라테스** 좋은 것은 이롭다는 데도? d

**알키비아데스** 그랬지요.

**소크라테스** 그러면 알키비아데스, 정의로운 것은 이로운 것일세.

**알키비아데스** 그런 것 같아요.

**소크라테스** 어떤가? 이런 것들을 말하는 사람은 자네이고, 나는 묻는 사람 아닌가?

**알키비아데스** 아닌 게 아니라 그런 것 같네요.

**소크라테스** 그렇다면 어떤 사람이 정의로운 것과 불의한 것을 안다고 생각하면서 아테나이인들이나 페파레토스[21]인들에게 조언하려고 일어서서 정의로운 것이 때로는 나쁘다고 말한다면 자네는 그를 비웃을 수밖에 없겠지? 자네도 정의로운 것과 이로운 것이 같은 것이라고 주장하니 e 말일세.

**알키비아데스** 소크라테스 선생님, 신들에 맹세코 저는 제가 무슨 말을 하

20 eu prattein. 문맥에 따라 '잘나가다'로 옮길 수도 있다.

21 Peparethos. 에우보이아섬 북동쪽에 있는 지금의 스코펠로스(Skopelos)섬.

고 있는지 모르겠어요. 저는 그야말로 정상상태가 아닌 것 같아요. 선생님께서 질문하실 때마다 그때그때 생각이 바뀌니까요.

**소크라테스** 친구여, 자네는 그게 어떤 상태인지 모른단 말인가?

**알키비아데스** 전혀 모르겠어요.

**소크라테스** 어떤 사람이 자네에게 눈이 둘인지 셋인지, 손이 둘인지 넷인지 그 밖의 그런 질문을 한다면 자네는 그때그때 다른 대답을 할 것이라고 생각하는가, 아니면 언제나 같은 대답을 할 것이라고 생각하는가?

117a **알키비아데스** 제 자신이 미덥지 못하기는 하지만 저는 같은 대답을 할 것이라고 생각합니다.

**소크라테스** 그리고 그 이유는 자네가 알고 있기 때문이겠지?

**알키비아데스** 저는 그렇게 생각합니다.

**소크라테스** 그러면 자네가 어떤 것에 대해 본의 아니게 상반된 대답을 한다면, 자네는 그것에 대해 모르고 있음이 분명하네.

**알키비아데스** 그런 것 같아요.

**소크라테스** 그렇다면 정의로운 것과 불의한 것, 아름다운 것과 추한 것, 나쁜 것과 좋은 것, 이로운 것과 이롭지 못한 것에 관해 자네가 헤맨다고 말하는 것 아닌가? 그리고 자네가 헤매는 것은 분명 이런 것들에 대해 알지 못하기 때문이 아니겠는가?

**알키비아데스** 그렇다고 생각합니다.

b **소크라테스** 또한 어떤 사람이 무언가를 알지 못한다면 그와 관련해 그의 혼은 필연적으로 헤매게 되어 있겠지?

**알키비아데스** 왜 아니겠어요?

**소크라테스** 어떤가? 자네는 하늘에 오를 방법을 아는가?

**알키비아데스** 제우스에 맹세코, 저는 모릅니다.

**소크라테스** 이 경우에도 자네의 판단은 헤매는가?

**알키비아데스** 물론 그러지 않습니다.

**소크라테스** 자네는 그 이유를 아는가? 아니면 내가 말할까?

**알키비아데스** 말씀해주세요.

**소크라테스** 여보게, 그것은 자네가 알지 못하면서 안다고 생각하지 않기 때문일세.

**알키비아데스** 그게 무슨 말씀이죠? c

**소크라테스** 자네도 함께 살펴보도록 하게. 자네는 자네가 알지 못하는 줄 아는 것에 관해 헤매는가? 예를 들어 자네는 음식 장만에 관해 알지 못한다는 것을 알고 있겠지?

**알키비아데스** 물론입니다.

**소크라테스** 그러면 자네는 어떻게 음식을 장만하는지 자신이 판단하면서 헤매는가, 아니면 그 일은 아는 사람에게 맡기는가?

**알키비아데스** 아는 사람에게 맡겨요.

**소크라테스** 어떤가, 자네가 배를 타고 항해할 때는? 키를 당겨야 할지 밀어야 할지 자네가 판단하겠는가? 그리고 알지 못해서 헤매겠는가? 아니 d 면 그런 일은 키잡이에게 맡겨놓고 자네는 가만있겠는가?

**알키비아데스** 키잡이에게 맡기겠습니다.

**소크라테스** 그러니까 자네는 알지 못하는 것에 관해, 자네가 알지 못한다는 것을 정말로 안다면 헤매지 않겠지?

**알키비아데스** 헤매지 않을 것 같아요.

**소크라테스** 그렇다면 자네는 우리의 잘못된 행동도 알지 못하면서 안다고 생각하는 이런 무지 탓이라는 것을 이해하지 못하겠는가?

**알키비아데스** 무슨 뜻으로 그런 말씀을 하시는 거죠?

**소크라테스** 아마도 우리는 무엇을 하는지 안다고 생각할 때 행동에 착수하겠지?

**알키비아데스** 그렇습니다.

e **소크라테스** 자신은 알지 못한다고 생각하면 남에게 맡기는 사람도 있겠지?

**알키비아데스** 왜 아니겠어요?

**소크라테스** 그런 종류의 무지한 사람은 자신이 알지 못한다고 생각하는 그런 것은 남에게 맡김으로써 실수하지 않고 살아가겠지?

**알키비아데스** 네.

**소크라테스** 실수하는 것은 어떤 사람들일까? 아마도 아는 사람들은 아니겠지?

**알키비아데스** 분명 아닙니다.

**소크라테스** 아는 사람도 아니고 자신이 알지 못한다는 것을 아는 무지한 118a 사람도 아니라면, 남은 것은 알지 못하면서 안다고 생각하는 사람뿐이겠지?

**알키비아데스** 네, 그런 사람뿐입니다.

**소크라테스** 그렇다면 그런 무지가 나쁜 것들의 원인이요, 가장 비난받아 마땅한 어리석음일세.

**알키비아데스** 그렇습니다.

**소크라테스** 그런 무지는 가장 중대한 것들에 관련될 때 가장 해롭고 추하겠지?

**알키비아데스** 훨씬 더 그렇겠지요.

**소크라테스** 어떤가? 자네는 정의로운 것, 아름다운 것, 좋은 것, 이로운 것보다 더 중대한 것을 말할 수 있는가?

**알키비아데스** 물론 그럴 수 없습니다.

**소크라테스** 그런데 자네가 헤맨다고 말하는 것은 이런 것들에 관해서겠지?

**알키비아데스** 네.

**소크라테스** 자네가 헤맨다면, 우리가 앞서 말한 것으로 미루어 자네는 가장 중대한 것들에 무지할뿐더러 알지도 못하면서 그런 것들을 안다고 생각하고 있음이 분명하지 않은가? b

**알키비아데스** 그런 것 같아요.

**소크라테스** 맙소사, 알키비아데스. 이게 무슨 꼴인가! 내가 거기에 이름을 붙이기는 뭣하지만 우리끼리니까 말하지 않을 수 없구먼. 여보게, 자네는 어리석음[22]과, 그것도 최악의 어리석음과 동거하고 있네. 우리의 논의와 자네 자신이 한 말이 그렇게 자네를 비난하고 있네. 그것은 자네가 교육도 받기 전에 정계에 투신했기 때문일세. 그리고 자네만 그런 것이

22 amathia.

c 아니라 나랏일을 하는 대부분의 사람이 그렇다네. 자네의 후견인인 페리클레스[23]를 비롯한 소수를 제외하고는 말일세.

**알키비아데스** 그렇습니다, 소크라테스 선생님. 그리고 사람들이 말하기를, 그분은 저절로 지혜로워진 것이 아니라, 퓌토클레이데스와 아낙사고라스 같은 수많은 현자와 함께함으로써 그렇게 되었다고 합니다. 그분은 요즘도 그렇게 연세가 많으심에도 여전히 지혜로워지기 위해 다몬[24]과 함께합니다.

**소크라테스** 어떤가? 자네는 자신이 지혜로운 분야에서 남을 지혜롭게 만들 수 없는 현자를 본 적이 있는가? 예를 들어 자네에게 글자를 가르쳐준 사람은 자신도 지혜롭고, 자네와 그 밖에 자신이 원하는 사람도 지혜롭게 만들었네. 그렇지 않은가?

**알키비아데스** 그렇습니다.

d **소크라테스** 그러면 그 사람한테 배운 자네도 남을 지혜롭게 만들 수 있겠지?

**알키비아데스** 네.

**소크라테스** 키타라 연주자와 체육교사도 마찬가지겠지?

**알키비아데스** 물론입니다.

**소크라테스** 누군가가 무엇인가를 알고 있다고 우리가 확신할 때는 그가 다른 사람도 알게 만들었다는 것을 보여줄 때일세.

**알키비아데스** 저는 그렇다고 생각합니다.

**소크라테스** 어떤가? 페리클레스가 누구를 지혜롭게 만들었는지 말해줄 수 있겠나? 그의 아들들부터 시작해볼까?

**알키비아데스** 하지만 소크라테스 선생님, 그분의 아들들은 둘 다 멍청이 e
로 드러났는걸요.

**소크라테스** 자네 아우인 클레이니아스[25]는 어떤가?

**알키비아데스** 왜 또 클레이니아스 이야기를 하세요? 그 녀석은 미치광이예요.

**소크라테스** 클레이니아스는 미치광이이고 페리클레스의 두 아들은 멍청이라면, 자네가 이런 상태에 있도록 그분이 방관하는 것을 우리는 무엇 때문이라고 말할 텐가?

**알키비아데스** 그분의 말씀을 귀담아듣지 않은 제 탓이라고 생각합니다.

**소크라테스** 다른 아테나이인이건 이방인이건 노예인지 자유민인지를 떠 119a
나 페리클레스와 함께함으로써 더 지혜로워진 사람의 이름을 대보게. 예를 들어 나는 이솔로코스의 아들 퓌토도로스와 칼리아데스의 아들 칼리아스가 제논[26]과 함께함으로써 지혜로워졌다고 말할 수 있네. 이

23 주 5 참조.

24 케오스(Keos)섬 출신인 퓌토클레이데스(Pythokleides)와 아테나이 출신인 다몬(Damon)은 음악가이자 철학자이고, 소아시아 클라조메나이(Klazomenai) 시 출신인 아낙사고라스(Anaxagoras)는 철학자이다. 이들은 모두 기원전 5세기에 아테나이에서 가르쳤다.

25 클레이니아스(Kleinias)는 알키비아데스의 아버지의 이름이기도 하고 아우의 이름이기도 하다.

26 Isolochos, Pythodoros, Kalliades, Kallias, Zenon. 퓌토도로스와 칼리아스는 둘 다 기원전 5세기 아테나이의 유명 정치가이고, 남이탈리아 엘레아(Elea) 출신인 제논은 철학자이다.

두 사람은 제논에게 저마다 100므나[27]씩을 내고 현자이자 명사가 되었네.

**알키비아데스** 제우스에 맹세코, 저는 그럴 수 없습니다.

**소크라테스** 좋아. 자네는 앞으로 자신을 어떡할 작정인가? 자네는 자신을 지금 상태로 내버려둘 텐가, 아니면 자신을 좀 돌볼 참인가?

b **알키비아데스** 같이 의논해보도록 해요, 소크라테스 선생님. 저는 선생님 말씀을 이해하겠고 동의하기도 해요. 제가 보기에 나랏일을 돌보는 자들이 소수를 제외하고는 교육받지 못한 것 같으니까요.

**소크라테스** 그래서 어떻다는 거지?

**알키비아데스** 그들이 교육받았다면 그들과 경쟁하려는 사람은 먼저 지식을 습득하고 훈련해야겠지요. 마치 운동선수와 경쟁하려는 것처럼 말입니다. 하지만 그들도 문외한으로서 정계에 입문했는데 제가 훈련하거나 배우려고 애쓸 필요가 어디 있겠어요? 타고난 능력에서는 제가 그들을 c 훨씬 능가할 것이라는 것을 잘 아는데.

**소크라테스** 에끼, 이 사람! 무슨 말을 그렇게 하나? 그것은 자네의 외모에도 그 밖의 다른 장점에도 어울리지 않는 말일세.

**알키비아데스** 대관절 왜, 무엇과 관련하여 그런 말씀을 하세요, 소크라테스 선생님?

**소크라테스** 나는 자네에게 그리고 자네를 사랑한 나 자신에게 부아가 난다네.

**알키비아데스** 왜요?

**소크라테스** 자네가 이곳 사람들을 경쟁 상대로 여기니까 그렇지.

**알키비아데스** 그럼 저는 누구와 경쟁해야 하죠?

**소크라테스** 그게 스스로 자부심이 강하다고 생각하는 자가 할 질문인가! d

**알키비아데스** 무슨 말씀이신지요? 이 사람들은 제 경쟁자가 아닌가요?

**소크라테스** 생각해보게. 자네가 해전을 위해 삼단노선[28]의 키잡이 노릇을 할 의도가 있다면 키 잡는 데서 동료 선원 가운데 가장 훌륭한 사람으로 만족하겠는가? 아니면 그것은 당연하다고 여기고는 지금처럼 동료 전사들이 아니라 진짜 적수들을 주시하지 않을까? 동료 전사들이 자네 e 와 경쟁할 엄두가 안 나고 자네에게 무시당하며 적군과 싸우는 것을 다행으로 여길 만큼 자네는 동료 전사들을 능가해야 하네. 자네가 정말로 자네 자신뿐 아니라 자네 나라에도 어울리는 훌륭한 행위로 이름을 날릴 생각이 있다면 말일세.

**알키비아데스** 아닌 게 아니라 저는 그럴 생각입니다.

**소크라테스** 그럼 자네는 동료 전사들보다 더 나으면 그것으로 만족하는 것이 자네에게 적합하다고 생각하지만, 적군의 지도자들을 주시하며 그들보다 더 나아지려고 언제나 노력하고 그들에 맞서 자신을 단련하는 것은 자네에게 적합한 일이라고 생각하지 않는 걸세.

**27** mna. 고대 그리스의 화폐단위. 100므나는 상당히 큰돈이다. 고대 그리스의 화폐단위는 다음과 같다.

| 탈란톤(talanton) | 므나(mna) | 드라크메(drachme) | 오볼로스(obolos) |
|---|---|---|---|
| 1 | 60 | 6,000 | 36,000 |
| | 1 | 100 | 600 |
| | | 1 | 6 |

**28** trieres. 좌우 양현에 노 젓는 자리가 3층씩 있는, 길이 37미터 최대 너비 5미터의 당시로서는 최신형 전함으로 노꾼만 170명이나 되었고 모두 200명쯤 승선했다.

120a **알키비아데스** 적군의 지도자들이라니 누구를 말씀하시는 거죠, 소크라테스 선생님?

**소크라테스** 우리 나라가 라케다이몬인들과 대왕(大王)[29]과 늘 전쟁을 하고 있다는 것을 자네는 모르는가?

**알키비아데스** 맞는 말씀입니다.

**소크라테스** 그럼 자네가 이 나라의 지도자가 될 작정이라면 자네의 경쟁 상대는 라케다이몬과 페르시아의 왕들이라고 생각하는 것이 옳지 않겠는가?

**알키비아데스** 선생님께서는 맞는 말씀을 하시는 것 같아요.

**소크라테스** 천만에, 그렇지 않네. 자네는 차라리 메추라기에게 알밤 먹이 b 는 데 능한 메이디아스[30] 같은 사람들을 주시해야 하네. 나랏일을 보겠다고 하지만 혼 안에 교양이라고는 없는 자들 말일세. 그것은 그들이 여자들 말마따나 노예처럼 머리를 짧게 깎고 다니는 것만 봐도 알 수 있네. 더욱이 그들이 횡설수설하며 이곳에 온 것은 나라에 아첨하기 위해서이지 나라를 다스리기 위해서가 아닐세. 자네는 내가 말하는 이런 자들을 주시하며 자신을 소홀히 하되, 다가올 큰 투쟁을 위해 배워야 할 모든 것 c 을 배우거나 훈련을 요하는 것들을 위해 훈련할 필요가 없네. 자네가 만반의 준비를 갖추고 나서 정계에 투신하기 위해서 말일세.

**알키비아데스** 소크라테스 선생님, 선생님 말씀이 맞는 것 같기는 하지만, 제가 생각하기에는 라케다이몬인들의 장군도 페르시아인들의 왕도 다른 사람들과 아무런 차이가 없는 것 같아요.

**소크라테스** 하지만 여보게, 자네의 그런 생각이 어떤 것인지 살펴보게.

**알키비아데스** 무엇과 관련해서 말입니까?

**소크라테스** 우선 자네가 자신을 더 돌볼 생각을 하는 것은 언제인가? 그들을 두려워하고 무섭다고 생각할 때인가, 그러지 않을 때인가? d

**알키비아데스** 분명 무섭다고 생각할 때입니다.

**소크라테스** 설마 자네가 자신을 돌보면 손해 볼 것이라고 생각하는 것은 아니겠지?

**알키비아데스** 아니고말고요. 사실은 큰 덕을 보겠지요.

**소크라테스** 이 한 가지 결함만 보더라도 자네의 그런 생각[31]은 나쁜 것일세.

**알키비아데스** 맞는 말씀입니다.

**소크라테스** 두 번째 결함은 있음직함의 측면에서 판단하면 그런 생각은 거짓이기도 하다는 걸세.

**알키비아데스** 어째서 그렇지요?

**소크라테스** 훌륭한 재능은 좋은 가문에서 발견될 법한가, 아니면 좋은 가문에서는 발견될 법하지 않은가? e

**알키비아데스** 분명 좋은 가문에서 발견되겠지요.

29 ho megas basileus. 페르시아 왕.

30 Meidias. 아테나이의 정치가로 희극에서 조롱거리가 되고 있다는 것 말고는 달리 알려진 것이 없다. 아리스토파네스(Aristophanes), 『새』(*Ornithes*) 1297~1298행 참조. 그는 메추라기에게 알밤을 먹여 경기장 밖으로 쫓아내는 데 능했는데, 메추라기가 주눅들지 않고 끝까지 버티면 메추라기 주인이 경기에 이겼다.

31 라케다이몬인들의 장군과 페르시아인들의 왕에 대한.

**소크라테스** 좋은 가문에서 태어난 사람들이 잘 양육되기까지 한다면 미덕에서도 완벽해지지 않을까?

**알키비아데스** 당연하지요.

**소크라테스** 그럼 우리의 상황을 그들의 상황과 비교하며 우선 라케다이몬인들이나 페르시아인들의 왕들이 더 하찮은 가문 출신인지 살펴보기로 하세. 아니면 라케다이몬인들의 왕들은 헤라클레스의 후손이고, 페르시아인들의 왕들은 아카이메네스[32]의 후손이며, 헤라클레스의 가문과 아카이메네스의 가문은 제우스의 아들인 페르세우스[33]로 거슬러 올라간다는 것을 우리는 알지 못하는가?

121a **알키비아데스** 우리 가문도 에우뤼사케스[34]로 거슬러 올라가고, 에우뤼사케스의 가문은 제우스로 거슬러 올라간답니다.

**소크라테스** 가문 좋은 알키비아데스여, 우리 가문도 다이달로스로 거슬러 올라가고, 다이달로스는 제우스의 아들인 헤파이스토스[35]로 거슬러 올라간다네. 하지만 라케다이몬과 페르시아의 왕들은 자신들로부터 시작하여 제우스에 이르기까지 계속해서 왕에서 왕으로 이어지는데, 라케다이몬의 왕들은 아르고스[36]와 라케다이몬의 왕들이었으며 페르시아의 왕들은 계속해서 페르시아의 왕들이었고 때로는 지금처럼 아시아 전체의 왕들이기도 했네. 그러나 자네와 나는 서민이고 우리 아버지 b 들도 마찬가지라네. 그러니 자네가 자네 선조들을, 그리고 에우뤼사케스의 고국인 살라미스나 그의 증조부인 아이아코스의 고국인 아이기나[37]를 크세르크세스의 아들 아르토크세르크세스[38] 앞에서 자랑한다면 자네가 얼마나 웃음거리가 되리라고 생각하는가? 오히려 자네는 출생의 고귀함에서도 양육 방법에서도 우리가 그들보다 열등하지 않은지 살펴보아야 할 걸세.

아니면 자네는 라케다이몬의 왕들이 누리는 명예가 얼마나 대단한지 보지 못했는가? 자기들의 왕이 자기들도 모르게 헤라클레스의 자손들 말고 다른 가문에서 태어나는 일이 가급적이면 일어나지 않도록 국정감독관[39]들은 공적으로 왕비들을 감시한다네. 페르시아 왕의 지위는 만 c 인을 능가하여 그의 후계자가 왕 말고 다른 사람에게서 나올 수 있으리라고 아무도 의심하지 않았네. 그래서 왕비를 지켜주는 것은 경외심 말

**32** Achaimenes. 알렉산드로스 대왕에게 정복될 때까지 페르시아를 통치한 아카이메니다이(Achaimenidai '아카이메네스의 자손들') 왕조의 창시자.

**33** Perseus. 청동 탑에 갇힌 다나에(Danae)에게 황금 소나기로 변신한 제우스가 접근하여 낳은 그리스의 영웅.

**34** Eurysakes('넓은 방패'). 트로이아전쟁 때 용맹을 떨친 아이아스(Aias)의 아들. 아이아스는 제우스의 아들인 아이아코스(Aiakos)의 손자이다. 에우뤼사케는 살라미스(Salamis)의 왕이었으나 그곳을 아테나이인들에게 양도하고 아테나이 시가지에 있는 멜리테(Melite) 구역(區域)에 정착하여 영웅으로 숭배되었다.

**35** 다이달로스(Daidalos)는 고대 그리스의 전설 속 조각가이자 장인(匠人)이다. 소크라테스의 아버지 소프로니스코스(Sophroniskos)는 조각가였다고 한다. 헤파이스토스(Hephaistos)는 불과 금속공예와 대장장이의 신이다.

**36** Argos. 펠로폰네소스반도의 동북 지방.

**37** Aigina. 아테나이 앞바다에 있는 섬.

**38** Artoxerxes. 대개는 Artaxerxes로 표기함.

**39** ephoros(복수형 ephoroi). 스파르테의 최고 관리로 기원전 5세기 말부터 해마다 5명씩 시민들에 의해 선출되었는데, 왕을 견제하고 사법권을 행사하고 장군을 소환하고 외국과 조약을 맺는 등 막강한 권한을 행사했다.

고는 아무것도 없네. 왕위를 계승할 맏아들이 태어나면 우선 왕의 지배를 받는 모든 사람이 잔치를 벌이고, 그 이듬해부터는 아시아 전체가 그날 제물을 바치고 잔치를 벌이며 왕의 생일을 축하한다네. 하지만 알키

d 비아데스, 우리가 태어나면 희극작가의 말처럼 "이웃 사람들도 거의 알지 못한다네."[40]

그 뒤 왕자는 볼품없는 보모가 아니라 궁정에서 가장 존경받는 내시(內侍)들에게 양육되는데, 내시들은 다른 점에서도 왕자의 시중을 들지만 특히 어린 왕자의 사지를 똑바로 바루어 최대한 아름답게 만들 궁리를 한다네. 그리고 그럼으로써 그들은 크게 존경받는다네.

e 왕자가 일곱 살이 되면 말을 타고 승마 교습을 받으며, 들짐승을 사냥하기 시작한다네. 왕자가 열네 살이 되면 페르시아인들이 왕의 스승이라고 부르는 자들에게 맡겨진다네. 이들은 장년의 페르시아인 중에서 가장 훌륭한 자로 뽑힌 네 명으로, 가장 지혜로운 자, 가장 정의로운 자,

122a 가장 절제 있는 자, 가장 용감한 자가 그들일세. 그들 중 가장 지혜로운 자는 그에게 호로마조스의 아들 조로아스트레스[41]의 비밀스러운 지혜 즉 신들을 섬기는 법을 가르치는데, 그는 또 왕이 알아야 할 것들도 가르친다네. 가장 정의로운 자는 그에게 평생토록 진실을 말할 것을 가르치고, 가장 절제 있는 자는 그가 단 하나의 쾌락에도 지배당하지 않게 가르쳐 자유민답고 진정한 왕이 되는 습관을 들이도록 한다네. 진정한 왕은 무엇보다도 자신을 다스리고 자신의 노예가 되어서는 안 되니 말일세. 가장 용감한 자는 겁을 내면 노예가 된다며 그를 두려움 없고 겁 없는 사람으로 단련시킨다네.

하지만 알키비아데스, 페리클레스는 자기 하인들 가운데 늙어서 가장 쓸모가 없는 트라케 출신 조퓌로스[42]를 자네 스승으로 앉혔네. 자네 경쟁자들의 나머지 양육 방식과 교육 방식도 모두 말할 수 있지만, 그리하면 이야기가 길어질 것이고, 자네에게 지금까지 말한 것으로도 그다음 단계들을 보여주기에 충분할 걸세. 하지만 알키비아데스, 자네나 그 밖의 다른 아테나이인의 출생이나 양육이나 교육에 대해서는 그야말로 아무도 관심이 없네. 어떤 이가 우연히 자네의 연인[43]이 되면 몰라도. b

또한 자네가 페르시아인들의 부유함, 사치스러움, 의복, 질질 끌리는 겉옷, 향유 바르기, 수많은 시종, 그 밖의 다른 호사스러움에 주목하려 한다면, 자신이 그들에 비해 얼마나 열등한지 알고 자신이 부끄럽게 느껴질 걸세. 또한 자네가 라케다이몬인들의 자제력과 절도, 자신감, 침착함, 자부심, 규율, 용기, 참을성, 노고를 좋아함, 승부욕, 명예욕에 주목하려 한다면, 자네는 이 모든 점에서 자신을 어린아이에 불과하다고 여길 걸세. c

또한 알키비아데스, 자네가 자신의 부를 언급하고 싶고 부에서는 자네가 상당한 수준이라고 생각한다면, 자네가 자신의 위치가 어디쯤인지 d

40 희극작가 플라톤의 시행. 단편 204 (Kock).

41 Horomazos, Zoroastres. 조로아스트레스는 기원전 800년경의 페르시아 입법자이자 배화교(拜火教) 창시자이다.

42 트라케(Thraike)는 에게해 북쪽 기슭 지방과 지금의 불가리아를 가리키던 이름이다. Zophyros.

43 erastes. 주 1 참조.

알도록 나는 그 점에 대해서도 말하지 않을 수 없네. 자네가 라케다이몬 인들의 부를 보고 싶다면, 이곳 아테나이의 부가 그곳의 부에 훨씬 못 미치는 것을 알게 될 테니 말일세. 그들은 자신들의 영토 외에도 멧세네[44] 지방에도 영토가 있는데, 그 크기와 비옥도에서 이곳의 어느 누구도 경쟁할 수 없으며, 그 점은 노예 특히 국가노예를 보유한 정도와, 마필(馬匹)은 물론이고 메세네 지방에서 풀을 뜯는 다른 가축을 보유한 정도에서도 마찬가지일세.

e 이런 점들은 차치하고라도 헬라스 전체보다 라케다이몬 한 곳이 사유하고 있는 금과 은이 더 많다네. 금과 은이 수세대에 걸쳐 헬라스 각지에서, 때로는 이민족의 도시들에서 그들에게 유입되고 있지만, 어느 곳으로도 유출되지 않기 때문일세. 오히려 아이소포스의 우화에서 여우가
123a
사자에게 말한 그대로,[45] 라케다이몬으로 돈이 들어간 흔적은 뚜렷해도 돈이 나온 흔적은 어디에서도 볼 수 없다네. 그러니 금과 은으로 말하자면 라케다이몬인들이 헬라스인 중에서 가장 부유하고, 라케다이몬인 중에서는 그들의 왕이 가장 부유하다는 것을 알아야 하네. 이들 수입 가운데 가장 큰 몫을 왕이 차지하고, 그 밖에 라케다이몬인들이 왕에게 바치는 세금도 적지 않기 때문일세.

b 라케다이몬인들의 부는 다른 헬라스인들의 부에 견준다면 대단하지만 페르시아인들과 그들의 왕의 부에 견준다면 아무것도 아니겠지. 페르시아의 왕궁으로 여행한 자들 가운데 믿을 만한 사람한테서 이런 이야기를 들은 적이 있네. 그에 따르면 그는 거의 하룻길이나 되는 아주 넓고 아름다운 지역을 지나간 적이 있는데, 그 지역 사람들은 그곳을 왕비

의 허리띠[46]라고 부른다고 했네. 너울이라 부르는 다른 지역도 있었고, 그 밖에 왕비의 치장을 위해 지정한 다른 많은 아름답고 훌륭한 지역들 c 이 있었는데, 이들 지역은 저마다 장신구에서 따온 이름을 갖고 있었다고 했네.

그러니 누군가 크세르크세스의 미망인으로 왕의 어머니인 아메스트리스[47]에게 이렇게 말한다고 가정해보게. "데이노마케[48]의 아들이 당신의 아들에게 도전할 생각을 하는데, 그녀에게는 기껏해야 50므나 값어치의 장신구가 있고, 그녀의 아들에게는 에르키아[49]에 300플레트론[50]도 안 되는 토지가 있습니다." 그러면 그녀는 이 알키비아데스라는 자가 도대체 뭘 믿고 아르토크세르크세스와 겨룰 생각을 하는지 의아해하며, d 아마도 이렇게 말할 걸세. "그자가 믿을 것이라고는 돌봄과 지혜밖에 더 있을까? 헬라스인들이 내세우는 것은 그런 것들뿐이니까."

**44** Messene. 펠로폰네소스반도의 남서부 지방으로 오랜 전쟁 끝에 스파르테에 정복되어 대부분의 그곳 주민이 스파르테의 국가노예(heilotes)가 되었다.

**45** 196번 (Chambry), '늙은 사자와 여우' 참조. 아이소포스(Aisopos)는 우화 작가 이솝의 그리스어 이름이다.

**46** 당시 페르시아에서는 왕비가 각종 장신구를 마련할 수 있도록 왕이 토지를 하사하는 것이 관행이었다.

**47** 크세르크세스(Xerxes)는 기원전 480년 그리스를 침공했다가 대패한 페르시아 왕이다. Amestris.

**48** Deinomache. 알키비아데스의 어머니.

**49** Erchia. 앗티케 지방의 174개 구역 중 하나로 아테나이에서 동쪽으로 15킬로미터쯤 떨어져 있다..

**50** plethron. 300플레트론은 28헥타르쯤 된다.

그러나 그런 시도를 하는 알키비아데스라는 자가 첫째, 아직 스무 살도 안 됐고 둘째, 전혀 교육받지 않은 데다, 페르시아 왕과 겨루러 가려면 e 먼저 공부하고 자신을 돌보고 훈련해야 한다고 연인이 말해도 그가 거부하며 지금 이대로 충분하다고 말한다는 것을 그녀가 듣게 된다면 그녀는 아마 놀라서 물을 걸세. "도대체 그 애송이가 뭘 믿고 그러는 걸까?" "아름다움, 큰 키, 가문, 부, 타고난 자질이죠"라고 우리가 대답한다면, 그녀는 자네의 그런 장점이 자기 백성에게도 있음을 보고는 우리를 미쳤다고 여길 걸세, 알키비아데스. 생각건대 레오튀키데스의 딸로 아르키다마스 124a 의 아내이자 아기스—이들은 모두 라케다이몬의 왕이었네—의 어머니인 람피도[51] 역시 자기 백성들도 이런 점을 지닌 것을 보고는 자네가 그렇게 나쁘게 양육되었음에도 자기 아들과 겨루려 하는 것에 놀라움을 금치 못할 걸세.

하지만 우리가 적에게 도전하려면 어떤 자질을 가져야 하는지 우리 자신보다 적의 아내들이 더 잘 안다면 부끄러운 일이라고 생각되지 않는가? 여보게, 내 말과 델포이의 글귀를 믿고 자네 자신을 알도록 하게. 우 b 리의 경쟁자들은 자네가 생각하는 그런 자들이 아니라 이들 왕이며, 돌봄과 기술 말고는 그들을 이길 방법이 없네. 이런 것들에서 부족하다면, 자네는 헬라스인들과 이민족 사이에서 명성을 얻는 데도 실패할 걸세. 내가 보기에 누구 못지않게 자네가 바라는 것 같은 명성 말일세.

**알키비아데스** 소크라테스 선생님, 어떤 훈련을 해야 하죠? 설명해주실 수 있나요? 선생님께서는 전적으로 맞는 말씀을 하시는 것 같아요.

**소크라테스** 할 수 있지. 하지만 우리가 어떻게 해야 최대한 훌륭해질 수 있는지 함께 의논해보도록 하세. 교육받을 필요가 있다고 내가 말한 것 은 자네뿐 아니라 내게도 적용되는 것이니까. 한 가지만 빼고 내가 자네보다 나을 게 없으니 말일세. c

**알키비아데스** 그게 뭐죠?

**소크라테스** 내 후견인이 자네의 후견인인 페리클레스보다 더 낫고 더 지혜롭다는 것 말일세.

**알키비아데스** 그분이 누구시죠, 소크라테스 선생님?

**소크라테스** 신일세, 알키비아데스. 여태까지 자네와 대화하는 것을 허용하지 않은 것은 신이었네. 역시 신을 믿고 말하거니와, 자네는 나 말고 다른 사람을 통해서는 결코 이름을 떨치지 못할 걸세.

**알키비아데스** 농담하시는군요, 소크라테스 선생님. d

**소크라테스** 그럴지도 모르지. 하지만 우리에게는 돌봄이 필요하다는 내 말은 맞는 말일세. 사실 돌봄은 모든 사람에게 필요하지만, 우리 두 사람에게는 특히 더 많이 필요하다네.

**알키비아데스** 제게 돌봄이 필요하다는 것은 틀린 말씀이 아닙니다.

**소크라테스** 내게 돌봄이 필요하다는 것도 틀린 말이 아닐세.

**알키비아데스** 그럼 우리는 어떻게 해야 하지요?

**소크라테스** 여보게, 우리는 포기해서도 안 되고 나약해져서도 안 되네.

**알키비아데스** 그러는 것은 적절하지 못하겠지요, 소크라테스 선생님.

51 Leotychides, Archidamas, Agis, Lampido.

**소크라테스** 적절하지 못하겠지. 그러니 함께 의논해보세. 말해보게. 우

e 리는 최대한 훌륭해지고 싶다고 말하는가, 말하지 않는가?

**알키비아데스** 그렇게 말합니다.

**소크라테스** 어떤 미덕과 관련해서?

**알키비아데스** 물론 훌륭한 사람들의 미덕과 관련해서지요.

**소크라테스** 어떤 점에서 훌륭한 사람들 말인가?

**알키비아데스** 물론 일 처리에 훌륭한 사람들이겠지요.

**소크라테스** 어떤 일 말인가? 말(馬)에 관한 일 말인가?

**알키비아데스** 그건 아닙니다.

**소크라테스** 그런 일이라면 우리는 마필 전문가와 상담하겠지?

**알키비아데스** 네.

**소크라테스** 그럼 자네가 말하는 것은 항해에 관한 일인가?

**알키비아데스** 아니요.

**소크라테스** 그런 일이라면 우리는 항해 전문가와 상담하겠지?

**알키비아데스** 네.

**소크라테스** 그럼 어떤 일인가? 어떤 사람들이 하는 일인가?

**알키비아데스** 아테나이인들 중에서 진실로 훌륭한 사람들[52]이 하는 일입니다.

125a **소크라테스** 자네가 말하는 '진실로 훌륭한 사람들'이란 지혜로운 사람들인가, 어리석은 사람들인가?

**알키비아데스** 지혜로운 사람들입니다.

**소크라테스** 그리고 각자는 자신이 지혜로운 분야에서는 훌륭하겠지?

**알키비아데스** 네.

**소크라테스** 그리고 각자는 자신이 어리석은 분야에서는 못하겠지?

**알키비아데스** 왜 아니겠어요?

**소크라테스** 제화공은 구두 만드는 데 지혜롭겠지?

**알키비아데스** 물론이지요.

**소크라테스** 그럼 그 분야에서는 훌륭하겠지?

**알키비아데스** 훌륭해요.

**소크라테스** 어떤가? 제화공은 옷 만드는 일에는 어리석지 않을까?

**알키비아데스** 그렇습니다.

**소크라테스** 그럼 이 분야에서는 못하겠지? b

**알키비아데스** 네.

**소크라테스** 그런 논리대로라면 같은 사람이 못하기도 하고 좋기도 하네.

**알키비아데스** 그런 것 같아요.

**소크라테스** 그럼 훌륭한 사람은 못하기도 하다는 말인가?

**알키비아데스** 그렇지는 않아요.

**소크라테스** 자네는 대체 어떤 사람을 훌륭하다고 말하는가?

**알키비아데스** 저는 나라를 다스릴 능력이 있는 사람을 그렇게 말합니다.

**소크라테스** 마필을 다스릴 수 있는 사람은 분명 아니겠지?

**알키비아데스** 그건 분명 아닙니다.

52 '진실로 훌륭한 사람들'(kaloi kagathoi). 문맥에 따라 '신사들'로 옮길 수도 있다.

**소크라테스** 그럼 사람을 다스릴 수 있는 사람은?

**알키비아데스** 그건 맞아요.

**소크라테스** 사람이 아플 때 말인가?

**알키비아데스** 아니요.

**소크라테스** 아니면 사람이 항해할 때 말인가?

**알키비아데스** 아니요.

**소크라테스** 사람이 수확할 때 말인가?

**알키비아데스** 아니요.

c **소크라테스** 아무것도 하지 않을 때 말인가, 무언가를 할 때 말인가?

**알키비아데스** 무언가를 할 때라고 저는 말합니다.

**소크라테스** 무엇을 한다는 겐가? 내게도 설명해보게.

**알키비아데스** 우리 시민들이 일상생활에서 그러듯이, 사람들이 서로 거래하고 협력할 때 말입니다.

**소크라테스** 그럼 서로 협력하는 사람들을 다스리는 것 말인가?

**알키비아데스** 네.

**소크라테스** 그럼 노꾼들에게 노 저으라는 신호를 보내는 갑판장들을 다스리는 것 말인가?

**알키비아데스** 그건 분명 아닙니다.

**소크라테스** 그것은 키잡이의 미덕이기 때문인가?

**알키비아데스** 그렇습니다.

d **소크라테스** 가수들을 지휘하고 무용수들을 이용하는 피리 연주자들을 다스리는 것 말인가?

**알키비아데스** 그건 분명 아니에요.

**소크라테스** 그건 또 합창가무단 교사의 미덕이기 때문인가?

**알키비아데스** 물론이지요.

**소크라테스** 그렇다면 자네가 말하는 서로 협력하는 사람들을 다스릴 능력이란 도대체 무엇인가?

**알키비아데스** 제가 말하는 것은 국가에서 참정권을 갖고 서로 협력하는 사람들을 다스리는 것입니다.

**소크라테스** 그것은 어떤 기술인가? 방금 물었던 것을 다시 묻겠는데, 어떤 기술이 함께 항해하는 사람들을 다스릴 줄 알게 해주는가?

**알키비아데스** 키잡이 기술이지요.

**소크라테스** 방금 한 말을 다시 하겠는데, 동료 가수들을 지배하게 해주는 것은 어떤 지식인가?

**알키비아데스** 그것은 선생님께서 방금 말씀하신 것, 즉 합창가무단 교사의 지식입니다.

**소크라테스** 어떤가? 자네는 동료 시민을 지배하게 해주는 지식을 무엇이라고 부르는가? e

**알키비아데스** 저는 좋은 조언[53]이라고 부릅니다, 소크라테스 선생님.

**소크라테스** 어떤가? 설마 키잡이의 지식을 나쁜 조언이라고 생각하는 것은 아니겠지?

53 '좋은 조언'(eubolia).

**알키비아데스** 분명 아닙니다.

**소크라테스** 그럼 좋은 조언인가?

126a **알키비아데스** 저는 그렇다고 생각합니다. 키잡이는 승객을 안전하게 모셔야 하니까요.

**소크라테스** 좋은 말일세. 어떤가? 자네가 말하는 좋은 조언이란 무엇을 위한 것인가?

**알키비아데스** 나라를 더 잘 관리하고 보존하는 것을 위해서지요.

**소크라테스** 무엇이 생기거나 없어져야 나라가 더 잘 관리되고 안전한가? 예를 들어 "무엇이 생기거나 없어져야 몸이 더 잘 관리되고 안전합니까?"라고 자네가 내게 묻는다면, 나는 "건강이 생기고 질병이 없어져야지"라고 대답할 걸세. 자네는 그렇게 생각하지 않는가?

b **알키비아데스** 그렇습니다.

**소크라테스** 또 "무엇이 생겨야 눈이 더 좋아집니까?"라고 자네가 묻는다면, 나는 마찬가지로 "시력이 생기고 눈먼 상태가 없어져야지"라고 대답할 걸세. 또한 "귀는 들리지 않는 상태가 없어지고 그 안에 청력이 생기면 더 나아지고 더 훌륭하게 보살핌을 받게 되지"라고 말할 걸세.

**알키비아데스** 옳은 말씀입니다.

**소크라테스** 어떤가? 나라는 무엇이 생기고 없어져야 더 나아지고 더 훌륭하게 보살핌을 받고 더 잘 관리되는가?

c **알키비아데스** 소크라테스 선생님, 제가 생각하기에, 그렇게 되려면 서로 간에 우정이 생기고 미움과 반목이 없어져야 합니다.

**소크라테스** 자네가 말하는 '우정'이 뜻하는 것은 의견의 일치인가 불일치인가?

**알키비아데스** 의견의 일치입니다.

**소크라테스** 그렇다면 어떤 기술을 통해 나라들은 수(數)에 관해 의견이 일치하는가?

**알키비아데스** 산술을 통해서죠.

**소크라테스** 개인들은 어떤가? 역시 같은 기술을 통해서가 아닐까?

**알키비아데스** 그렇습니다.

**소크라테스** 그리고 각 개인은 자신과 의견이 일치하겠지?

**알키비아데스** 네.

**소크라테스** 한 뼘과 한 완척(腕尺)[54] 가운데 어느 쪽이 더 긴지에 대해서는 어떤 기술을 통해 각자가 자신과 의견이 일치할까? 측량술을 통해서가 아닐까? d

**알키비아데스** 물론이지요.

**소크라테스** 그것은 개인끼리도 나라끼리도 서로 의견이 일치하게 만들겠지?

**알키비아데스** 네.

**소크라테스** 어떤가? 저울질도 마찬가지가 아닐까?

**알키비아데스** 동의합니다.

**소크라테스** 그렇다면 자네가 말하는 의견의 일치란 무엇이고, 무엇에 관

54 pechys. 팔꿈치와 가운뎃손가락 끝까지의 거리로 45센티미터쯤 된다.

한 것이며, 어떤 기술이 그것을 가져다주는가? 그리고 그것은 국가를 위해서도 개인을 위해서도, 자신과 관련해서도 남들과 관련해서도 똑같은 것인가?

**알키비아데스** 역시 그런 것 같아요.

e **소크라테스** 그렇다면 의견의 일치란 무엇인가? 대답하느라 지치지 말고, 최선을 다해 말해주게.

**알키비아데스** 제가 말하는 것은 부모와 사랑하는 아들 사이에서, 그리고 형제와 형제, 아내와 남편 사이에서 볼 수 있는 그런 우정과 의견의 일치인 것 같아요.

**소크라테스** 알키비아데스, 남편은 양털실 잣는 법을 알지 못하는데 아내는 알 때 자네는 남편과 아내가 의견이 일치할 수 있을 것이라고 생각하는가?

**알키비아데스** 아니요.

**소크라테스** 남자는 그럴 필요도 없겠지. 그것을 배우는 것은 여자가 할 일이니까.

**알키비아데스** 그렇습니다.

127a **소크라테스** 어떤가? 여자는 배운 적이 없어도 무기를 다루는 법에 관해 남자와 의견이 일치할 수 있을까?

**알키비아데스** 아니요.

**소크라테스** 자네는 아마도 그것을 배우는 것은 남자가 할 일이라고 주장할 테지.

**알키비아데스** 저는 그렇다고 주장해요.

**소크라테스** 그럼 자네 논리대로라면 어떤 것은 여자가 배우는 것이고, 어떤 것은 남자가 배우는 것일세.

**알키비아데스** 왜 아니겠어요?

**소크라테스** 그럼 적어도 이들 분야에서는 여자와 남자 사이에 의견의 일치가 없네.

**알키비아데스** 없어요.

**소크라테스** 그렇다면 우정[55]도 없네. 우정이 의견의 일치라면 말일세.

**알키비아데스** 없는 것 같아요.

**소크라테스** 그럼 여자들이 제 할 일을 하는 한에서는, 남자들에게 사랑받지 못하네.

**알키비아데스** 그럴 것 같아요. b

**소크라테스** 그럼 남자들도 제 할 일을 하는 한에서는, 여자들에게 사랑받지 못하네.

**알키비아데스** 사랑받지 못해요.

**소크라테스** 그럼 각자가 제 할 일을 하는 한 국가도 잘 다스려지지 못하겠구먼?

**알키비아데스** 저는 잘 다스려진다고 생각해요, 소크라테스 선생님.

**소크라테스** 무슨 말을 하는 겐가? 우정이 생기지 않아도 그렇다는 말인가? 우리는 우정이 생겨야 국가가 잘 다스려지고 그렇지 않으면 잘 다스

55 philia. 이 낱말에는 '사랑'이라는 뜻이 내포되어 있다.

려지지 않는다고 말하지 않았던가?

**알키비아데스** 제가 생각하기에는 각자가 제 할 일을 할 때 서로 간에 우정이 생기는 것 같아요.

c **소크라테스** 잠시 전과 생각이 바뀌었구먼. 이번에 하는 말은 무슨 뜻인가? 의견이 일치하지 않아도 우정이 생길 수 있다는 말인가? 그리고 어떤 사람은 알고 어떤 사람은 몰라도 의견이 일치할 수 있다는 말인가?

**알키비아데스** 그건 불가능해요.

**소크라테스** 각자가 제 할 일을 할 때, 그들의 행위는 정의로운가, 불의한가?

**알키비아데스** 물론 정의롭지요.

**소크라테스** 그럼 나라의 시민들이 정의로운 행위를 할 때는 그들 사이에 우정이 생기지 않는가?

**알키비아데스** 제가 생각하기에 반드시 생길 것 같아요, 소크라테스 선생님.

d **소크라테스** 우리가 훌륭한 사람이기 위해 그와 관련하여 지혜롭고 신중해야 한다는 자네의 그 '우정'과 '의견의 일치'란 대체 무엇을 의미하는가? 나는 그것이 무엇인지, 누구에게 있는지 이해할 수 없네. 자네 말에 따르면, 같은 사람이 그것을 가질 때도 있고, 갖지 못할 때도 있는 것 같으니 말일세.

**알키비아데스** 소크라테스 선생님, 신들에 맹세코 제가 무슨 말을 하는지 저도 모르겠어요. 그리고 오래전부터 저도 모르게 꼴불견이었던 것 같아요.

e **소크라테스** 하지만 낙담하지 말게. 자네가 쉰 살이 되어 그렇다는 것을 깨달으면 자신을 돌보기가 어렵겠지만, 깨달아야 할 나이에 그렇다는 것을

깨달았으니 말일세.

**알키비아데스** 그렇다는 것을 깨달은 뒤에는 어떻게 해야 하지요, 소크라테스 선생님?

**소크라테스** 내 질문에 대답하게, 알키비아데스. 자네가 대답하면, 자네와 나는 신의 도움으로 상태가 더 나아질 걸세. 자네가 내 예언술을 믿어 준다면 말일세.

**알키비아데스** 제가 대답해서 우리가 더 나아진다면 대답해야겠지요.

**소크라테스** 자, 자신을 돌본다는 것은 무엇을 의미하는가? 나는 우리가 자신을 돌보지 않으면서 가끔은 자신도 모르게, 돌본다고 생각하지 않을까 두렵네. 그리고 사람은 언제 자신을 돌보는가? 사람은 자신이 가진 것을 돌볼 때 자신을 돌보는가? 128a

**알키비아데스** 저는 그렇다고 생각합니다.

**소크라테스** 어떤가? 사람은 언제 자기 발을 돌보는가? 자기 발에 속하는 것들을 돌볼 때인가?

**알키비아데스** 무슨 말씀인지 모르겠어요.

**소크라테스** 자네는 무언가가 손에 속한다고 말할 수 있겠지? 예를 들어 반지가 손가락 말고 인체의 다른 부위에 속한다고 자네는 말할 수 있는가?

**알키비아데스** 없습니다.

**소크라테스** 마찬가지로 구두는 발에 속한다고 말할 수 있겠지?

**알키비아데스** 네.

〈**소크라테스** 마찬가지로 겉옷과 담요는 인체의 다른 부위에 속하겠지?

**알키비아데스** 네.〉 b

**소크라테스** 그럼 우리가 구두를 돌볼 때 우리 발을 돌보는가?

**알키비아데스** 무슨 말씀인지 잘 모르겠어요, 소크라테스 선생님.

**소크라테스** 어떤가, 알키비아데스? 자네가 올바로 돌본다고 말하는 것이 있는가?

**알키비아데스** 있지요.

**소크라테스** 누가 어떤 것을 더 낫게 만들 때 자네는 이를 '올바른 돌봄'이라 부르는가?

**알키비아데스** 네.

**소크라테스** 그럼 어떤 기술이 구두를 더 낫게 만드는가?

**알키비아데스** 제화술입니다.

**소크라테스** 그럼 우리는 제화술로 우리 발을 돌보겠지?

c **알키비아데스** 네.

**소크라테스** 그럼 우리는 제화술로 우리 발도 돌보는가? 아니면 우리 발을 더 낫게 만드는 기술로 그렇게 하는가?

**알키비아데스** 발을 더 낫게 만드는 기술로 그렇게 합니다.

**소크라테스** 우리는 신체의 다른 부위도 더 낫게 만드는 바로 그 기술로 우리 발을 더 낫게 만들지 않는가?

**알키비아데스** 저는 그렇다고 생각해요.

**소크라테스** 그 기술은 체력단련술이 아닌가?

**알키비아데스** 그렇습니다.

**소크라테스** 그럼 우리는 체력단련술로는 우리 발을 돌보고, 제화술로는 우리 발에 속하는 것을 돌보는가?

**알키비아데스** 물론이지요.

**소크라테스** 또한 체력단련술로는 우리 손을 돌보고, 반지 세공술로는 우리 손에 속하는 것을 돌보는가?

**알키비아데스** 네.

**소크라테스** 또한 체력단련술로는 몸을 돌보고, 직조술과 그 밖의 다른 기술로는 몸에 속하는 것을 돌보는가?

**알키비아데스** 전적으로 동의합니다.

**소크라테스** 그럼 우리는 어떤 기술로는 우리 자신을 돌보고, 다른 기술로는 우리에게 속하는 것을 돌보네. d

**알키비아데스** 그런 것 같아요.

**소크라테스** 그러면 자네에게 속하는 것을 돌볼 때 자네는 자신을 돌보는 것이 아닐세.

**알키비아데스** 아닙니다.

**소크라테스** 그것은 자신을 돌보는 기술과 자신에게 속하는 것을 돌보는 기술이 같지 않기 때문인 것 같네.

**알키비아데스** 같지 않은 것 같아요.

**소크라테스** 자 그럼, 어떤 기술로 우리는 자신을 돌볼 수 있는가?

**알키비아데스** 말씀드릴 수가 없어요. e

**소크라테스** 하지만 우리는 그것이 우리에게 속하는 것을 더 낫게 만드는 것이 아니라, 우리 자신을 더 낫게 만들 기술이라는 데는 의견이 일치했네. 그렇지 않은가?

**알키비아데스** 맞는 말씀입니다.

**소크라테스** 그런데 구두가 무엇인지 우리가 알지 못한다면 어떤 기술이 구두를 더 낫게 만드는지 알 수 있었을까?

**알키비아데스** 그건 불가능해요.

**소크라테스** 반지가 무엇인지 모른다면 우리는 어떤 기술이 반지를 더 잘 만드는지도 알지 못했을 걸세.

**알키비아데스** 맞습니다.

**소크라테스** 어떤가? 우리 자신이 무엇인지 모른다면 어떤 기술이 우리를 더 낫게 만드는지 우리가 알 수 있을까?

129a **알키비아데스** 그건 불가능해요.

**소크라테스** 그렇다면 자신을 아는 것은 쉬운 일이고 퓌토[56]에 있는 신전에 그 글귀[57]를 새긴 사람은 멍청한 인간인가, 아니면 그것은 어려운 일이고 아무나 할 수 있는 일이 아닌가?

**알키비아데스** 소크라테스 선생님, 제 생각에 그것은 때로는 아무나 할 수 있는 일 같고, 때로는 참으로 어려운 일 같아요.

**소크라테스** 알키비아데스, 그 일이 쉽건 쉽지 않건 우리의 처지는 이럴 걸세. 우리가 자신을 알면 어떻게 자신을 돌볼지 알지만, 우리가 자신을 모르면 어떻게 자신을 돌볼지 모를 거란 말일세.

**알키비아데스** 그건 그렇습니다.

b **소크라테스** 자, 어떤 방법으로 자체의 본성을 발견할 수 있을까? 우리가 자신을 알면 우리는 우리 자신이 무엇인지 발견할 수 있지만, 우리가 여전히 우리 자신을 모른다면 우리 자신이 무엇인지 발견하지 못할 테니 말일세.

**알키비아데스** 옳은 말씀입니다.

**소크라테스** 잠깐만! 자네는 지금 누구와 말하는가? 나와 말하는 것이겠지?

**알키비아데스** 네.

**소크라테스** 나 또한 자네와 말하는 것이겠지?

**알키비아데스** 네.

**소크라테스** 그럼 말하는 사람은 소크라테스겠지?

**알키비아데스** 물론이지요.

**소크라테스** 듣는 사람은 알키비아데스겠지?

**알키비아데스** 네.

**소크라테스** 소크라테스는 말을 사용하여 말하겠지?

**알키비아데스** 물론이지요. c

**소크라테스** 그런데 자네는 말하는 것과 말을 사용하는 것을 같은 것이라고 부르는 것 같구먼.

**알키비아데스** 물론이지요.

**소크라테스** 하지만 사용자와 사용자가 사용하는 것은 다르지 않은가?

**알키비아데스** 무슨 말씀이신지요?

**소크라테스** 예를 들어 제화공은 자를 때 날이 굽은 칼과 날이 곧은 칼과 그 밖의 다른 도구도 사용하네.

**56** Pytho. 델포이(Delphoi)의 옛 이름.

**57** "너 자신을 알라."(gnothi sauton)

**알키비아데스** 그렇습니다.

**소크라테스** 그럼 도구를 사용해 자르는 사람은 그가 자를 때 사용하는 도구와는 다르겠지?

**알키비아데스** 왜 아니겠어요?

**소크라테스** 마찬가지로 키타라 연주자도 그가 연주할 때 사용하는 것과는 다르겠지?

**알키비아데스** 네.

d **소크라테스** 내가 방금 물은 것이 바로 그것일세. 자네에게는 무엇인가를 사용하는 사람과 그가 사용하는 것이 언제나 다른 것 같은지 말일세.

**알키비아데스** 제 생각에는 다른 것 같아요.

**소크라테스** 그럼 우리는 제화공에 대해 뭐라고 말할 텐가? 그는 도구로만 자르는가, 손으로도 자르는가?

**알키비아데스** 손으로도 자릅니다.

**소크라테스** 그럼 그는 손도 사용하겠지?

**알키비아데스** 네.

**소크라테스** 그는 구두를 만들 때 눈도 사용하겠지?

**알키비아데스** 네.

**소크라테스** 그런데 무언가를 사용하는 사람과 그가 사용하는 것은 다르다는 데 우리는 의견이 일치했는가?

**알키비아데스** 네.

e **소크라테스** 그럼 제화공과 키타라 연주자는 그들이 작업할 때 사용하는 손이나 눈과는 다른 것이겠지?

**알키비아데스** 그런 것 같아요.

**소크라테스** 사람은 몸 전체도 사용하겠지?

**알키비아데스** 물론이지요.

**소크라테스** 그런데 사용되는 것과 사용자는 다른 것이었지?

**알키비아데스** 네.

**소크라테스** 그럼 사람은 자신의 몸과 다르겠지?

**알키비아데스** 그럴 것 같아요.

**소크라테스** 그렇다면 사람은 무엇인가?

**알키비아데스** 저는 말씀드릴 수 없습니다.

**소크라테스** 하지만 자네는 사람이 몸의 사용자라고는 말할 수 있을 걸세.

**알키비아데스** 네.

**소크라테스** 몸을 사용하는 것은 혼 말고 다른 것일까? 130a

**알키비아데스** 다른 것이 아닙니다.

**소크라테스** 그럼 혼이 몸을 다스리겠지?

**알키비아데스** 네.

**소크라테스** 다음에 대해서는 아마 아무도 의견을 달리하지 않을 걸세.

**알키비아데스** 그게 뭐죠?

**소크라테스** 사람은 셋 중에 하나라는 것 말일세.

**알키비아데스** 그게 어떤 것들이죠?

**소크라테스** 혼이거나 몸이거나 이 둘이 합쳐진 전체라는 말일세.

**알키비아데스** 물론이지요.

**소크라테스** 하지만 몸을 지배하는 것은 사람이라는 데 우리는 동의했네.

b **알키비아데스** 동의했습니다.

**소크라테스** 그런데 몸이 스스로 자신을 다스리는가?

**알키비아데스** 그러지 않아요.

**소크라테스** 우리 주장에 따르면, 몸은 다스려지기 때문일세.

**알키비아데스** 그렇습니다.

**소크라테스** 그럼 몸은 우리가 찾는 것일 수 없네.

**알키비아데스** 아닌 것 같아요.

**소크라테스** 그럼 둘이 합쳐진 것이 몸을 지배하는데, 그것은 사람이겠지?

**알키비아데스** 아마도 그런 것 같아요.

**소크라테스** 하지만 전혀 그런 것 같지 않네. 둘 중 하나가 다스리는 데 참여하지 않는다면, 둘이 합쳐진 것이 다스릴 방도는 전혀 없을 테니 말일세.

**알키비아데스** 옳은 말씀입니다.

c **소크라테스** 사람은 몸도 아니고 몸과 혼을 합친 것도 아니니, 생각건대 사람은 셋 중 아무것도 아니거나, 셋 중 무엇이라면 혼 말고 다른 것이 아니라는 결론이 남는구먼.

**알키비아데스** 그렇습니다.

**소크라테스** 자네는 혼이 사람이라는 것을 더 명확하게 증명해주기를 요구하는가?

**알키비아데스** 제우스에 맹세코, 이미 충분히 증명된 것 같아요.

**소크라테스** 정확하게는 아니더라도 적당하게 증명했으면 우리에게는 그것으로 충분하네. 우리가 방금 빠뜨린 것을 찾아낸다면 많은 고찰이 필

요한 만큼 정확하게 알 수 있을 테니까. d

**알키비아데스** 그게 뭐죠?

**소크라테스** 조금 전에 우리는 먼저 자체의 본성을 고찰해야 한다고 말했을 때[58] 내 말이 의미했던 것 말일세. 그것을 고찰하는 대신 우리는 개별 자체가 무엇인지 살펴보았네. 하지만 우리에게는 아마 그것으로 충분할 걸세. 우리 안에는 분명 혼보다 더 강력한 것은 아무것도 없을 테니까. 자네는 동의하지 않는가?

**알키비아데스** 동의합니다.

**소크라테스** 그러면 자네와 내가 말을 사용하여 혼끼리 서로 대화한다고 생각해도 좋겠지?

**알키비아데스** 물론입니다. e

**소크라테스** 그러니까 그것이 우리가 잠시 전에 말한 것이었네.[59] 그때 나 소크라테스는 말을 사용해 겉보기처럼 알키비아데스 자네 얼굴에 대고 말하는 것이 아니라, 진짜 알키비아데스에게 다시 말해 그의 혼에게 말을 거는 것이라고 말했네.

**알키비아데스** 저는 그렇다고 생각해요.

**소크라테스** 그러니 우리가 자신을 알아야 한다는 명령은 곧 우리가 우리 혼을 알아야 한다는 뜻일세.

**알키비아데스** 그런 것 같아요. 131a

**58** 129b 참조.

**59** 129b~c 참조.

**소크라테스** 그리고 자기 몸에 속하는 무엇인가를 아는 사람은 자신에게 속하는 것을 아는 것이지, 자신을 아는 것이 아닐세.

**알키비아데스** 그렇습니다.

**소크라테스** 그러니 어떤 의사도 의사인 한 자신을 알지 못하고, 어떤 체육교사도 체육교사인 한 자신을 알지 못하네.

**알키비아데스** 그런 것 같아요.

**소크라테스** 그러니 농부와 그 밖의 다른 장인들도 자신을 아는 것과는 거리가 멀다네. 그들은 자신에게 속하는 것도 알지 못하는 것 같으며, 그들의 기술은 그들에게 속하는 것보다 더 멀리 떨어져 있는 것들에 관련된 b 것일세. 그들은 몸에 속하는 것과 어떻게 몸을 돌볼지를 알 뿐이니까 말일세.

**알키비아데스** 맞는 말씀입니다.

**소크라테스** 그러니 만약 절제가 자기 자신을 아는 것이라면, 그들 중 어느 누구도 자기 기술에 의해 절제 있는 것은 아닐세.

**알키비아데스** 아닌 것 같아요.

**소크라테스** 그래서 그런 기술들은 비천해서 훌륭한 사람이 배울 것이 못 된다고 여겨지는 걸세.

**알키비아데스** 물론이지요.

**소크라테스** 또한 몸을 돌보는 사람은 자신에게 속하는 것을 돌보는 것이지, 자신을 돌보는 것은 아니겠지?

**알키비아데스** 그런 것 같아요.

**소크라테스** 그러나 재물을 돌보는 사람은 자신도 자신에게 속하는 것도

돌보지 않고, 자신에게 속하는 것들보다 더 멀리 떨어져 있는 것을 돌보는 것이겠지? c

**알키비아데스** 저는 그렇다고 생각합니다.

**소크라테스** 그렇다면 재물을 모으는 사람은 자기에게 속하는 일을 하는 것이 아닐세.

**알키비아데스** 옳습니다.

**소크라테스** 그리고 알키비아데스의 몸에 반하는 사람이 있다면, 그는 알키비아데스에게 반하는 것이 아니라, 알키비아데스에게 속하는 어떤 것에 반하는 것일세.

**알키비아데스** 맞는 말씀입니다.

**소크라테스** 그러니 자네를 사랑하는 사람은 자네의 혼을 사랑하겠지?

**알키비아데스** 우리 논의에 따르면 당연한 결론이지요.

**소크라테스** 그리고 자네의 몸을 사랑하는 사람은 자네의 아름다움이 시들고 나면 자네 곁을 떠나겠지?

**알키비아데스** 그럴 것 같아요.

**소크라테스** 자네의 혼을 사랑하는 사람은 자네의 혼이 더 나아지는 한 자네 곁을 떠나지 않겠지? d

**알키비아데스** 아마도 그렇겠지요.

**소크라테스** 그럼 자네의 몸이 시들면 다른 사람들은 떠나도 나는 떠나지 않고 자네 곁에 남을 사람일세.

**알키비아데스** 잘하시는 겁니다, 소크라테스 선생님. 그리고 부디 제 곁을 떠나지 마세요.

**소크라테스** 그러면 자네가 최대한 아름다워지도록 노력해야 하네.

**알키비아데스** 노력하겠습니다.

e **소크라테스** 자네의 사정은 이렇다네. 클레이니아스의 아들 알키비아데스에게는 단 한 명의 연인밖에 없었고 또 없는 것 같으며, 그 연인은 소프로니스코스와 파이나레테[60]의 아들로 사랑스러운 소크라테스일세.

**알키비아데스** 맞아요.

**소크라테스** 그리고 자네는 내가 조금 먼저 다가가 말을 걸지 않았다면, 나만 왜 자네 곁을 떠나지 않느냐고 묻고 싶어 자네가 먼저 내게 다가왔을 것이라고 말하지 않았던가?

**알키비아데스** 그랬지요.

**소크라테스** 그 이유는 나만이 자네의 연인이고 다른 사람들은 자네에게 속한 것들을 사랑하기 때문일세. 또한 자네 자신이 꽃피기 시작하는 사이 자네에게 속한 것들은 한창때가 지나고 있네. 그리고 나는 자네가 지금 아테나이 민중에 의해 망가지고 추해지지 않는다면 결코 자네 곁을 떠나지 않을 걸세. 사실 내가 가장 염려하는 것은 자네가 민중의 연인이 되어 망가지지 않을까 하는 것일세. 수많은 훌륭한 아테나이인이 그런 일을 당했으니 말일세. "고매한 에렉테우스의 백성들은"[61] 겉보기에는 매력적이니까. 하지만 그들의 민낯을 보아야 하네. 그러니 자네는 내 권고를 받아들여 조심하도록 하게.

132a

**알키비아데스** 그게 어떤 권고지요?

b **소크라테스** 여보게, 정계에 입문하기 전에 자네는 먼저 훈련하고 배워야 할 것들을 배우도록 하게. 그러면 그것이 자네에게 무서운 위험을 막아

줄 해독제가 될 걸세.

**알키비아데스** 좋은 말씀인 것 같아요, 소크라테스 선생님. 하지만 우리가 어떤 방법으로 자신을 돌볼 수 있는지 설명해주세요.

**소크라테스** 아무튼 우리는 한 단계 앞으로 나아간 걸세. 우리가 무엇인지에 대해 그런 대로 의견이 일치했으니 말일세. 우리가 이와 관련해 실수하여 그런 줄도 모르고 우리 자신이 아니라 다른 어떤 것을 돌보지나 않을까 염려했거든.

**알키비아데스** 그렇습니다.

**소크라테스** 그다음 우리는 우리 혼을 돌보고 그쪽으로 시선을 향해야 하네. c

**알키비아데스** 분명합니다.

**소크라테스** 우리 몸과 재물을 돌보는 일은 다른 사람에게 맡겨야 하네.

**알키비아데스** 물론이지요.

**소크라테스** 그러면 어떻게 해야 우리 혼을 가장 확실히 알 수 있을까? 우리가 그것을 안다면 아마 우리 자신도 알 수 있을 걸세. 신들에 맹세코, 우리는 방금 언급한 델포이의 훌륭한 글귀[62]가 의미하는 바를 제대로 이해하지 못한 것인가?

**알키비아데스** 무슨 의도로 그런 말씀을 하시는 거죠, 소크라테스 선생님?

**소크라테스** 나는 그 글귀가 의미하는 것이 무엇이며 우리에게 조언하는 d

60 Phainarete.

61 『일리아스』 2권 547행 참조. 에렉테우스(Erechtheus)는 아테나이의 전설상의 왕이다.

62 "너 자신을 알라."

것이 무엇인지 내가 짐작하는 바를 자네에게 말하겠네. 시각(視覺)의 경우 말고는 그런 사례는 많지 않네.

**알키비아데스** 그게 무슨 말씀이신지요?

**소크라테스** 자네도 살펴보게. 만약 그 글귀가 사람에게 말하듯 우리 눈에게 "너 자신을 보라!"고 조언한다면 우리는 그런 조언을 어떻게 이해할까? 눈이 그것을 보면 자신을 보게 될 무언가를 보아야 한다는 뜻이 아니겠는가?

**알키비아데스** 분명합니다.

e **소크라테스** 그러면 우리가 존재하는 것 가운데 무엇을 보아야 그것과 우리 자신을 동시에 볼 수 있겠는지 고찰하도록 하세.

**알키비아데스** 소크라테스 선생님, 선생님께서는 분명 거울이나 그런 부류의 것을 말씀하시는 것 같아요.

**소크라테스** 옳은 말일세. 우리가 보는 눈에도 그런 것이 있지 않을까?

**알키비아데스** 물론 있지요.

133a **소크라테스** 자네는 남의 눈을 들여다보는 사람의 얼굴이 거울처럼 맞은편 사람의 눈에 나타나는 것을 관찰한 적이 있는가? 들여다보는 사람의 모상(模相)인 그것을 우리는 눈부처[63]라고도 부르지.

**알키비아데스** 맞는 말씀입니다.

**소크라테스** 그러니 눈은 남의 눈을 봄으로써 그리고 그것으로 눈이 보게 되는 가장 훌륭한 부분을 들여다봄으로써 자신을 보게 된다네.

**알키비아데스** 그런 것 같아요.

**소크라테스** 그러나 사람에 속하는 것 가운데 다른 것이든 존재하는 것 가운데 다른 것이든 이것들을 보게 되면 그것이 눈을 닮지 않은 한 눈은 자신을 보지 못할 걸세.

**알키비아데스** 맞는 말씀입니다. b

**소크라테스** 그러니 눈이 자신을 보려면 눈을 보아야 하고, 눈의 미덕이 깃든 그곳을 들여다보아야 하네. 그곳은 아마 눈동자이겠지?

**알키비아데스** 그렇습니다.

**소크라테스** 그러니 사랑하는 알키비아데스, 혼도 자신을 알려면 혼을 들여다보아야 하며, 무엇보다도 혼의 미덕인 지혜가 깃든 곳과, 그곳을 닮은 혼의 다른 곳을 들여다보아야 하네.

**알키비아데스** 저는 그렇다고 생각합니다, 소크라테스 선생님.

**소크라테스** 앎과 사고(思考)가 자리잡고 있는 그곳보다 더 신적이라고 말할 수 있는 혼의 부분을 우리가 찾아낼 수 있을까? c

**알키비아데스** 우리는 그럴 수 없어요.

**소크라테스** 따라서 혼의 이 부분은 신을 닮았으며, 이것을 보고 신적인 모든 것 즉 신과 사고를 알게 되는 자는 그럼으로써 자신도 가장 잘 알게 될 걸세.

**알키비아데스** 그런 것 같아요.

〈**소크라테스** 그러면 거울이 눈 안의 거울보다 더 선명하고 더 깨끗하고 더 밝듯이, 신도 우리 혼의 가장 훌륭한 부분보다 더 깨끗하고 더 밝겠지?

**63** kore(라/pupilla '소녀' '인형'). '작다'는 뜻이 내포되어 있는 이 낱말은 눈동자를 가리킨다.

**알키비아데스** 그런 것 같아요, 소크라테스 선생님.

**소크라테스** 그러니 신을 봄으로써 우리는 가장 아름다운 거울을 사용하여 사람과 그의 미덕을 들여다볼 수 있을 것이며, 또 그럼으로써 우리 자신을 가장 잘 보고 가장 잘 알 수 있을 걸세.

**알키비아데스** 네.〉

**소크라테스** 그런데 자신을 아는 것이 절제라는 데 우리는 의견이 일치했지?

**알키비아데스** 물론이지요.

**소크라테스** 우리가 자신을 알지 못하고 절제도 없다면 우리에게 속하는 것들 가운데 어떤 것이 좋고 어떤 것이 나쁜지 알 수 있을까?

**알키비아데스** 우리가 그것을 어찌 알 수 있겠어요, 소크라테스 선생님?

d **소크라테스** 알키비아데스를 알지 못한다면 알키비아데스에게 속하는 것들이 알키비아데스에게 속한다는 것을 아는 것이 아마도 자네에게는 불가능해 보일 걸세.

**알키비아데스** 제우스에 맹세코, 불가능해요.

**소크라테스** 우리도 자신을 알지 못하면 우리에게 속하는 것들이 우리에게 속한다는 것을 알지 못하겠지?

**알키비아데스** 어떻게 알겠어요?

**소크라테스** 그리고 우리에게 속하는 것들도 알지 못한다면 우리에게 속하는 것들에 속하는 것들도 알지 못하겠지?

**알키비아데스** 알지 못할 것 같아요.

**소크라테스** 그러면 자신을 알지 못해도 어떤 사람들은 자신에게 속하는 것을 알고, 어떤 사람들은 자신에게 속하는 것들에게 속하는 것들을 안다고 우리가 방금 합의한 것은 전적으로 올바른 합의라 할 수 없네. 자신, 자신에게 속하는 것들, 자신에게 속하는 것들에 속하는 것들, 이 세 가지를 구별하는 것은 같은 사람이 그리고 같은 기술이 할 일인 것 같으니 말일세. e

**알키비아데스** 그런 것 같아요.

**소크라테스** 그리고 자신에게 속하는 것들을 모르는 사람은 마찬가지로 남에게 속하는 것들도 모를 걸세.

**알키비아데스** 물론이지요.

**소크라테스** 남에게 속하는 것들을 모르는 사람은 국가에 속하는 것들도 모를 걸세.

**알키비아데스** 당연하지요.

**소크라테스** 그런 사람은 정치가가 될 수 없네.

**알키비아데스** 없고말고요.

**소크라테스** 그런 사람은 가정도 다스릴 수 없을 걸세.

**알키비아데스** 없고말고요. 134a

**소크라테스** 그런 사람은 자기가 무엇을 하는지 알지 못할 걸세.

**알키비아데스** 알지 못하겠지요.

**소크라테스** 그리고 알지 못하는 사람은 실수하지 않을까?

**알키비아데스** 그야 물론이지요.

**소크라테스** 실수를 하면 사적으로도 공적으로도 나쁜 짓을 하는 것이 아닐까?

**알키비아데스** 왜 아니겠어요?

**소크라테스** 나쁜 짓을 하는 사람은 비참해지지 않을까?

**알키비아데스** 아주 비참해지겠지요.

**소크라테스** 그가 다른 사람들을 위해 그런 짓을 한다면 그런 사람들은 어떤가?

**알키비아데스** 그들도 비참해지겠지요.

**소크라테스** 그러니 절제 있지도 않고 훌륭하지도 않은 사람은 행복할 수 없네.

**알키비아데스** 행복할 수 없어요.

b **소크라테스** 그러니 나쁜 사람들은 비참하네.

**알키비아데스** 아주요.

**소크라테스** 그러면 비참함에서 벗어나는 것은 부자가 된 사람이 아니라, 절제 있는 사람일세.

**알키비아데스** 그런 것 같아요.

**소크라테스** 그러니 알키비아데스, 나라가 행복해지려면 성벽도 삼단노선도 조선소도 필요 없고, 많은 인구와 광대한 국토도 필요 없네. 미덕이 없다면 말일세.

**알키비아데스** 필요 없어요.

c **소크라테스** 그러니 자네가 나랏일을 올바르고 훌륭하게 처리하려면 시민들에게 미덕을 나누어주어야 하네.

**알키비아데스** 왜 아니겠어요?

**소크라테스** 하지만 갖고 있지 않은 것을 나누어줄 수 있을까?

**알키비아데스** 어떻게 그럴 수 있겠어요?

**소크라테스** 그러니 자네든 다른 누구든 사적으로 자신과 자신에 속하는 것들뿐 아니라 나라와 나랏일도 다스리고 돌보고자 하는 자는 먼저 미덕을 갖추어야 하네.

**알키비아데스** 맞는 말씀입니다.

**소크라테스** 그러니 자네가 자신과 나라에 갖춰주어야 할 것은 원하는 것이면 무엇이든 할 수 있는 자유나 권위가 아니라, 정의와 절제일세.

**알키비아데스** 그런 것 같아요.

**소크라테스** 정의롭고 절제 있게 행동하면 자네도 나라도 신들의 마음에 d 들게 행동하게 될 걸세.

**알키비아데스** 그럴 것 같아요.

**소크라테스** 그리고 앞서 말했듯이[64] 자네들은 신적이고 밝은 것을 들여다보며 행동할 걸세.

**알키비아데스** 그럴 것 같아요.

**소크라테스** 또한 그 거울을 들여다봄으로써 자네들은 자네들 자신과 자네들에게 좋은 것들을 보고 알 수 있을 걸세.

**알키비아데스** 네.

**소크라테스** 그러면 자네들은 올바르고 훌륭하게 행동하겠지?

**알키비아데스** 네.

**64** 133c 참조.

e **소크라테스** 그렇게 행동하면 자네들이 반드시 행복해질 것이라고 내가 보증을 서겠네.

**알키비아데스** 아닌 게 아니라 선생님께서는 믿음직한 보증인이시죠.

**소크라테스** 하지만 신적이지 않은 어두운 것을 들여다보며 불의하게 행동하면 자네들은 아마도 자신을 몰라 그런 것들을 닮은 행동을 할 걸세.

**알키비아데스** 그럴 것 같아요.

**소크라테스** 사랑하는 알키비아데스, 원하는 것이면 무엇이든 할 수 있는 자유는 있지만 지성[65]이 없는 개인이나 국가는 결국 십중팔구 어떤 일을

135a 당하게 될까? 예를 들어 원하는 것이면 무엇이든 할 수 있는 병자에게 의학적 통찰력은 없고 누구도 그를 비판하지 못하게 하는 참주의 권위가 있다면 어떤 일이 일어나겠는가? 아마도 그의 몸은 망가지지 않을까?

**알키비아데스** 맞는 말씀입니다.

**소크라테스** 배의 경우는 어떤가? 원하는 것이면 무엇이든 할 수 있는 자유는 있지만 항해에는 통찰력과 기술이 완전히 결여되어 있는 사람이 있다면, 자네는 그와 동료 선원들에게 일어날 일들이 보이는가?

**알키비아데스** 보여요. 그들은 다 죽을 겁니다.

**소크라테스** 마찬가지로 국가나 권력이나 권위에 미덕이 결여되면 나쁘게

b 행동하는 것이 뒤따르겠지?

**알키비아데스** 당연하지요.

**소크라테스** 그러니 더없이 훌륭한 알키비아데스여, 자네는 자신에게도 국가에도 폭군적 권력이 아니라 미덕을 갖춰주어야 하네. 자네들이 행복해지려면 말일세.

**알키비아데스** 맞는 말씀입니다.

**소크라테스** 미덕을 갖추기 전이라면 통치하는 것보다 더 훌륭한 사람들에게 통치받는 것이 더 나으며, 이 점은 어른도 아이도 마찬가지일세.

**알키비아데스** 그런 것 같아요.

**소크라테스** 그리고 더 나은 것이 더 아름답겠지?

**알키비아데스** 네.

**소크라테스** 그리고 더 아름다운 것이 더 적합하겠지?

**알키비아데스** 왜 아니겠어요? c

**소크라테스** 그럼 나쁜 자는 종살이를 하는 것이 적합하네. 그게 더 나으니까.

**알키비아데스** 네.

**소크라테스** 그리고 나쁨은 노예에게 적합하네.

**알키비아데스** 그런 것 같아요.

**소크라테스** 그리고 미덕은 자유민에게 적합하네.

**알키비아데스** 네.

**소크라테스** 친구여, 우리는 노예에게 적합한 것은 피해야겠지?

**알키비아데스** 그렇습니다, 소크라테스 선생님.

**소크라테스** 자네의 지금 상태가 어떠한지 깨닫겠는가? 자네의 상태는 자유민에게 적합한가, 아닌가?

**65** nous.

**알키비아데스** 그렇지 못하다는 것을 너무나 절실히 깨닫고 있다고 생각합니다.

**소크라테스** 그러면 어떻게 해야 지금 자네의 상태에서 벗어날 수 있는지 알겠는가? 아름다운 사람이 관련된 경우 그를 굳이 그런 이름으로 부르지 않도록 말일세.

d **알키비아데스** 저는 압니다.

**소크라테스** 어떻게 벗어난다는 겐가?

**알키비아데스** 소크라테스 선생님, 그건 선생님에게 달려 있습니다.

**소크라테스** 그건 잘한 말이 아닐세, 알키비아데스.

**알키비아데스** 그럼 어떻게 말해야 하나요?

**소크라테스** 그건 신에게 달려 있다고 해야지.

**알키비아데스** 그럼 그렇게 말하겠습니다. 거기에다 다음과 같이 덧붙이겠어요. "소크라테스 선생님, 우리는 아마 역할을 맞바꾸게 될 겁니다. 그래서 저는 선생님 역할을 하고 선생님께서는 제 역할을 하는 만큼 오늘부터는 제가 어디든 선생님을 수행하고 선생님께서는 저를 수행인으로 데리고 다니셔야 해요"라고 말입니다.

**소크라테스** 고매한 친구여, 그러면 내 사랑은 황새[66]의 사랑과 다르지 않을 걸세. 만약 내가 자네에게 날개 달린 사랑을 부화한 뒤 그 보답으로 그것의 돌봄을 받는다면 말일세.

**알키비아데스** 아닌 게 아니라 그렇군요. 그리고 앞으로 저는 정의를 돌보기 시작할 겁니다.

**소크라테스** 나는 자네가 끝까지 그렇게 해주었으면 좋겠네. 하지만 자네의 자질을 못 믿어서가 아니라 나라의 힘[67]을 보니, 나나 자네나 나라의 힘에 제압당하지 않을까 두렵네.

66 동양에서는 황새가 아니라 까마귀가 효도하는 것으로 알려져 있다.

67 rhome. 대개 '체력' '군사력' 같은 외적인 힘을 말한다.

# 알키비아데스 II
## 기도에 관하여

**대담자**

소크라테스, 알키비아데스

138a **소크라테스** 알키비아데스, 자네 지금 신에게 기도하러 가는 길인가?

**알키비아데스** 그렇습니다, 소크라테스 선생님.

**소크라테스** 아닌 게 아니라 자네는 침울한 얼굴로 땅만 내려다보는군. 무언가를 골똘히 생각하는 것처럼 말일세.

**알키비아데스** 소크라테스 선생님, 제가 골똘히 생각하고 있다면 그것은 무엇일까요?

**소크라테스** 알키비아데스, 내가 보기에 가장 진지한 문제를 생각하는 것 b 같네. 제우스에 맹세코, 자 말해보게. 우리가 자신을 위해서나 나라를 위해 기도하며 간청하면 신들이 때로는 어떤 것은 들어주고 어떤 것은 들어주지 않으며, 어떤 사람의 것은 들어주고 어떤 사람의 것은 들어주지 않는다고 자네는 생각지 않는가?

**알키비아데스** 물론 그렇게 생각하지요.

**소크라테스** 그러면 큰 좋음인 줄 알고 부지중에 큰 나쁨을 기구하는 실수를 범하지 않도록 몹시 조심할 필요가 있다고 자네는 생각하지 않는가? 무엇을 간청하건 신들이 들어줄 기분일 때는 말일세. 예를 들어 오이디푸스는 자기 아들들이 칼로 아버지의 재산을 나누게 해달라고 불쑥 기도했다고 하네.[1] 그는 자신에게 닥친 현재의 고통에서 벗어나게 해달라고 기도할 수 있었는데도 묵은 고통에 새 고통이 덧붙여달라고 기도한 것일세. 그래서 그의 기도가 이루어졌고 그 결과 수많은 끔찍한 일이 일어났지만, 그것들을 일일이 열거할 필요가 있겠는가? c

**알키비아데스** 하지만 소크라테스 선생님, 선생님께서 예를 드신 것은 미친 사람입니다. 정신이 온전한 사람이 감히 그렇게 기도드렸으리라고 생각하세요?

**소크라테스** 자네는 광기는 지혜에 반대된다고 생각하나?

**알키비아데스** 물론이지요.

**소크라테스** 자네 생각에는 어떤 사람은 어리석고 어떤 사람은 지혜로운가?

**알키비아데스** 그렇고말고요.

**소크라테스** 자, 이들이 어떤 사람들인지 살펴보도록 하세. 어떤 사람은 어리석고 어떤 사람은 지혜로우며 어떤 사람은 미쳤다는 데 우리는 동의했네. d

**알키비아데스** 네, 동의했습니다.

**소크라테스** 또한 건강한 사람도 있겠지?

**알키비아데스** 있습니다.

1 오이디푸스(Oidipous)는 테바이(Thebai) 왕으로 부지중에 자신이 아버지를 죽이고 어머니와 결혼했음을 알고는 눈을 찔러 눈이 멀게 된다. 곤경에 처한 자신을 두 아들 에테오클레스(Eteokles)와 폴뤼네이케스(Polyneikes)가 외면하자 그는 홧김에 두 아들이 칼로 아버지의 유산을 나누라고 저주한다. 과연 이들은 테바이성을 둘러싼 치열한 공방전에서 일대일로 싸우다가 서로 죽이고 죽는다.

**소크라테스** 병든 사람도 있겠지?

**알키비아데스** 물론이지요.

**소크라테스** 그들은 같은 사람들이 아니겠지?

**알키비아데스** 아니고말고요.

139a **소크라테스** 둘 중 이것도 아니고 저것도 아닌 다른 사람도 있는가?

**알키비아데스** 분명 없습니다.

**소크라테스** 사람은 병들거나 병들지 않을 수밖에 없을 테니까.

**알키비아데스** 동의합니다.

**소크라테스** 어떤가? 자네는 지혜와 어리석음에 대해서도 같은 견해를 갖고 있는가?

**알키비아데스** 무슨 말씀이신지요?

**소크라테스** 자네는 사람이 지혜롭거나 어리석을 수만 있다고 생각하는가, 아니면 그 중간에 지혜롭지도 않고 어리석지도 않은 제3의 상태가 있는가?

**알키비아데스** 단연코 없습니다.

b **소크라테스** 그렇다면 그는 둘 중 하나일 수밖에 없네.

**알키비아데스** 동의합니다.

**소크라테스** 자네는 광기가 지혜에 반대된다는 데 동의했네. 기억나는가?

**알키비아데스** 기억나요.

**소크라테스** 그 중간에 사람이 지혜롭지도 않고 어리석지도 않은 제3의 상태가 없다는 데 동의한 것도?

**알키비아데스** 아닌 게 아니라 저는 거기에 동의했습니다.

**소크라테스** 한 가지 사물에 반대되는 것이 둘씩이나 있을 수 있을까?

**알키비아데스** 없어요.

**소크라테스** 그럼 어리석음과 광기는 같은 것인 것 같네.

**알키비아데스** 그런 것 같네요.

**소크라테스** 그렇다면 알키비아데스, 어리석은 자는 모두 미쳤다고 말해 c
도 그것은 옳은 주장일 걸세. 이 점은 예를 들어 자네의 동년배 가운데 지혜롭지 못한 자들이 있다면 그들에게도 해당하고, 또한 자네의 연장자들에게도 해당하네. 자, 제우스에 맹세코 말해보게. 자네는 우리 도시에 지혜로운 사람들은 적고 다수는 어리석다고 생각하지 않는가? 그리고 자네는 이들을 모두 미쳤다고 부르는 것 아닌가?

**알키비아데스** 저는 그렇게 부릅니다.

**소크라테스** 자네는 미치광이들이 그렇게 많은 도시에서 우리가 편안하게 살 수 있으리라 생각하는가? 오히려 우리는 그들의 손에 얻어맞고 그들이 던지는 것에 얻어맞는 등 미치광이들이 노상 저지르는 행패에 시달림으로써 오래전에 그 대가를 톡톡히 치르지 않았을까? 여보게, 이 경 d
우는 전혀 다른지 살펴보도록 하게.

**알키비아데스** 조금도 다르지 않아요, 소크라테스 선생님. 사실은 제 생각과 다른 것 같으니까요.

**소크라테스** 나도 그렇게 생각하지 않네. 이 문제를 다른 방법으로 살펴보도록 하게.

**알키비아데스** 도대체 어떤 방법으로 살펴봐야 한다는 말씀인가요?

**소크라테스** 말하겠네. 우리는 어떤 사람들은 병들었다고 생각하네. 그렇지 않은가?

**알키비아데스** 물론이지요.

**소크라테스** 자네는 병든 사람은 반드시 통풍이나 열병이나 눈병을 앓는다고 생각하는가? 이런 것들을 앓지 않더라도 그가 다른 방법으로 병들 e 수 있다고는 생각하지 않는가? 그런 질병들 말고 다른 질병도 분명 많이 있으니까 말일세.

**알키비아데스** 동의합니다.

**소크라테스** 자네는 눈병은 모두 질병이라고 생각하는가?

**알키비아데스** 네.

**소크라테스** 질병도 모두 눈병인가?

**알키비아데스** 그렇게는 생각하지 않습니다. 하지만 뭐라고 말씀드려야 할지 모르겠네요.

**소크라테스** 하지만 자네가 내 말에 주의를 기울인다면 우리가 찾는 것을 찾아낼 수 있을 걸세. 백지장도 맞들면 나은 법이니까.

140a **알키비아데스** 저는 최대한 주의를 기울이고 있답니다, 소크라테스 선생님.

**소크라테스** 그럼 우리는 모든 눈병은 질병이지만 모든 질병은 눈병이 아니라는 데 합의했네. 그렇지 않은가?

**알키비아데스** 네, 합의했어요.

**소크라테스** 그리고 그 합의는 올바른 것이었네. 열병을 앓는 사람은 모두 몸이 아프지만 몸이 아픈 사람이 모두 열병이나 통풍이나 눈병을 앓는 것은 아닌 것 같으니까. 그런 것들은 모두 질병이지만, 의사들이 사용하는 용어를 쓰자면 그 증세는 다르기 때문이지. 그것들은 모두 모양도 같지 않고 증상도 같지 않고 저마다 본성에 따라 작용하지만 그래도 모두 질병이니 말일세. 마찬가지로 우리는 어떤 사람들은 장인(匠人)으로 분류하네. 그렇지 않은가? b

**알키비아데스** 물론이지요.

**소크라테스** 거기에는 제화공과 목수와 조각가와 우리가 일일이 언급할 필요가 없는 그 밖의 다른 사람들도 많이 있네. 그들에게는 나름대로 작업 영역이 있으며 그들은 모두 장인일세. 하지만 그들은 통틀어서 장인이기는 해도 모두 목수이거나 제화공이거나 조각가는 아닐세.

**알키비아데스** 아니고말고요. c

**소크라테스** 마찬가지로 사람들은 어리석음도 자기들끼리 나누어 가졌네. 가장 큰 몫을 받은 자들을 우리는 미치광이라고 부르고, 조금 적은 몫을 받은 자들을 바보 또는 멍청이라고 부르네. 하지만 완곡어법을 선호하는 사람들은 그들을 엉뚱하다거나 순진하다거나 천진하다거나 세상 물정에 어둡다거나 우둔하다고 부르지. 자네가 더 많은 이름을 찾겠다면 다른 이름도 많이 찾을 수 있을 걸세. 그러나 그런 것들은 모두 어리석음이며, 한 가지 기술 또는 질병이 다른 기술 또는 질병과 다른 방식으로 서로 다를 뿐이네. 자네는 어떻게 생각하는가? d

**알키비아데스** 저도 그렇게 생각해요.

**소크라테스** 그러면 여기서 되돌아가도록 하세. 논의의 첫머리에서 우리는 어떤 사람이 지혜롭고 어떤 사람이 어리석은지 살펴보기로 했으니까. 우리는 어떤 사람은 지혜롭고 어떤 사람은 어리석다는 데 동의했네. 그렇지 않은가?

**알키비아데스** 네, 동의했어요.

**소크라테스** 그럼 자네는 자신이 무슨 행동을 하고 무슨 말을 해야 하는지 아는 사람을 지혜롭다고 생각하는가?

e **알키비아데스** 저는 그렇게 생각해요.

**소크라테스** 어떤 사람을 어리석다고 생각하는가? 자신이 무슨 행동을 해야 하는지도 모르고, 자신이 무슨 말을 해야 하는지도 모르는 사람들인가?

**알키비아데스** 네, 그래요.

**소크라테스** 이 둘 중 어느 것도 모르는 자는 말하거나 행해서는 안 될 것들을 부지중에 말하거나 행하겠지?

**알키비아데스** 그럴 것 같아요.

**소크라테스** 알키비아데스여, 내가 말했듯이 오이디푸스가 바로 그런 사람에 속하네. 요즘 사람들 중에도 자네는 그런 사람을 많이 발견할 걸세. 오이디푸스처럼 홧김에 그러는 것이 아니라 자기에게 좋은 것인 줄

141a 알고 자기에게 나쁜 것을 기원하는 사람 말일세. 그는 나쁜 것을 기원하지도 않았고 자기가 기원한다고 생각하지도 않았지만, 그와 반대되는 다른 사람도 있네. 자네가 기도드리러 가는 신이 몸소 나타나 자네가 무엇인가를 기원하기도 전에 자네는 아테나이 국가의 참주가 되면 만족하겠느냐고 묻거나, 자네가 그런 것을 하찮고 시시한 것으로 여기면 "헬라스 전체의 참주가 되면"이라고 덧붙인다고 가정해보게. 그리고 자네가

b 여전히 만족하지 못하고 에우로페[2] 전체의 통치권을 요구하면, 거기서 더 나아가 자네가 원한다면 클레이니아스의 아들 알키비아데스의 통치

권을 인류 전체가 당장 인정하도록 해주겠다고 신이 약속한다고 가정해 보게. 그런 일이 일어난다면 자네는 아마도 황홀한 마음으로 집으로 돌아가며 가장 큰 좋음들을 손에 넣었다고 생각할 걸세.

**알키비아데스** 소크라테스 선생님, 그런 행운을 잡으면 다른 사람도 그럴 겁니다.

**소크라테스** 하지만 자네는 모든 헬라스인과 이민족[3]의 영토와 통치권을 다 준다 해도 자기 삶을 포기할 사람이 아닐세.

**알키비아데스** 저도 포기하지 않을 것이라고 생각해요. 사용할 수 없다면 그런 것들이 제게 무슨 소용 있겠어요? c

**소크라테스** 어떤가? 자네가 그런 것들을 나쁘고 해롭게 사용할 수 있다면 말일세. 그런 경우에도 포기하지 않을 텐가?

**알키비아데스** 단연코 그러지 않을 겁니다.

**소크라테스** 그렇다면 자네는 준다고 해서 생각 없이 다 받는 것도, 해가 될 것을 기구하는 것도, 누군가의 삶을 송두리째 빼앗는 것도 바람직하지 못하다고 보는 걸세. 우리는 참주가 되고 싶어서 그것이 좋은 일인 줄 알고 참주가 되려고 노력하다가 정적들의 음모에 목숨을 잃은 많은 사람의 이름을 댈 수 있네. 자네가 며칠 전에 일어났던 일들을 d

2 헬라스(Hellas)는 그리스의 그리스어 이름이고, 에우로페(Europe)는 유럽 대륙의 그리스어 이름이다.

3 barbaros.

모르지 않을 것이라고 생각하네. 마케도니아의 참주 아르켈라오스[4]는 자신의 연동(戀童)[5]의 손에 죽었는데,[6] 그 연동은 아르켈라오스가 그를 사랑하는 만큼이나 아르켈라오스의 왕권을 사랑했기에 자신이 왕이 되어 행복해지려고 연인을 죽였다네. 연동은 사나흘 동안만 통치하다가 이번에는 자신이 다른 사람들의 음모의 제물이 되어 죽임을 당했지. 이는 우리가 들어서 아는 것이 아니라 눈으로 보아서 아는데, 자네도 보다시피 우리 시민 가운데 많은 사람이 장군의 직위를 열망하다가 장군이 된 뒤에는 더러는 지금도 국외에서 추방 생활을 하고 있고, 더러는 목숨을 잃었네. 또한 가장 잘나가는 것처럼 보이던 사람들도 수많은 위험과 두려움 속에서 살았네. 출정(出征)했을 때뿐 아니라 귀국한 뒤에도 마치 적군에 포위되듯 무고꾼[7]들에게 포위되어 그들 중 더러는 장군이 되느니 차라리 장군이 되지 않기를 빌 정도였네. 물론 그런 위험과 노고가 이득이 된다면 그런 것들을 감수하는 것도 의미가 있겠지만, 사실은 그와 정반대일세.

자네는 자식들의 경우도 마찬가지임을 발견할 걸세. 어떤 사람들은 자식을 갖게 해달라고 기도하다가 소원이 이루어져서 엄청난 불행과 고통을 당했네. 그중 더러는 아주 몹쓸 자식들을 낳아 평생을 고통 속에서 보냈고, 더러는 쓸 만한 자식들을 가졌으나 사고로 잃고는 저들 못지않게 비참해져서 차라리 자식들이 아예 태어나지 말았더라면 좋았을 것이라고 생각했으니 말일세.

하지만 이런 그리고 이와 유사한 명백한 증거가 많이 있는데도 선물을 거절하거나 기도로 무엇인가를 얻을 성싶을 때 기도하기를 삼가는 사람은 좀처럼 찾기 어렵네. 대다수는 독재자나 장군이나 덕보다는 실이 많을 다른 어떤 것이 될 기회가 주어진다면 그런 기회를 잡기를 주저하지 않을 걸세. 오히려 그들은 그런 것들이 자기들에게 없을 경우 그렇게 되게 해달라고 기도하기까지 하네. 하지만 그들은 잠시 뒤에는 마음이 바뀌어 앞서 기구한 것을 취소한다네. 그러니 인간들이 사실은 자신들의 교만과 어리석음으로 말미암아 정해진 몫 이상의 고통을 당하면서도[8] 자신들의 불행을 부당하게 신들 탓으로 돌리며 신들을 비난하지 않는다면 나는 의아해할 걸세. 아무튼 알키비아데스, 어떤 시인이 모든 친구를 위해 다음과 같은 공동 기도문을 작시했네. d e

> 제우스 왕이시여, 우리가 기도하건 안 하건 좋은 것들은
> 우리에게 주시고, 나쁜 것들은 우리가 기도하더라도 주지 마소서.[9] 143a

그는 분명 지혜로운 사람이었고, 그에게는 사실은 이롭지 않지만 이로워 보이는 것들을 위해 일하고 기도하는 어리석은 친구들이 있어 이렇

4 Archelaos.

5 ta paidika. 남자들끼리의 동성애에서 수동적 역할을 하는 연하의 남자. 남자들끼리의 동성애에서 남자 역할을 하는 연상의 남자(erastes)는 '연인'이라고 옮겼다.

6 이 암살 사건은 소크라테스가 죽은 기원전 399년에 일어났다.

7 sykophantes.

8 『오뒷세이아』 1권 32~34행 참조.

9 *Anthologia Palatina, X.* 108. 이 경구 모음집은 독일 하이델베르크(Heidelberg)에 있는 궁중백(宮中伯 Palatin) 도서관에서 발견되었다.

게 권유한 것 같네. 내가 보기에 그가 한 말은 훌륭하고 건전한 것 같네. 하지만 자네가 그의 말에 이의가 있다면 기탄없이 말하게.

**알키비아데스** 소크라테스 선생님, 그토록 훌륭하게 말한 것에 이의를 제기하기란 어려운 일입니다. 제가 알 수 있는 한 가지는 무지가 인간에게 일어나는 수많은 재앙의 원인이라는 것입니다. 무지는 우리를 속여 가장 나쁜 짓을 하게 할뿐더러, 가장 고약하게는 우리 자신에게 가장 나쁜 일이 일어나도록 기도하게 하니까요. 하지만 자신이 그렇다고 생각하는 사 b 람은 아무도 없어요. 우리는 누구나 자신은 가장 나쁜 것이 아니라 가장 좋은 것을 기도한다고 생각하니까요. 그런 기도는 사실은 기도보다는 저주를 더 닮았어요.

**소크라테스** 좋은 말일세. 하지만 자네나 나보다 더 지혜로운 사람은 아마도 우리가 무조건 무지를 비난만 하고 어떤 것에 대한 무지인지, 그리고 무지가 어떤 사람에게는 나쁨이듯이 경우에 따라 어떤 사람에게는 좋 c 음이라는 것을 덧붙이지 않는다면 잘못하는 것이라고 주장할 걸세.

**알키비아데스** 무슨 말씀이신지요? 그것이 무엇이건 간에 아는 것보다는 모르는 것이 어떤 사람에게는 경우에 따라 더 좋을 수도 있나요?

**소크라테스** 나는 그렇다고 생각하네. 자네는 그렇게 생각하지 않는가?

**알키비아데스** 제우스에 맹세코, 저는 그렇게 생각하지 않아요.

**소크라테스** 하지만 나는 오레스테스나 알크마이온[10]이나 이들을 닮은 그 d 밖의 다른 자들이 저질렀다고 하는 범행을 자네가 자네 어머니에게 저지르고 싶어 했다고는 생각하지 않겠네.

**알키비아데스** 제발 그런 말씀은 삼가주세요, 소크라테스 선생님.

**소크라테스** 하지만 알키비아데스, 자네가 그런 말씀을 삼가달라고 해야 할 사람은 자네는 그런 짓을 하고 싶어 하지 않는다고 말하는 사람이 아니라, 오히려 그를 반박하는 사람일세. 그런 행위가 자네에게는 예를 들어 언급하는 것조차 듣고 싶지 않을 만큼 끔찍하다면 말일세. 그런데 오레스테스가 정신이 온전하고 어떻게 하는 것이 자기에게 최선이라는 것을 알았다면 감히 그런 짓을 저질렀을 것이라고 생각하는가?

**알키비아데스** 아니요.

**소크라테스** 다른 사람도 저지르지 않을 걸세.

**알키비아데스** 저지르지 않고말고요.

**소크라테스** 그렇다면 최선의 것에 무지하고 최선의 것을 알지 못하는 것은 나쁜 것인 듯하네. e

**알키비아데스** 동의합니다.

**소크라테스** 본인뿐 아니라 다른 모든 사람에게도 그렇겠지?

**알키비아데스** 그래요.

**소크라테스** 이렇게도 고찰해보세. 자네의 후견인이자 친구인 페리클레스를 살해하는 것이야말로 훌륭한 일이라는 생각이 갑자기 떠올라 자네가 단검을 들고 다른 사람이 아니라 그를 살해할 의도로 그의 대문으로

10 오레스테스(Orestes)는 트로이아전쟁 때 그리스 연합군 총사령관인 아가멤논(Agamemnon)과 클뤼타임네스트라(Klytaimnestra)의 아들이고, 알크마이온(Alkmaion)은 테바이성을 공격한 일곱 장수 중 한 명인 예언자 암피아라오스(Amphiaraos)와 에리퓔레(Eriphyle)의 아들이다. 이들은 둘 다 아버지의 원수를 갚기 위해 어머니를 살해한다.

가서 그가 안에 있느냐고 묻자 그의 하인들이 그가 안에 있다고 말한다

144a 고 가정해보게. 나는 지금 자네가 실제로 그런 짓을 하고 싶어 한다고 주장하는 게 아니라, 가장 나쁜 것이 가장 좋은 것이라고 자네가 생각한다고 가정해보는 걸세. 가장 좋은 것이 무엇인지 정말로 모르는 사람에게는 어떤 때는 그런 생각이 떠오를 테니 말일세. 자네는 그렇게 생각하지 않는가?

**알키비아데스** 물론 그렇게 생각해요.

**소크라테스** 그런데 자네가 안으로 들어가 페리클레스를 보고도 그 사람

b 인 줄 알아보지 못하고 다른 사람으로 생각한다면, 그래도 감히 그를 죽이려 할까?

**알키비아데스** 제우스에 맹세코, 저라면 그럴 생각이 안 날 겁니다.

**소크라테스** 자네가 죽이려는 사람은 자네와 마주치는 아무 사람이 아니라 특정인이니까. 그렇지 않은가?

**알키비아데스** 그래요.

**소크라테스** 그리고 범행을 저지르려는 순간 여러 차례 시도해도 페리클레스를 알아보는 데 계속해서 실패한다면 자네는 그를 공격하기를 그만둘 걸세.

**알키비아데스** 그렇습니다.

**소크라테스** 어떤가? 자네는 오레스테스가 어머니를 알아보는 데 이처럼 실패했다면 어머니를 공격했으리라고 생각하는가?

**알키비아데스** 저는 그렇게 생각하지 않아요.

**소크라테스** 그도 자신과 마주치는 아무 사람이나 아무나의 어머니가 아

니라 자기 어머니를 죽일 의도를 갖고 있었기 때문일 걸세. c

**알키비아데스** 그렇고말고요.

**소크라테스** 그럼 마음 상태가 그렇고 그런 결심을 한 사람들에게는 그런 것들을 모르는 것이 더 낫네.

**알키비아데스** 그런 것 같네요.

**소크라테스** 그러니 자네도 보다시피 어떤 것들에 무지한 것은 어떤 상태에 있는 어떤 사람에게는 좋음이고, 자네가 생각하듯 나쁨이 아닐세. 그렇지 않은가?

**알키비아데스** 그런 것 같아요.

**소크라테스** 이어서 그다음 것을 고찰하려 한다면 자네는 아마 놀라움을 금치 못할 걸세.

**알키비아데스** 그게 대체 뭐죠, 소크라테스 선생님? d

**소크라테스** 일반적으로 말해서 다른 지식을 갖고 있어도 최선의 것이 무엇인지 알지 못하면 도움이 되는 경우는 드물고 대부분의 경우 그것을 갖고 있는 사람에게 해롭다는 것 말일세. 이렇게 고찰해보게. 우리가 무언가를 말하거나 행하려고 할 때 자신 있게 말하거나 행하려면 먼저 그것을 알고 있거나, 아니면 알고 있다고 믿어야 하지 않을까?

**알키비아데스** 저는 그렇다고 생각해요.

**소크라테스** 예를 들어 연설가들이 전쟁과 평화에 관해서건 성벽 축조나 항구 개설에 관해서건 그때그때 필요한 조언을 하기 위해서는 알고 있거나 아니면 알고 있다고 믿어야 하네. 한마디로 국가가 타국에 대해 또는 자국 내에서 무엇을 행하건 모든 것은 연설가들의 조언에 의해 이루어진 e

다는 말일세.

145a **알키비아데스** 맞는 말씀이에요.

**소크라테스** 그렇다면 그다음 일도 살펴보게.

**알키비아데스** 제가 할 수 있다면요.

**소크라테스** 자네는 어떤 사람은 지혜롭고 어떤 사람은 어리석다고 하겠지?

**알키비아데스** 저는 그렇게 해요.

**소크라테스** 그리고 다수는 어리석고 소수만이 지혜롭다고 하겠지?

**알키비아데스** 그렇습니다.

**소크라테스** 그리고 어느 경우든 판단 기준을 사용하겠지?

**알키비아데스** 네.

**소크라테스** 자네는 조언할 줄은 알지만 어떤 조언이 또는 언제 조언하는 것이 더 나은지 알지 못하는 사람을 지혜롭다고 하는가?

b **알키비아데스** 단연코 그러지 않습니다.

**소크라테스** 생각건대 전쟁할 줄은 알지만 언제 또는 얼마나 오래 전쟁하는 것이 더 나은지 알지 못하는 사람도 자네는 지혜롭다고 하지 않을 걸세. 그렇지 않은가?

**알키비아데스** 네, 그래요.

**소크라테스** 또한 남을 죽이거나 재산을 빼앗거나 조국에서 추방할 줄은 알지만 언제 또는 누구에게 그러는 것이 더 나은지 알지 못하는 사람도 자네는 지혜롭다고 하지 않겠지?

**알키비아데스** 하지 않고말고요.

**소크라테스** 그럼 우리가 원하는 사람은 그런 것들을 알뿐더러 무엇이 가

장 훌륭한지도 아는—그것은 분명 무엇이 유익한지 아는 것과 같은 것 일세—사람일세. 그렇지 않은가? c

**알키비아데스** 그렇습니다.

**소크라테스** 또한 우리는 그런 사람을 지혜롭다고 하고, 나라를 위해서도 자신을 위해서도 믿음직한 조언자라고 부를 걸세. 하지만 그렇지 않은 사람을 우리는 그와 정반대로 부를 걸세. 자네는 어떻게 생각하는가?

**알키비아데스** 저도 그렇게 생각해요.

**소크라테스** 말타기나 활쏘기에 또는 권투나 레슬링에 능하거나 그 밖의 다른 경기종목에서 경쟁하거나 그 밖의 다른 기술을 과시하는 사람이 있다고 가정해보게. 특정 기술과 관련해 어떻게 하는 것이 더 나은지 아는 사람을 우리는 무엇이라고 부를 텐가? 그 기술이 승마술이면 자네는 d 그 사람을 훌륭한 기수(騎手)라고 부르지 않을까?

**알키비아데스** 저는 그렇게 부릅니다.

**소크라테스** 생각건대 그 기술이 권투라면 훌륭한 권투선수라고 부르고, 피리 연주술이라면 훌륭한 피리 연주자라고 부르고, 나머지 다른 기술의 경우에도 마찬가지일 걸세. 아니면 자네는 동의하지 않는가?

**알키비아데스** 아니요. 말씀하신 대로입니다.

**소크라테스** 그럼 자네는 그런 것들을 아는 사람은 지혜로울 수밖에 없다고 생각하는가, 아니면 아직 멀었다고 말할 텐가?

**알키비아데스** 제우스에 맹세코, 아직 멀었어요.

**소크라테스** 그럼 한 나라의 백성들이 훌륭한 궁수와 피리 연주자, 운동 e 선수와 그 밖의 다른 기술자로 이루어져 있고 그들 속에는 우리가 앞서 언급한 바 있는 전쟁할 줄만 알고 죽일 줄만 아는 사람들과 정치에 관해 떠벌리는 허풍쟁이 연설가들이 섞여 있는데, 그들 중 아무도 무엇이 최선인지 알지 못하고 언제 또는 누구에게 그 기술들을 사용하는 것이 더 나은지 아무도 알지 못한다고 가정해보게. 자네는 그런 국가가 어떠할 것이라고 생각하는가?

146a **알키비아데스** 보잘것없는 국가이겠지요, 소크라테스 선생님.

**소크라테스** 자네는 분명히 그렇게 생각할 걸세. 만약 그들이 야심에 차 서로 명예를 다투고 "자신이 제일인자인"[11] 분야를 가장 중요한 분야로 여기는 반면, 지성은 사용하지 않고 의견만 믿기에 국가와 자신을 위해 무엇이 최선인지에 대해 큰 오류를 범하는 것을 자네가 본다면 말일세. 상황이 그렇다면 그런 국가야말로 혼란의 도가니요 무법천지라고 말해도 옳지 않을까?

b **알키비아데스** 제우스에 맹세코, 옳습니다.

**소크라테스** 무언가를 거리낌없이 행하거나 말하기 위해서는 먼저 알고 있다고 믿거나 실제로 알고 있어야 한다고 우리는 생각하지 않았던가?

**알키비아데스** 생각했습니다.

**소크라테스** 그러면 알고 있는 것이나 알고 있다고 믿는 것을 행하고 거기 c 에 더하여 어떻게 하는 것이 유익한지 아는 사람은 국가에도 자기 자신에게도 이롭겠지?

**알키비아데스** 왜 아니겠어요?

**소크라테스** 한데 그와 반대로 하는 사람은 국가에도 자기 자신에게도 이롭지 않겠지?

**알키비아데스** 이롭지 않고말고요.

**소크라테스** 어떤가? 자네는 지금도 같은 생각인가, 아니면 생각이 바뀌었는가?

**알키비아데스** 여전히 같은 생각이에요.

**소크라테스** 그리고 자네는 다수는 어리석고 소수만이 지혜롭다고 말했지?

**알키비아데스** 그랬습니다.

**소크라테스** 그러면 다시 말하건대 무엇이 최선인지 다수가 착각한 것은 그들이 지성은 사용하지 않고 의견만 믿었기 때문일세.

**알키비아데스** 그렇습니다.

**소크라테스** 따라서 다수에게는 알지 못하거나 안다고 믿지 않는 것이 이로울 걸세. 자신들이 알거나 안다고 믿는 것을 실행하려고 열을 올리다 d 가 득보다 실이 더 많지 않으려면 말일세.

**알키비아데스** 참으로 맞는 말씀입니다.

**소크라테스** 그렇다면 자네도 보다시피, 다른 것들을 알고 있어도 무엇이 최선인지 알지 못한다면 그런 지식은 득이 되는 경우는 드물고 그것을 e 가진 사람에게 대개 실이 되는 것 같다고 내가 주장한다면, 내 주장은 사실은 옳은 것 아닐까?

**알키비아데스** 그때는 그렇게 생각하지 못했지만 지금은 그렇게 생각해요, 소크라테스 선생님.

11 에우리피데스의 『안티오페』(*Antiope*) 단편 183 (Nauck)에서 인용한 이 부분은 플라톤의 대화편 『고르기아스』(*Gorgias*) 484e에도 나온다.

**소크라테스** 그러니 국가든 혼이든 올바르게 살아가려면 무엇이 최선인지에 대한 지식에 의지해야 하네. 그야말로 환자가 의사에게, 안전하게 항

147a 해하려는 승객이 선장에게 의지하듯이 말일세. 그런 지식이 없으면 재물이나 체력이나 그 밖의 다른 것들을 얻는 것을 향해 행운의 바람이 세차게 불수록 그런 것들에서 일어나게 되어 있는 오류들은 그만큼 더 크기 때문일세. 그리고 만물박사라고 불릴 만큼 많은 지식을 습득했지만 그중 이런저런 지식에 휘둘리고 무엇이 최선인지 알지 못하는 사람은 당연한 일이지만 거센 풍랑을 만나, 키잡이도 없이 혼자 난바다를 계속해

b 서 항해할 걸세. 짧은 수명이 다할 때까지. 따라서 시인이 누군가를 나무라는 다음 시구가 이 경우에 딱 들어맞는 것 같네.

그는 많은 것을 알지만 모두 잘못 알고 있었다.[12]

**알키비아데스** 소크라테스 선생님, 시인의 말이 어째서 이 경우에 적합하다는 거죠? 제가 보기에 그 말은 딱 들어맞는 것 같지 않아요.

**소크라테스** 딱 들어맞지. 하지만 여보게, 그는 거의 모든 다른 시인과 마찬가지로 수수께끼로 말하고 있네. 모든 시는 본성적으로 수수께끼다운 데가 있고, 시를 이해하는 것은 누구나 할 수 있는 일이 아니기 때문일세. 게다가 시가 본성적으로 그런 경향이 있는 데다 우리에게 자신의

c 지혜를 드러내지 않고 최대한 숨기고 싶어 하는 인색한 시인 안에 둥지를 틀면 그런 시인이 말하는 것이 무엇인지 알아내기란 사실상 불가능하네. 자네는 설마 가장 신적이고 가장 지혜로운 호메로스가 무언가를 잘

못 아는 것은 불가능하다는 것을 몰랐다고 생각하지는 않겠지. 그는 마르기테스가 많은 것을 알지만 모두 잘못 알고 있었다고 말하니 말일세. 내가 보기에 그는 수수께끼로 말하고 있고, '잘못'을 명사 대신 부사로 쓰고 있으며 '알고 있다' 대신 '알고 있었다'고 말하니 말일세. 우리가 원래 d 의 운율을 버린다면 그가 말하고자 하는 것을 다음과 같이 구성할 수 있을 것이네. '그는 많은 것을 알았지만, 그 모든 것을 아는 것이 그에게는 잘못[13]이었다.' 많은 것을 아는 것이 그에게는 잘못이라면 그는 분명 하찮은 인간이었음이 분명하네. 우리가 앞서 논의한 것들을 믿어야 한다면 말일세.

**알키비아데스** 소크라테스 선생님, 동의합니다. 그런 논의들을 믿지 못한다면 다른 논의들을 믿기는 어려울 것입니다.

**소크라테스** 자네 생각이 옳네. e

**알키비아데스** 하지만 다시 생각해보아야 할 것 같아요.

**소크라테스** 맙소사! 자네도 보다시피 우리는 큰 난관에 봉착했으며, 자네에게도 일부 책임이 있네. 자네는 쉴 새 없이 이리저리 흔들리며 앞서 확신했던 것을 다시 버리고 생각을 바꾸니 말일세. 자네가 지금 뵈러 가는 신이 나타나 자네가 기도드리기 전에 우리가 앞서 말한 것들 가운데 하나를 얻으면 자네가 그것으로 만족하겠는지, 아니면 무엇을 기도할지를 148a

12 『마르기테스』(*Margites*) 단편 3 (Allen). 이 풍자시는 고대에는 호메로스가 작시한 것으로 알려져 있었다.

13 여기서는 '불행' '나쁨'이라는 뜻이다.

신이 자네에게 맡길지 묻는다면, 자네는 어느 쪽이 자네에게 유리할 것이라고 생각하는가? 신의 제의를 받아들이는 쪽인가, 아니면 자네 자신이 기도하는 쪽인가?

**알키비아데스** 신들에 맹세코, 소크라테스 선생님, 저로서는 즉답을 드릴 수 없어요. 그러면 저는 마르기테스 같은 사람이 될 테니까요. 나쁜 것을 좋은 것인 줄 알고 부지중에 나쁜 것을 기도하고 나서 잠시 뒤 선생님 말 b 씀처럼[14] 마음이 바뀌어 앞서 기도한 것을 취소하지 않으려면 정말로 각별히 조심해야 하니까요.

**소크라테스** 그러니 우리가 기도하더라도 나쁜 것들은 우리에게 주지 말도록 기도하라고 일러준, 우리 논의의 첫머리에서 내가 언급한 그 시인[15]은 우리보다 더 지혜롭네. 그렇지 않은가?

**알키비아데스** 저는 그렇다고 생각해요.

**소크라테스** 알키비아데스, 그 시인을 본보기로 삼았기 때문이든 아니면 스스로 생각해냈기 때문이든 라케다이몬[16]인들은 사적인 일에든 공적인 일에든 그와 비슷하게 기도드린다네. 그들은 신들에게 먼저 훌륭한 c 것들을 달라고 기도하고, 그다음에 아름다운 것들을 달라고 기도하니 말일세. 그들이 그 이상을 기도하는 것을 아무도 듣지 못했을 걸세. 그 결과 그들은 여태까지 다른 어떤 사람들 못지않게 운이 좋으며, 설령 언제 어디서나 운이 좋지 않다 하더라도 그것은 그들의 기도 탓이 아닐세. 우리가 기도한 것을 주는지 그와 반대되는 것을 주는지는 신들에게 달 d 려 있는 것 같으니까.

나는 또 자네에게 나이든 분들 가운데 한 분한테 들은 다른 이야기를 들려주겠네. 아테나이인들과 라케다이몬인들 사이에 시비가 붙어 육지 나 바다에서 전투가 벌어질 때마다 늘 우리 나라가 불리했고 한 번도 이길 수 없었네. 아테나이인들은 속이 상했으나 그런 괴로움에서 벗어날 수단을 찾을 수 없자, 논의 끝에 암몬[17] 신에게 사절단을 보내 무엇보다도 무슨 이유로 신들은 자기들보다 라케다이몬인들에게 승리를 주시는지 물어보기로 결정했네. 사절단은 이렇게 말했다고 하네. "우리는 헬라스인 중에서 가장 훌륭한 제물을 가장 많이 바치고, 봉헌물로 신전을 장식하는 데서 다른 헬라스인들을 능가하며, 해마다 신들에게 가장 비용이 많이 들고 가장 엄숙한 행렬을 제공하며, 다른 헬라스인들이 쓴 돈을 다 합친 것보다 더 많은 돈을 썼습니다. 반면에 라케다이몬인들은 그런 일에 결코 신경 쓰지 않았고, 신들에게 인색하여 대개 흠이 있는 가축을 제물로 바치며, 경배의 질에서 우리만 못합니다. 우리 못지않게 부유한

e

149a

**14** 142d 참조.
**15** 143a 참조.
**16** 라케다이몬은 대개 스파르테와 동의어로 쓰이지만 그 주변 지역인 라코니케(Lakonike) 지방을 가리킬 때도 있다. '라케다이몬인들'(hoi Lakedaimonioi)에는 스파르테인들 외에도 헤라클레스의 후손으로 자처하는 도리에이스족(Dorieis)에게 정복당한 라코니케 지방과 멧세네(Messene) 지방의 선주민인 페리오이코이들(hoi perioikoi '주변에 거주하는 자들')도 포함된다. 페리오이코이들은 인신의 자유는 있었지만 공납과 병역의 의무를 졌다.
**17** Ammon. 그리스의 제우스에 해당하는 이집트의 신 아문(Amun)의 그리스어 이름. 리뷔아 사막의 시와(Siwa) 오아시스에 있던 그의 신탁소가 특히 유명했는데, 기원전 331년 페르시아 정복을 앞두고 알렉산드로스(Alexandros) 대왕도 그곳을 찾은 적이 있다고 한다.

데도 말입니다." 사절단이 그렇게 말하고 나서 지금 자신들이 처한 곤경에서 벗어나려면 어떻게 해야 하는지 묻자 예언자가 사절단을 자기 쪽으로 부르더니 물론 신의 지시에 따라 이렇게 말했네. "암몬께서는 아테나이인들에게 이렇게 말씀하신다. 나는 헬라스인들의 모든 제물보다 라케

b 다이몬인들의 공손한 과묵함이 더 마음에 드노라." 그는 그렇게만 말하고 더이상은 한마디도 하지 않았네. 내가 생각하기에 신이 말하는 '공손한 과묵함'[18]이란 그들의 기도를 의미하는 것 같네. 그들의 기도는 다른 사람들의 기도와는 아주 다르니까. 다른 헬라스인들은 대개 뿔에 금박을 입힌 황소를 제물로 바치거나 신들에게 봉헌물을 바치며 좋은 것이든

c 나쁜 것이든 아무거나 머리에 떠오르는 것을 기구하네. 그래서 신들은 그들의 부적절한 발언을 듣고는 비용이 많이 드는 행렬이나 제물들을 거절한다네. 그래서 우리는 조심해야 하고, 무엇을 말하고 무엇을 말하지 말아야 할지 심사숙고해야 한다고 나는 생각하네.

호메로스에서도 자네는 이와 비슷한 다른 이야기들을 발견할 걸세. 그는 트로이아인들이 야영을 할 때 "불사신들에게 흠잡을 데 없는 헤카

d 톰베[19]를 바쳤다"고 말하고 있네.

> 그리하여 제물 바치는 구수한 냄새가 바람을 타고 하늘로 올라갔다.
> 그러나 축복받은 신들은 그것을 받아들이지도 원하지도 않았으니,
> 신성한 일리오스와 훌륭한 물푸레나무 창의 프리아모스[20]와
> 그의 백성들이 몹시도 미웠기 때문이다.[21]

이처럼 그들이 신들에게 미움받게 되자 제물을 바쳐도 선물을 바쳐 e 도 아무 소용없었네. 생각건대 나쁜 대부업자처럼 선물에 마음이 바뀌는 것은 신들답지 않으니까. 그리고 이 점에서 우리가 라케다이몬인들보다 낫다고 자랑한다면 어리석은 말을 하는 것으로 들릴 걸세. 신들이 우리 혼과 우리 안에 있는 경건과 정의보다 선물과 제물을 더 중시한다면 그것은 슬픈 일일 테니 말일세. 생각건대 신들은 개인이건 국가건 신들이나 인간에게 많은 죄를 지은 뒤에도 해마다 바칠 수 있는, 비용이 많이 드는 행렬이나 제물보다는 그런 것들을 훨씬 더 중시할 것 같네. 암몬과 150a 그의 예언자의 말처럼 신들은 선물에 매수되지 않으며 그런 선물들을 모두 무시한다네. 신들도 마음이 건전한 인간들도 분명 정의와 지혜[22]를 각별히 존중하는 것 같네. 그리고 신들과 사람들에게 어떻게 행동하고 말해야 할지 아는 사람들만이 지혜롭고 정의롭네. 하지만 나는 지금 이런 것들에 대해 자네가 어떻게 생각하는지 듣고 싶네. b

**알키비아데스** 소크라테스 선생님, 저도 선생님이나 신과 같은 생각입니다. 신에게 반대투표를 하는 것은 나답지 않으니까요.

**소크라테스** 하지만 자네는 좋은 것인 줄 알고 부지중에 나쁜 것을 기구하

18 euphemia ('완곡어법').

19 hekatombe ('황소 백 마리의 제물'). 대개 '성대한 제물'이라는 뜻으로 쓰인다.

20 일리오스(Ilios)는 트로이아 도성의 다른 이름이고, 프리아모스(Priamos)는 트로이아의 마지막 왕이다.

21 『일리아스』 8권 548~552행.

22 dikaiosyne, phronesis.

지 않을까 아주 당혹스럽다고 말한 적이 있네.[23] 기억나는가?

**알키비아데스** 기억나요.

c **소크라테스** 그러면 자네도 보다시피, 자네가 기도하며 신에게 다가가는 것은 안전하다 할 수 없네. 신이 자네의 조심성 없는 발언을 듣고 자네의 제물을 송두리째 거절하고 게다가 다른 벌을 덧붙일 테니 말일세. 따라서 내 생각에는 자네가 가만있는 것이 가장 좋을 것 같네. 자네는 라케다이몬인들의 기도는 사용하기를 원치 않을 테니까. 그러기에는 자네는 너무 통이 크니까. 여기서 통이 크다는 말은 어리석음을 가장 완곡하게 표현한 걸세. 신들과 인간들을 어떻게 대해야 할지 배우려면 시간이 걸린다네.

d **알키비아데스** 소크라테스 선생님, 그때가 언제쯤일까요? 그리고 저를 가르칠 사람은 누굴까요? 저는 그 사람이 누군지 몹시도 보고 싶어요.

**소크라테스** 자네에게 관심이 있는 사람이겠지. 하지만 내가 생각하기에

그가 신과 인간을 잘 분간할 수 있도록[24]

아테나 여신이 디오메데스의 눈에서 안개를 걷었다고 호메로스가 말하는 것처럼, 자네도 먼저 자네 혼을 에워싸고 있는 안개에서 벗어나야 할 걸세. 그래야만 자네가 좋음과 나쁨을 분간할 방법을 알게 될 걸세. 지금은 아마 자네가 그럴 수 없을 걸세.

e **알키비아데스** 안개든 뭐든 간에 그가 걷게 하세요. 나는 그가 누구든 그가 시키는 일이면 무엇이든 행할 각오가 되어 있으니까요. 그래서 내가

더 나은 사람이 될 수만 있다면 말입니다.

**소크라테스** 그도 자네를 도와주고 싶어 몹시 안달이 나 있네.

**알키비아데스** 그렇다면 때가 될 때까지 제물 바치는 일을 미루는 것이 더 나을 것 같군요.

**소크라테스** 자네 생각이 옳네. 그토록 큰 모험을 하느니 그러는 편이 더 안전하니 말일세. 151a

**알키비아데스** 어떻습니까, 소크라테스 선생님? 저는 이 화환을 제게 그토록 좋은 조언을 해주신 선생님께 씌워드리고 싶어요. 신들에게는 화환도 관습이 요구하는 그 밖의 다른 것들도 그날이 오면 바치도록 해요. 그리고 신들이 원하신다면 머지않아 그날이 오겠지요.

**소크라테스** 좋아, 받겠네. 그 밖에 자네가 내게 주는 것이면 무엇이든 기꺼이 받겠네. 에우리피데스의 비극에서 크레온은 테이레시아스가 화관을 쓰고 다가오는 것을 보고는 그 화관은 그가 자신의 예언술에 힘입어 전리품 가운데 맏물로서 받은 것이라는 말을 듣자 이렇게 말하네. b

> 그대의 승리의 화관을 나는 좋은 전조로 여기겠소.
> 그대도 보다시피 우리는 큰 파도에 시달리고 있소.[25]

23 148b 참조.

24 『일리아스』 5권 127행. 디오메데스(Diomedes)는 트로이아전쟁 때 그리스군 용장으로 아테나 여신이 총애하던 장수이다.

그처럼 나도 자네의 그런 판단을 좋은 전조로 여기네. 생각건대 나도 c 크레온 못지않게 파도에 시달리고 있으며, 자네의 연인들과의 이 싸움에서 당당하게 이기고 싶으니 말일세.

**25** 에우리피데스, 『포이니케 여인들』(*Phoinissai*) 856~859행. 에우리피데스는 고대 그리스의 3대 비극 작가 중 한 명이고, 포이니케(Phoinike)는 페니키아의 그리스어 이름이다. 크레온(Kreon)은 오이디푸스 왕의 처남이고, 테이레시아스(Teiresias)는 테바이(Thebai)의 눈먼 예언자이다.

# 힙피아스 I

## 아름다움에 관하여

**대담자**

소크라테스, 힙피아스

281a **소크라테스** 아름답고 지혜로운 힙피아스님, 참 오래간만에 이곳 아테나이를 방문하셨군요.

**힙피아스** 소크라테스님, 그럴 겨를이 없었어요. 엘리스[1]가 다른 국가와 처리할 일이 있을 때마다 그곳 시민 가운데 언제나 나를 먼저 찾아와서 사절(使節)로 뽑으니까요. 여러 도시에서 온 전언들을 내가 가장 잘 판단 b 하고 보고할 수 있다고 믿고서 말입니다. 그래서 나는 여러 나라에 사절로 갔는데, 가장 많고 중대한 일로 가장 자주 간 곳은 라케다이몬[2]이오. 그대의 물음에 답하자면, 그래서 내가 이 지방에 자주 오지 못하는 것이라오.

**소크라테스** 힙피아스님, 진실로 지혜롭고 완벽한 인간이 되는 것은 대단한 일이군요. 그대는 사적으로는 젊은이들로부터 큰돈을 벌며 그보다 c 더 큰 혜택을 젊은이들에게 줄 수 있고, 공적으로는 멸시받지 않고 대중에게 존경받으려면 그래야 하듯 그대의 나라를 이롭게 할 수 있으니 말이오.

그런데 힙피아스님, 핏타코스와 비아스와 밀레토스 출신 탈레스의 제자들과 아낙사고라스[3]에 이르기까지의 그 이후 사람들처럼 지혜롭기로 이름난 선현(先賢)들이 전부 또는 대부분 정치를 멀리한 것처럼 보이는 것은 도대체 어떻게 설명하시겠소?

**힙피아스** 어떻게 생각하나요, 소크라테스님? 그것은 그들이 자신의 지혜[4]로는 공적 업무와 사적 업무를 충분히 감당할 수 없었기 때문이 아닐까요? d

**소크라테스** 그러면 제우스에 맹세코, 다른 기술들은 발전하여 오늘날의 장인(匠人)들에 비하면 옛날 장인들은 보잘것없고, 마찬가지로 그대들 소피스트[5]들의 기술도 발전하여 그대들에 비하면 선현들은 보잘것없다

1 Elis. 펠로폰네소스반도 서북부에 있는 지방 이름이자 도시 이름.

2 라케다이몬은 대개 스파르테와 동의어로 쓰이지만 그 주변 지역인 라코니케(Lakonike) 지방을 가리킬 때도 있다. '라케다이몬인들'(hoi Lakedaimonioi)에는 스파르테인들 외에도 헤라클레스의 후손으로 자처하는 도리에이스족(Dorieis)에게 정복당한 라코니케 지방과 멧세네(Messene) 지방의 선주민인 페리오이코이들(hoi perioikoi '주변에 거주하는 자들')도 포함된다. 페리오이코이들은 인신의 자유는 있었지만 공납과 병역의 의무를 졌다.

3 핏타코스(Pittakos)는 에게해 북동부에 있는 레스보스(Lesbos)섬의 도시 뮈틸레네(Mytilene)에서 기원전 7세기 말에서 6세기 초에 활동한 정치가이고, 비아스(Bias)는 소아시아 해안 도시 프리에네(Priene)에서 기원전 6세기 초에 활동한 정치가이며, 탈레스(Thales)는 기원전 6세기 초에 활동한 소아시아 밀레토스(Miletos) 출신 자연철학자이다. 셋 다 고대 그리스의 일곱 현인에 포함된다. 아낙사고라스(Anaxagoras 기원전 500~428년)는 소아시아에서 아테나이로 이주한 최초의 자연철학자이다.

4 phronesis. phronesis는 '실천적 지혜'이고, sophia는 '사변적 지혜'이다.

5 소피스트의 그리스어 sophistes는 형용사 sophos('지혜로운')에서 파생한 명사로 그대로 옮기면 '지혜로운 사람'이라는 뜻이다. 이 말은 기원전 5세기에 보수를 받고 지식을 가르쳐주는 순회 교사들을 의미했다. 그들은 수학, 문법, 지리 등 다양한 과목을 가르쳤으나 출세를 위해 젊은이들에게 주로 수사학을 가르쳤다. 그들은 진리의 상대성을 주장한 까닭에 '궤변학파'(詭辯學派)라고 불리기도 한다.

고 말해야 하지 않을까요?

**힙피아스** 전적으로 옳은 말씀이오.

**소크라테스** 힙피아스님, 만약 비아스가 우리를 위해 지금 되살아나 그대

282a 들과 비교된다면, 그는 웃음거리가 될 것이오. 마치 다이달로스[6]가 지금 태어나 그를 유명하게 만들었던 작품들을 만들면 웃음거리가 될 것이라고 조각가들이 말하듯이 말이오.

**힙피아스** 소크라테스님, 아닌 게 아니라 그대가 말씀하신 그대로입니다. 하지만 나는 이전 세대의 선현들을 우리 동시대인들 앞에서 이들보다 더 칭찬하곤 해요. 나는 살아 있는 사람들의 시기를 사지 않으려고 조심하지만 죽은 사람들의 노여움을 사는 것도 두려우니까요.

b **소크라테스** 힙피아스님, 내가 보기에 그대는 훌륭한 생각을 훌륭하게 표현하는 것 같군요. 그리고 나는 그대의 주장이 옳으며, 그대들이 공적인 업무를 사적인 용무와 결합할 수 있을 만큼 그대들의 기술이 실제로 발전했다고 증언할 수 있어요.

레온티노이의 유명한 소피스트 고르기아스[7]가 사절 자격으로 공무로 고향 도시를 떠나 이곳에 온 적이 있었소. 그는 레온티노이인 중에서 공무를 처리하는 데 가장 유능했으니까요. 그는 민회(民會)에서 더없이 훌륭한 연설을 했고, 개인적으로는 젊은이들에게 강연을 하고 교습을

c 함으로써 이 도시에서 큰돈을 벌었지요. 또한 우리 친구 프로디코스[8]도 공무로 이곳에 자주 왔을뿐더러, 저번에 공무로 케오스에서 이곳에 왔을 때는 평의회[9]에서 매우 인상적인 연설을 했고, 개인적으로는 젊은이들에게 강연을 하고 교습을 함으로써 엄청나게 큰돈을 벌었소. 그러나

선현들은 아무도 수업료를 받거나 잡다한 사람들 앞에서 자기 지혜를 과시하는 것을 적절하다고 여기지 않았소. 그분들은 그만큼 순진했고, d 돈이 얼마나 가치 있는 것인지 몰랐지요. 그러나 고르기아스와 프로디코스는 자신의 지혜로, 다른 어떤 장인(匠人)이 자기 기술로 버는 것보다 더 많은 돈을 벌었소. 그리고 이들 이전에도 프로타고라스가 그렇게 했지요.

**힙피아스** 소크라테스님, 그대는 이 분야에 관해 아직 제대로 알지 못하시군요. 내가 얼마나 많은 돈을 벌었는지 알면 놀라실 거예요. 다른 이야기는 생략하고, 한번은 내가 시켈리아[10]에 갔을 때 당시 이미 유명했고 나보다 선배인 프로타고라스가 그곳에 머물고 있었음에도, 나는 훨씬 e 젊은데도 단기간에 150므나[11] 이상을 벌었고, 아주 작은 마을인 이뉘코스[12] 한 곳에서만 20므나 이상을 벌었소. 나는 이 돈을 갖고 집으로 돌아

6 Daidalos. 아테나이 출신이라고 알려진 전설 속 장인(匠人).

7 레온티노이(Leontinoi)는 시칠리아에 있는 도시이고, 고르기아스(Gorgias 기원전 485~380년경)는 프로타고라스(Protagoras)와 더불어 가장 영향력 있는 소피스트로 특히 수사학의 대가였다.

8 Prodikos. 케오스(Keos)섬 출신의 소피스트로 소크라테스와 동시대인이다.

9 boule. 고전기 아테나이의 평의회는 30세 이상의 남자 시민 500명으로 구성되었는데, 이들은 아테나이의 10개 부족에서 해마다 추첨으로 선출되었으며 같은 사람이 두 번 이상 평의회 위원이 될 수 없었다. 평의회는 민회(ekklesia)에서 다룰 의제(議題)를 토의하고 준비했다.

10 Sikelia. 시칠리아의 그리스어 이름.

11 mna. 고대 그리스의 화폐단위. 150므나는 상당히 큰돈이다.

12 Inykos.

가 아버지에게 드렸지요. 아버지와 다른 동료 시민들이 놀라 기겁하라고 말이오. 그리고 나는 그대가 어떤 소피스트들을 거명하든 다른 소피스트 두 명을 합친 것보다 더 많이 벌었다고 확신하오.

**소크라테스** 힙피아스님, 그것은 그대와 요즘 사람들이 지혜롭다는, 그리고 요즘 사람들이 옛날 사람들보다 훨씬 우수하다는 훌륭하고도 강력한 증거지요. 그대의 이야기에 따르면, 우리 선배들은 아주 무식했소. 사람들이 말하기를, 아낙사고라스에게는 그대에게 일어났던 것과 정반대되는 일이 일어났다고 하오. 그는 큰돈을 물려받았으나 소홀히 한 탓에 몽땅 잃고 말았소. 그의 지혜는 그만큼 어리석었던 거죠. 이전 세대의 다른 현인들에 관해서도 사람들은 비슷한 이야기를 한답니다. 그대는 요즘 사람들이 옛날 사람들보다 더 지혜롭다는 강력한 증거를 제시했으며, 많은 사람이 지혜로운 사람은 무엇보다도 자신을 위해 지혜로워야 한다는 데 동의해요. 그리고 그 기준은 누가 돈을 최대한 많이 버는지이지요. 이에 관해서는 이쯤 해둡시다.

283a

b

말해주시오. 그대는 어느 도시를 방문했을 때 돈을 가장 많이 벌었소? 분명 그대가 가장 자주 방문한 라케다이몬에서 그랬겠지요?

**힙피아스** 제우스에 맹세코 그렇지 않아요, 소크라테스님.

**소크라테스** 정말인가요? 그럼 그곳에서 가장 적게 버셨나요?

c

**힙피아스** 한 푼도 벌지 못했소.

**소크라테스** 이상하고 놀라운 말씀을 하시는군요, 힙피아스님. 말씀해보시오. 그대의 지혜는 그것을 익히고 배우는 사람들을 미덕[13]에서 더 훌륭하게 만드는 그런 종류의 것이 아닌가요?

**힙피아스** 아주 훌륭하게 만들지요, 소크라테스님.

**소크라테스** 그럼 그대는 이뉘코스인들의 아들들은 더 훌륭하게 만들 수 있었지만 스파르테인들의 아들들은 그렇게 만들 수 없었나요?

**힙피아스** 그러기에는 내가 많이 부족했소.

**소크라테스** 그러면 시켈리아인들은 더 훌륭해지기를 원하는데, 라케다이몬인들은 원하지 않나요?

**힙피아스** 물론 라케다이몬인들도 그렇게 되기를 원하지요, 소크라테스님. d

**소크라테스** 그러면 그들은 돈이 부족해서 그대와 함께하기를 피했나요?

**힙피아스** 아니요, 그들은 돈이 많아요.

**소크라테스** 그렇다면 그들은 더 훌륭해지기를 원하기도 하고 돈도 있고, 그대는 그들에게 최대의 혜택을 베풀 능력이 있는데, 그들이 그대를 떠나보낼 때 큰돈을 주지 않은 이유가 대체 무엇일까요? 설마 라케다이몬인들이 자기 자식들을 그대보다 더 훌륭하게 교육할 수 있기 때문은 아니겠지요? 우리가 그렇게 주장하면 그대도 동의하시겠소?

**힙피아스** 조금도 동의하지 않아요. e

**소크라테스** 그러면 그대는 그들이 교사들과 함께하기보다는 그대와 함께해야만 미덕이 더 향상할 것이라고 라케다이몬의 젊은이들을 설득할 수 없었나요? 아니면 그대는 아들들에게 관심이 있다면 자신들이 돌보느니 그 일은 그대에게 맡겨야 한다고 그들의 아버지들을 설득할 수 없었

**13** arete. 문맥에 따라 '탁월함' '훌륭함'으로 옮길 수도 있다.

나요? 그들은 분명 자신들의 아들들에게 최대한 훌륭해질 기회가 주어지는 것을 시새우지 않았을 테니까요.

**힙피아스** 나도 그들이 시새웠다고 생각하지 않소.

**소크라테스** 하지만 라케다이몬은 법을 준수하오.

**힙피아스** 왜 아니겠소?

284a **소크라테스** 그리고 법을 준수하는 나라에서 가장 존경받는 것은 미덕이랍니다.

**힙피아스** 물론이오.

**소크라테스** 그리고 미덕을 어떻게 남에게 전수하는지는 그대가 누구보다도 더 잘 알고요.

**힙피아스** 가장 잘 알지요, 소크라테스님.

**소크라테스** 승마술을 어떻게 전수하는지 가장 잘 아는 사람은 텟살리아[14]나 승마술을 가장 열심히 공부하는 헬라스의 그 밖의 다른 지방에서 가장 존경받고 가장 큰돈을 벌 것이오.

**힙피아스** 그럴 것 같아요.

**소크라테스** 그렇다면 미덕이 향상하는 데 가장 필요한 과목들을 가르칠 수 있는 사람은 라케다이몬이나 법을 준수하는 헬라스의 그 밖의 다른 b 나라에서 가장 존경받고, 원한다면 가장 큰돈을 벌지 않을까요? 친구여, 그대는 그가 시켈리아에서, 이뉘코스에서 더 잘나갈 것이라고 생각하나요? 우리는 그렇다고 믿어야 하나요, 힙피아스님? 그대가 그렇다고 말씀하시면 우리는 그렇다고 믿어야 하니까요.

**힙피아스** 소크라테스님, 라케다이몬인들의 조상 전래의 전통은 법률을 바꾸거나 아들들에게 관습에 반(反)하는 교육을 시키는 것을 금하고 있습니다.

**소크라테스** 무슨 말씀인지요? 라케다이몬인들에게는 올바르게 행동하는 것이 아니라 과오를 범하는 것이 조상 전래의 전통인가요? c

**힙피아스** 내 말은 그런 뜻이 아니오, 소크라테스님.

**소크라테스** 그런데 젊은이들을 최대한 훌륭해지도록 교육시켜야 그들이 올바르게 행동하는 것 아닌가요?

**힙피아스** 옳아요. 하지만 라케다이몬인들에게는 외국식 교육을 시키는 것이 위법이라오. 잘 알아두시오. 어떤 사람이 그곳에서 교육을 해주고 돈을 받은 적이 있다면 내가 월등히 가장 많이 받았겠지요. 아무튼 그들은 내 강의를 들으면 좋아서 갈채를 보내요. 하지만 앞서 말했듯이 그것은 위법입니다.

**소크라테스** 힙피아스님, 그대는 법률이 국가에 해롭다고 말하나요, 이롭다고 말하나요? d

**힙피아스** 생각건대 법률은 이로우라고 만들어졌지만 잘못 만들어지면 해로울 때도 있지요.

**소크라테스** 어떤가요? 입법자들은 국가에 가장 큰 좋음[15]이 되라고 법률을 만들고, 그 좋음 없이는 법을 준수하는 국가란 불가능하지 않을까요?

14 Thessalia. 그리스반도의 동북 지방.

15 agathon.

**힙피아스** 맞는 말씀이오.

**소크라테스** 그러니 법률을 만들려는 자들이 법률을 좋게 만드는 데 실패할 때는, 법률을 적법한 것으로 만드는 데도, 아니 법률을 법률로 만드는 데도 실패한 것이오. 뭐라고 말씀하시겠소?

e **힙피아스** 소크라테스님, 정확히 말하자면 그건 사실입니다. 하지만 사람들은 그렇게 생각하는 데 익숙하지 않아요.

**소크라테스** 힙피아스님, 아는 사람들 말씀인가요, 아니면 알지 못하는 사람들 말씀인가요?

**힙피아스** 대중[16] 말이오.

**소크라테스** 대중은 진실을 아는 사람들인가요?

**힙피아스** 물론 그렇지 않아요.

**소크라테스** 하지만 아는 사람들은 분명 더 이로운 것이 덜 이로운 것보다 사실은 모든 사람을 위해 더 적법하다고 여길 겁니다. 그대는 동의하지 않나요?

**힙피아스** 그들이 사실은 그렇게 생각한다는 데 동의하오.

**소크라테스** 그러면 사실은 아는 사람들이 그렇다고 생각하는 대로인가요?

**힙피아스** 물론이오.

**소크라테스** 그런데 라케다이몬인들에게는 토착적인 방식보다는 외국식

285a 이기는 하지만 그대의 방식으로 교육받는 것이 더 이롭다는 것이 그대의 주장인가요?

**힙피아스** 그렇소. 그리고 내 말은 사실이라오.

**소크라테스** 그대는 더 이로운 것이 더 적법한 것이라고도 주장하나요, 힙

피아스님?

**힙피아스** 그렇소. 나는 그렇다고 주장했소.

**소크라테스** 그대의 주장에 따르면 라케다이몬인들의 아들들에게는 힙피아스에게 교육받는 것이 더 적법하고 자기 아버지들에게 교육받는 것은 덜 적법하겠군요. 그들이 실제로 그대 덕을 보게 된다면 말이에요.

**힙피아스** 그들은 분명 내 덕을 보게 되겠지요, 소크라테스님.

**소크라테스** 그러면 라케다이몬인들은 그대에게 돈을 주지 않고 자기 아들들을 그대에게 맡기지 않음으로써 법을 어기는 것이오. b

**힙피아스** 거기에 동의하오. 내가 보기에 그대는 나를 위해 말해주는 것 같고, 내가 굳이 반대할 필요를 느끼지 못하니까요.

**소크라테스** 그렇다면 라케다이몬인들은 법률 위반자임이 드러나는군요, 그것도 가장 중대한 일들에서 말이에요. 우리는 그들이 준법정신이 가장 강한 줄 알았소. 힙피아스님, 그들은 대관절 그대의 어떤 논의를 듣고 좋아서 갈채를 보내던가요? 분명 그대가 가장 잘 아는 것들이겠지요? c 별들과 천체 운동에 관한 것들 말이오.

**힙피아스** 전혀 그렇지 않아요. 그런 것들은 그들이 견뎌내지 못해요.

**소크라테스** 그러면 그들은 기하학에 관해 듣기를 좋아하나요?

**힙피아스** 아니요, 그들 중 다수는 셈할 줄도 모르는 걸요.

**소크라테스** 그러면 그들은 그대가 산술 실력을 과시하는 것을 견뎌내기

16 hoi polloi.

에는 아직 멀었군요.

**힙피아스** 제우스에 맹세코, 아직 멀었고말고요.

**소크라테스** 그렇다면 그들은 그대가 누구보다도 날카롭게 분석할 줄 아

d 는 것들은 좋아하나요? 문자와 음절과 율동과 화성의 기능 말이오.

**힙피아스** 여보시오, 어떤 화성과 문자 말이오?

**소크라테스** 그렇다면 그들은 그대에게서 무엇을 듣고 좋아서 갈채를 보내나요? 나는 알 수 없으니 그대가 말씀해주시오.

**힙피아스** 소크라테스님, 그들은 영웅들과 신들의 계보와 옛날에 도시들을 건설한 이야기들을, 간단히 말해 옛이야기들을 가장 듣기 좋아해요.

e 그래서 그들 때문에 나는 그런 것들을 모두 배우고 외우지 않을 수 없었지요.

**소크라테스** 힙피아스님, 누가 솔론 때부터 우리 아르콘[17]들의 명단을 읊어도 라케다이몬인들은 듣고 좋아하지 않는다는 것이 그대에게는 다행이겠네요. 그들이 좋아한다면 그대는 애써 외워야 할 테니까요.

**힙피아스** 소크라테스님, 그건 왜 그렇지요? 나는 한 번 들으면 쉰 명의 이름을 기억할 수 있다오.

**소크라테스** 맞는 말씀이오. 그대가 기억력이 좋다는 것을 깜빡했군요. 그러고 보니 라케다이몬인들이 그대가 박학다식한 것을 좋아하고, 마치

286a 아이들이 재미난 이야기를 듣기 위해 노파들을 이용하듯 그대를 이용하는 것을 이해할 수 있을 것 같군요.

**힙피아스** 소크라테스님, 아닌 게 아니라 내가 얼마 전에 그곳에서 젊은이가 매진해야 할 아름답고 고매한 활동들을 세세히 제시함으로써 큰 명

성을 얻었지요. 그런 활동들에 관해 다른 점들에서도 그랬지만 특히 문체에서 아주 탁월한 연설문을 작성했으니까요. 연설문의 구상과 출발점은 이런 것이었소. 그 연설문에 따르면, 트로이아가 함락된 뒤 어떤 아름다운 활동들에 매진해야 가장 큰 명성을 얻을 수 있겠느냐고 네옵톨레모스가 네스토르[18]에게 물었다 하오. 그러자 네스토르가 말문을 열어 b

17 아르콘(archon '통치자')은 아테나이(Athenai)를 포함하여 대부분의 그리스 도시국가에서 사법권과 행정권을 가진 최고 관리들에게 주어진 명칭이다. 기원전 11세기경 왕정이 끝나면서 아테나이에서는 귀족계급에서 선출된 세 명의 아르콘이 정부를 맡았다. 이들의 임기는 처음에는 10년이었으나 기원전 683년부터는 1년이었으며 기원전 487년부터는 추첨으로 임명되었다. 그중 아르콘 에포뉘모스(eponymos '이름의 원조')는 수석 아르콘으로, 그의 임기에 해당하는 해는 당시에는 널리 쓰이는 연호가 없어 '아무개가 아르콘이었던 해'라는 식으로 그의 이름에서 연호를 따온 까닭에 그렇게 불렸다. 그는 주로 재산과 가족의 보호에 관한 광범위한 권한을 행사하며 판아테나이아제(Panathenaia)와 디오뉘소스제(Dionysia)를 주관했다. 아르콘 바실레우스(basileus '왕')는 왕정 시대에 왕들이 주관하던 여러 종교적 임무를 수행했는데, 각종 비의(秘儀)와 레나이아제(Lenaia) 등을 주관했으며 아레이오스 파고스(Areios pagos 라/Areopagus) 회의도 주관했다. 아르콘 폴레마르코스(polemarchos '장군', '대장')는 원래 군대를 지휘하는 일을 맡아보았으나 아르콘이 추첨으로 임명되기 시작한 기원전 487년부터는 군 지휘권이 장군(strategos)들에게 넘어가면서 주로 아테나이 시민이 아닌 주민들에 관한 사법 업무를 맡아보았다. 기원전 7세기 들어 언젠가 세 명의 아르콘에 여섯 명의 테스모테테스(thesmothetes '입법관')가 추가되는데 이들은 주로 각종 소송 업무를 주관했다. 기원전 6세기 초 솔론(Solon)은 아르콘의 관직을 상위 두 재산등급에만 개방했으나, 기원전 457년부터는 세 번째 재산등급에도 개방되었다. 퇴직 아르콘은 아레이오스 파고스 회의체의 종신회원이 되었으나, 나중에 그들도 추첨으로 임명되면서 정치적 영향력을 상실했다.

18 네옵톨레모스(Neoptolemos)는 트로이아전쟁 때 그리스군의 으뜸가는 장수 아킬레우스(Achilleus)의 아들이고, 네스토르(Nestor)는 지혜롭고 언변에 능한 그리스군 노장(老將)이다.

그에게 적법하고 더없이 아름다운 활동을 아주 많이 제시하지요. 그곳에서 나는 그 연설문을 낭독했고, 이곳에서는 모레 페이도스트라토스의 학원에서 낭독할 참이오. 들을 만한 가치가 있는 다른 많은 것과 함께 말이오. 아페만토스의 아들 에우디코스[19]가 그렇게 해달라고 내게 요청 c 했답니다. 나는 그대도 그곳에 와주실 것이라 믿소. 남의 말을 듣고 판단할 줄 아는 다른 사람들을 데리고서 말이오.

**소크라테스** 힙피아스님, 신께서 원하신다면 그렇게 하겠소. 하지만 지금은 이 문제에 대한 내 질문에 간단하게 답변해주시오. 그대의 말씀을 들으니 때마침 생각이 나는군요. 여보시오, 얼마 전에 나는 어떤 연설문에서 어떤 것은 추하다고 비난하고 어떤 것은 아름답다고 칭찬하다가 다음과 같은 모욕적인 질문을 받고 난처해진 적이 있었소. "소크라테스님, 그대는 어떤 것이 아름답고 어떤 것이 추한지 어떻게 아시오? 자, 그대는 아 d 름다움[20]이 무엇인지 말해줄 수 있겠소?" 나는 무능하기에 당황한 나머지 적절히 대답할 수가 없었소. 그래서 그곳에 모인 무리 곁을 떠나며 자신에게 화를 내고 자책하며 내가 그대들 현자 가운데 누구를 처음 만나건 그에게 듣고 배우고 익힌 다음 내게 질문한 사람에게 되돌아가 다시 따져보기로 결심했소. 그러던 차에 방금 내가 말했듯이 그대를 때마침 만났소이다. 그러니 아름다움 자체가 무엇인지 충분히 납득이 가도록 가 e 르쳐주시고, 최대한 정확하게 답변해주시오. 내가 두 번째로 논박당하여 또다시 웃음거리가 되지 않도록 말이오. 그대는 그것을 명확히 알고 있고, 그것은 그대가 가진 방대한 지식의 작은 조각에 지나지 않을 테니까요.

**힙피아스** 소크라테스님, 아닌 게 아니라 그것은 작은 조각에 불과하오. 그리고 무가치한 것이라고 덧붙이고 싶어요.

**소크라테스** 그렇다면 나는 쉽게 배울 것이고, 나를 다시 논박할 사람은 아무도 없겠군요.

**힙피아스** 아무도 없고말고요. 그렇다면 내 직업은 하찮고 변변찮은 것이 될 테니까요. 287a

**소크라테스** 참으로 멋진 일이겠네요, 힙피아스님. 우리가 그자를 제압한다면 말이오. 그대가 나를 되도록 많이 훈련시키도록, 내가 그자의 대리인이 되어 그대의 답변에 온갖 이의를 제기하더라도 그대는 짜증내지 않겠지요? 이의를 제기하는 데는 나도 상당히 경험이 있으니까요. 그래서 아무래도 좋으시다면, 나는 그대에게 이의를 제기하고 싶어요. 더 확실히 배울 수 있도록 말이오.

**힙피아스** 이의를 제기하시구려. 그것은 방금 내가 말했듯이 큰 문제가 아닙니다. 나는 그보다 훨씬 더 어려운 문제들도 아무도 논박할 수 없도록 b 답변하는 법을 그대에게 가르칠 수 있다오.

**소크라테스** 거 참 좋은 말씀입니다. 그대가 그러라고 하시니 나는 최선을 다해 그자의 역할을 하며 그대에게 물어볼 것이오. 그대가 방금 언급한

**19** 페이도스트라토스(Pheidostratos)에 관해서는 달리 알려진 것이 없다. 힙피아스는 아테나이를 방문할 때 아페만토스(Apemantos)의 아들인 에우디코스(Eudikos)의 집에 묵었던 것 같다.

**20** to kalon.

아름다운 활동들에 관한 그 연설문을 그자에게 낭독하면 그자는 듣고 있다가, 그대가 말하기를 멈추면 맨 먼저 아름다움에 관해 물을 겁니다. c 그게 그자의 버릇이니까요. 그자는 이렇게 말할 것이오.

"엘리스에서 오신 손님이여, 정의로운 사람들이 정의로운 것은 정의에 의해서가 아닌가요?" 힙피아스님, 대답해주시오, 그자가 묻는 것처럼 말이오.

**힙피아스** 그것은 정의에 의해서라고 나는 대답할 것이오.

**소크라테스** "그럼 정의란 그 무엇이겠지요?"

**힙피아스** 물론이지요.

**소크라테스** "그리고 지혜로운 사람들이 지혜로운 것은 지혜에 의해서이고, 모든 좋은 것이 좋은 것은 좋음에 의해서겠지요?"

**힙피아스** 왜 아니겠어요?

**소크라테스** "그것은 이 모든 것이 그 무엇이기 때문이고, 아무것도 아니기 때문은 결코 아니오."

**힙피아스** 그것들은 물론 그 무엇이지요.

**소크라테스** "그러면 모든 아름다운 것이 아름다운 것도 아름다움에 의해서가 아닐까요?"

d **힙피아스** 그렇소. 아름다움에 의해서요.

**소크라테스** "실재하는 아름다움에 의해서겠지요?"

**힙피아스** 그렇소. 다른 것을 생각할 수 있나요?

**소크라테스** "그렇다면 말씀해주시오, 손님." 하고 그자는 말할 것이오. "아름다움이란 무엇이오?"

**힙피아스** 소크라테스님, 그는 무엇이 아름다운지 알고 싶어서 그런 질문을 하는 것인가요?

**소크라테스** 힙피아스님, 내 생각에 그가 알고 싶은 것은 그것이 아니라, 아름다움이 무엇인지인 듯해요.

**힙피아스** 그 둘 사이에 어떤 차이가 있지요?

**소크라테스** 그대는 아무 차이도 없다고 생각하나요?

**힙피아스** 그렇소. 아무 차이도 없소.

**소크라테스** 그대가 분명 더 잘 알겠지요. 하지만 여보시오, 주의하시오. 그자가 그대에게 묻는 것은 무엇이 아름다운지가 아니라, 아름다움이 무엇이냐는 거라오. e

**힙피아스** 친구여, 알겠소. 나는 그자에게 아름다움이 무엇인지 대답할 것이고, 내가 논박당하는 일은 결코 없을 겁니다. 소크라테스님, 알아두시오. 내가 진실을 말해야 한다면, 아름다운 소녀는 아름다운 것이오.

**소크라테스** 힙피아스님, 개에 걸고 맹세하건대,[21] 훌륭하고 그럴듯한 대답이오. 그러니 내가 그렇게 대답하면 나는 질문에 대답한 것이고, 정확하게 대답했으니 논박당하는 일은 결코 없겠지요? 288a

**힙피아스** 소크라테스님, 그대가 어찌 논박당할 수 있겠소? 그대는 모든 사람이 생각하는 것을 말하고, 그대의 말씀을 듣는 사람은 누구나 그대

21 당시 그리스인들은 대개 제우스에 걸고 맹세했지만, 맹세할 때 신의 이름을 함부로 부르는 것을 피하려고 플라타너스나 양배추 따위의 식물이나, 거위, 개, 양 따위의 동물에 걸고 맹세하기도 했다.

가 말씀하시는 것이 옳다고 증언할 텐데 말이오.

**소크라테스** 좋아요. 물론 그럴 테지요. 자, 힙피아스님, 그대가 말씀하시는 것을 나를 위해 요약하게 해주시오. 그자는 내게 대략 이렇게 물을 것이오. "소크라테스님, 내게 답변해주시오. 그대가 아름답다고 말하는 모든 것은 아름다움 자체가 그 무엇이어야 아름다운가요?" 그러면 나는 대답할 것이오. 아름다운 소녀가 아름다운 것이라면, 그 때문에 그런 것들이 아름다운 그 무엇이 있을 것이라고 말이오.

b **힙피아스** 그대는 그래도 그자가 그대를 논박하며 그대가 말하는 것은 아름다운 것이 아니라는 것을 입증하려 할 것이라고 생각하나요? 그렇게 하려다가는 그자가 웃음거리가 되지 않을까요?

**소크라테스** 놀라운 친구여, 나는 그자가 그럴 것이라고 확신하오. 그러려다가 그가 웃음거리가 될지는 나중에 밝혀지겠지요. 아무튼 나는 그자가 무슨 말을 할지 그대에게 말하고 싶소.

**힙피아스** 말해보시오.

**소크라테스** "소크라테스님, 그대는 참으로 멋있는 사람이오." 하고 그자는 말할 것이오. "아름다운 암말은 아름다운 것이 아닌가요? 신도 신탁에서 아름다운 암말을 칭찬했다오." 힙피아스님, 우리는 뭐라고 대답할 c 까요? 우리는 암말은 아름다운 것이라고 말해야 하지 않을까요? 적어도 아름다운 암말이라면 말이오. 그도 그럴 것이, 아름다운 것이 아름답다는 것을 어찌 감히 부인할 수 있겠소?

**힙피아스** 맞는 말씀입니다, 소크라테스님. 신이 그렇게 말한 것도 옳아요. 우리 나라에서는 아주 아름다운 암말들이 사육되기에 하는 말이오.

**소크라테스** "좋아요." 하고 그자는 말할 것이오. "아름다운 뤼라는 어떤가요? 그것은 아름다운 것이 아닌가요?" 우리도 그렇다고 말할까요, 힙피아스님?

**힙피아스** 네.

**소크라테스** 그자의 성격을 미루어 판단하건대 그자는 그다음에는 분명히 이렇게 물겠지요. "가장 훌륭한 친구여, 아름다운 항아리는 어떤가요? 그것은 아름다운 것이 아닌가요?"

**힙피아스** 소크라테스님, 그자가 누구지요? 그런 엄숙한 논의에서 감히 그런 하찮은 것들을 들먹이다니, 그자는 참으로 교양 없는 사람입니다. d

**소크라테스** 힙피아스님, 그자는 그런 사람이오. 세련되지 못하고, 저속하고, 진리 말고는 아무것도 생각하지 않아요. 하지만 그자의 질문에 답변해야 하기에 내가 먼저 대답하지요. 만약 그 항아리가 훌륭한 도공의 작품이고, 내가 본 손잡이 둘 달린 6쿠스[22]들이 아름다운 항아리들처럼 표면이 매끈하고 둥글고 잘 구워졌다면, 만약 그가 그런 항아리에 관해 묻는 것이라면, 우리는 그것이 아름답다고 인정해야 하오. 어떻게 아름다운 것을 아름다운 것이 아니라고 말할 수 있겠소? e

**힙피아스** 결코 그럴 수는 없겠지요, 소크라테스님.

**소크라테스** "그렇다면 아름다운 항아리도 아름다움이겠지요? 대답해주세요." 하고 그자는 말하겠지요.

22 1쿠스(chous)는 3.25리터이다.

**힙피아스** 소크라테스님, 나는 이렇게 생각합니다. 그런 그릇도 아름답게 만들어졌으면 아름답겠지요. 하지만 전체적으로 보아 그것은 암말이나 소녀나 아름다운 그 밖의 다른 모든 것에 비하면 아름답다고 여겨질 가치가 없어요.

289a **소크라테스** 좋아요. 힙피아스님, 그런 질문을 하는 사람에게는 이렇게 대답해야 한다는 것을 알겠소. "여보시오, 그대는 '가장 아름다운 원숭이도 사람에 비하면 추하다'는 헤라클레이토스[23]의 말이 참이라는 것도 모르시는군요. 또한 현자 힙피아스에 따르면, 가장 아름다운 항아리도 소녀들에 비하면 추하오." 그렇지 않나요, 힙피아스님?

**힙피아스** 물론입니다, 소크라테스님. 그대의 대답이 옳소.

**소크라테스** 그럼 내 말을 들어보시오. 그다음에는 그자가 이렇게 말할 것을 잘 아니까요. "어떤가요, 소크라테스님? 소녀들을 신들에 견준다면 b 항아리들을 소녀들에 견주었을 때와 같은 일이 일어나지 않을까요? 가장 아름다운 소녀도 추해 보이지 않을까요? 그리고 그대가 인용한, 헤라클레이토스가 말하는 것도 '가장 지혜로운 사람도 신에 견준다면 지혜나 아름다움이나 그 밖의 다른 것에서 원숭이처럼 보이지 않을까요?'라는 뜻이 아닐까요?" 힙피아스님, 가장 아름다운 소녀도 신들에 견준다면 추하다는 데 우리가 동의할까요?

**힙피아스** 거기에 누가 이의를 제기할 수 있겠어요, 소크라테스님?

c **소크라테스** 우리가 동의하면 그자는 웃으며 말하겠지요. "소크라테스님, 그대가 받은 질문이 무엇인지 기억나나요?" "그렇소." 하고 나는 말할 것이오. "그것은 아름다움 자체가 무엇이냐는 것이었소." 그는 이렇게 말

하겠지요. "그대는 아름다움이 무엇이냐는 질문을 받았는데, 그대의 말처럼 추한 것보다 조금도 더 아름답지 않은 것으로써 대답하시는군요." "그런 것 같군요." 하고 나는 말할 것이오. 아니면 친구여, 그대는 내가 어떻게 대답하기를 권하시오?

**힙피아스** 똑같이 대답하기를 권하겠어요. 신들에 견준다면 인간의 종족이 아름답지 않다는 말은 맞는 말이니까요.

**소크라테스** 그자는 말할 것이오. "내가 처음에 아름다운 것이 무엇이고 추한 것이 무엇인지 물었는데 그대가 지금처럼 대답했다면, 그대는 옳게 대답한 것이겠지요. 그대는 여전히 다른 것을 모두 장식해주고 그 형상[24]이 덧붙여짐으로써 모든 것이 아름다워 보이게 해주는 아름다움 자체가 소녀나 말이나 뤼라[25]라고 생각하나요?" d

**힙피아스** 하지만 소크라테스님, 만약 그것이 그자가 찾는 것이라면, 다른 것을 모두 장식해주고 덧붙여짐으로써 모든 것이 아름다워 보이게 해주는 아름다움이 무엇인지 그자에게 대답하는 것은 가장 쉬운 일일 것이오. 그렇다면 그자는 완전한 바보이고, 아름다운 것들이 무엇인지 전혀 알지 못하는 것이지요. 만약 그대가 그자에게 그자가 찾는 아름다움은 바로 황금이라고 대답한다면 그자는 궁지에 몰려 그대를 논박하려 e

**23** 헤라클레이토스(Herakleitos 기원전 540년경~480년경)는 소아시아 이오니아 지방의 에페소스(Ephesos) 시 출신 '소크라테스 이전 철학자'로 '만물은 흐른다'(panta rhei)는 유명한 말을 남겼다.

**24** eidos.

**25** lyra. 고대 그리스의 발현악기.

하지 않을 것이오. 우리 모두는 어디에 황금이 덧붙여지건 황금으로 장식되면 전에는 추해 보이던 것도 아름다워 보일 것이라는 것을 알기 때문이오.

**소크라테스** 힙피아스님, 그대는 그자가 얼마나 완고한지 모르시는군요.
290a 그자는 아무것도 쉽게 받아들이지 않아요.

**힙피아스** 그건 또 뭐죠, 소크라테스님? 옳은 말은 그자도 받아들여야 하지 않을까요? 받아들이지 않으면 웃음거리가 될 테니 말이오.

**소크라테스** 가장 훌륭한 친구여, 그런 대답이라면 그자는 분명 받아들이지 않을 거요. 그자는 오히려 나를 심하게 조롱하며 이렇게 말할 것이오. "미쳤소? 그대는 페이디아스[26]가 나쁜 장인(匠人)이라 생각하시오?" 그러면 나는 "전혀 그렇지 않소"라고 대답하겠지요.

**힙피아스** 그리고 그대의 말은 옳겠지요, 소크라테스님.

**소크라테스** 물론 옳겠지요. 하지만 페이디아스가 훌륭한 장인이라는 데
b 내가 동의하면 그자는 이렇게 말할 것이오. "그대는 그대가 말하는 그 아름다움을 페이디아스가 몰랐을 것이라 생각하시오?" "그건 왜 물으시오?"라고 나는 대답할 것이고, 그러면 그자가 말할 것이오. "그는 아테나[27] 여신의 두 눈도, 얼굴의 나머지 부분도, 두 발도 두 손도 황금으로 만들지 않았기 때문이오. 황금이 실제로 그런 것들을 가장 아름다워 보이게 한다면 황금을 사용했을 텐데도 말이오. 그는 오히려 그런 것들을 상아로 만들었소. 그는 분명 무지해서 실수를 범한 것이오. 그는 어디에 덧붙여지건 황금은 모든 것을 아름답게 만든다는 것을 몰랐으니 말이오." 힙피아스님, 그자가 그렇게 말하면 우리는 그자에게 어떻게 대답해

야 하죠?

**힙피아스** 그건 어려운 일이 아닙니다. 우리는 그가 올바르게 만들었다고 말할 것이오. 나는 상아도 아름답다고 생각하니까요. c

**소크라테스** 그자는 말할 것이오. "그럼 그는 눈망울은 왜 상아가 아니라 돌로 만들었을까요? 되도록 상아와 비슷한 돌을 구해 가지고 말이오. 돌도 아름다우면 아름다운 것인가요?" 우리는 그렇다고 말할까요, 힙피아스님?

**힙피아스** 우리는 그렇다고 말할 것이오. 그러는 것이 적절할 때는.

**소크라테스** "적절하지 않을 때는 추한가요?" 그의 말에 동의할까요, 동의하지 말까요?

**힙피아스** 동의하시오, 적절하지 않을 때는 추하다고 말이오.

**소크라테스** 그자는 말할 것이오. "어떻소? 지혜로운 분이여, 상아와 황금은 적절할 때는 사물이 아름다워 보이게 만들고, 적절하지 못할 때는 추해 보이게 만들지 않나요?" 우리는 그렇지 않다고 부정할까요, 아니면 그자의 말이 옳다고 인정할까요? d

**힙피아스** 아무튼 우리는 특정한 사물에 적절한 것은 그 사물을 아름답게 만든다는 것에는 동의할 것이오.

**소크라테스** 그자가 말할 테지요. "그러면 어떤 사람이 우리가 방금 말한 아름다운 항아리에 아름다운 콩 수프를 가득 넣고 끓일 때는 어느 것이

26 Pheidias. 기원전 5세기 중후반에 활동한 아테나이의 유명한 조각가.

27 Athena. 아테나이 시의 수호 여신.

더 적합할까요? 황금 국자일까요, 무화과나무 국자일까요?"

**힙피아스** 거참, 희한한 사람이구먼, 소크라테스님. 그대는 그자가 누구

e 인지 말해주지 않겠소?

**소크라테스** 내가 그자의 이름을 말해도 그대는 그자를 모를 거요.

**힙피아스** 하지만 나는 그자가 무식꾼이라는 것은 지금도 알고 있소.

**소크라테스** 그자는 아주 성가신 존재지요, 힙피아스님. 그건 그렇고 우리는 뭐라고 대답할까요? 두 국자 가운데 어느 것이 수프와 항아리에 더 적합하다고 말할까요? 분명 무화과나무 국자가 아닐까요? 무화과나무 국자는 수프에서 더 좋은 냄새가 나게 만들뿐더러 친구여, 항아리를 깨뜨려 죽이 엎질러져 불이 꺼지고 만찬에 초대받은 손님들이 별미를 맛보지 못하게 하는 일이 없지요. 하지만 황금 국자를 사용하면 그런 불상사가

291a 모두 일어날 수 있어요. 그래서 내 생각에 무화과나무 국자가 황금 국자보다 더 적합하다고 말해야 할 것 같소. 그대가 이의를 제기하지 않는다면 말이오.

**힙피아스** 아닌 게 아니라 더 적합해요, 소크라테스님. 하지만 나는 그런 것을 묻는 사람과는 대화하지 않겠소.

**소크라테스** 당연하지요, 친구여. 그대에게는 그런 말들로 자신을 가득 채우는 것이 적합하지 않을 테니까요. 그대는 이토록 좋은 옷을 입고 좋은 신을 신고 모든 헬라스인 사이에서 지혜롭기로 유명하니 말이오. 하지

b 만 나는 그런 인간과 섞여도 아무 상관없어요. 그러니 나를 가르쳐주시고 나를 위해 대답해주시오. 그자는 말할 것이오. "만약 무화과나무 국자가 황금 국자보다 정말로 더 적합하다면 더 아름답기도 하지 않을까

요? 소크라테스님, 그대는 적합한 것이 적합하지 않은 것보다 더 아름답다는 데 동의했으니 말이오." 힙피아스님, 무화과나무 국자가 황금 국자보다 더 아름답다는 데 우리는 동의하지 않나요?

**힙피아스** 소크라테스님, 그대는 아름다움을 어떻게 정의해야 그대가 기나긴 논의에서 벗어날 수 있는지 내가 그대에게 말해주기를 원하시오?

**소크라테스** 물론이오. 하지만 그전에 내가 말한 두 국자 중에 어느 것이 적합하고 더 아름답다고 대답해야 할지 말해주시오. c

**힙피아스** 그대가 원한다면, 무화과나무로 만든 국자가 그렇다고 그자에게 대답하시오.

**소크라테스** 이제는 그대가 방금 말하려던 것을 말하시오. 내가 아름다움은 황금이라고 주장한다면 그대의 이 대답을 따를 경우 나는 분명 황금이 무화과나무보다 더 아름답지 않다는 사실에 직면할 것 같으니까요. 그러니 이번에는 아름다움이 무엇이라고 주장하시겠소?

**힙피아스** 내 그대에게 말하겠소. 내가 보기에 그대는 아름다움은 언제 어디서도 누구에게도 추해 보이지 않을 그런 것이라는 대답을 찾고 있는 것 같소. d

**소크라테스** 물론이오, 힙피아스님. 이번에는 그대가 정곡을 찔렀군요.

**힙피아스** 그렇다면 들어보시오. 이에 대해 이의를 제기할 수 있는 사람이 있다면, 그대는 내가 아무것도 모른다고 말해도 좋소.

**소크라테스** 어서 빨리 말해주시오.

**힙피아스** 그러면 단언컨대 언제 어디서나 누구에게나 가장 아름다운 것은 부유하고, 건강하고, 헬라스인들에게 존경받고, 오래 살고, 돌아가

신 부모님을 위해 아름다운 장례식을 치르고, 자기 자식들의 손에 아름

e 답고 엄숙하게 묻히는 것이오.

**소크라테스** 만세! 힙피아스 만세! 그대는 놀랍게, 거창하게, 그대답게 말했소. 나는 지금 그대가 최선을 다해 친절하게 나를 도와준 것에 진심으로 감사하오. 하지만 우리는 그자를 맞히지 못했소. 아니, 그자는 전보다 더 심하게 우리를 비웃을 것이오. 잘 알아두시오.

**힙피아스** 소크라테스님, 그건 그자에게 나쁜 웃음이 될 것이오. 그자가 이에 대해 아무 대답도 못하고 우리를 비웃는다면 우리를 비웃다가 자

292a 신을 비웃는 꼴이 되어 주위 사람들에게 웃음거리가 될 테니 말이오.

**소크라테스** 어쩌면 그럴 수도 있겠네요. 하지만 내가 그런 대답을 하면 그자는 어쩌면 나를 비웃는 것으로 만족하지 않을 것 같아요. 그런 예감이 들어요.

**힙피아스** 그게 무슨 뜻이죠?

**소크라테스** 그자가 지팡이라도 들고 있을 경우 내가 피해 달아나지 않으면 나를 흠씬 패주려 할 것 같단 말이오.

**힙피아스** 무슨 말씀을 하시는 거요? 그자가 그대의 주인이라도 된다는 말이오? 그자가 그런 짓을 하다가는 체포되어 벌받지 않을까요? 아니면

b 여러분의 국가에는 법이 없어, 시민들이 부당하게 서로 쳐도 괜찮다는 말인가요?

**소크라테스** 그런 일은 결코 용납되지 않아요.

**힙피아스** 그럼 그자는 그대를 부당하게 때린 죄로 벌을 받을 것이오.

**소크라테스** 힙피아스님, 나는 그렇게 생각하지 않소. 내가 그렇게 대답한

다면 매를 맞아도 싸다고 생각해요.

**힙피아스** 소크라테스님, 그대가 그렇게 생각한다니 나도 그렇게 생각하오.

**소크라테스** 내가 그런 대답을 하면 왜 매를 맞아도 싸다고 생각하는지 말할까요? 아니면 그대도 재판받지 않고 나를 때릴 건가요? 내 말을 들어보지도 않고 말이오.

**힙피아스** 그대의 말을 들어보지도 않는다면 끔찍한 일이겠지요? 할 말이 뭐죠? c

**소크라테스** 나는 잠시 전에 그랬듯이 그자를 흉내내며 말할 것이오. 그자가 내게 쓰는 것과 같은 투박하고 세련되지 못한 말들을 그대에게 쓰지 않기 위해서 말이오. 그자는 분명히 내게 말할 것이오. "말해보시오, 소크라테스님. 그대는 어떤 사람이 기나긴 디튀람보스[28]를 음조도 맞지 않고 주제와도 무관하게 노래하다가 매를 맞는다면 부당한 처사라고 생각하시오?" "무슨 뜻이죠?" 하고 나는 말할 것이오. "무슨 뜻이냐고요?" 하고 그자가 말할 것이오. "그대는 내가 아름다움 자체에 관해 물었던 일이 기억나지 않으시오? d 돌이든 나무든 인간이든 신이든 어떤 행위든 어떤 학과목이든 거기에 덧붙여지기만 하면 모든 것을 아름답게 만드는 것 말이오. 이것 보시오, 나는 아름다움 자체가 무엇인지 묻고 있소. 내가 아무리 고함을 질러도 그대가 내 말을 듣게 할 수 없군요. 그대는 내 곁에 앉아 있는 돌, 귀도 두뇌도 없는 맷돌인가 봐요." 힙피아스님, 내가 놀라

**28** dithyrambos. 주신(酒神) 디오뉘소스(Dionysos)에게 바치는 합창 서정시.

서 이렇게 대답한다면 그대가 화나지 않을까요? "하지만 그대가 내게 묻는 것처럼 내가 물었지만, 힙피아스님은 모두에게 언제나 아름다운 것이 e 아름다움이라고 말했소." 그대는 뭐라고 말씀하시겠소? 내가 그렇게 말해도 그대는 화나지 않겠소?

**힙피아스** 소크라테스님, 나는 내가 말한 그것이 모두에게 아름다운 것이며 또 그렇게 생각되리라고 확신하오.

**소크라테스** "미래에도 그럴까요?" 하고 그자는 말할 것이오. "아름다운 것은 언제나 아름다울 테니까요."

**힙피아스** 물론이지요.

**소크라테스** "그렇다면 그것은 과거에도 아름다웠겠군요?" 하고 그자는 말할 것이오.

**힙피아스** 아름다웠소.

**소크라테스** 그렇다면 그자는 말을 이을 것이오. "그럼 엘리스에서 온 손님은 아킬레우스에게도 부모보다 나중에 묻히는 것이 아름다우며, 그 293a 의 할아버지인 아이아코스[29]에게도, 신들의 다른 자식들에게도, 신들 자신에게도 그렇다고 주장했나요?"

**힙피아스** 그건 또 뭐요? 그자더러 뒈지라고 하시오. 소크라테스님, 그자의 그런 질문들은 신성모독이오.

**소크라테스** 어떻소? 다른 사람이 물을 때 그렇다고 대답하는 것은 어쩌면 심한 신성모독이 아니겠군요?

**힙피아스** 어쩌면 아니겠지요.

**소크라테스** 그러면 그자가 말할 것이오. "자식들 손에 묻히고 부모를 묻어드리는 것은 모든 사람에게 언제나 아름답다고 말하는 것은 어쩌면 그대일 수도 있어요. 아니면 '모든 사람'에는 헤라클레스도, 방금 우리가 언급한 그 밖의 다른 사람들도 모두 포함되지 않나요?"

**힙피아스** 하지만 나는 신들에게도 그렇다고는 말하지 않았소.

**소크라테스** "영웅들에게도 그렇지 않은 것 같군요." b

**힙피아스** 그들이 신들의 자식이라면 그렇지 않겠지요.

**소크라테스** "그러나 그들이 신들의 자식이 아니라면?"

**힙피아스** 물론 그렇겠지요.

**소크라테스** "그대의 논리대로라면, 영웅 가운데 탄탈로스와 다르다노스와 제토스에게는 끔찍하고 불경하고 치욕스러운 운명이 펠롭스[30]와 그 쪽 가문에서 태어난 그 밖의 다른 자들에게는 아름다울 것 같군요."

**힙피아스** 나도 그렇게 생각하오.

**소크라테스** 그자는 말할 것이오. "그렇다면 그대는 방금 말한 것과 달리 부모를 묻어드리고 자식 손에 묻히는 것은 어떤 때는 그리고 어떤 사람에게는 치욕스럽다고 생각하는 것이오. 그러니 그것이 모든 이에게 아 c

29 아킬레우스는 트로이아전쟁 때 그리스군의 으뜸가는 장수로 그의 어머니 테티스(Thetis)는 여신이며, 그의 할아버지 아이아코스(Aiakos)는 제우스의 아들이다.

30 신들의 비밀을 누설한 죄로 저승에서 영원한 허기와 갈증에 시달린다는 탄탈로스(Tantalos)와 트로이아의 전신인 다르다니에(Dardanie)를 건설했다는 다르다노스(Dardanos)와 테바이성을 쌓았다는 제토스(Zethos)는 모두 제우스의 아들이다. 탄탈로스의 아들이자 아가멤논(Agamemnon)의 할아버지인 펠롭스(Pelops)의 부모는 인간이다.

름답거나 아름다운 것은 더더욱 불가능한 것 같소. 그리고 이런 대답은 앞서 말한 것들 즉 소녀와 항아리와 같은 운명을, 아니 더 우스운 운명을 맞게 될 것이오. 그것은 어떤 사람에게는 아름답고 어떤 사람에게는 아름답지 않을 테니 말이오. 그러니 소크라테스님, 그대는 아름다운 것이 무엇이냐는 질문에 오늘도 대답하지 못할 것이오."

이런 말이나 이와 비슷한 말로 그자는 나를 나무랄 텐데, 내가 그런 대답을 한다면 당연한 일이지요. 힙피아스님, 그자는 대체로 그런 식으로 d 나와 대화할 것이오. 가끔은 내 무경험과 훈련 부족을 동정이나 하듯 자신이 질문을 던지며 아름다움이 또는 그때그때 탐구와 논의의 주제가 되는 것이 이러저러한 것이라고 생각하는지 묻겠지요.

**힙피아스** 그게 무슨 말씀인가요, 소크라테스님?

**소크라테스** 설명하겠소. 그자는 말할 것이오. "소크라테스님, 그런 대답을 그런 식으로 하다니 그대는 참 이상한 사람입니다. 당장 그만두시오. 그런 식의 대답은 어리석고 쉽게 논박당할 수 있어요. 이런 것이 그대에 e 게 아름답다고 생각되는지 살펴보시오. 황금은 황금이 적합한 것들에게는 아름답지만 적합하지 않은 것들에게는 아름답지 않다고 조금 전에 대답했을 때 우리가 마주쳤던 것 말이오. 다른 것도 모두 이것이 덧붙여지면 아름답기는 마찬가지지요. 그러니 혹시 적합성이 아름다움인지 적합성 자체를, 적합성의 본성을 살펴보도록 해요." 나는 뭐라고 말해야 할지 몰라 그런 제안에는 늘 동의하곤 하지요. 그대는 적합성이 아름답다고 생각하나요?

**힙피아스** 전적으로 그렇다고 생각합니다, 소크라테스님.

**소크라테스** 우리가 실수하는 일이 없도록 살펴봅시다.

**힙피아스** 살펴보아야지요.

**소크라테스** 우리는 적합성이 무엇이라고 주장하는 거요? 그것이 덧붙여지면 무엇이든 아름다워 보이게 만드는 것인가요, 아름답게 만드는 것인가요, 아니면 둘 중 어느 것도 아닌가요? 294a

**힙피아스** 나는 아름다워 보이게 만드는 것이라고 생각하오. 예를 들어 우스꽝스러운 사람도 잘 맞는 옷을 입거나 구두를 신으면 더 아름다워 보이니까요.

**소크라테스** 적합성이 사물을 실제보다 더 아름다워 보이게 만든다면, 적합성은 아름다움에 관련된 일종의 기만이지 우리가 찾는 것이 아닐 것이오. 그렇지 않나요, 힙피아스님? 우리가 찾는 것은 그것에 의해 모든 아름다운 것이 아름다운 것이니까요. 예를 들어 그것에 의해 모든 큰 것이 큰 것은 초과(超過)지요. 이것에 의해 모든 큰 것이 크며, 모든 큰 것이 초과한다면 그렇게 보이지 않더라도 클 수밖에 없어요. 이처럼 그렇게 보이든 보이지 않든 그것에 의해 모든 것이 아름다운 아름다움이란 무엇인지 물어봅시다. 그것이 적합성일 수는 없어요. 그대의 주장에 따르면 적합성은 사물이 실제보다 더 아름다워 보이게 만들고, 실제 그대로 보이게 하지 않으니까요. 우리는 방금 내가 말했듯이 아름다워 보이든 보이지 않든 사물을 아름답게 만드는 것이 무엇인지 말하려고 해야 하오. 우리가 아름다움을 찾는다면 우리가 찾는 것은 그것이니까요. b c

**힙피아스** 하지만 소크라테스님, 적합성이 있으면 사물을 아름답게 만들기도 하고 아름다워 보이게 만들기도 하지요.

**소크라테스** 그러면 실제로 아름다운 것들이 아름다워 보이지 않는 것은 불가능한가요? 그런 것들이 아름다워 보이게 만드는 것이 그런 것들 안에 있다면 말이오.

**힙피아스** 불가능하오.

**소크라테스** 그렇다면 힙피아스님, 관습이든 행위든 실제로 아름다운 것은 무엇이든 모든 사람에게 아름답다고 믿어지고 모든 사람에게 언제나 d 아름다워 보인다는 데 우리가 동의할까요? 아니면 그와 반대로 사람들이 그런 것들에 무지한 탓에 개인 간에도 국가 간에도 다른 어떤 것보다도 그런 것들 때문에 더 많은 다툼과 분쟁이 일어난다고 생각할까요?

**힙피아스** 후자겠지요, 소크라테스님. 사람들은 무지하니까요.

**소크라테스** 그런 것들에 '아름다워 보임'이 덧붙여진다면 그렇지 않겠지요. 그리고 '아름다워 보임'은 적합성이 아름답고 사물을 아름답게 만들 뿐더러 아름다워 보이게 만든다면 덧붙여지겠지요. 따라서 적합성이 사물을 아름답게 만드는 것이라면 우리가 찾는 아름다움이겠지만, 사물 e 을 아름다워 보이게 만드는 것은 아닐 것이오. 반대로 적합성이 사물을 아름다워 보이게 만드는 것이라면 우리가 찾는 아름다움이 아닐 것이오. 우리가 찾는 것은 사물을 아름답게 만드는 것이니까요. 하지만 같은 것이 사물을 아름다워 보이게도 하고 아름답게 할 수는 없고, 그 밖에 무엇으로 보이게도 하고 무엇이게도 할 수 없지요. 그러니 우리는 양자택일을 해야 합니다. 적합성은 사물을 아름다워 보이게 만드는 것인가, 아니면 사물을 아름답게 만드는 것인가?

**힙피아스** 내 생각에 그것은 사물을 아름다워 보이게 만드는 것인 것 같습니다, 소크라테스님.

**소크라테스** 이럴 수가! 힙피아스님, 우리가 아름다움이 무엇인지 알 수 있는 기회는 사라져버린 것 같군요. 적합성은 아름다움과 다른 것으로 밝혀졌으니까요.

**힙피아스** 소크라테스님, 제우스에 맹세코 나도 몹시 놀랐소이다.

**소크라테스** 하지만 친구여, 아직 포기하지 맙시다. 아직도 아름다움이 무엇인지 밝혀질 것이라는 희망은 있어요. 295a

**힙피아스** 물론이지요, 소크라테스님. 그것은 찾아내기가 어렵지 않으니까요. 단언컨대 내가 잠시 외딴곳에 가서 혼자 사색한다면 더없이 정확하게 그대에게 말할 수 있을 것이오.

**소크라테스** 힙피아스님, 큰소리치지 마시오. 그대도 보다시피 우리는 그것 때문에 이미 애를 많이 먹었소. 그래서 나는 그것이 우리에게 화가 나서 더 결연히 떠나버리지 않을까 두렵소. 내가 괜한 이야기를 했지요. 생각건대 그대는 혼자 있으면 쉽게 찾아낼 것이오. 하지만 신들에 맹세코, b 내 앞에서 그것을 찾아내거나, 그대가 원한다면 우리가 지금 그러는 것처럼 나와 함께 찾읍시다. 우리가 그것을 찾아낸다면 그보다 다행한 일은 없을 것이고, 우리가 찾아내지 못한다면 나는 아마도 내 운명에 만족할 것이고, 그대는 돌아가서 쉽게 찾아낼 것이오. 또한 우리가 지금 그것을 찾아낸다면 나는 나중에 그대에게 귀찮게 굴며 그대가 혼자서 찾아낸 것이 무엇인지 묻지 않겠지요. 하지만 지금은 그대가 생각하는 아름다움이 무엇인지 살펴보시오. 그리고 내가 허튼소리를 하지 않도록 주 c 의하고 조심하시오. 나는 유익한 것이 우리에게 아름답다고 주장하오.

그렇게 주장하는 근거는 다음과 같소. 우리는 보는 능력이 없을 때는 눈이 아름답다고 말하지 않고, 보는 능력이 있고 보는 데 쓸모 있을 때 눈이 아름답다고 말하오. 그렇지 않나요?

**힙피아스** 그렇소.

**소크라테스** 그와 같이 우리는 몸 전체도 어떤 몸은 달리기를 위해, 다른 몸은 레슬링을 위해 아름답다고 말하며, 모든 동물도 아름다운 말 또는 d 수탉 또는 메추라기라고 말하오. 모든 그릇, 육상과 해상의 운송 수단, 상선과 전함, 음악과 그 밖의 다른 기술의 도구들, 그리고 그대가 원한다면 활동과 법률도 이는 마찬가지요. 실제로 이 모든 것을 우리는 같은 의미에서 아름답다고 부르오. 우리는 그것들 하나하나가 타고난 본성이 어떠한지, 어떻게 만들어졌는지, 어떤 상태에 있는지 눈여겨보며 쓸모 있는 것은 어떻게 쓸모 있든 무엇을 위해 쓸모 있든 언제 쓸모 있든 아름 e 답다고 부르고, 모든 점에서 쓸모없는 것은 추하다고 부르오. 그대는 그렇게 생각하지 않나요, 힙피아스님?

**힙피아스** 나도 그렇게 생각합니다.

**소크라테스** 그러면 쓸모 있는 것이 무엇보다도 아름답다는 우리의 주장은 옳은가요?

**힙피아스** 옳고말고요, 소크라테스님.

**소크라테스** 특정 목적을 달성할 수 있는 것은 힘을 가진 것에는 쓸모 있지만, 힘이 없는 것에는 쓸모없겠지요?

**힙피아스** 물론입니다.

**소크라테스** 그러면 힘은 아름답지만 힘없음은 추하겠지요?

**힙피아스** 그것도 아주요. 우리의 주장이 사실이라는 것을 다른 것들과 더불어 특히 정치가 입증해줍니다, 소크라테스님. 가장 아름다운 것은 자기 나라에서 정치적으로 힘있는 것이고, 힘 없는 것은 가장 추한 것이니 말이오. 296a

**소크라테스** 좋은 말씀이오. 힙피아스님, 그럼 그런 이유에서 지혜[31]는 가장 아름다운 것이고, 무지[32]는 가장 추한 것이겠네요?

**힙피아스** 그대는 어떻게 생각하나요, 소크라테스님?

**소크라테스** 잠시 조용합시다, 친구여. 나는 우리가 이번에는 또 무슨 말을 하게 될지 걱정됩니다.

**힙피아스** 무엇이 걱정된단 말씀이오, 소크라테스님? 지금 그대의 논의는 아주 잘 진행되었는데 말이오. b

**소크라테스** 그랬으면 좋겠습니다. 하지만 우리 함께 이 점을 살펴봅시다. 어떤 사람이 어떻게 행해야 할지 알지 못할뿐더러 행할 능력이 전혀 없는 것을 행할 수 있을까요?

**힙피아스** 그건 안 될 말이오. 할 수 없는 것을 그가 어떻게 할 수 있겠소?

**소크라테스** 그렇다면 본의 아니게 과오를 범하고 나쁜 짓을 저지르고 행하는 사람들은 그럴 능력이 없다면 결코 그러지 않았겠네요?

**힙피아스** 물론입니다.

**소크라테스** 그러나 힘있는 사람들이 힘있는 것은 힘있음에 의해서요. 힘

31 sophia.
32 amathia.

c 없음에 의해서는 분명 아닐 테니까.

**힙피아스** 물론 아니죠.

**소크라테스** 그리고 행하는 사람은 모두 자기가 행하는 것을 행할 능력이 있겠지요?

**힙피아스** 그렇습니다.

**소크라테스** 그리고 모든 사람은 어릴 때부터 좋은 일보다는 나쁜 일을 훨씬 더 많이 행하며, 본의 아니게 과오를 범하지요.

**힙피아스** 그건 그렇소.

**소크라테스** 어떻소? 그런 능력과 나쁜 짓을 하는 데 쓸모 있는 그런 것들을 우리는 아름답다고 말할까요? 아니면 그런 일은 결코 없을까요?

d **힙피아스** 생각건대, 그런 일은 결코 없겠지요, 소크라테스님.

**소크라테스** 그렇다면 힙피아스님, 힘있는 것과 쓸모 있는 것은 우리가 원하는 아름다움이 아닌 것 같네요.

**힙피아스** 소크라테스님, 그것이 좋은 일을 행할 수 있고 좋은 일에 쓸모 있다면 우리가 원하는 아름다움이겠지요.

**소크라테스** 하지만 무조건 힘있고 쓸모 있는 것이 아름답다는 우리 이론은 끝장났어요. 그럼 힙피아스님, 우리 마음이 말하고 싶어 하는 것은, 좋은 일을 행하는 데 쓸모 있고 힘있는 것이 아름다움이라는 것일까요?

e **힙피아스** 나는 그렇다고 생각합니다.

**소크라테스** 그리고 그것은 분명 유익하지요. 그렇지 않나요?

**힙피아스** 그야 물론이지요.

**소크라테스** 그러니 아름다운 몸, 아름다운 법규, 지혜, 그리고 조금 전에 우리가 언급한 모든 것이 아름다운 것은 유익하기 때문이오.

**힙피아스** 분명하오.

**소크라테스** 그럼 유익함이 우리가 원하는 아름다움인 것 같네요, 힙피아스님.

**힙피아스** 전적으로 동의합니다, 소크라테스님.

**소크라테스** 그러면 유익함은 좋음을 만드는 것입니다.

**힙피아스** 그렇고말고요.

**소크라테스** 그리고 만드는 것은 바로 원인이오. 그렇지 않나요?

**힙피아스** 그렇소.

**소크라테스** 그렇다면 아름다움은 좋음의 원인입니다.

**힙피아스** 그렇지요. 297a

**소크라테스** 하지만 힙피아스님, 원인과 원인이 원인이 되는 것은 다르지요. 원인은 원인의 원인일 수 없으니까요. 이렇게 검토해봅시다. 원인은 만드는 것으로 밝혀지지 않았나요?

**힙피아스** 물론 밝혀졌지요.

**소크라테스** 그런데 만드는 것에 의해 만들어지는 것은 생성되는 것이고 만드는 것이 아니겠지요?

**힙피아스** 그렇습니다.

**소크라테스** 그렇다면 생성되는 것과 만드는 것은 다르겠지요?

**힙피아스** 그렇소.

**소크라테스** 그럼 원인은 원인의 원인이 아니라, 자신에 의해 생성되는 것의 원인이오. b

**힙피아스** 물론이오.

**소크라테스** 아름다움이 좋음의 원인이라면, 좋음은 아름다움에 의해 생성됩니다. 그래서 우리는 지혜와 그 밖의 다른 모든 아름다운 것을 추구하는 것이오. 그것들의 산물이자 자식인 좋음은 그 무엇보다도 추구할 가치가 있으니까요. 그럼 우리가 찾아낸 것들에 따르면, 아름다움이야말로 좋음의 아버지라 할 것이오.

**힙피아스** 물론이오. 그대의 말씀이 훌륭하기 때문이오, 소크라테스님.

**소크라테스** 그렇다면 아버지는 아들이 아니고 아들은 아버지가 아니라는 말도 훌륭하겠지요?

c **힙피아스** 훌륭하고말고요.

**소크라테스** 그리고 원인은 생성되는 것이 아니고, 생성되는 것은 원인이 아니오.

**힙피아스** 맞는 말씀입니다.

**소크라테스** 친구여, 그렇다면 분명 아름다움은 좋은 것이 아니고 좋음은 아름다운 것이 아니오. 우리가 논의한 것에 따르면 그대는 그것이 가능하다고 생각하시오?

**힙피아스** 제우스에 맹세코, 내가 보기에 그런 것 같지 않소.

**소크라테스** 그렇다면 우리는 아름다움은 좋은 것이 아니고 좋음은 아름다운 것이 아니라고 말하기를 원하시오? 그렇게 말하면 마음에 들겠소?

**힙피아스** 제우스에 맹세코, 전혀 마음에 들지 않아요.

**소크라테스** 힙피아스님, 나도 동감이오. 우리가 논의한 것 중에 나는 그

d 것이 가장 마음에 들지 않아요.

**힙피아스** 아닌 게 아니라 그런 것 같습니다.

**소크라테스** 그렇다면 조금 전 논의의 가장 훌륭한 성과라고 생각하는 주장, 즉 유용함과 쓸모 있음과 좋은 것을 만들 수 있는 힘있음이 아름답다는 주장은 사실은 틀린 것 같소. 오히려 그것이 가능하다면 그런 주장은 소녀나 그 밖에 우리가 앞서 언급한 것들이 저마다 아름다움이라고 우리가 생각했던 첫 번째 주장보다 더 웃음거리가 될 것이오.

**힙피아스** 그럴 것 같네요.

**소크라테스** 그래서 힙피아스님, 나는 어디로 향해야 할지 더이상 알지 못하며, 곤경에 빠졌소이다. 그대는 할 말이 있나요?

**힙피아스** 당장에는 할 말이 없습니다. 하지만 조금 전에 말했듯이 사색하면 분명히 찾아낼 수 있을 것이오. e

**소크라테스** 하지만 나는 알고 싶어서 그대가 사색할 때까지 기다릴 수 없을 것 같소. 방금 내가 길을 찾아낸 것 같은 생각이 드니까요. 살펴보시오. 우리를 즐겁게 해주는 것—여기에는 모든 즐거움이 아니라 청각과 시각을 통해 우리를 즐겁게 해주는 것들만 포함되오—이 아름다운 것이라고 말한다면 어떻게 우리 주장을 관철할 수 있을지 말이오. 힙피아스님, 아름다운 사람들과 모든 장식품과 그림과 조각도 아름답다면 분명 298a 우리가 보고 즐거움을 느끼오. 그리고 아름다운 소리와 음악 일반과 연설과 이야기도 같은 효과가 있소. 그러니 우리가 그 뻔뻔한 사람에게 "이 양반아, 아름다움이란 청각과 시각을 통해 즐겁게 해주는 것이란 말이오"라고 말한다면 우리가 그자의 뻔뻔함을 제지할 것이라고 생각하지 않으시오?

**힙피아스** 소크라테스님, 이번에야말로 아름다움이 무엇인지 제대로 정
b 의한 것 같습니다.

**소크라테스** 어떻소? 힙피아스님, 우리는 아름다운 활동과 법률이 아름다운 것은 청각적으로 시각적으로 즐겁기 때문이라고 말할까요? 아니면 그것들은 다른 범주에 속한다고 말할까요?

**힙피아스** 소크라테스님, 그자도 아마 그 점은 간과할 거요.

**소크라테스** 하지만 힙피아스님, 잘난 체하며 허튼소리를 하다가 들키면 내가 가장 창피해할 사람은 분명 그 점을 간과하지 않을 것이오.

**힙피아스** 그 사람이 누구지요?

**소크라테스** 소프로니스코스[33]의 아들 말이오. 그는 내가 알지 못하는 것
c 을 아는 것처럼 주장하는 것보다 내가 이런 것들을 탐구하지도 않고 함부로 말하는 것을 더 허용하지 않을 것이오.

**힙피아스** 그대가 그렇게 말씀하시니까 말인데, 나도 아름다움은 법률과 관련해서는 다른 것이라고 생각합니다.

**소크라테스** 너무 서두르지 마시오, 힙피아스님. 우리는 아름다움과 관련해 잠시 전과 똑같은 궁지에 빠졌는데도 순항하고 있다고 생각하는 것 같으니 말이오.

**힙피아스** 그게 무슨 말씀이오, 소크라테스님?

**소크라테스** 내게 떠오르는 생각을 말하겠소. 거기에 어떤 의미가 있을까
d 해서 말이오. 법률과 활동에 관한 것들은 아마도 청각과 시각을 통한 지각의 영역 안에 있는 것으로 밝혀질 수도 있겠지요. 하지만 우리는 법률에 관한 문제는 제쳐두고 이들 감각기관을 통해 즐거운 것이 아름답다

는 주장을 고수하도록 해요. 한데 우리가 언급한 사람이든 그 밖의 다른 사람이든 누군가 우리에게 "어떻게 된 거요, 힙피아스님과 소크라테스님? 그대들은 '즐거운 것'의 범주에서 그대들이 아름답다고 부르는 즐거운 것들만 가려내고, 다른 감각기관들 즉 먹을거리와 마실 거리와 성행위 등과 관계가 있는 감각기관을 통해 즐거운 것들은 아름답다고 말하지 않는 겁니까? 아니면 그대들은 그런 것들은 즐겁지도 않고, 그런 것들에는 즐거움이 하나도 없으며, 보는 것과 듣는 것 말고는 어떤 것에도 즐거움이 없다고 주장하시오?"라고 묻는다면, 우리는 뭐라고 말할까요, 힙피아스님? e

**힙피아스** 소크라테스님, 물론 우리는 다른 것들에도 크나큰 즐거움이 있다고 말할 것이오.

**소크라테스** 그자는 말할 것이오. "그런 것들도 다른 것들 못지않은 즐거움이라면 그대들은 왜 그런 것들에게서 그런 이름을 박탈하며 그런 것들이 아름답다는 것을 부인하시오?" 우리는 말할 것이오. "먹는 것이 즐겁지는 않고 아름답다고 말하거나 기분 좋은 냄새가 즐겁지는 않고 아름답다고 말한다면 우리를 비웃지 않을 사람이 아무도 없을 테니까 그러지요. 그리고 성행위도 가장 즐거운 것이지만, 가장 보기 흉한 만큼 성행위를 해야 한다면 아무도 보지 않는 곳에서 해야 한다고 모두들 주장할 것이오." 힙피아스님, 우리가 그렇게 말하면 그자는 아마도 이렇게 대 299a

33 Sophroniskos. 소크라테스의 아버지.

답할 것이오. "나도 알고 있소. 그런 즐거움을 아름답다고 말하는 것을 그대들이 오래전부터 부끄럽게 여긴다는 것 말이오. 사람들은 그렇게 b 생각하지 않으니까요. 하지만 내가 물은 것은 대중은 무엇을 아름답다고 생각하느냐가 아니라, 무엇이 아름다우냐는 것이었소." 그러면 우리는 원래 주장을 되풀이하겠지요. "우리는 즐거움 중에서 시각과 청각을 통하는 부분이 아름답다고 주장하오." 힙피아스님, 그런 주장이 쓸모가 있다고 생각하시오, 아니면 거기에 다른 말을 덧붙일까요?

**힙피아스** 소크라테스님, 지금까지 논의한 것들에 따른다면 우리는 그렇게만 말해야 하오.

**소크라테스** "두 분 좋은 말씀하시군요." 하고 그자는 말할 것이오. "만약 c 시각과 청각을 통하는 즐거움이 아름답다면, 즐거운 것 중에서 그렇지 않은 것들은 분명 아름답지 않겠군요?" 이 말에 우리도 동의할까요?

**힙피아스** 네.

**소크라테스** 그러면 그자는 말할 것이오. "그렇다면 시각을 통하는 즐거움이 시각과 청각을 통하는 즐거움인가요, 아니면 청각을 통하는 즐거움이 청각과 시각을 통하는 즐거움인가요?" 우리는 말할 것이오. "아니오, 둘 중 하나를 통하는 즐거움은 결코 둘 다를 통하는 즐거움일 수 없소. 그대가 말하려는 것은 그런 것인 것 같소만. 우리가 말한 것은 이들 즐거움은 혼자서도 아름답고 둘이 함께해도 아름답다는 것이오." 우리는 그렇게 대답하지 말까요?

d **힙피아스** 물론 그렇게 대답해야겠지요.

**소크라테스** 그자는 말할 것이오. "한 가지 즐거움은 즐거움이라는 점에서 다른 즐거움과 다른가요? 내가 묻는 것은 어떤 즐거움이 다른 즐거움보다 더 큰지 더 작은지 또는 더 많은지 더 적은지가 아니라, 하나는 즐거움이지만 다른 것은 즐거움이 아니라는 점에서 서로 차이가 있느냐는 것이오." 우리는 그렇게 생각하지 않나요, 아니면 그렇게 생각하나요?

**힙피아스** 우리는 그렇게 생각하지 않소.

**소크라테스** 그자는 말할 것이오. "그렇다면 그대들은 이들 즐거움을 그것들이 즐거움이라는 이유에서 다른 즐거움 중에서 선택한 것이 아니오. 그대들은 이 둘에서 이 둘을 구별 짓는 어떤 속성을 보았고, 그것을 보고는 그것들이 아름답다고 주장하는 것이오. 나는 시각을 통하는 즐거움이 시각을 통한다는 바로 그 이유에서 아름답다고 생각하지 않으니까요. 그것이 아름다운 이유라면 다른 즐거움 즉 청각을 통하는 즐거움은 아름답지 않겠지요. 그것은 시각을 통하는 즐거움이 아니니까요." 우리는 "맞는 말이오"라고 말할까요? e

**힙피아스** 그렇소. 우리는 그렇게 말할 것이오.

**소크라테스** "또한 청각을 통하는 즐거움도 청각을 통한다는 바로 그 이유에서 아름다운 것이 아니오. 그렇다면 시각을 통하는 즐거움은 아름답지 않을 것이오. 그것은 청각을 통하는 즐거움이 아니니까요." 힙피아스님, 우리는 그런 말을 하는 사람은 참을 말하는 것이라고 말할까요? 300a

**힙피아스** 그렇소. 그가 하는 말은 참이오.

**소크라테스** "하지만 두 분 말씀처럼 둘 다 아름다운가요?" 우리는 그렇다고 말할까요?

**힙피아스** 우리는 그렇다고 말해요.

b **소크라테스** "그렇다면 그것들은 그 자체로 그것들을 아름답게 만드는 그 무엇을 갖고 있어요. 그리고 이 공통된 속성은 그것들 둘 다에 공통적으로 속하기도 하고, 그것들 각각에 개별적으로 속하기도 해요. 그렇지 않다면 그것들은 집단적으로 둘 다 아름다울 수도 없고 개별적으로 저마다 아름다울 수도 없을 테니까요." 그자에게 대답하는 것처럼 내게 대답해보시오.

**힙피아스** 대답하겠소. 나도 그대와 동감이라고 말이오.

**소크라테스** 어떤 속성을 이들 즐거움이 둘 다 갖고 있고 저마다 개별적으로 갖고 있지 않다면, 이들 즐거움이 아름다운 것은 이 속성 때문이 아닐 것이오.

**힙피아스** 소크라테스님, 둘 중 어느 것도 어떤 속성을 개별적으로 갖고 있지 않은데 둘 중 어느 것에도 속하지 않는 그 속성이 둘 다에 속하는 것이 어떻게 가능하겠소?

c **소크라테스** 그대는 그것은 불가능하다고 생각하시오?

**힙피아스** 그렇소. 그렇지 않다면 나는 이런 것들의 본성과 우리 논의의 용어에 아주 서투른 사람이겠지요.

**소크라테스** 힙피아스님, 참으로 훌륭하시오. 하지만 나는 사실은 아무것도 보지 못하면서 어쩌면 그대가 불가능하다고 말하는 것의 실례(實例)를 본다고 생각하는지도 모르지요.

**힙피아스** 그대는 '어쩌면' 잘못 보는 게 아니라 고의적으로 잘못 보고 있는 것이오.

**소크라테스** 하지만 그런 실례가 내 마음에 많이 떠오르는 것은 사실이오.

한데 나는 그것들을 믿지 않소. 살아 있는 사람 중에서 지혜로 돈을 가장 많이 번 그대가 그것들을 보지 못하니까요. 전혀 돈을 벌지 못한 나는 보아도 말이오. 그리고 친구여, 나는 그대가 나를 놀려대고 일부러 골리는 것이 아닌지 의심스럽소. 나는 그만큼 많은 실례를 선명하게 봐요. d

**힙피아스** 소크라테스님, 내가 그대를 놀리는지 놀리지 않는지 어느 누구도 그대보다 더 잘 알지 못할 거요. 그대가 보았다는 것을 그대가 말하려 한다면 말이오. 그대는 허튼소리를 하는 것으로 드러날 테니까요. 그대는 내게도 그대에게도 속하지 않지만 우리 둘 다에 속하는 것을 결코 찾아내지 못할 테니 말이오.

**소크라테스** 무슨 말씀이신지요, 힙피아스님? 그대는 이치에 맞는 말씀을 하시겠지만 나는 이해하지 못하겠어요. 그보다는 내가 말하고 싶은 것을 더 자세히 설명할 수 있게 해주시오. 내가 보기에, 우리 각자에 속할 수도 없고 속하지도 않는 우리 둘 모두에 속하는 속성들이 있는가 하면, 반대로 우리 둘 모두에 속하지만 우리 둘 중 누구에도 개별적으로 속하지 않는 속성들이 있는 것 같소. e

**힙피아스** 소크라테스님, 그대는 이번에는 조금 전에 답변하신 것들보다 더이상한 답변을 하시는군요. 검토해보시오. 우리가 둘 다 올바르다면 우리는 저마다 올바르지 않을까요? 우리가 저마다 불의하다면 우리는 둘 다 불의하지 않을까요? 우리가 둘 다 건강하다면 우리는 저마다도 건강하지 않을까요? 우리가 저마다 피곤하거나 부상당하거나 가격당하거나 그 밖의 다른 어려움을 겪는다면 우리 둘 다 같은 속성을 갖지 않을까요? 마찬가지로 우리 둘 다 금이나 은이나 상아로 만들어지거나, 그대가 301a

원한다면 고매하거나 지혜롭거나 존경스럽거나 늙거나 젊거나 그대가 원하는 그 밖의 다른 인간적 속성을 갖고 있다면, 우리는 저마다도 그럴 수밖에 없지 않을까요?

b **소크라테스** 전적으로 동의하오.

**힙피아스** 하지만 소크라테스님, 그대는 사물을 하나의 전체로 보지 못하며, 그 점은 그대가 늘 대화하곤 하는 사람들도 마찬가지요. 오히려 그대들은 아름다움과 그 밖의 모든 개별 존재를 따로따로 떼어내어 검토하며 말로 토막 내고 있소. 그래서 그대들은 존재의 상관관계가 본래 광범위하고 연속적이라는 것을 이해하지 못하는 것이오. 그리고 그대는 이번에도 그것을 이해하지 못했기에 둘 다에 속하지만 각자에게는 속하지 않는, 또는 각자에는 속하지만 둘 다에는 속하지 않는 속성 또는 본성이 있다고 생각하는 것이오. 그대들의 마음 상태는 그만큼 불합리하고 피상적이고 어리석고 생각이 모자라오.
c

**소크라테스** 힙피아스님, 인간사란 그런 것이오. "원하는 대로가 아니라, 할 수 있는 대로"라는 자주 인용되는 속담도 있지요. 하지만 그대의 충고가 우리에게 늘 도움이 되기는 하오. 예를 들어 이번에도 그대한테서 우리의 마음 상태가 어리석다는 충고를 듣기 전에 그와 관련하여 생각이 떠올랐는데 그대에게 설명해도 되겠지요? 아니면 말하지 말까요?
d

**힙피아스** 소크라테스님, 나는 그대가 무슨 말을 하는지 아오. 토론에 관심이 있는 모든 사람의 마음 상태를 아니까요. 하지만 말하는 것이 그대에게 더 즐겁다면 말해보시오.

**소크라테스** 그렇소. 나는 말하는 것이 더 즐겁소. 가장 훌륭한 친구여, 그대의 말을 듣기 전에는 어리석게도 그대와 나는 저마다 하나이지만, 우리는 둘이고 하나가 아니므로 둘이 합쳐도 우리가 개별적으로 저마다였던 것일 수 없다는 의견을 갖고 있었소. 우리는 그만큼 어리석었소. 하지만 이제 우리는 그대한테서 우리가 합쳐서 둘이라면 우리는 저마다 혼자서도 둘이어야 하고 저마다 하나라면 우리 둘도 하나여야 한다는 것을 e 배웠소. 힙피아스에 따르면 존재의 연속성 이론은 이와 다른 것을 용납하지 않기 때문이오. 오히려 둘인 것은 각자도 둘이고, 하나인 것은 둘 다도 하나요. 이제 나는 그대에게 설득되어 그렇다고 확신하오. 하지만 힙피아스님, 먼저 일깨워주시오. 그대와 나는 둘 다 하나인가요, 아니면 그대는 둘이고 나도 둘인가요?

**힙피아스** 무슨 말씀인지요, 소크라테스님?

**소크라테스** 내가 말하는 그대로요. 나는 명확하게 말하기가 두렵소. 그대는 자신이 옳은 말을 한다고 생각할 때마다 내게 화를 내니까요. 하지 302a 만 하나만 더 물어봅시다. 우리는 저마다 하나가 아닌가요? 그리고 우리는 저마다 하나라는 속성을 갖고 있지 않나요?

**힙피아스** 그야 물론이지요.

**소크라테스** 그럼 우리가 저마다 하나라면 우리는 저마다 홀수이기도 할까요? 그대는 하나가 홀수라고 생각하지 않으시오?

**힙피아스** 나는 그렇게 생각하오.

**소크라테스** 우리가 합치면 둘인데도 홀수인가요?

**힙피아스** 그럴 수는 없어요, 소크라테스님.

**소크라테스** 둘을 합치면 짝수이겠지요. 그렇지 않나요?

**힙피아스** 물론이오.

**소크라테스** 그렇다면 우리 둘이 짝수니까 우리 각자도 그래서 짝수인가요?

b **힙피아스** 분명 그렇지 않소.

**소크라테스** 그럼 그대가 방금 말했듯이, 둘인 것이 둘의 각각이기도 하다면 둘의 각각인 것이 둘이기도 한 것은 전적으로 필연적이지 않나요?

**힙피아스** 그 경우에는 아니지만 내가 앞서 말한 경우에는 필연적이오.

**소크라테스** 힙피아스님, 그만하면 충분하오. 우리는 그대의 그 대답을 받아들이겠소. 우리는 어떤 것은 그렇고 어떤 것은 그렇지 않다는 것을 볼 수 있으니까요. 그대가 우리 논의의 첫머리를 기억한다면, 시각과 청각 c 을 통하는 즐거움이 아름다운 것은 그것들 각각은 갖고 있지만 둘 다는 갖고 있지 않거나 둘 다는 갖고 있지만 그것들 각각은 갖고 있지 않은 속성에 의해서가 아니라 둘 다를 그리고 각각을 아름답게 만드는 속성에 의해서라고 나는 말했소. 그대는 그것들이 둘 다 아름답기도 하고 저마다 아름답다는 데 동의했으니 말이오. 그래서 나는 만약 둘 다 아름답다면 그것은 둘 다 가진 속성에 의해서이지 하나에는 있고 다른 것에는 없는 속성에 의해서는 아니라고 생각했소. 그리고 지금도 그렇다고 생각하오. 자, 처음부터 다시 출발합시다. 말해보시오. 시각을 통하는 즐거움 d 과 청각을 통하는 즐거움이 둘 다 그리고 저마다 아름답다면 그것들을 아름답게 만드는 것은 둘 다에도 속하고 각각에도 속하지 않나요?

**힙피아스** 그야 물론이지요.

**소크라테스** 그렇다면 그것들이 아름다운 것은 그것들이 저마다도 즐거움이고 둘 다도 즐거움이기 때문이 아닐까요? 그런 이유에서 다른 즐거움도 모두 이들 즐거움 못지않게 아름답지 않을까요? 그대도 기억하겠지만, 다른 즐거움들도 이들 즐거움 못지않다는 것이 밝혀졌으니 말이오.

**힙피아스** 기억나요.

**소크라테스** 하지만 이들 즐거움이 아름답다고 불리는 것은 이들 즐거움은 시각과 청각을 통하기 때문이오. e

**힙피아스** 그렇게 말했지요.

**소크라테스** 내 말이 맞는지 검토해보시오. 내가 기억하기에 우리는 특정 즐거움이, 말하자면 모든 즐거움이 아니라 시각과 청각을 통하는 즐거움이 아름답다고 말했소.

**힙피아스** 맞아요.

**소크라테스** 그리고 그런 속성은 둘 다에 속하고 둘 중 각자에게 속하지 않아요. 우리가 앞서 말했듯이 둘 중 각자는 두 감각을 통해 생기지 않으며, 둘은 둘을 통해 생기고 각자가 따로 생기는 것은 아니니까요. 그렇지 않나요?

**힙피아스** 그렇소.

**소크라테스** 그렇다면 그것들 각각이 아름다운 것은 그것들 각각에 속하지 않는 것에 의해서가 아니오. '둘 다'는 각각에 속하지 않으니까요. 그런 가정에 따르면 둘 다는 아름답다고 말할 수 있어도, 각자가 아름답다 303a 고 말할 수는 없을 것이오. 그것이 필연적인 결론이 아닐까요?

**힙피아스** 그런 것 같아요.

**소크라테스** 그럼 우리는 둘 다는 아름답지만 각각은 아름답지 않다고 말해야 하나요?

**힙피아스** 무엇이 그렇게 못 하도록 방해하지요?

**소크라테스** 친구여, 다음과 같은 것이 우리를 방해하오. 몇몇 속성은 둘 다에 속하면 각자에도 속하고 각자에 속하면 둘 다에도 속하는 식으로 개별 사물에 속한다는 것 말이오. 그대가 열거한 속성[34]이 모두 이에 해당하오. 그렇지 않소?

**힙피아스** 그렇소.

**소크라테스** 하지만 내가 열거한 것들[35]은 그렇지 않았소. 그리고 그중에는 '각자'라는 개념도 있고 '둘 다'라는 개념도 있었소. 그렇지요?

**힙피아스** 그렇소.

b **소크라테스** 그렇다면 힙피아스님, 그대는 아름다움이 어느 범주에 속한다고 생각하나요? 그대가 언급한 것들의 범주에 속하나요? 내가 강하고 그대도 강하면 우리는 둘 다 강하고, 내가 올바르고 그대도 올바르면 우리는 둘 다 올바르며, 둘 다 그러면 각자도 그렇소. 마찬가지로 내가 아름답고 그대도 아름다우면 우리는 둘 다 아름답고, 둘 다 그러면 각자도 그렇겠지요? 또는 이 원칙을 수학에 적용하면, 두 수의 합이 짝수일 때 각각의 수는 홀수일 수도 짝수일 수도 있지요. 또한 사물이 개별적으로 무리수이지만 합치면 유리수도 될 수 있고 무리수도 될 수 있을 것이오. 아

c 까도 말했지만 그 밖에도 그런 것들이 무수히 내 마음에 떠올랐소.[36] 그대는 아름다움을 어느 범주에 배당하오? 그대도 나와 견해를 같이하나요? 내가 생각하기에, 우리는 둘 다 아름다운데 우리 각자는 아름답지 않다거나, 각자는 아름다운데 둘 다 아름답지 않다는 등등은 매우 불합리한 것 같소. 그대도 나처럼 선택하겠소, 아니면 다르게 선택하겠소?

**힙피아스** 나도 그대처럼 선택하겠소.

**소크라테스** 힙피아스님, 잘했소이다. 이제 우리는 더이상 탐색할 필요가 없을 것이오. 아름다움이 이 범주에 속한다면 시각과 청각을 통하는 즐거움이 아름답다는 주장은 더이상 유지될 수 없으니까요. "시각과 청각을 통하는"이라는 표현은 둘 다를 아름답게 만들되 각자를 아름답게 만들지는 않는데, 그것은 나도 동의하고 그대도 동의하듯이 불가능하기 때문이오, 힙피아스님. d

**힙피아스** 그렇소. 우리는 동의하오.

**소크라테스** 그렇다면 시각과 청각을 통하는 즐거움이 아름답다는 것은 불가능하오. 우리가 그것을 아름다움과 같은 것이라고 여기면 뒤이어 불가능한 일이 일어나기 때문이오.

**힙피아스** 그건 그렇소.

**소크라테스** 그자는 말할 것이오. "그대들은 처음부터 다시 말해주시오. 이번에는 실패했으니 말이오. 그대들에 따르면 이 두 즐거움에 속하며 그 때문에 그대들이 이 두 즐거움을 다른 즐거움보다 더 존중하여 아름답다고 불렀던 그 아름다움을 그대들은 무엇이라고 말하시오?" 힙피아스님, 우리는 그것들은 둘 다 그리고 저마다 가장 무해하고 가장 훌륭한 즐거움이라고 말해야 할 것 같아요. 아니면 그대는 그것들이 다른 것들 e

**34** 300e~301a 참조.

**35** 301e~302a 참조.

**36** 300c 참조.

을 능가한다는 다른 이유를 댈 수 있나요?

**힙피아스** 없어요. 그것들은 실제로 가장 훌륭하니까요.

**소크라테스** 그자는 말할 것이오. "그렇다면 그대들은 이것이 아름다움이라고 정의하는군요. 유익한 즐거움 말이오." "그런 것 같아요." 하고 나는 대답할 것이오. 그대는요?

**힙피아스** 나도요.

**소크라테스** 그자는 말할 것이오. "그런데 좋음을 만드는 것이 유익하지만, 만드는 것과 만들어진 것은 다르다는 것이 방금 밝혀졌으니 우리 논의는 이전 주장으로 되돌아간 셈이군요. 그렇지 않나요? 왜냐하면 좋음

304a 은 아름다움일 수 없고, 아름다움은 좋음일 수 없으니까요. 그것들이 저마다 다르다면 말이오." "전적으로 동의하오"라고 우리는 대답할 것이오. 우리가 분별 있다면 말이오. 바른말하는 사람에게 동의하지 않는 것은 도리가 아니니까요.

**힙피아스** 하지만 소크라테스님, 그대는 이 모든 것의 결과가 무엇이라고 생각하시오? 이것은 방금 말했듯이,[37] 잘게 나눈 연설의 부스러기와 토막에 불과하오. 하지만 아름답고 훨씬 가치 있는 것이 있는데, 그것은 법정이나 회의장이나 그대가 연설해도 좋은 다른 공공기관 앞에서 훌륭

b 하고 아름답게 연설하여 사람들을 설득하고는 가장 작은 상(賞)이 아니라, 자기 자신과 자기 재산과 친구의 구조(救助)라는 가장 큰 상을 타가지고 갈 능력이오. 따라서 사람들은 그런 것들을 추구하고 이런 사소한 논의는 그만두어야 하오. 지금 우리처럼 열심히 잡담과 허튼소리를 늘어놓다가 완전한 바보로 보이지 않으려면 말이오.

**소크라테스** 친애하는 힙피아스님, 그대는 사람이 어떤 활동을 해야 하는지 알고, 또 그런 활동을 성공적으로 했다고 하니, 그대야말로 행복한 사람이오. 한데 나는 아마도 악운의 포로가 된 것 같소. 그래서 나는 언제나 헤매고 어쩔 줄 몰라 하며, 내가 어쩔 줄 몰라 하는 모습을 지혜로운 그대들에게 보이다가 그런 모습을 보이자마자 그대들과의 논의에서 심하게 매도당하오. 그대들은 모두 방금 그대가 말했듯이, 내가 어리석고 사소하고 무가치한 것들로 시간을 보낸다고 말하니 말이오. 그러나 내가 그대들에게 설득당하여 그대들이 말하듯, 가장 탁월한 것은 훌륭하고 아름답게 연설하여 법정이나 그 밖의 다른 집회에서 소기의 목적을 달성하는 것이라고 말하면, 나는 이 자리에 있는 다른 사람들 특히 언제나 나를 반박하는 그 사람한테 온갖 욕을 다 먹어요. 그는 나와 가까운 친척으로서 나와 한집에 사니까요. 내가 내 집에 가서 그에게 내 이런 의견들을 들려주면, 그는 내가 아름다움 자체가 무엇인지도 모르는 것이 논박으로 밝혀진 주제에 감히 아름다운 활동에 관해 논하다니 부끄럽지도 않느냐고 내게 묻지요. 그는 말할 것이오. "하긴 누구의 연설이나 그 밖의 다른 행위가 아름다운지 아름답지 않은지 그대가 어떻게 알겠소? 아름다움이 무엇인지도 모르면서. 그리고 그대가 그런 상태에 있다면 죽은 것보다 살아 있는 것이 그대에게 더 낫다고 생각하시오?" 그래서 아까 말한 것처럼 그대들과 그에게서 욕먹고 비난받았던 것이라오. 하지만 나

c

d

e

37 301b 참조.

는 이 모든 것을 참고 견뎌야 할 것 같소. 그러는 것이 내게 이득이 되어도 전혀 놀랄 일이 아니니까요. 힙피아스님, 나는 그대들 두 사람과의 대화가 내게 유익했다고 생각하니 말이오. 이제야 나는 "아름다운 것들은 어렵다"[38]는 속담의 의미를 알게 된 같으니까요.

**38** Chalepa ta kala.

# 힙피아스 II

## 거짓에 관하여

**대담자**
에우디코스[1], 소크라테스, 힙피아스

363a **에우디코스** 소크라테스님, 대체 어떻게 된 겁니까? 힙피아스님이 그토록 알찬 강연을 하셨는데, 그대는 왜 침묵만 지킬 뿐 그의 강연 가운데 잘된 부분은 함께 칭찬하고 잘못 말했다 싶은 것은 반박하지 않으시죠? 특히 누구보다도 철학 토론에 참가할 자격이 있다고 자부하는 우리가 우리끼리만 남은 지금 말입니다.

**소크라테스** 에우디코스님, 아닌 게 아니라 나는 힙피아스님이 방금 호메로스[2]에 관해 말씀하신 것과 관련해 몇 가지 물어보고 싶은 것이 있소.
b 나는 그대의 부친 아페만토스께서 아킬레우스가 오뒷세우스[3]보다 더 훌륭한 만큼이나 호메로스의 『일리아스』가 『오뒷세이아』보다 더 아름다운 시(詩)라고 말씀하시는 것을 들었소. 그분에 따르면, 이 두 시 가운데 하나는 주인공이 오뒷세우스이고, 다른 하나는 주인공이 아킬레우스이니까요. 그래서 나는 힙피아스님이 동의하신다면 이 두 영웅에 대해 어떻게 생각하며, 둘 중 누가 더 훌륭하다고 생각하는지 물어보고 싶소.
c 그분은 자신의 강연에서 호메로스와 그 밖의 다른 시인들과 관련해 여러 가지 다른 것을 많이 들려주었으니까요.

**에우디코스** 그대가 질문하시면 힙피아스님이 기꺼이 답변하실 것이라고 나는 확신해요. 힙피아스님, 그대는 소크라테스님이 질문하시면 답변하실 거죠? 아니면 어떡하실 거예요?

**힙피아스** 에우디코스님, 나는 올림피아 경기[4]가 개최될 때마다 엘리스에 있는 내 집을 떠나 헬라스[5]인들이 모여 있는 올림피아 신전으로 올라가서 사람들의 요청에 따라 내가 준비한 축제 연설을 기꺼이 했고 누가 무슨 질문을 하든 대답했어요. 한데 지금 소크라테스님에게 질문받기를 피한다면 내가 이상한 짓을 하는 것이겠지요. d

**소크라테스** 힙피아스님, 그대야말로 진실로 축복받은 사람이오. 만약 그대가 올림피아 경기가 개최될 때마다 자신의 혼과 지혜를 믿고 신전으로 올라간다면 말이오. 경기에 참가하려고 그곳으로 가는 운동선수 가운데 그대가 그대의 지성을 믿는다고 말하는 만큼이나 두려움 없이 자기 몸을 믿는 사람이 있다면 나는 놀라움을 금치 못할 것이오. 364a

1 Eudikos. 아페만토스(Apemantos)의 아들로 『힙피아스 I』 286b에서도 언급되고 있다. 힙피아스는 아테나이를 방문할 때면 에우디코스의 집에 묵었던 것 같다.

2 Homeros. 기원전 730년경에 활동한 고대 그리스의 서사시인. 그의 작품으로는 『일리아스』(*Ilias*)와 『오뒷세이아』(*Odysseia*)가 남아 있다.

3 아킬레우스는 『일리아스』의 주인공으로 트로이아전쟁 때 그리스군의 으뜸가는 용장이고, 오뒷세우스(Odysseus)는 『오뒷세이아』의 주인공으로 트로이아전쟁 때 그리스군의 으뜸가는 지장(智將)이다.

4 고대 그리스의 4대 경기 가운데 가장 규모가 컸던 올림피아 경기(ta Olympia)는 최고신 제우스를 기리기 위해 펠로폰네소스(Peloponnesos)반도 서북부 엘리스(Elis) 지방의 소도시 올림피아(Olympia)에서 4년마다 개최되었다.

5 Hellas. 그리스의 그리스어 이름.

**힙피아스** 그럴 만도 하지요, 소크라테스님. 나는 올림피아 경기의 경연에 참가하기 시작한 뒤로 그 무엇에든 나보다 더 나은 사람은 아무도 만나지 못했으니까요.

b **소크라테스** 참으로 훌륭한 답변이오, 힙피아스님. 그대의 명성은 엘리스 시와 그대의 부모님에게 지혜의 기념비가 될 것이오. 그건 그렇고 그대는 아킬레우스와 오뒷세우스에 대해서는 뭐라고 말하시오? 그대는 두 영웅 가운데 어느 쪽이 어떤 점에서 더 훌륭하다고 말하시오? 방안에 사람들이 많이 있을 때 그대가 강연하면 내가 그대를 따라가지 못해도 방안에 사람들이 많이 있어 그대에게 물어보기가 망설여져요. 내 질문이 그대의 강연을 방해할까 봐 두렵기도 하고요. 하지만 지금은 우리의 수가 더 적고 여기 있는 에우디코스가 나더러 그대에게 물어보라고 재촉하니, 그대는 우리에게 분명히 말씀해주시고 가르쳐주시오. 그대는 이 두

c 영웅에 대해 뭐라고 말씀하시며, 어떻게 구별하나요?

**힙피아스** 소크라테스님, 이들과 다른 영웅들에 대해 내가 말한 것을 한층 더 자세히 설명할 수 있게 되어 기쁘오. 단언컨대 호메로스는 아킬레우스를 트로이아로 간 사람들 가운데 가장 용감한 사람으로, 네스토르[6]를 가장 지혜로운 사람으로, 오뒷세우스를 가장 꾀 많은[7] 사람으로 만들었소.

**소크라테스** 친애하는 힙피아스님. 내가 그대의 설명을 잘 이해하지 못해 계속해서 질문하더라도 그대가 나를 비웃지 않았으면 좋겠어요. 부디 상

d 냥하고 친절하게 대답해주시오.

**힙피아스** 소크라테스님, 사람들에게 정중한 태도를 가르치고 수업료를

받는 내가 그대의 질문에 점잖고 상냥하게 대답할 수 없다면 창피한 일이겠지요.

**소크라테스** 고맙소. 사실 호메로스가 아킬레우스를 가장 용감한 사람으로, 네스토르를 가장 지혜로운 사람으로 만들었다고 말씀하셨을 때 나는 그대의 말뜻을 이해했다고 생각했소. 그러나 호메로스가 오뒷세우스를 가장 꾀 많은 사람으로 만들었다고 그대가 말씀하셨을 때 솔직히 말해 나는 그게 무슨 뜻인지 전혀 이해할 수 없었소. 자, 말씀해주시오. 그러면 내가 그대를 더 잘 이해하게 되겠지요. 호메로스는 아킬레우스를 꾀 많은[8] 사람으로 만들지 않았나요? e

**힙피아스** 전혀 그러지 않았어요, 소크라테스님. 호메로스는 아킬레우스를 가장 단순하고 가장 진실한 사람으로 만들었소. 「간청」[9]에서 두 사람이 서로 대화하게 했을 때 호메로스는 아킬레우스가 오뒷세우스에게 이렇게 말하게 하지요.

> 제우스의 후손인 라에르테스의 아들이여, 계책에 능한 오뒷세우스여! 365a
> 내가 생각하고 있고 또 반드시 그렇게 이루어질 일을

6 Nestor. 트로이아전쟁 때 조언과 언변에 능한 그리스군 노장.
7 '가장 꾀 많은'(polytropotatos).
8 '꾀 많은'(polytropos).
9 litai. 『일리아스』 9권의 별칭. 아킬레우스가 출전하지 않아 전세가 급격히 불리해지자 그리스군은 오뒷세우스와 아이아스(Aias)를 아킬레우스의 막사에 사절(使節)로 보내 여러 약속을 하며 전투에 참가해줄 것을 간청하게 한다.

내 이제 그대에게 기탄없이 털어놓지 않을 수 없구려.
나는 그자가 하데스의 문만큼이나 밉소.
b 가슴속에 품은 생각과 하는 말이 서로 다르기 때문이오.
아무튼 나는 반드시 이루어질 일을 말하겠소.[10]

이 시행들에서 호메로스는 두 사람의 성격을 드러내는데, 아킬레우스는 진실하고 단순하며, 오뒷세우스는 꾀가 많고 거짓되오. 호메로스는 아킬레우스가 오뒷세우스에게 그런 말을 하는 것으로 그리고 있으니 말이오.

**소크라테스** 힙피아스님, 이제야 그대의 말뜻을 알 것 같소. 보아하니 그대가 말하는 꾀 많은 사람이란 거짓말쟁이라는 뜻인 것 같군요.

c **힙피아스** 그렇소, 소크라테스님. 호메로스는 『일리아스』와 『오뒷세이아』의 여러 구절에서 오뒷세우스를 그런 사람으로 그리고 있소.

**소크라테스** 그러면 호메로스는 진실한 사람 다르고 거짓된 사람 다르며, 둘이 같은 사람이라고 생각하지 않은 것 같군요.

**힙피아스** 물론이지요, 소크라테스님.

**소크라테스** 힙피아스님, 그대도 그렇게 생각하시오?

**힙피아스** 물론이오. 내가 그렇게 생각하지 않는다면 이상한 일이겠지요.

**소크라테스** 그러면 호메로스는 놓아주기로 합시다. 그때 무슨 생각으로 d 그런 시행들을 작시(作詩)했는지 그에게 물어볼 수 없으니까요. 하지만 그대가 그의 일을 떠맡고 그의 말뜻이라고 그대가 주장하는 것에 동의하시니 호메로스와 그대 자신을 위해 대답하시오.

**힙피아스** 그러시오. 그대가 원하는 것을 간단히 물어보시오.

**소크라테스** 그대는 거짓된 사람들에게는 병자처럼 무엇을 할 능력이 없다고 주장하나요, 아니면 무엇을 할 능력이 있다고 주장하나요?

**힙피아스** 나는 그들에게 많은 일을 할 능력, 특히 사람들을 속일 능력이 아주 많이 있다고 주장하오.

**소크라테스** 그대의 논리대로라면 그들은 능력이 있고 꾀가 많은 것 같군요. 그렇지 않소? e

**힙피아스** 그렇소.

**소크라테스** 그들이 꾀가 많고 속이는 것은 우둔하고 어리석기 때문인가요, 교활하고 지능적이기 때문인가요?

**힙피아스** 무엇보다도 교활하고 지능적이기 때문이오.

**소크라테스** 그렇다면 그들은 지능적인 것 같군요.

**힙피아스** 그렇소, 제우스에 맹세코. 그것도 아주요.

**소크라테스** 그리고 그들은 지능적인지라 자신이 무엇을 하는지 알겠군요. 아니면 모를까요?

**힙피아스** 아주 잘 알겠지요. 그래서 그들은 해코지도 하지요.

**소크라테스** 그런 것들을 알고 있으니 그들은 무식할까요, 지혜로울까요?

**힙피아스** 분명 그런 일에는 지혜롭겠지요. 속이는 일 말이오. 366a

10 『일리아스』 9권 308~310, 312~314행. 라에르테스(Laertes)는 오뒷세우스의 아버지이고, '그자'란 여기서 트로이아전쟁 때 그리스군 총사령관인 아가멤논을 말한다. 하데스(Hades)는 저승 또는 저승을 다스리는 신이다.

**소크라테스** 잠깐만! 그대의 주장을 상기해봅시다. 거짓된 사람들은 그들이 거짓된 그런 일들에 능력 있고 지능적이고 아는 것이 많고 지혜롭다는 것이 그대의 주장인가요?

**힙피아스** 나는 그렇다고 주장하오.

**소크라테스** 진실한 사람과 거짓된 사람은 다르며 서로 정반대라고도 주장하시오?

**힙피아스** 나는 그렇다고 주장하오.

**소크라테스** 그럼 그대의 논리대로라면 거짓된 사람이 능력 있고 지혜로운 자들에 속하겠군요.

**힙피아스** 그렇습니다.

**소크라테스** 그리고 거짓된 사람이 거짓된 일과 관련해 능력 있고 지혜롭다고 그대가 주장할 때, 그것은 그가 원하기만 하면 거짓말할 능력이 있다는 뜻인가요, 아니면 그럴 능력이 없다는 뜻인가요? b

**힙피아스** 그에게는 그럴 능력이 있다는 뜻이오.

**소크라테스** 그러면 간단히 말해, 거짓된 자는 거짓말하는 데 지혜롭고 능력 있는 사람이겠군요.

**힙피아스** 그렇소.

**소크라테스** 그렇다면 거짓말할 능력이 없고 무지한 사람은 거짓된 사람이 아니겠군요.

**힙피아스** 그렇습니다.

**소크라테스** 하지만 원할 때 원하는 것을 할 수 있는 사람은 누구나 능력이 있소. 질병 따위로 방해받는 특별한 경우 말고 일반적으로 말해서 그렇 c

다는 뜻이오. 예를 들어 나는 그대가 원할 때 내 이름을 쓸 수 있다고 말하오. 아니면 그대는 그럴 수 있는 사람을 능력 있다고 말하지 않나요?

**힙피아스** 나는 그렇게 말하오.

**소크라테스** 힙피아스님, 말씀해주시오. 그대는 셈과 산술에 능하지 않습니까?

**힙피아스** 누구 못지않게 능하지요, 소크라테스님.

**소크라테스** 그럼 어떤 사람이 700 곱하기 3이 얼마냐고 묻는다면, 그대는 누구보다도 더 빨리 정답을 말씀해주실 수 있겠군요? 그대가 원한다면 말이오.

**힙피아스** 물론이오. d

**소크라테스** 그런 일에는 그대가 가장 능력 있고 가장 지혜롭기 때문이겠지요?

**힙피아스** 그렇소.

**소크라테스** 그대는 가장 지혜롭고 가장 능력 있기만 한 것인가요, 아니면 그대가 가장 능력 있고 가장 지혜로운 일에, 말하자면 산술에 가장 훌륭한 사람이기도 한가요?

**힙피아스** 분명 가장 훌륭하기도 하오, 소크라테스님.

**소크라테스** 그러면 그대는 그런 것들과 관련해 누구 못지않게 진실을 말할 능력이 있겠군요. 그렇지 않나요?

**힙피아스** 나는 그렇다고 생각하오.

**소크라테스** 그런 것들에 관한 거짓말은 어떤가요? 힙피아스님, 지금까지처럼 솔직하고 담백하게 대답해주시오. 어떤 사람이 700 곱하기 3이 얼 e

마냐고 묻는다면, 그대야말로 거짓말을 가장 잘하고 이와 관련해 시종일관 거짓을 말할 수 있을 것이오. 그대가 거짓을 말하고 진실을 말하고 싶지 않다면 말이오. 아니면 셈에 무지한 사람이 그대보다 거짓말할 능력이 더 있을까요? 그가 그러기를 원한다면 말이오. 아니면 무지한 사람은 거짓말을 하고 싶어도 무지하여 가끔은 본의 아니게 진실을 말할 때도 있지만, 지혜로운 그대는 거짓말을 하고 싶으면 언제나 시종일관 거짓말을 하지 않을까요?

367a

**힙피아스** 그렇소. 그대가 말씀하신 그대로요.

**소크라테스** 거짓말쟁이는 다른 것들에 관해서는 거짓말을 하지만 수(數)에 관해서는 거짓말을 하지 않나요? 그래서 그는 수에 관해서는 거짓말을 할 수 없나요?

**힙피아스** 제우스에 맹세코, 그는 수에 관해서도 거짓말을 하오.

**소크라테스** 그러면 힙피아스님, 셈과 수와 관련하여 거짓된 사람이 있다고도 가정할까요?

b

**힙피아스** 네.

**소크라테스** 그는 누굴까요? 그가 거짓말쟁이가 되려면, 그대가 방금 동의했듯이, 거짓말할 능력이 있어야 하지 않을까요? 그대도 기억하겠지만, 그대는 거짓말을 할 능력이 없는 사람은 거짓말쟁이가 될 수 없다고 말했습니다.

**힙피아스** 기억하오. 나는 그렇게 말했소.

**소크라테스** 그리고 그대는 방금 셈과 관련하여 어느 누구보다도 거짓말할 능력이 있는 것으로 밝혀지지 않았나요?

**힙피아스** 그렇소. 나는 그렇다고도 말했소.

**소크라테스** 그러면 그대는 누구 못지않게 셈에 관해 진실을 말할 능력도 있겠지요? c

**힙피아스** 물론이오.

**소크라테스** 그렇다면 같은 사람이 누구 못지않게 셈에 관해 거짓을 말할 능력도 있고 진실을 말할 능력도 있는 것이오. 그리고 그 사람은 셈과 관련하여 훌륭한 사람 즉 산술가요.

**힙피아스** 그렇소.

**소크라테스** 그렇다면 힙피아스님, 셈과 관련하여 거짓말쟁이가 되는 사람은 셈과 관련하여 훌륭한 사람과 다른 사람인가요? 같은 사람이 능력이 있기도 하고, 진실하기도 하니 말이오.

**힙피아스** 그런 것 같군요.

**소크라테스** 그렇다면 그대도 보시다시피, 같은 사람이 이와 관련해 거짓말쟁이이기도 하고 진실한 사람이기도 하며, 진실한 사람이라고 해서 거짓말쟁이보다 더 나을 것이 아무것도 없겠군요. 둘은 같은 사람이고, 그대가 방금 생각했듯이 정반대가 아니니까요. d

**힙피아스** 적어도 이 분야에서는 정반대가 아닌 것 같네요.

**소크라테스** 그렇다면 다른 분야도 살펴볼까요?

**힙피아스** 그대가 원하신다면.

**소크라테스** 그대는 기하학에도 능하지 않은가요?

**힙피아스** 능하지요.

**소크라테스** 어떻소? 기하학의 경우도 마찬가지가 아닌가요? 같은 사람이

기하학적 도형과 관련하여 누구 못지않게 거짓말을 하고 진실을 말할 능력이 있지 않을까요? 기하학자 말이오.

**힙피아스** 그렇소.

**소크라테스** 그런 것에 훌륭한 것은 다른 사람일까요, 아니면 기하학자일까요?

e **힙피아스** 기하학자 말고 다른 사람이 아니오.

**소크라테스** 그렇다면 훌륭하고 지혜로운 기하학자가 누구 못지않게 이 두 가지 능력을 다 갖고 있지 않을까요? 그리고 누군가 도형과 관련하여 거짓말을 할 수 있다면 그는 이 사람이 아닐까요? 훌륭한 기하학자 말이오. 그는 거짓말할 능력이 있지만 나쁜 기하학자는 거짓말할 능력이 없으며, 거짓말할 능력이 없는 사람은 그대도 동의했듯이 거짓말쟁이가 될 수 없으니 말이오.

**힙피아스** 그렇습니다.

**소크라테스** 그렇다면 세 번째로 천문학자를 살펴봅시다. 그대는 그의 기

368a 술을 앞서 말한 사람들의 기술보다도 더 잘 안다고 생각하시오. 그렇지 않나요, 힙피아스님?

**힙피아스** 그렇소.

**소크라테스** 그러면 천문학의 경우도 마찬가지가 아닐까요?

**힙피아스** 그런 것 같네요, 소크라테스님.

**소크라테스** 천문학에서도 거짓말쟁이인 사람이 있다면, 그는 훌륭한 천문학자, 말하자면 거짓말할 능력이 있는 사람일 것이오. 그는 거짓말할 능력이 없는 사람이 아닐 것이오. 그는 무지하니까요.

**힙피아스** 그런 것 같군요.

**소크라테스** 그렇다면 천문학에서도 같은 사람이 진실하고 거짓될 것이오.

**힙피아스** 그런 것 같아요.

**소크라테스** 자, 힙피아스님. 이 원칙이 다른 지식에도 그대로 적용되는지 모든 지식을 두루 살펴보도록 합시다. 그대는 분명 가장 많은 기술에서 가장 지혜로운 사람이오. 나는 그대가 그렇게 자랑하는 것을 들었소. 그대가 시장에 있는 환전상들의 탁자 옆에서 부러움을 살 만한 수많은 지혜를 열거했을 때 말이오. 그대는 언젠가 올림피아 경기장에 갔을 때 그대가 몸에 걸치고 있는 것은 모두 그대가 손수 만든 것이라고 말했소. 먼저 그대가 끼고 있는 반지—그대는 반지에서부터 시작했으니까요—는 그대가 만든 것이라며 반지에 도안을 새길 줄 안다는 것을 보여주었소. 그대는 또한 다른 인장 반지와 목욕 솔과 향유 병을 갖고 있었는데, 역시 그대가 만든 것이었소. 그대는 또한 그대가 신고 있는 샌들도 그대가 만들었으며, 겉옷과 속옷도 그대가 짠 것이라고 말했소. 하지만 모든 사람에게 가장 비범해 보이며 그대가 가장 지혜롭다는 증거라고 생각된 것은 그대가 속옷 위에 두르고 있던 허리띠였는데, 그대는 그것이 가장 값비싼 페르시아산(産) 허리띠에 비겨도 손색이 없으며 그대가 손수 만든 것이라고 했소. 그대는 그 밖에도 시(詩)와 서사시와 비극과 디튀람보스[11]와 온갖 종류의 산문 저술도 가져왔다고 말했지요. 그대는 또한 내가 방

b

c

d

11 dithyrambos. 주신(酒神) 디오뉘소스에게 바치는 합창 서정시.

금 언급한 기술들과, 리듬과 화성과 문자의 정확성에서 그리고 내가 기억하기에 그 밖의 다른 많은 것에서 타의 추종을 불허하는 탁월한 지식을 갖고 왔노라고 말했소. 하지만 나는 그대가 가장 자랑스럽게 여기던 기억술을 언급하기를 잊은 것 같군요. 그 밖의 다른 것도 나는 많이 잊어버린 것 같아요. 그대는 내 말처럼 그대 자신의 기술들—그런 것은 많이 e 있소—뿐 아니라 다른 사람들의 기술들도 보고 나서, 그대와 내가 합의한 것에 따라 한 사람은 진실하고 다른 사람은 거짓말쟁이여서 둘이 분리되고 같지 않은 경우를 그대가 발견하는지 말해주시오. 어떤 종류의 지혜나 교활함에서든 그리고 그대가 뭐라고 부르는 것에서든 그런 경우 369a 를 찾아보시오. 하지만 친구여, 그대는 찾아내지 못할 것이오. 그런 경우는 존재하지 않으니까요. 말해보시오!

**힙피아스** 소크라테스님, 나는 지금 당장에는 말할 수 없소.

**소크라테스** 생각건대 그대는 앞으로도 말하지 못할 것이오. 하지만 내 말이 맞다면 우리 논의의 결론이 무엇인지는 그대도 기억할 것이오, 힙피아스님.

**힙피아스** 소크라테스님, 나는 그대의 말뜻을 전혀 이해할 수 없소이다.

**소크라테스** 그것은 그대가 기억술을 사용하지 않기 때문이오. 그대는 분명 그것이 필요하지 않다고 생각하오. 그래서 내가 상기시켜 드리고자 하오. 그대는 아킬레우스는 진실하고 오뒷세우스는 거짓되고 꾀가 많다 b 고 말씀했는데, 기억나지 않으시오?

**힙피아스** 그렇게 말했지요.

**소크라테스** 그러면 같은 사람이 거짓말쟁이이기도 하고 진실하기도 하여, 만약 오뒷세우스가 거짓말쟁이라면 진실하기도 하고, 아킬레우스가 진실하다면 거짓말쟁이기도 하다는 것을, 그래서 이 두 사람은 서로 다르지도 상반되지도 않고 서로 같다는 것을 이제는 알겠소?

**힙피아스** 소크라테스님, 그대는 언제나 이런 종류의 복잡한 논의를 하며 그중에서도 가장 어려운 부분을 가려내어 거기에 세부적으로 집착하느라 논의 중인 주제를 전체적으로 다루지 못하시는군요. 자, 그대만 좋다면, 나는 수많은 증거에 근거하여, 호메로스가 아킬레우스를 오뒷세우스보다 더 나은 사람으로 만들고 거짓말쟁이로 만들지 않았으며, 오뒷세우스는 교활하여 거짓말을 수없이 하고 아킬레우스보다 열등한 사람으로 만들었다는 것을 증명해 보이겠소. 그리고 그대가 원한다면, 다른 사람이 더 낫다는 반론을 제기하시오. 그러면 여기 있는 이 사람이 우리 둘 중 누가 말을 더 잘하는지 알 것이오. c

**소크라테스** 힙피아스님, 그대가 나보다 더 지혜롭다는 것을 나는 의심하지 않아요. 하지만 나는 누가 무슨 말을 하면 주의를 기울이는 버릇이 있어요. 특히 말하는 사람이 지혜롭다 싶으면 말이오. 그리고 나는 그가 말하는 것을 알고 싶어서 캐묻고 그가 말하는 것들을 검토하고 비교한답니다. 알기 위해서 말이오. 그러나 말하는 사람이 변변찮다 싶으면 나는 그에게 묻지도 않고 그가 하는 말에 관심도 없어요. 그걸 보면 그대는 내가 누구를 지혜롭다고 여기는지 알 거요. 그대는 내가 지혜로운 사람과 대화할 때는 그가 말하는 것들과 관련하여 계속해서 질문하는 것을 보게 될 것이오. 무엇인가를 배움으로써 덕을 보려고 말이오. 그래서 조금 전에도 나는 그대가 말하는 동안 아킬레우스가 오뒷세우스에게 마치 d e

오뒷세우스가 사기꾼인 것처럼 말한다는 것을 보여주려고 그대가 조금 전에 인용한 시행들과 관련하여 그대가 주장하는 것이 과연 옳은지 의문을 제기하지 않을 수 없었던 것이라오. 꾀 많은 오뒷세우스는 어디서도 거짓말하는 것으로 드러나지 않았지만 아킬레우스는 그대의 말씀처

370a 럼 꾀가 많다는 것이 드러났으니 말이오. 아무튼 아킬레우스는 거짓말을 하고 있소. 그는 조금 전에 그대가 인용한

나는 그자가 하데스의 문만큼이나 밉소.
가슴속에 품은 생각과 하는 말이 서로 다르기 때문이오.

b 라는 시행들을 말하고 나서 잠시 뒤에는 자기는 오뒷세우스와 아가멤논이 설득해도 움직이지 않을뿐더러 트로이아에 머물지도 않을 것이라며 다음과 같이 말하기 때문이오.

내일이라도 나는 제우스와 모든 신에게 제물을 바치고 나서
내 함선들을 바다에 띄운 뒤 짐을 실을 작정이오.
그때는 그럴 마음이 있고 관심이 있다면 그대도 보게 되리라,
날이 샐 무렵 내 함선들이 물고기가 많은 헬레스폰토스 위로
c 항해하고, 그 안에서 전사들이 열심히 노 젓는 모습을.
또 대지를 흔드는 고귀한 신이 순조로운 항해를 허락해주신다면,
우리는 사흘째 되는 날 기름진 프티아에 닿을 것이오.[12]

그리고 그전에 그는 아가멤논을 모욕하며 이렇게 말했소.

이제는 프티아로 돌아가겠소. 부리처럼 휜 함선들을 타고
고향으로 돌아가는 편이 훨씬 낫겠소. 여기서 모욕을 받아가며
그대를 위해 부(富)와 재물을 쌓아줄 생각은 추호도 없소이다.[13] d

아킬레우스는 한 번은 전군(全軍)이 모인 앞에서 또 한 번은 전우들 앞에서 그런 말을 했지만 그가 귀향하기 위해 함선들을 바다로 끌어내릴 준비를 하거나 시도를 하는 모습은 어디서도 볼 수 없었으니 말이오. 오히려 그는 참말을 하는 것을 당당하게 무시하고 있소. 힙피아스님, 그래서 나는 처음에 그대에게 물었던 것이오. 시인은 두 영웅 가운데 누구를 e 더 훌륭한 사람으로 그렸는지 잘 몰라서, 그리고 두 영웅 모두 더없이 훌륭하여 거짓과 진실뿐 아니라 미덕 일반과 관련하여 둘 중 어느 쪽이 더 나은지 결정하기가 어려울 것 같아서 말이오. 이 점에서도 두 영웅은 비등하니까요.

**힙피아스** 소크라테스님, 그래서 그대는 이 문제를 잘못 보는 것이오. 아

**12** 『일리아스』 9권 357~363행. 헬레스폰토스(Hellespontos)는 에게해와 내해인 프로폰티스(Propontis 지금의 Marmara)해를 이어주는 지금의 다르다넬스(Dardanelles) 해협을 말하고, '대지를 흔드는 고귀한 신'이란 바다와 지진의 신 포세이돈(Poseidon)을 말한다. 프티아(Phthia)는 텟살리아(Thessalia) 지방에 있는 지역 이름이자 도시 이름으로 아킬레우스의 고향이다.

**13** 『일리아스』 1권 169~171행.

킬레우스가 거짓말을 하는 것은 분명 의도된 것이 아니라 본의가 아니기 때문이오. 그는 군대가 어려움을 겪는 바람에 트로이아에 남아서 도와주지 않을 수 없었으니 말이오. 하지만 오뒷세우스는 자발적으로 의도적으로 거짓말을 하오.

**소크라테스** 가장 친애하는 힙피아스님, 그대는 나를 속이고 있고 자신은 오뒷세우스를 흉내내고 있군요.

371a **힙피아스** 그럴 리가 있나요, 소크라테스님! 무슨 뜻으로, 무엇과 관련하여 그런 말씀을 하시는 거죠?

**소크라테스** 아킬레우스는 의도적으로 거짓말을 하지 않았다고 그대가 주장했기 때문이지요. 호메로스는 그를 허풍쟁이에다가 타고난 사기꾼이고 음모꾼으로 그렸는데도 말이오. 그는 들키지 않고 쉽게 속이는 데는 오뒷세우스보다 한 수 위인 것으로 드러났고, 그래서 그가 오뒷세우스의 면전에서 모순된 말을 해도 오뒷세우스는 알지 못한 것이오. 아무튼 오뒷세우스는 그에게 자신이 거짓말을 하고 있다는 것을 암시해줄 말을 한 적이 없는 것 같소. b

**힙피아스** 무슨 뜻으로 그렇게 말씀하시는 거죠, 소크라테스님?

**소크라테스** 그대는 아킬레우스가 오뒷세우스에게 자기는 날이 샐 무렵 출항할 것이라고 말하고 나서 아이아스에게는 출항할 것이라는 말은 하지 않고 다른 말을 하는 것도 모르시오?

**힙피아스** 어디서 말이오?

**소크라테스** 그가 다음과 말하는 대목에서요.

나는 현명한 프리아모스의 아들 고귀한 헥토르가
아르고스인들을 도륙하며 뮈르미도네스족의 막사와 함선들이 c
있는 곳까지 쳐들어와 함선들을 불사르기 전에는
결코 피비린내 나는 전쟁을 생각하지 않을 것이오.
그러나 내 막사와 검은 함선 옆에서는 헥토르가 제아무리
전의에 넘친다 해도 반드시 제지당하고 말 것이오.[14]

힙피아스님, 그대는 현명한 케이론[15]의 제자였던, 테티스[16]의 아들이 방금 전에 거짓말쟁이들을 심한 말로 욕하더니 곧바로 그 자신은 오뒷세우스에게는 출항할 것이라고 말하고, 아이아스에게는 머물 것이라고 말할 만큼 기억력이 나쁘다고 생각하시오? 그는 오뒷세우스가 늙은 바 d

**14** 『일리아스』 9권 650~655행. 프리아모스(Priamos)는 트로이아전쟁 때 트로이아를 다스리던 노왕이고, 헥토르(Hektor)는 그의 아들로 트로이아군의 으뜸가는 맹장이다. 아르고스인들(Argeioi)은 트로이아전쟁 때 그리스인들을 통틀어 일컫는 이름 가운데 하나이며, 뮈르미도네스족(Myrmidones)은 아킬레우스의 아버지 펠레우스(Peleus)가 다스리던 텟살리아의 한 부족이다.

**15** Cheiron. 머리, 가슴, 팔은 사람이고 몸통과 다리는 말인 켄타우로스(Kentauros) 중 한 명. 그는 익시온(Ixion)과 네펠레(Nephele '구름')의 아들이 아니라 크로노스(Kronos)와 필뤼라(Philyra)의 아들인데, 크로노스가 아내 레아(Rhea)에게 들키지 않으려고 말로 변신하여 그녀에게 접근한 까닭에 그런 모습이 되었다고 한다. 케이론은 아폴론(Apollon)에게 의술과 음악과 예언술과 사냥술을 배워 훗날 의술의 신 아스클레피오스(Asklepios)와 이아손(Iason)과 아킬레우스 같은 영웅들의 개인 교사가 된다.

**16** Thetis. 아킬레우스의 어머니.

보인지라 이렇게 음모를 꾸미고 거짓말을 하는 데는 자기가 한 수 위라고 믿고는 덫을 놓는 것이 아닐까요?

**힙피아스** 소크라테스님, 나는 그렇게 생각하지 않소. 이 경우에도 나는 e 아킬레우스가 마음씨가 착해서 아이아스에게 하는 말 다르고 오뒷세우스에게 하는 말 다르다고 생각하오. 반면 오뒷세우스는 진실을 말할 때는 언제나 나쁜 의도를 갖고 그렇게 하고, 이는 그가 거짓을 말할 때도 마찬가지요.

**소크라테스** 그러면 오뒷세우스가 아킬레우스보다 더 나은 것 같소.

**힙피아스** 조금도 그렇지 않아요, 소크라테스님.

**소크라테스** 왜 그렇지요? 의도적 거짓말쟁이가 본의 아닌 거짓말쟁이보다 더 낫다는 것이 방금 밝혀지지 않았던가요?

**힙피아스** 소크라테스님, 의도적으로 불의를 저지르고 의도적으로 음모를 꾸미고 해코지하는 자들이 본의 아니게 그러는 자들보다 어떻게 더 372a 나을 수 있지요? 모르고 불의를 저지르거나 거짓말을 하거나 그 밖의 다른 나쁜 짓을 하는 사람은 용서해줄 여지가 많소. 그래서 법률도 분명 본의 아니게 나쁜 짓을 하거나 거짓말하는 자들보다는 의도적으로 그러는 자들에게 훨씬 더 가혹하오.

**소크라테스** 힙피아스님, 그대는 내가 지혜로운 사람들에게는 집요하게 b 질문한다고 말할 때 진실을 말한다는 것이 보이시오? 그리고 나는 그것이 아마도 내 유일한 좋은 점이며, 내가 가진 그 밖의 다른 것은 전혀 쓸모없다고 생각하오. 나는 사물들이 어떠한지 헷갈리고 그것들의 본성이 어떤 것인지 알지 못하니 말이오. 지혜롭기로 유명하며 지혜롭다고 모든 헬라스[17]인이 증언해주는 그대들 가운데 한 명을 만나면 내가 아무것도 모르는 것으로 드러난다는 사실이 이를 충분히 입증해주지요. 그대들과 내가 의견을 같이하는 것은 사실상 하나도 없는데, 지혜로운 사람들과 의견을 달리하는 것보다도 더 확실한 무지의 증거가 어디 있겠소? 하지만 내게는 한 가지 놀랍도록 좋은 점이 있어, 그것이 나를 구해준답니다. 나는 배우기를 부끄러워하지 않고, 따지고 묻고 대답해주는 사람에게 감지덕지하며, 고마워하지 않은 적이 한 번도 없어요. 내가 무엇인가를 배웠을 때는 내가 몸소 알아낸 척하며 그런 사실을 부인한 적이 없고, 오히려 나를 가르쳐준 사람의 지혜를 칭찬하며 내가 그에게서 무엇을 배웠는지 밝혔으니까요. 그래서 나는 지금 그대의 주장에 동의하지 않고 강력히 이의를 제기하는 것이라오. 그리고 그것은 내 잘못이라는 것도 압니다. 나는 그저 그런 사람이며, 그 이상이라고 주장하고 싶지 않으니까요. 힙피아스님, 내가 보기에, 사실은 그대의 주장과 정반대인 것 같아요. 나는 의도적으로 사람들을 해코지하고 불의를 저지르고 거짓말하고 속이고 잘못을 저지르는 자들이 본의 아니게 그러는 자들보다 더 낫다고 생각한단 말이오. 하지만 나는 때로는 정반대라고 생각하며 이 문제와 관련해 갈팡질팡하는데, 그건 분명 내가 무지하기 때문이오. 방금도 나는 머리가 어지러워 내게는 어떤 것과 관련해 의도적으로 잘못을 저지르는 자들이 본의 아니게 그러는 자들보다 더 나아 보이는 것이라

c d e

17 Hellas. 그리스의 그리스어 이름.

오. 나는 지금의 이런 상태를 본의 아니게 그런 짓을 저지르는 자들이 의도적으로 그러는 자들보다 더 나빠 보이게 만드는 지금까지의 논의 탓으로 돌린다오. 그러니 그대는 제발 거절하지 말고 내 혼을 치유해주시오. 그대가 내 혼의 무지를 치유해주면 내 몸의 질병을 치유해줄 때보다 내게 훨씬 더 큰 은혜를 베풀 테니 말이오. 내 그대에게 미리 일러두지만, 그대가 긴 연설을 하려 한다면 나를 치유하지 못할 것이오. 나는 그대를 따라갈 수 없으니까요. 하지만 그대가 방금 그런 것처럼 내게 대답하려 한다면, 그대는 내게 큰 은혜를 베풀 것이고, 그대도 손해 볼 것 없다고 생각하오. 그리고 아페만토스의 아들이여, 나는 당연히 그대에게도 도움을 요청하오. 힙피아스님과 대화하도록 그대가 나를 부추겼으니 말이오. 그러니 힙피아스님이 내게 대답하기를 원하지 않으시면 그대가 나를 위해 대답하도록 요청하시오.

373a

**에우디코스** 소크라테스님, 생각건대 우리가 힙피아스님에게 요청할 필요가 없을 것 같아요. 그분은 앞서 그런 말씀은 하시지 않고, 누구의 질문도 피하지 않겠다고 말씀하셨으니까요. 그렇지 않나요, 힙피아스님? 그렇게 말씀하지 않으셨나요?

b

**힙피아스** 그렇게 말했지요. 하지만 에우디코스님, 소크라테스님은 그런 논의에서는 언제나 말썽을 부리며, 악의에서 그러는 것 같아요.

**소크라테스** 더없이 훌륭한 힙피아스님, 나는 의도적으로 그러는 것이 아니라—그럼 나는 그대의 논리대로라면 지혜롭고 영리하겠지요—본의 아니게 그러는 것이오. 그러니 그대는 나를 용서하시오. 그대도 본의 아니게 악행을 저지르는 자는 용서받아야 한다고 주장하시니 말이오.[18]

**에우디코스** 힙피아스님, 거절하지 마시오. 우리를 위해서라도 그리고 앞서 그대가 말씀하신 것을 위해서라도 소크라테스님이 묻는 말에 대답하시오. c

**힙피아스** 그대가 요청하니 대답하겠소. 그대는 무엇이든 원하는 것을 물어보시오.

**소크라테스** 힙피아스님, 나는 방금 우리가 논의하던 것을 검토해보고 싶은 강한 욕구를 느끼오. 말하자면 어느 쪽이 더 훌륭하오? 의도적으로 잘못을 저지르는 자들이오, 아니면 본의 아니게 잘못을 저지르는 자들이오? 내 생각에 이렇게 검토하는 것이 가장 훌륭한 방법인 것 같소. 자, 대답해보시오. 그대는 훌륭한 달리기 선수가 있다는 것을 인정하나요?

**힙피아스** 인정하오. d

**소크라테스** 나쁜 달리기 선수가 있다는 것도요?

**힙피아스** 그렇소.

**소크라테스** 잘 달리는 사람은 훌륭한 달리기 선수이고, 나쁘게 달리는 사람은 나쁜 달리기 선수이겠지요?

**힙피아스** 그렇소.

**소크라테스** 그리고 느리게 달리는 사람이 나쁘게 달리고, 빨리 달리는 사람이 잘 달리겠지요?

**힙피아스** 그렇소.

**18** 372 참조.

**소크라테스** 그렇다면 경주와 달리기에서는 빠름이 좋은 것이고, 느림은 나쁜 것이겠지요?

**힙피아스** 그럴 수밖에요.

**소크라테스** 그렇다면 어느 쪽이 더 훌륭한 달리기 선수인가요? 의도적으로 느리게 달리는 사람인가요, 아니면 본의 아니게 느리게 달리는 사람인가요?

**힙피아스** 의도적으로 느리게 달리는 사람이오.

**소크라테스** 그리고 달리기는 일종의 행동이 아닌가요?

**힙피아스** 물론 일종의 행동이지요.

**소크라테스** 일종의 행동이라면 일종의 행위이기도 하지 아닐까요?

e **힙피아스** 그렇소.

**소크라테스** 그러면 나쁘게 달리는 사람은 경주에서 나쁘고 수치스러운 행위를 하는 것이겠지요?

**힙피아스** 물론 나쁜 행위를 하는 것이지요.

**소크라테스** 그리고 느리게 달리는 사람이 나쁘게 달리겠지요?

**힙피아스** 그렇소.

**소크라테스** 그러면 좋은 달리기 선수는 그런 나쁘고 수치스러운 행위를 의도적으로 하고, 나쁜 달리기 선수는 본의 아니게 하겠지요?

**힙피아스** 그런 것 같아요.

**소크라테스** 그러면 경주에서 본의 아니게 나쁜 행위를 하는 사람이 의도적으로 나쁜 행위를 하는 사람보다 더 나쁘겠지요?

374a **힙피아스** 경주에서는 그렇지요.

**소크라테스** 레슬링에서는 어떤가요? 어느 쪽이 더 훌륭한 레슬링 선수인가요? 의도적으로 넘어지는 사람인가요, 본의 아니게 넘어지는 사람인가요?

**힙피아스** 의도적으로 넘어지는 사람인 것 같네요.

**소크라테스** 레슬링 경기에서는 어느 쪽이 더 나쁘고 더 수치스러운가요? 넘어지는 것인가요, 넘어뜨리는 것인가요?

**힙피아스** 넘어지는 것이오.

**소크라테스** 그렇다면 레슬링에서도 의도적으로 나쁘고 수치스러운 행위를 하는 사람이 본의 아니게 나쁘고 수치스러운 행동을 하는 사람보다 더 훌륭한 레슬링 선수요.

**힙피아스** 그런 것 같군요.

**소크라테스** 그 밖의 모든 육체 활동에 대해서는 뭐라고 하시겠소? 체격이 더 좋은 사람이 강한 것과 약한 것을, 수치스러운 것과 아름다운 것을 둘 다 할 수 있지 않을까요? 그래서 몸과 관련하여 나쁜 행동을 할 때 체격이 더 좋은 사람은 의도적으로 그러지만 체격이 더 나쁜 사람은 본의 아니게 그러겠지요? b

**힙피아스** 체력과 관련해서도 그런 것 같네요.

**소크라테스** 힙피아스님, 우아함과 관련해서는 뭐라고 하시겠소? 체격이 더 좋은 사람은 수치스럽고 나쁜 자세를 의도적으로 취하고, 체격이 더 나쁜 사람은 그런 자세를 본의 아니게 취하지 않을까요? 어떻게 생각하시오?

**힙피아스** 나도 그렇게 생각하오.

**소크라테스** 그렇다면 꼴사나움도 의도적일 때는 몸의 탁월함과 관계가 c 있지만, 본의 아닐 때는 몸의 결함 탓이오.

**힙피아스** 그런 것 같아요.

**소크라테스** 그대는 목소리와 관련해서는 뭐라고 하시겠소? 어느 쪽이 더 낫다고 말씀하시겠소? 의도적으로 음조가 맞지 않게 노래하는 목소리인가요, 본의 아니게 그러는 목소리인가요?

**힙피아스** 의도적으로 그러는 목소리요.

**소크라테스** 그렇다면 본의 아니게 그러는 목소리가 더 나쁜 목소리겠지요?

**힙피아스** 그렇소.

**소크라테스** 그대는 좋은 것을 갖기를 택하시겠소, 나쁜 것을 갖기를 택하시겠소?

**힙피아스** 좋은 것을 갖기를 택하겠소.

**소크라테스** 그대는 의도적으로 절뚝거리는 발을 갖기를 택하시겠소, 본의 아니게 절뚝거리는 발을 갖기를 택하시겠소?

**힙피아스** 의도적으로 절뚝거리는 발을 택하겠소.

d **소크라테스** 그러나 절뚝거리는 것은 발의 결함이자 꼴사나움이 아닌가요?

**힙피아스** 그렇지요.

**소크라테스** 어떤가요? 근시(近視)는 눈의 결함 아닌가요?

**힙피아스** 그렇소.

**소크라테스** 그대는 어떤 눈을 갖고 살고 싶소? 의도적으로 침침하고 부정확하게 보는 눈이오, 본의 아니게 그렇게 보는 눈이오?

**힙피아스** 의도적으로 그렇게 보는 눈이지요.

**소크라테스** 그렇다면 그대는 의도적으로 나쁜 짓을 하는 그대의 신체 기관들을 본의 아니게 나쁜 짓을 하는 신체 기관들보다 더 좋다고 생각하시는 건가요?

**힙피아스** 그렇소. 그런 종류의 것들에서는.

**소크라테스** 그렇다면 귀와 코와 입과 모든 감각기관 같은 부류에는 모두 하나의 원칙이 적용되는 것이 아닐까요? 본의 아니게 나쁜 짓을 하는 자는 나쁘기 때문에 바람직스럽지 못하지만, 의도적으로 나쁜 짓을 하는 자는 좋기 때문에 바람직스럽다는 원칙 말이오. e

**힙피아스** 나는 그렇게 생각하오.

**소크라테스** 어떻소? 어떤 도구가 작업하기 더 좋은가요? 그걸 가지고 의도적으로 나쁜 짓을 하는 도구인가요, 아니면 그걸 가지고 본의 아니게 나쁜 짓을 하는 도구인가요? 예를 들어 그걸 가지고 본의 아니게 나쁘게 조타하는 키가 더 좋은가요, 아니면 그걸 가지고 의도적으로 나쁘게 조타하는 키가 더 좋은가요?

**힙피아스** 그걸 가지고 의도적으로 그러는 키지요.

**소크라테스** 활과 뤼라[19]와 피리와 그 밖의 다른 것도 모두 마찬가지가 아닐까요?

**힙피아스** 맞는 말씀이오.

**소크라테스** 어떻소? 의도적으로 나쁘게 탈 수 있는 그런 성질[20]의 말을 갖 375a

19 lyra. 고대 그리스의 발현악기 중 하나.

20 psyche. 대개 '혼'으로 옮겼으며 문맥에 따라 '성질' '마음'으로도 옮겼다.

는 것이 더 좋을까요, 아니면 본의 아니게 나쁘게 탈 수 있는 그런 성질의 말을 갖는 것이 더 좋을까요?

**힙피아스** 의도적으로 나쁘게 탈 수 있는 말이지요.

**소크라테스** 그렇다면 그런 말이 더 낫겠군요.

**힙피아스** 그렇소.

**소크라테스** 그렇다면 좋은 성질의 말로는 의도적으로 나쁜 짓을 하는 것이고, 나쁜 성질의 말로는 본의 아니게 그러는 것이겠지요?

**힙피아스** 물론이오.

**소크라테스** 그 점은 개와 그 밖의 모든 동물도 마찬가지겠지요?

**힙피아스** 그렇소.

**소크라테스** 어떤가요? 활잡이의 경우 어떤 마음을 갖는 것이 더 좋을까요? 의도적으로 과녁을 빗맞히는 마음일까요, 본의 아니게 그러는 마음일까요?

b **힙피아스** 의도적으로 그러는 마음이겠지요.

**소크라테스** 그렇다면 활을 쏘는 데는 그런 마음이 더 낫겠지요?

**힙피아스** 그렇소.

**소크라테스** 그렇다면 본의 아니게 실수하는 마음이 의도적으로 실수하는 마음보다 더 나쁘겠군요?

**힙피아스** 활쏘기에서는 그렇소.

**소크라테스** 의술(醫術)에서는 어떤가요? 환자의 몸을 의도적으로 해코지하는 마음이 의술에 더 밝지 않을까요?

**힙피아스** 그렇소.

**소크라테스** 그럼 이 기술에서는 그런 종류의 마음이 다른 마음보다 더 낫겠군요.

**힙피아스** 더 낫지요.

**소크라테스** 어떻소? 뤼라 연주나 피리 연주나 그 밖의 온갖 기술과 지식에서도 의도적으로 나쁘고 수치스러운 짓을 하고 실수를 저지르는 혼이 더 낫고, 본의 아니게 그러는 혼이 더 나쁘지 않을까요? c

**힙피아스** 그런 것 같소.

**소크라테스** 그렇다면 우리는 본의 아니게 실수하고 나쁜 짓을 하는 혼보다는 의도적으로 그렇게 하는 혼을 가진 노예들을 소유하기를 선호해야 할 것이오. 노예들이 하는 일에는 이들이 더 적합할 테니까요.

**힙피아스** 그렇소.

**소크라테스** 어떻소? 우리는 우리 혼을 최선의 상태로 갖기를 원하지 않을까요?

**힙피아스** 그렇지요.

**소크라테스** 그리고 우리 혼은 본의 아니게 나쁜 짓을 하고 실수할 때보다는 의도적으로 그렇게 할 때 더 낫겠지요? d

**힙피아스** 하지만 소크라테스님, 의도적으로 불의를 저지르는 자들이 본의 아니게 불의를 저지르는 자들보다 더 낫다면 참으로 무서운 일일 것이오.

**소크라테스** 하지만 그것은 우리 논의의 당연한 귀결인 것 같은데요.

**힙피아스** 나는 그렇게 생각하지 않소.

**소크라테스** 힙피아스님, 나는 그대도 그렇게 생각하는 줄 알았지요. 한 번 더 대답해주시오. 정의는 힘이요, 지식이요, 둘 다요? 아니면 정의는 반드시 이들 중 하나여야 하는 것은 아닌가요?

e **힙피아스** 그렇소.

**소크라테스** 그러나 정의가 혼의 힘이라면, 힘있는 혼일수록 더 정의롭지 않을까요? 탁월한 친구여, 우리에게는 더 힘있는 혼이 더 나은 것으로 밝혀졌으니 말이오.

**힙피아스** 밝혀졌지요.

**소크라테스** 정의가 지식이라면 어떨까요? 지혜로운 혼일수록 더 정의롭고, 무지한 혼일수록 더 불의하지 않을까요?

**힙피아스** 그렇소.

**소크라테스** 정의가 둘 다라면 어떨까요? 지식과 힘을 둘 다 가진 혼은 더 정의롭고, 더 무지한 혼일수록 더 불의하지 않을까요? 그럴 수밖에 없지 않을까요?

**힙피아스** 그런 것 같네요.

**소크라테스** 그리고 더 힘있고 더 지혜로운 혼이 더 나은 것으로, 또한 모
376a 든 종류의 행동에서 아름다운 것도 수치스러운 것도 더 잘할 수 있는 것으로 밝혀지지 않았던가요?

**힙피아스** 그랬지요.

**소크라테스** 그러면 그런 혼이 수치스러운 짓을 할 때는 힘과 기술로 의도적으로 행하는 것이고, 이런 것들은 둘 다 또는 둘 중 하나는 정의의 속성인 것 같네요.

**힙피아스** 그런 것 같군요.

**소크라테스** 그리고 불의를 행하는 것은 나쁜 짓을 하는 것이고, 불의를

행하지 않는 것은 아름다운 행위를 하는 것이고요.

**힙피아스** 그렇소.

**소크라테스** 그렇다면 힘있고 더 나은 혼일수록 불의를 행할 때 의도적으로 불의를 행하고, 나쁜 혼은 본의 아니게 행하는 것이겠지요?

**힙피아스** 그런 것 같아요.

**소크라테스** 그리고 좋은 사람은 좋은 혼을 가진 사람이고, 나쁜 사람은 나쁜 혼을 가진 사람이겠지요? b

**힙피아스** 네.

**소크라테스** 그렇다면 의도적으로 불의를 저지르는 것은 좋은 사람의 특징이고, 본의 아니게 불의를 저지르는 것은 나쁜 사람의 특징이겠군요. 좋은 사람이 좋은 혼을 갖고 있다면 말이오.

**힙피아스** 물론 좋은 사람은 좋은 혼을 갖고 있지요.

**소크라테스** 그렇다면 힙피아스님, 의도적으로 실수를 저지르고 수치스럽고 불의한 짓을 하는 사람이, 그런 사람이 있다면, 바로 좋은 사람일 것이오.

**힙피아스** 소크라테스님, 그 점에서는 내 그대에게 동의할 수 없소이다.

**소크라테스** 힙피아스님, 나도 내게 동의할 수 없소. 한데 지금은 그것이 우리 논의의 당연한 결론인 것 같소. 앞서도 말했듯이, 나는 이 문제들과 관련해 오락가락 헤매고 있으며, 자꾸만 생각이 바뀌오. 그리고 나나 다른 문외한이 헤맨다는 것은 조금도 놀랄 일이 못 되오. 하지만 그대들 지혜로운 사람들도 헤맨다면, 그래서 우리가 그대들에게 와도 여전히 헤맨다면, 그것은 우리에게도 끔찍한 일이오. c

# 미노스

## 법률에 관하여

**대담자**
소크라테스와 그의 학우

313a **소크라테스** 우리에게 법률[1]이란 무엇인가?

**학우** 어떤 법률에 관해 묻는 것인가?

**소크라테스** 뭐라고? 법률이라는 점에서 법률이 어떻게 법률과 다르겠는가? 내가 자네에게 묻는 것이 무엇인지 잘 생각해보게. 나는 자네에게 "금은 무엇이냐?"고 물었는데 자네가 그런 식으로 내가 말하는 것이 어떤 금이냐고 묻는다면, 생각건대 자네 질문은 옳지 못한 것 같네. 돌이 b 라는 점에서 또는 금이라는 점에서 금은 금과 전혀 다르지 않고, 돌은 돌과 전혀 다르지 않으니까. 마찬가지로 법률도 법률과 다르지 않고, 모두가 같네. 그것들은 저마다 똑같이 법률이고, 어떤 것은 더 법률이고 어떤 것은 덜 법률이지 않기 때문일세. 그러니까 내가 묻는 것은 법률 전체가 무엇인지일세. 이에 대해 답변이 준비되어 있으면 말해보게!

**학우** 그러면 소크라테스, 법률은 법률로 정해진 것[2] 말고 무엇이겠는가?

**소크라테스** 그럼 자네가 보기에 말은 말해진 것이고, 보는 것은 보인 것이고, 듣는 것은 들린 것인가? 아니면 말은 말해진 것과 다른 것이고, 보는 c 것은 보인 것과 다른 것이고, 듣는 것은 들린 것과 다른 것이며, 법률도 법률로 정해진 것과 다른 것인가? 그런가, 아니면 자네는 어떻다고 생각하는가?

**학우** 지금 내가 보기에 그것들은 서로 다른 것 같네.

**소크라테스** 그럼 법률은 법률로 정해진 것이 아닐세.

**학우** 내가 보기에 아닌 것 같네.

**소크라테스** 그렇다면 법률은 무엇인가? 이렇게 살펴보도록 하세. 우리가 방금 말한 것에 대해 누군가 "그대들은 보인 것이 보이는 것은 보는 것에 의해서라고 주장하니, 그것에 의해 보인 것이 보이는 그 보는 것이란 대체 무엇입니까?"라고 묻는다고 가정해보게. 우리는 그에게 "그것은 눈을 통해 사물을 보여주는 감각적 지각[3]이오"라고 대답할 걸세. 그가 우리에게 "어떻소? 들린 것이 들리는 것은 듣는 것에 의해서라니 그 듣는 것이란 대체 무엇입니까?"라고 또 묻는다면, 우리는 그에게 귀를 통해 우리가 소리를 분간하게 해주는 감각적 지각이오"라고 대답할 걸세. 마찬가지로 그가 우리에게 또 묻는다고 가정해보게. "법률로 정해진 것이 법률로 정해지는 것은 법률에 의해서라니 그것에 의해 그것이 법률로 정해지는 그 법률이란 대체 무엇이오? 그것은 일종의 감각적 지각인가요, 아니면 계시인가요? 배운 것이 그것을 계시해주는 지식에 의해 배워지고, 발견된 것이 발견에 의해 발견될 때처럼 말이오. 이를테면 건강과 질병은 의술에 의해 발견되고, 신들의 뜻은 예언자들의 주장에 따르면 예

314a

b

1 nomos.

2 '법률로 정해진 것'(ta nomizomena).

3 aisthesis.

언술로 알아냅니다. 우리에게는 기술[4]이 사물의 발견이니까요. 그렇지 않습니까?”

**학우** 물론일세.

**소크라테스** 그렇다면 우리는 법률이 이 가운데 특히 어느 것이라고 보아야 하겠는가?

**학우** 그것은 내가 보기에 결정된 것들이고 결의된 것들인 것 같네. 누가 법률을 그 밖의 무엇이라고 말할 수 있겠는가? 따라서 자네가 묻는 그것 c 전체 즉 법률은 국가의 결정인 것 같네.

**소크라테스** 그러니까 자네는 법률은 정치적 결정이라고 주장하는 것 같구먼.

**학우** 그렇다네.

**소크라테스** 또한 자네 말은 옳은 것 같네. 하지만 다음과 같이 하면 우리는 더 잘 알게 될 것 같네. 자네는 어떤 사람은 지혜롭다고 말하겠지?

**학우** 그러네.

**소크라테스** 지혜로운 사람은 지혜에 힘입어 지혜롭겠지?

**학우** 그렇지.

**소크라테스** 어떤가? 올바른 사람은 올바름에 힘입어 올바르겠지?

**학우** 물론이지.

d **소크라테스** 법률을 준수하는 사람은 법률에 힘입어 법률을 준수하겠지?

**학우** 그렇지.

**소크라테스** 무법자는 무법에 힘입어 무법하겠지?

**학우** 그렇지.

**소크라테스** 무법자들은 불의하겠지?

**학우** 불의하지.

**소크라테스** 정의와 법은 가장 아름다운 것이겠지?

**학우** 그렇다네.

**소크라테스** 불의와 무법은 가장 추한 것이겠지?

**학우** 그렇다네.

**소크라테스** 전자는 국가와 그 밖의 모든 것을 보전하지만, 후자는 그것들을 파괴하고 전복하겠지?

**학우** 그러지.

**소크라테스** 그러면 우리는 법률은 아름다운 것이라고 여기며 훌륭한 것[5]으로서 추구해야겠지?

**학우** 왜 아니겠는가?

**소크라테스** 그런데 우리는 법률은 국가의 결정이라고 말하지 않았던가?

**학우** 우리는 그렇게 말했지. e

**소크라테스** 어떤가? 결정들은 어떤 것은 좋지만 어떤 것은 나쁜가?

**학우** 결정들은 그렇다네.

**소크라테스** 그렇더라도 법은 분명 나쁘지 않네.

**학우** 나쁘지 않고말고.

**소크라테스** 그렇다면 덮어놓고 법률은 국가의 결정이라고 대답하는 것은

4 techne.

5 agathon.

옳지 않네.

**학우** 내가 보기에 옳지 않은 것 같네.

**소크라테스** 그렇다면 나쁜 결정이 법률이라는 것은 맞지 않을 걸세.

**학우** 맞지 않고말고.

**소크라테스** 하지만 내가 보기에도 법률은 실제로 일종의 판단[6]인 것 같네. 한데 법률은 나쁜 판단이 아니기에 법률이 정말로 판단이라면 좋은 판단일 게 분명하지 않은가?

**학우** 그렇지.

**소크라테스** 한데 좋은 판단이란 어떤 것인가? 참된 판단 아닐까?

**학우** 그렇다네.

315a **소크라테스** 참된 판단은 존재하는 것[7]의 발견이겠지?

**학우** 물론이지.

**소크라테스** 그렇다면 법률은 존재하는 것의 발견이기를 원할 걸세.

**학우** 소크라테스, 만약 법률이 존재하는 것의 발견이라면 우리가 존재하는 것들을 발견해도 언제나 같은 것들에 같은 법률을 사용하지 않는 것은 어찌된 일인가?

**소크라테스** 그렇다 하더라도 법률은 존재하는 것의 발견이기를 원할 걸세. 하지만 언제나 같은 법률을 사용하지 않는 사람들은 우리가 보기에 b 법률이 원하는 것, 즉 존재하는 것을 언제나 발견할 수는 없네. 자, 그렇다면 우리는 언제나 같은 법률을 사용하는지 아니면 때로는 이런 법률을 사용하고 때로는 저런 법률을 사용하는지, 그리고 모든 사람이 같은 법률을 사용하는지 아니면 어떤 사람들은 이런 법률을 사용하고 다른 사람들은 저런 법률을 사용하는지가 밝혀질지 살펴보도록 하세.

**학우** 하지만 소크라테스, 그건 알기 어렵지 않네. 같은 사람들이 언제나 같은 법률을 사용하는 것은 아니며, 다른 사람들은 다른 법률을 사용한다는 것 말일세. 이를테면 우리에게는 사람을 제물로 바치는 것이 불법이고 불경하지만, 카르케돈[8]인들은 그러는 것을 적법하고 경건한 행위로 보고는 사람을 제물로 바치네. 자네도 들었겠지만 그들 중 몇몇은 심지어 자기 아들들도 크로노스[9]에게 제물로 바친다네. 이민족[10]만이 우리와 다른 법률을 사용하는 것이 아니라 뤼카이아[11]의 주민들과 아타마스[12]의 자손들도 그 점에서는 마찬가지일세. 이들은 헬라스[13]인들이면 c

6 doxa.

7 to on.

8 Karchedon. 카르타고의 그리스어 이름.

9 Kronos. 우라노스(Ouranos '하늘')의 아들로 제우스(Zeus)의 아버지.

10 barbaroi. 또는 '야만족'.

11 Lykaia. 그리스 아르카디아(Arkadia) 지방의 한 소도시로 그곳에서는 제우스 뤼카이오스(Lykaios)에게 사람을 제물로 바쳤다고 한다. 『국가』 8권 565d 참조.

12 Athamas. 아이올레이스족(Aioleis)의 선조인 아이올로스(Aiolos)의 아들로 보이오티아(Boiotia) 지방에 있는 오르코메노스(Orchomenos)의 왕이다. 그와 네펠레(Nephele '구름')와의 첫 번째 결혼에서 프릭소스(Phrixos) 와 헬레(Helle) 남매가 태어나는데, 이들은 '황금 양모피' 전설과 관계가 있다. 그 뒤 테바이 공주 이노(Ino)와의 두 번째 결혼에서 레아르코스(Learchos)와 멜리케르테스(Melikertes) 형제가 태어난다. 계모인 이노가 프릭소스와 헬레 남매를 죽이려 하자 네펠레가 분개하여 나라에 큰 가뭄이 들게 한다. 그러나 이노가 이를 역이용하여 나라를 위해 남매를 제물로 바치려 하자 네펠레가 황금 양모피를 가진 숫양을 보내 남매가 탈출하게 한다. 일설에 따르면 네펠레는 아타마스를 벌주기 위해 제물로서 제단으로 끌려가게 하지만 헤라클레스(Herakles) 또는 프릭소스가 아타마스를 구해주었다고 한다.

서 어떤 제물을 바치는가! 또한 자네는 우리 자신과 관련하여 우리가 전에는 죽은 자들을 위해 어떤 법률을 사용했는지 아마도 들어서 알고 있을 걸세. 우리는 죽은 자를 운구하기 전에 제물을 바치고, 여인들을 보내 유골을 수습하게 했지. 더 이전에 살았던 조상들은 죽은 자들을 집안에 매장했네. 그런 사례는 부지기수일세. 우리도 우리끼리 언제나 같은 법률을 사용하는 것이 아니고 다른 사람들도 저들끼리 같은 법률을 사용하는 것이 아니라는 것을 입증할 증거는 얼마든지 댈 수 있으니 말일세.

d

**소크라테스** 여보게, 자네 말이 옳은데 내가 알아차리지 못했다 해도 결코 놀랄 일이 아닐세. 하지만 자네가 옳다고 생각하는 것을 자네 식으로 길게 늘어놓고 나도 그런다면, 우리는 아마도 결코 합의에 이르지 못할 걸세. 그러나 우리가 함께 탐구한다면 아마도 합의에 이를 수 있을 걸세. 그러니 자네가 원한다면 내게 무언가를 묻고 나와 함께 고찰하든지, 아니면 자네가 원한다면 답변하든지 하게.

e

**학우** 소크라테스, 자네가 원한다면 나는 무엇이든 답변하겠네.

**소크라테스** 자, 자네는 옳은 것은 옳지 못하고 옳지 못한 것은 옳다고 여기는가, 아니면 옳은 것은 옳고 옳지 못한 것은 옳지 못하다고 여기는가?

**학우** 나는 옳은 것은 옳고 옳지 못한 것은 옳지 못하다고 여기네.

316a

**소크라테스** 이곳에서 그렇게 여겨지듯 다른 사람들 사이에서도 모두 그렇게 여겨지지 않을까?

**학우** 그야 물론이지.

**소크라테스** 페르시아인들 사이에서도?

**학우** 페르시아인들 사이에서도.

**소크라테스** 언제나 그렇겠지?

**학우** 언제나.

**소크라테스** 또한 이곳에서 무게가 더 나가는 것은 더 무겁다고 여겨지고, 무게가 덜 나가는 것은 더 가볍다고 여겨지겠지? 아니면 그 반대인가?

**학우** 아닐세. 무게가 더 나가는 것은 더 무겁다고 여겨지고, 무게가 덜 나가는 것은 더 가볍다고 여겨지네.

**소크라테스** 카르케돈과 뤼카이아에서도?

**학우** 그러네.

**소크라테스** 아름다운 것은 어디서나 아름답다고 여겨지고 추한 것은 추하다고 여겨지겠지만, 추한 것이 아름답다거나 아름다운 것이 추하다고 여겨지는 일은 없을 걸세. b

**학우** 그렇다네.

**소크라테스** 그렇다면 일반적으로 말해 존재하는 것들은 존재한다고 여겨지지만, 존재하지 않는 것들은 그러지 않네. 우리 사이에서도 다른 모든 사람 사이에서도.

**학우** 내가 보기에는 그런 것 같네.

**소크라테스** 그렇다면 존재하는 것을 놓치는 자는 적법한 것도 놓치네.

**학우** 소크라테스, 자네 말대로라면 언제나 같은 것이 우리 사이에서도 다른 사람들 사이에서도 적법한 것인 듯하네. 하지만 우리가 쉴 새 없이 c

13 Hellas. 그리스의 그리스어 이름.

법을 바꾸고 뒤집는다는 생각을 하면 나는 자네 말을 믿을 수 없네.

**소크라테스** 그것은 아마 자네가 장기짝을 옮기더라도 그것들이 같은 것이라는 데 생각이 미치지 못하기 때문일 걸세. 이를 나와 함께 다음과 같이 살펴보게. 자네는 언젠가 환자들의 건강 회복을 위한 저술을 입수한 적이 있지?

**학우** 있지.

**소크라테스** 자네는 이 저술이 어떤 기술에 속하는지 알고 있겠군.

**학우** 알고 있네. 그것은 의술(醫術)에 속하네.

**소크라테스** 자네는 이 분야의 전문가들을 의사라고 부르겠지?

**학우** 그러네.

d **소크라테스** 전문가들은 같은 것들에 대해 의견을 같이하는가, 아니면 서로 의견을 달리하는가?

**학우** 의견을 같이하는 것 같네.

**소크라테스** 자신들이 알고 있는 것들에 대해 헬라스인들만이 헬라스인들과 의견을 같이하는가, 아니면 이민족도 저들끼리 그리고 헬라스인들과 의견을 같이하는가?

**학우** 알고 있는 자들은 헬라스인들이든 이민족이든 저들끼리 무조건 의견을 같이할 수밖에 없네.

**소크라테스** 좋은 대답일세. 언제나 그렇기도 하고?

**학우** 그래, 언제나 그렇기도 하고.

e **소크라테스** 의사들도 건강에 관해 자신들이 존재한다고 여기는 것들을 글로 쓰겠지?

**학우** 그렇지.

**소크라테스** 그러면 의사들의 이런 저술들은 내용이 의술에 관한 것이니 의술에 관한 법일세.

**학우** 내용이 의술에 관한 것임이 분명하네.

**소크라테스** 농사에 관한 저술들도 농사에 관한 법이겠지?

**학우** 그렇다네.

**소크라테스** 원예에 관한 저술들과 법은 누구의 것인가?

**학우** 원예사들의 것일세.

**소크라테스** 그렇다면 우리에게는 이들이 원예에 관한 법일세.

**학우** 그렇지.

**소크라테스** 그리고 그것은 정원을 관리할 줄 아는 사람들의 것이겠지?

**학우** 왜 아니겠는가?

**소크라테스** 그럴 줄 아는 것은 원예사들일세.

**학우** 그렇지.

**소크라테스** 요리 준비에 관한 저술들과 법은 누구의 것인가?

**학우** 요리사들의 것일세.

**소크라테스** 그렇다면 그것들이 요리에 관한 법이겠지?

**학우** 요리에 관한 법일세.

**소크라테스** 그것은 아마도 요리 준비를 할 줄 아는 사람들의 것이겠지?

**학우** 그렇다네. 317a

**소크라테스** 한데 그것을 아는 사람은 사람들 말처럼 요리사들이겠지?

**학우** 그렇다네. 그것을 아는 사람은 그들일세.

**소크라테스** 좋아. 국가 경영에 관한 저술들과 법은 누구의 것인가? 국가를 다스릴 줄 아는 사람들의 것이 아닐까?

**학우** 나는 그렇다고 생각하네.

**소크라테스** 정치가와 왕들 말고 다른 사람들이 그것을 알까?

**학우** 그것을 아는 것은 분명 그들일세.

**소크라테스** 그렇다면 사람들이 법률이라고 부르는 정치에 관한 저술들은 왕들과 훌륭한 사람들의 저술들일세.

b **학우** 맞는 말일세.

**소크라테스** 한데 아는 사람들이 같은 것들에 대해 수시로 다른 것들을 저술하지는 않겠지?

**학우** 그러지 않고말고.

**소크라테스** 그들은 또한 같은 것들에 대해 수시로 새로운 법률을 제정하지도 않겠지?

**학우** 않고말고.

**소크라테스** 만약 어떤 사람들이 그러는 것을 본다면 우리는 그러는 자들을 아는 자들이라 할 텐가, 아니면 알지 못하는 자들이라 할 텐가?

**학우** 알지 못하는 자들이라고 하겠지.

**소크라테스** 우리는 또한 옳은 것을 의술이든 요리술이든 원예술이든 각 분야에 적법한 것이라고 말하겠지?

**학우** 물론이지.

c **소크라테스** 하지만 우리는 옳지 못한 것을 더는 적법한 것이라 말하지 않겠지?

**학우** 더는 그러지 않겠지.

**소크라테스** 그렇다면 그것은 불법적인 것이 될 걸세.

**학우** 당연하지.

**소크라테스** 따라서 옳은 것과 옳지 못한 것에 관한 저술들과 일반적으로 국가 조직과 국가를 어떻게 경영할지에 관한 저술들에서는 옳은 것이 왕도(王道)이며, 옳지 못한 것은 비록 알지 못하는 자들에게는 법률이라고 여겨져도 법률이 아닐세. 그것은 불법적이니까.

**학우** 그렇다네.

**소크라테스** 그러니까 법률은 존재하는 것의 발견이라고 우리가 합의한 것[14]은 옳은 것이었네. d

**학우** 그런 것 같네.

**소크라테스** 이와 관련하여 다음도 고찰해보세. 씨앗을 농토에 배분할 줄 아는 사람은 누구인가?

**학우** 농부지.

**소크라테스** 그는 모든 농토에 적절한 씨앗을 배분하겠지?

**학우** 물론이지.

**소크라테스** 그렇다면 농부는 이 일에서 훌륭한 배분자이고, 이에 관한 그의 법과 배분은 옳은 것이겠지?

**학우** 그렇다네.

**14** 315a.

**소크라테스** 노래할 때 음률을 훌륭하게 배분하고 각자에게 적절한 음률을 배분할 줄 아는 사람은 누구인가? 그리고 누구의 법률이 옳은가?

e **학우** 피리 연주자와 키타라[15] 연주자의 법이지.

**소크라테스** 그렇다면 이 분야에서 법을 가장 잘 지키는 자가 가장 훌륭한 피리 연주자일세.

**학우** 그렇지.

**소크라테스** 인체에 영양분을 가장 훌륭하게 배분할 줄 아는 사람은 누구인가? 적절한 영양분을 배분하는 사람이 아닐까?

**학우** 물론이지.

**소크라테스** 그렇다면 그의 배분과 법률이 가장 훌륭한 것이고, 이 분야에서 법률을 가장 잘 지키는 자는 가장 훌륭한 배분자이기도 하네.

**학우** 그야 물론이지.

**소크라테스** 그게 누구인가?

**학우** 체육교사일세.

318a **소크라테스** 그가 인간 무리의 몸을 먹여 살리는 데 가장 유능하겠지?

**학우** 그렇다네.

**소크라테스** 하지만 양떼를 먹여 살리는 데 가장 유능한 사람은 누구인가? 그의 이름이 뭐지?

**학우** 양치기일세.

**소크라테스** 그렇다면 양떼에게는 양치기의 법률이 가장 훌륭하네.

**학우** 물론이지.

**소크라테스** 소떼에게는 소 치는 목자의 법률이 가장 훌륭하네.

**학우** 그렇다네.

**소크라테스** 한데 인간의 혼에는 누구의 법률이 가장 훌륭한가? 왕의 법률이 아닐까? 말해보게.

**학우** 동의하네.

**소크라테스** 좋은 말일세. 옛사람 중에 피리 연주법 분야에서 누가 훌륭한 입법자였는지 말해줄 수 있겠나? 아마 생각나지 않는 것 같은데, 내가 일깨워주기를 바라는가? b

**학우** 물론이지.

**소크라테스** 사람들이 말하기를, 그것은 마르쉬아스와 그의 연동(戀童)[16]이었던 프뤼기아 사람 올륌포스[17]라고 하지 않는가?

**학우** 맞는 말일세.

**소크라테스** 그래서 그들의 피리 곡들은 가장 신적일세. 그것들만이 사람을 감동시키며 어떤 사람들에게 신들이 필요한지 드러낸단 말일세. 또한 그것들만이 지금도 보존되어 있네. 그것들은 신적인 것이니까.

**학우** 그렇고말고. c

**소크라테스** 옛 왕 중에서는 누가, 그의 법규가 신적인 것이기에 지금도 존

15 kithara. 고대 그리스의 발현악기로 뤼라(lyra)를 개량한 것.

16 ta paidika. 남자끼리의 동성애에서 수동적인 역할을 하는 연하의 미소년.

17 마르쉬마스(Marsyas)는 소아시아 프뤼기아(Phrygia) 지방 출신으로 상반신은 사람이고 하반신은 염소인 사튀로스(Satyros)인데 아폴론에게 음악 경연을 자청했다가 져서 산 채로 가죽이 벗겨지는 벌을 받는다. 올륌포스(Olympos)는 소아시아 프뤼기아(Phrygia) 지방 출신 가인(歌人)으로 시가(詩歌)의 신화적인 창시자이다. 『향연』 215c 참조.

속하는 훌륭한 입법자였다고 사람들이 말하는가?

**학우** 생각나지 않네.

**소크라테스** 자네는 헬라스인 중에 누가 가장 오래된 법을 사용하는지 모르겠는가?

**학우** 그것은 라케다이몬[18]인들과 입법자 뤼쿠르고스[19]를 두고 하는 말인가?

**소크라테스** 하지만 그것들은 300년이 채 안 되었거나 조금 더 되었을 걸세. 한데 이들 법규 가운데 가장 훌륭한 것들은 어디서 왔는가? 자네는

d 아는가?

**학우** 사람들이 말하기를 크레테에서 왔다더군.

**소크라테스** 그러면 헬라스인 가운데 크레테인들이 가장 오래된 법률을 사용하겠지?

**학우** 그러네.

**소크라테스** 자네는 누가 그들의 훌륭한 왕들이었는지 아는가? 미노스와 라다만튀스는 제우스와 에우로페[20]의 아들들이고, 이 법률은 그들의 것일세.

**학우** 소크라테스, 사람들이 말하기를 라다만튀스는 올바른 사람이었지만, 미노스는 사납고 가혹하고 불의한 사람이었다고 하더군.

**소크라테스** 여보게, 자네가 하는 말은 앗티케[21] 비극이 지어낸 이야기일세.

e **학우** 뭐라고? 그게 미노스에 관해 전해오는 이야기가 아니란 말인가?

**소크라테스** 아무튼 호메로스와 헤시오도스[22]는 그렇게 이야기하지 않

네. 그리고 이들이 자네가 들은 것으로 말하는 그런 이야기들의 비극 작가들을 다 합친 것보다 더 믿음직하네.

**학우** 이들은 미노스에 관해 어떻게 이야기하는가?

**소크라테스** 자네에게 말해주겠네. 자네도 대중처럼 불경(不敬)을 저지르지 않도록 말일세. 신들에게, 그다음으로는 신적인 인간들에게 말과 행동으로 잘못을 저지르는 것보다 더 불경하고 더 조심해야 할 것은 아무것도 없으니까. 무엇보다도 어떤 사람을 비난하거나 칭찬하려 할 때는 온당치 못한 말을 하지 않도록 각별히 조심해야 하네. 그래서 훌륭한 사람과 사악한 사람을 구별하는 법도 배워두어야 하네. 신은 누가 자기를 닮은 사람을 비난하거나 자기와 정반대되는 사람을 칭찬하면 노여워하니까. 신을 닮은 사람이 훌륭한 사람일세. 자네는 신성한 돌이나 나무나 새나 뱀은 있어도, 신성한 인간은 없다고 생각해서는 안 되네. 오히려 훌륭한 인간이 이 모든 것 가운데 가장 신성하고, 사악한 인간이 가장 혐오스럽다네. 319a

그러니까 내가 지금 호메로스와 헤시오도스가 그러듯이 미노스를 찬

**18** Lakedaimon. 스파르테 또는 스파르테와 그 주변 지역.

**19** Lykourgos. 기원전 9세기경에 활동한 스파르테의 전설적인 입법자.

**20** Rhadamantys, Europe.

**21** Attike. 아테나이 주변 지역을 가리키며, 아테나이와 동의어로도 쓰인다.

**22** 호메로스(Homeros)는 기원전 730년경에 활동한 그리스 서사시인으로 그의 작품인 『일리아스』와 『오뒷세이아』가 남아 있다. 헤시오도스(Hesiodos)는 기원전 700년경에 활동한 그리스 서사시인으로 그의 작품인 『신들의 계보』(*Theogonia*), 『일과 날』(*Erga kai hemerai*) 등이 남아 있다.

b 양하려는 것은, 자네가 인간으로서 그리고 인간의 아들로서 제우스의 아들인 영웅에게 말로 잘못을 저지르지 않게 하려는 것이기도 하다네. 호메로스는 크레테에 관해 그곳에는 수많은 사람이 살고 있고 아흔 개의 도시가 있다고 말하며 다음과 같이 말을 잇고 있네.

> 이 도시들 중에 크노소스라는 대도시가 있는데, 미노스가
> 통치한 곳이지요. 구 년마다 위대한 제우스와 대화를 나누면서.[23]

c 이것은 호메로스가 간결한 표현으로 미노스를 찬양하는 대목인데, 호메로스가 다른 영웅에게는 어느 누구에게도 지어준 적이 없는 찬사일세. 다른 곳에서도 여러 군데서 호메로스는 제우스는 소피스트[24]이고 그런 기술은 아주 훌륭한 것이라고 밝히지만, 여기서도 그러기 때문일세. 그는 미노스가 9년마다 제우스를 찾아가 만나서 대화하며 마치 제우스가 소피스트인 것처럼 가르침을 받는다고 말하니 말일세. 제우스에게 가르침을 받는 이런 명예를 호메로스가 미노스 말고 다른 어느 영
d 웅에게도 부여하지 않았다는 것은 놀라운 찬사일세. 또한 『오뒷세이아』의 「저승」[25]에서 그는 미노스를 황금 홀(笏)을 들고 재판하는 것으로 그렸지만,[26] 라다만튀스는 그러지 않았네. 그는 라다만튀스를 여기서도 재판하는 것으로 그리지 않았고, 어느 곳에서도 제우스와 만나는 것으로 그리지 않았네. 그래서 나는 미노스가 호메로스에 의해 모든 사람 가운데 가장 칭찬받았다고 말하는 걸세. 제우스의 아들이며 제우스에게 유일하게 교육받았다는 것은 더할 나위 없는 찬사이니까.

통치한 곳이지요. 구 년마다 위대한 제우스와 대화를 나누면서.

이 시행은 미노스가 제우스의 제자였음을 말해주니 말일세. 대화는 함께 의논하는 것이고, 대화자는 함께 의논하는 자이니까. 그래서 미노스는 9년마다 제우스의 동굴을 찾았던 걸세. 배우기도 할 겸 지난 9년 동안 제우스에게 무엇을 배웠는지 보여주려고. 대화자는 제우스의 술친구이고 놀이 친구라고 생각하는 사람들이 있지만, 그런 생각을 하는 사람들은 허튼소리를 한다는 증거로 다음을 이용할 수 있을 걸세. 헬라스인들이든 이민족이든 세상의 수많은 인간 중에 오직 크레테인들만이 술잔치와 술을 곁들인 놀이를 멀리하며, 크레테인들 말고는 그들한테 배운 라케다이몬인들이 두 번째로 그런다는 것 말일세. 크레테에는 미노스가 제정한 다른 법률 중에 취하도록 함께 마시지 말라는 법률도 있네. 하지만 그는 분명 자신이 아름답다고 여긴 것은 동료 시민에게도 법규로 정해주었을 걸세. 미노스는 나쁜 사람처럼 어떤 것을 옳다고 생각하면서 자신의 신념에 반(反)해 다른 것을 행하지는 않았을 테니까. 오히려 이런 교류는 내 주장처럼 미덕[27] 교육을 위한 대화들을 통해서 이루어진 걸

e 320a b

23 『오뒷세이아』 19권 178~179행.
24 sophistes. 여기서는 돈을 받고 젊은이들에게 이런저런 기술을 가르쳐주는 직업적인 순회 교사라는 부정적인 뜻이 아니라, 어떤 분야에서 전문지식을 가진 기술자 또는 재주꾼이라는 긍정적인 뜻으로 말하고 있다.
25 Nekyia. 『오뒷세이아』 11권을 달리 부르는 이름.
26 『오뒷세이아』 11권 568~571행.

세. 그래서 그는 크레테는 물론이고 라케다이몬도 이 법률을 사용하기 시작한 때부터 언제까지나 번영을 누리도록 동료 시민에게도 이 법률을 제정해주었던 걸세. 이 법률은 신적인 것이니까.

라다만튀스는 훌륭한 사람이었네. 미노스에게 교육받았으니까. 하지 c 만 그는 왕도(王道) 기술 전반이 아니라, 법정을 주재하기에 충분할 만큼 왕도 기술의 보조적인 한 부분만 교육받았네. 그래서 그는 훌륭한 재판관이라고도 칭찬받는 걸세. 미노스는 도성에서는 그를 법률수호자[28]로 썼고, 크레테의 나머지 지역에서는 탈로스[29]를 법률수호자로 썼기 때문이지. 탈로스는 1년에 세 번 마을들을 순회하며 그곳에서의 법률을 수호했으니 말일세. 이때 그가 법률을 청동 서판에 새겨 갖고 다녀서 청동 인간이라고 불리게 된 걸세.

헤시오도스도 탈로스에 대해 비슷한 말을 했네. 그는 탈로스의 이름 d 을 거명하며 다음과 같이 말하고 있네.

> 그는 죽기 마련인 왕들 가운데 가장 왕다웠고,
> 주위에 살던 인간들을 대부분 다스렸다. 제우스의 홀(笏)을
> 손에 들고. 그것으로 그는 도시들을 왕으로서 통치했으니까.[30]

그리고 그가 말하는 "제우스의 홀"이란 그것에 힘입어 미노스가 크레테를 다스렸던 제우스의 교육 외에 다른 아무것도 아닐세.

**학우** 그렇다면 소크라테스, 미노스는 교육받지 못하고 가혹하다는 소문은 왜 퍼진 거지?

**소크라테스** 여보게, 그래서 자네도 사려 깊다면, 그리고 좋은 평판을 듣는 것에 신경을 쓰는 다른 사람도 어떤 일이 있어도 시인에게 미움을 사지 않도록 조심할 걸세. 시인들은 칭찬하든 비난하든 사람들에 대해 무엇을 작시하는지에 따라 명성에 큰 영향을 주니까. 그 점에서 미노스도 이 나라[31]와 교전한 것은 실수를 한 걸세. 이 나라에는 다른 수많은 분야의 지식[32] 외에도 다른 장르들과 특히 비극의 온갖 시인들이 있으니까. 비극은 이 나라에서는 오래된 것이고, 사람들이 생각하듯 테스피스나 프뤼니코스[33]에서 시작된 것이 아닐세. 자네가 곰곰이 생각해보면 비극이 이 도시의 아주 오래된 발명품임을 알게 될 걸세. 비극은 시 가운데서도 민중을 가장 즐겁게 해주고 가장 감동을 주는 장르일세. 우리는 미노스를 비극의 무대에 올림으로써 그가 우리에게 저 공물을 바치도록 강요했던 것을 앙갚음하는 것이라네.[34] 따라서 미노스가 우리와 사이가 나빠진

e

321a

27 arete.

28 nomophylax.

29 Talos. 에우로페를 지키라고 불의 신 헤파이스토스(Hephaistos)가 미노스 또는 제우스에게 만들어 주었다는 청동 인간. 그는 하루에 세 번 크레테섬을 순찰하며 이방인들이 다가오는 것이 보이면 상륙할 때 돌을 던지거나 자신을 발갛게 달구어 껴안아 죽였다고 한다.

30 헤시오도스, 단편 144 (Merkelbach—West).

31 아테나이.

32 sophia.

33 테스피스(Thespis)는 기원전 6세기 중반에 활동한 앗티케 출신 비극 작가로 비극의 창시자로 알려져 있다. 아테나이 출신 프뤼니코스(Phrynikos)는 테스피스의 제자로 아이스퀼로스(Aischylos) 이전에는 가장 유명한 비극 작가였다.

것은 실수를 한 걸세. 자네의 물음에 대답하자면 그래서 그는 아주 평판 b 이 나빠졌던 걸세. 사실 그는 훌륭한 사람이고, 우리가 아까도 말했듯이 법을 지키는 훌륭한 목자이자 배분자였네. 그의 법률이 바뀌지 않고 그대로 남아 있다는 것이 가장 확실한 증거인데, 그럴 수 있었던 것은 그가 국가 경영과 관련해 존재하는 것의 진실을 올바로 알아냈기 때문일세.

**학우** 소크라테스, 내가 생각하기에 자네 설명이 그럴듯해 보이네.

**소크라테스** 내 말이 맞다면, 미노스와 라다만튀스의 동료 시민인 크레테인들이 가장 오래된 법률을 사용하고 있다고 생각되지 않는가?

**학우** 그런 것 같네.

**소크라테스** 그렇다면 이 두 사람이 옛사람 중에서 가장 훌륭한 입법자였 c 고, 인간들의 배분자이자 목자였네. 호메로스도 훌륭한 장군을 "백성들의 목자"[35]라고 했듯이 말일세.

**학우** 물론이지.

**소크라테스** 자, 우정의 신 제우스에 맹세코, 만약 몸을 위한 훌륭한 입법자이자 배분자가 몸을 더 좋게 만들기 위해 몸에게 무엇을 주느냐고 우리에게 묻는 사람이 있다면, 영양분과 노동이라고 말하는 것이 정확하고도 간단한 대답일 걸세. 그는 영양분으로는 몸이 자라게 하고, 노동으로는 몸이 단련되고 튼튼하게 해주니까 말일세.

**학우** 맞는 말일세.

d **소크라테스** 만약 그가 그다음으로 "혼의 훌륭한 입법자이자 배분자가 혼을 더 좋게 만들기 위해 혼에게 무엇을 주지요?"라고 묻는다면, 뭐라고 대답해야 우리 자신도 우리 나이도 부끄럽지 않겠는가?

**학우** 그것은 내가 더는 대답할 수 없네그려.

**소크라테스** 하지만 우리 각자의 혼이 몸과 그 밖의 다른 것과 관련해서는 무엇이 가치 있는 것이고 무엇이 하찮은 것인지 규명했는데도, 정작 혼 자체 안의 가치 있는 것과 하찮은 것은 모른다는 것이 밝혀진다면 정말로 부끄러운 일이 아닐 수 없네.

**34** 미노스는 아들 안드로게오스(Androgeos)가 아테나이 경기에 참가했다가 살해되자 그 보복으로 해마다 또는 구 년마다 소년 소녀 일곱 명씩을 미로에 갇혀 있는 우두인신의 괴물 미노타우로스(Minotauros '미노스의 황소')에게 공물로 바칠 것을 아테나이에 강요했다.

**35** 『일리아스』 1권 263행, 『오뒷세이아』 4권 532행.

# 에피노미스

## 새벽 회의[1] 또는 철학자에 관하여

**대담자**
클레이니아스(Kleinias) – 크레테인
아테나이(Athenai)인 – 방문객
메길로스(Megillos) – 라케다이몬인[2]

973a **클레이니아스** 손님, 우리 세 사람 모두 즉 나와 그대와 여기 계신 메길로스님은 합의한 대로 지혜[3]의 본질을 논의하고자 왔습니다. 또한 우리는 사색에 몰두하는 사람을 인간으로서 최대한 지혜롭게 만든다고 우리가 주장하는 학습 과정도 설명해야 할 것입니다. 우리는 입법과 관련된 다 b 른 것은 모두 설명했다고 주장합니다. 하지만 우리가 찾아내어 말해야 할 가장 중요한 것, 말하자면 죽기 마련인 인간이 지혜롭기 위해서는 무엇을 배워야 하는지는 우리가 말하지도 찾아내지도 못했습니다. 우리는 지금 이 일을 포기해서는 안 됩니다. 그러는 것은 사실상 우리가 처음부터 끝까지 모든 것을 분명하게 해두려던 우리 목표를 달성하지 못하고 그만두는 것이니까요.

**아테나이인** 친애하는 클레이니아스님, 참으로 훌륭한 말씀입니다. 그대는 아마도 이상한 말을 듣게 될 것입니다. 어떤 의미에서는 이상한 말이 c 아니지만 말입니다. 많은 사람이 인생을 많이 경험할수록 같은 말을 하니까요. 그것은 인류는 축복받지도 행복하지도 못할 것이라는 겁니다. 그러니 그대는 내 말에 주의를 기울이며, 이 점에서 내가 그들의 주장에 동의하는 것이 옳다고 생각하는지 검토해보십시오. 나는 인간이 소수를 제외하고는 축복받고 행복할 수 없다고 주장합니다. 우리가 살아 있는 동안에는 말입니다. 나는 내 주장을 한정하겠습니다. 살아 있는 동안에는 최대한 아름답게 살고 죽음을 맞아서는 최대한 아름답게 죽으려고 노력하는 사람들은 자신들이 추구하던 모든 것을 죽은 뒤에 얻게 될 희망이 있으니까요. 내가 말하려는 것은 오묘한 진리가 아니라, 어떤 의미에서는 헬라스인이든 이민족[4]이든 우리 모두가 아는 것인데, 생존한다는 것은 모든 생물에게 처음부터 어려운 일이라는 겁니다. 첫째, 우리는 잉태되어야 하고, 그다음에는 태어나야 하며, 그다음에는 또 양육되고 교육받아야 하는데, 이 모든 과정에 수많은 노고가 필요하다는 데 우리는 모두 동의합니다. 그리고 힘든 일들은 빼고 견딜 만한 부분들만 계산한다면 우리의 시간은 짧을 것입니다. 이 견딜 만한 부분들이 인생의 중반에 사실상 숨 돌릴 틈을 주는 것처럼 생각되지만, 노년이 갑자기 우리를 덮쳐 자신이 살아온 인생을 되돌아보는 사람이면 누구든 또다시 살고 싶은 마음이 내키지 않을 것입니다. 어린애 같은 생각으로 가득한 사람이 아니라면 말입니다.

d

974a

1 *Epinomis*는 '『법률』 부록'이라는 뜻. '새벽 회의'에 관해서는 『법률』 12권 961 이하를 참조.

2 아테나이와 크레테는 각각 아테네와 크레타의 그리스어 이름이다. 방문객의 이름은 알 수 없다. 라케다이몬은 스파르테 또는 그 주변 지역인 라코니케를 가리키지만 대개 스파르테와 동의어로 쓰인다.

3 phronesis('실천적 지혜').

4 헬라스(Hellas)는 그리스의 그리스어 이름이고, 이민족(barbaroi 단수형 barbaros)은 그리스인이 아닌 사람들을 말한다.

그렇다는 증거가 있느냐고요? 우리가 지금 논의를 통해 찾고 있는 것
b 의 본성이 그렇다는 것입니다. 우리는 어떻게 하면 지혜로워질 수 있는
지 찾고 있습니다. 누구에게나 그럴 능력이 있는 것처럼 말입니다. 하지
만 그런 능력은 이른바 기술이나 지혜나 그 밖에 지식이라고 생각되는
다른 분야에서 누군가 전문지식에 다가갈수록 도망치듯 사라져버리지
요. 그런 것들은 어느 것도 인간사에 관련된 지혜[5]라고 불릴 자격이 없어
보이니까요. 한편 혼은 본성적으로 자기에게 그런 능력이 있다고 확신하
c 고 예언하지만, 그것이 무엇인지, 언제 어떻게 얻게 되는지 전혀 알아낼
수 없습니다. 상황이 이러하니 우리가 지혜를 탐구하느라 어려움을 겪
는 것도 당연하지 않을까요? 그것은 우리 가운데 온갖 논의와 온갖 방법
을 통해 자신과 남을 지적으로 일관되게 검토할 능력이 있는 사람이 예
상할 수 있는 것보다 더 큰 기획이니까요. 그렇다는 데 우리는 동의할까
요, 동의하지 말까요?

**클레이니아스** 손님, 우리는 그렇다는 데 그대에게 아마도 동의할 겁니다.
d 때가 되면 우리가 그대의 도움으로 이 문제와 관련하여 완전한 진리에
이르게 될 것이라고 기대하며 말입니다.

**아테나이인** 그러면 우리는 먼저 지식이라고 불리지만 그것을 이해하고 소
유해도 사람들이 지혜로워지지 않는 것들을 살펴볼 것입니다. 그것들을
한쪽으로 치우고 나서 우리에게 필요한 것들을 앞으로 내오고, 내온 다
음에는 배우기 위해서 말입니다.

따라서 우리는 먼저 인류에게 맨 먼저 필요했던 지식들이 어째서 가장
e 필요했으며 과연 으뜸가는 것이었는지, 그리고 그런 것들을 아는 사람들

이 어째서 처음에는 지혜롭다고 여겨지다가 지금은 지혜롭다고 여겨지기는커녕 오히려 그런 지식 때문에 비난받는지 살펴보도록 합시다. 우리는 그런 지식들이 어떤 것인지 말할 것이며, 최대한 훌륭한 사람이 된 것으로 여겨지기를 원하는 사람은 사실상 누구나 지혜의 획득과 실천을 위해 그런 지식들을 멀리한다는 점을 보여줄 것입니다. 975a

먼저 동물들이 서로를 먹는 것에 관한 지식이 있습니다. 전하는 이야기에 따르면 이 지식이 우리가 어떤 동물을 먹는 것은 관습화하고, 어떤 동물을 먹는 것은 엄금했다고 합니다. 옛사람들은 우리에게 너그러우시기를! 그분들은 실제로 너그럽기도 하지요. 우리가 방금 언급한 사람들이 어떤 사람들이건 우리는 여기서 더는 그들을 상대할 수 없으니까요. b 그다음, 보릿가루와 밀가루의 생산과 그것들을 가공해 음식을 만드는 지식도 진실로 훌륭하지만 완전히 지혜로운 인간을 만들어내지는 못할 것입니다. '생산'이라는 말 자체가 생산된 것에 대한 경멸감을 자아낼 테니까요. 완전히 지혜로운 인간을 만들어내지 못하는 점에서는 농사 일반도 마찬가지입니다. 우리는 분명 기술에 의해서가 아니라 신이 준 타고난 본능에 의해서 대지를 경작하니까요. 그 점에서는 또한 집과 건물을 짓는 기술, 가구 제작술, 대장장이 일, 목수 일, 도공(陶工) 일, 직조공 c 일, 온갖 도구를 제작하는 일도 마찬가지입니다. 그런 것은 대중에게 유용하기는 하지만 미덕[6]으로 여겨지지는 않으니까요. 모든 사냥술도 비

5 sophia('사변적 지혜').

6 arete. 문맥에 따라 '탁월함' '훌륭함'으로 옮길 수도 있다.

록 다양해지고 기술이 필요하지만 누군가를 호방하고 지혜롭게 만들지 못합니다. 예언하는 능력이나 예언을 해석하는 능력도 그 점에서는 마찬가지입니다. 예언자는 말해진 것만 알고, 그것이 진실인지 여부는 모르니까요.

d 보다시피 우리는 이런 기술들로 생필품을 획득하지만 그중 어느 것도 누군가를 지혜롭게 만들지 못합니다. 이제 남은 것은 일종의 놀이인데, 그것은 대체로 모방적이고 전혀 진지하지 못합니다. 모방은 온갖 도구와 썩 우아하지도 못한 몸짓으로 연설과 온갖 형식의 음악과 물감이나 돌을 사용하여 갖가지 다채로운 도안을 정교하게 형상화한 조형미술 작품들에서 이루어집니다. 이런 기술에 아무리 열심히 매진하는 사람이라도 그런 모방술로는 조금도 지혜로워질 수 없습니다.

e 그런 것들을 다 다루었으니 이제 남은 것은 일종의 구원(救援)인데, 그것은 수많은 모습으로 수많은 사람을 돕습니다. 가장 크고 가장 광범위한 것이 용병술로 알려진 전쟁 기술입니다. 이것은 가장 쓸모 있다는 평 976a 을 듣지만 가장 큰 행운이 따라야 하며 본성상 지혜보다는 용기 덕분입니다. 이른바 의술이라고 불리는 것도 분명 하나의 구원입니다. 기후가 동물에게 가져다주는 때 아닌 추위와 더위와 그 밖의 그런 피해에 대해서 말입니다. 하지만 그런 기술은 어느 것도 진정한 지혜로 평가받지 못합니다. 그런 것들은 아무 규칙도 없이 의견의 바다 위를 떠다니니까요. 우리는 또한 선장과 선원들도 구원자라고 할 수 있을 겁니다. 누구도 우리를 고무하기 위해 그들 가운데 한 명이라도 지혜로운 사람이 있다고 b 말하지는 못할 테지만요. 바람의 노여움이나 상냥함은 어느 누구도 알

수 없으니까요. 배의 키를 잡으려면 그것을 아는 것이 매우 바람직하지만 말입니다. 또한 언변 능력에 힘입어 소송에서 도움을 줄 수 있다고 주장하는 사람들도 지혜롭지 못하기는 마찬가지입니다. 그들은 기억력과 판단의 훈련에 힘입어 사람들의 성격에 주목하지만 진실로 올바른 것의 진리에서 멀리 벗어나 우왕좌왕하니까요.

그 밖에 지혜라고 지칭할 수 있는 것으로는 비범한 능력이 남아 있습니다. 대부분의 사람이 지혜라기보다는 타고난 재능이라 부르는 그것은 어떤 사람이 무엇을 배우건 쉽게 배우고, 엄청나게 많은 것을 정확히 기억하고, 모든 상황에서 쓸모 있고 적절한 조치들을 떠올리며 신속히 실행할 때 나타납니다. 이 모든 것을 더러는 타고난 재능으로, 더러는 지혜로, 더러는 총명함으로 간주하겠지만, 지각 있는 사람이라면 어느 누구도 어떤 사람이 그런 것들 가운데 어떤 것을 갖고 있다고 해서 진실로 그를 지혜로운 사람이라고 부르려 하지 않을 겁니다. c

하지만 그것을 가지면 지혜로운 사람을 사람들이 보기에만 지혜로운 것이 아니라 진실로 지혜롭게 만드는 어떤 지식이 분명히 있을 겁니다. 자, 살펴봅시다. 우리는 가장 어려운 논의를 시도하고 있는데, 그것은 앞서 언급한 것들과는 다른 지식을 찾아내는 것입니다. 그것은 참으로 그리고 당연히 지식이라 불릴 자격이 있는 것으로서, 그것을 가진 사람을 속물이나 바보로 만들지 않고 지혜롭고 훌륭한 시민으로, 국가의 정의로운 치자와 피치자로, 그리고 조화로운 인간으로 만들 것입니다. 그러면 먼저 살펴보도록 합시다. 현존하는 모든 지식 가운데 어떤 한 가지가 인류에게서 완전히 없어지거나 모습을 드러내지 않았다면 인류가 피조 d

물 중에서 가장 생각 없고 가장 어리석은 동물이 되었을까요? 그것을 알아내기는 그리 어렵지 않습니다. 우리가 지식을 일일이 비교해보면 전 인류에게 수(數)를 제공한 지식이 그럴 것이라는 것을 알게 될 테니 말입니다. 나는 수를 선물함으로써 우리를 구해주는 것은 요행이 아니라 신이라고 믿습니다. 내가 어떤 신을 생각하고 있는지 말해야겠지요. 비록 그 신은 이상한 분이고, 어떻게 보면 이상하지 않은 분이기도 하지만 말입니다. 그도 그럴 것이, 우리에게 모든 좋은 것의 원인이 월등히 가장 좋은 것 즉 지혜[7]의 원인이기도 했다고 믿으면 왜 안 되는 거죠? 메길로스님과 클레이니아스님, 내가 대체 어느 신을 두고 이토록 엄숙하게 말하는 것일까요? 우라노스[8]이겠지요. 다른 수호신[9]들이나 신들 못지않게 우리가 섬기고 특별히 기도드려야 가장 마땅한 신 말입니다. 그분이 우리가 가진 다른 모든 좋은 것의 원인이라는 데 우리는 모두 동의할 겁니다. 단언컨대 그분은 우리에게 수를 주신 분이기도 하며, 우리가 기꺼이 따른다면 계속해서 다른 선물도 주실 것입니다. 우리가 그분을 올바로 관조하기만 한다면 우주 또는 올륌포스 또는 하늘[10]이라 부르든 마음 내키는 대로 불러도 좋습니다. 하지만 그분이 자신을 다채롭게 장식하고 별들이 자기 안에서 궤도를 따라 돌게 함으로써 모두를 위해 계절과 식량을 제공한다는 점에 주목해야 합니다. 우리는 그분이 모든 수와 함께 그 밖의 다른 지혜[11]와 다른 좋은 것들을 제공한다고 말해도 좋을 것입니다. 하지만 가장 큰 선물은 그분에게서 수를 받아들여 천체의 회전 전체를 고찰하게 된 것입니다.

이번에는 우리 논의를 조금 되돌려 인류가 수를 빼앗긴다면 우리는 결코 지혜롭지 않을 것이라는 우리의 주장이 옳았다는 점을 상기하도록 합시다. 그러면 우리는 사물을 합리적으로 설명할 수 없는 동물이 되어 우리 혼은 미덕 전체를 구비할 수 없을 테니까요. 2와 3 또는 홀수와 짝수를 모르는, 그래서 수에 완전히 무지한 동물은 지각과 기억만 있는 사물을 설명할 수 없습니다. 하지만 우리 혼이 다른 미덕인 용기와 절제[12]를 갖게 되는 것을 아무것도 방해하지 않습니다. 그러나 제대로 설명할 수 d 없는 인간은 결코 지혜로워지지 않으며, 모든 미덕의 가장 큰 부분인 지혜가 없는 사람은 완전하게 훌륭해지지 않고 따라서 완전하게 행복해지지도 않습니다. 수는 꼭 필요하지만, 수가 왜 필요한지 설명하려면 지금까지 말한 것보다 더 긴 논의가 필요할 것입니다. 하지만 지금까지의 논의만으로도 우리가 앞서 검토하고 폐기했던 모든 다른 기술[13]이 우리한테서 산술[14]을 빼앗는 사람이 있다면 하나도 남지 않고 다 없어질 것임을 e 이미 충분히 보여주었을 겁니다.

그런 기술들만 눈여겨본다면 우리는 아마도 인류에게 수의 쓰임새는

7 phronesis.

8 Ouranos('하늘').

9 daimon.

10 kosmos, olympos, ouranos. 올륌포스는 그리스반도와 마케도니아 지방 사이에 있는 높은 산으로 고대 그리스인들은 그곳에 그들의 열두 신들이 사는 것으로 믿었다.

11 phronesis.

12 andreia, sophrosyne.

13 techne.

14 arithmetike.

많지 않다고 생각할 것입니다. 그것도 대단한 일이기는 하지만 말입니다. 하지만 우리가 생성의 세계에서의 신적인 요소들과 사멸하는 요소들을 고찰한다면[15] 신적인 것과 진정한 수에 경의를 표하게 될 것입니다.

978a 그렇다 하더라도 수 전체의 힘과 영향이 얼마나 큰지—내가 언급한 것들에 더하여 모든 음악 현상에는 수에 기초한 운동과 소리가 필요하니까요—, 가장 중요한 것은 어째서 수가 모든 좋은 것의 원인인지는 아무나 이해할 수 있는 것이 아닙니다. 수는 우리에게 일어날 수 있는 어떤 나쁜 일의 원인이 아니라는 것도 우리는 잘 알아야 합니다. 사실 불합리하고 무질서하며 우아함과 리듬과 조화가 결여된 운동과 어떤 나쁨에 관여

b 하는 것은 전체적으로 수에 결함이 있습니다. 행복하게 생을 마감하려는 사람은 그렇게 생각해야 합니다. 그리고 올바른 것, 좋은 것, 아름다운 것, 그밖의 그런 모든 것과 관련해 참된 의견을 갖고 있지만 수에 대한 지식이 없는 사람은 자신과 남을 설득할 수 있을 만큼 분석하고 규정할 수 없을 겁니다.

이제 문제의 핵심과 맞닥뜨리도록 합시다. 우리는 셈하는 법을 어떻게 배웠을까요? 자, 우리가 1과 2의 개념을 갖게 된 것은 어디에서 비롯되

c 었을까요? 우리는 그런 개념을 가질 수 있는 자질을 우주로부터 부여받은 것일까요? 많은 다른 동물은 셈하는 법을 아버지에게 배울 수 있는 자질도 타고나지 못했는데 말입니다. 하지만 신은 우리가 본 것을 이해할 수 있도록 맨 먼저 우리 안에 바로 그런 능력을 심어주었고, 그런 다음 신은 보여주었으며 또 보여주고 있습니다. 신이 보여주는 것 가운데 낮의 세계보다 우리가 보기에 더 아름다운 것이 단 하나라도 있을까요? 그러

고서 우리는 밤을 보게 되는데 거기서는 모든 것이 다르게 보입니다. 하늘이 그것들을 밤낮으로 계속해서 굴림으로써 사람들에게 1과 2를 가르치기를 멈추지 않으니, 마침내 가장 더디게 배우는 사람도 세는 법을 충분히 이해하게 된 것입니다. 우리 가운데 그것들을 보는 사람은 누구나 3과 4와 다수의 개념을 갖게 될 테니까요. 신은 또한 그것들 사이에 달을 만들었는데, 때로는 더 커 보이고 때로는 더 작아 보이는 달은 열다섯 낮과 열다섯 밤이 지나갈 때까지 언제나 다른 모습을 보이며 궤도를 통과합니다. 이것이 달의 주기입니다. 그런 회전 전체를 하나의 단위로 취급하고 싶은 사람이 있다면 말입니다. 그래서 신이 배움의 능력을 부여한 동물은 아무리 둔해도 그것을 배울 수 있는 겁니다. 그런 능력을 부여받은 동물은 열다섯까지는 그리고 열다섯 내에서는 세는 데 능숙해졌습니다. 어떤 단위든 그 자체로 고찰함으로써 말입니다. 하지만 모든 것을 연관 지어 생각하는 것에 대해 말하자면, 나는 신이 더 큰 목적을 위해서이겠지만 이를 위해서도 앞서 말했듯이 달이 차고 이지러지게 만들고, 달[16]들이 결합해 해[17]가 되게 했다고 생각하며, 그런 동물은 운 좋게도 수를 수와 관련 지어 이해하기 시작했습니다. 그 덕분에 대지가 열매를 넉넉히 대주어 모든 생명체가 식량을 얻게 되며, 농사일에 알맞게 날

d

e

979a

15 태어나고 죽는 것은 신의 영향을 받는데, 이는 곧 그것들이 수의 지배를 받는다는 것을 의미한다는 뜻인 것 같다.

16 영어의 month.

17 영어의 year.

b 씨가 순조로운 것입니다. 그럼에도 흉년이 들면 신을 탓할 게 아니라 자기 삶을 제대로 관리하지 못한 인간을 탓해야 합니다.

우리는 지금까지 법률에 관해 탐구하면서 인간에게 가장 좋은 다른 것들은 알기 쉬우며, 유익할 성싶은 것과 유익하지 않은 것을 안다면 누구나 말해진 것을 능히 이해할 수도 실행할 수도 있다고 생각했습니다. 그래서 우리는 다른 탐구들은 그다지 어렵지 않고, 어떻게 해야 우리가 훌륭한 사람이 되는지 아는 것이 매우 어렵다고 생각했고, 지금도 여전 c 히 그렇게 생각합니다. 그 밖의 훌륭한 것들은 무엇이든 사람들 말마따나 가능하기도 하고 얻기 어렵지도 않습니다. 적당한 양의 재산과 바람직한 몸 상태 말입니다. 또한 혼이 훌륭해야 한다는 데 누구나 동의할 것이며, 어째야 훌륭해지는지 물으면 누구나 혼은 올바르고 절제 있고 용감할뿐더러 지혜로워야 한다고 말합니다. 그러나 어떤 지혜여야 하는지 물으면 방금 보았듯이 그 많은 사람 중에 남과 의견을 같이하는 사람은 아 d 무도 없습니다. 그래서 우리는 지금 앞서 말한 지혜들 이외에, 우리가 제시한 것들을 배운 사람에게 적어도 지혜롭다는 명성을 보장한다는 점에서 결코 하찮다고 할 수 없는 지혜를 찾고 있는 겁니다. 하지만 그런 것들을 아는 사람이 과연 지혜롭고 훌륭한지는 따져볼 일입니다.

**클레이니아스** 손님, 중요한 주제에 관해 중요한 것들을 말씀하시겠다더니 과연 그런 것 같습니다.

e **아테나이인** 하긴 사소한 것들은 아니지요, 클레이니아스님. 하지만 모든 점에서 전적으로 진실한 것을 말하는 것이 더 어렵지요.

**클레이니아스** 아주 어렵지요, 손님. 하지만 마음속 생각을 말씀하시는 일에 싫증나지 않았으면 좋겠어요.

**아테나이인** 나는 싫증내지 않을 겁니다. 그러니 그대들 두 분도 내 말을 듣는 일에 싫증내지 마십시오.

**클레이니아스** 염려 마세요. 우리 두 사람의 이름으로 내가 약속하겠소.

**아테나이인** 좋은 말씀입니다. 그러면 처음부터 시작해야겠지요. 먼저 우리가 지혜라고 생각하는 것을 위해 가능하다면 하나의 명칭을 찾아내야 할 것 같습니다. 그러는 것이 전혀 가능하지 않다면 그다음으로는 우리 논의에 따라 누군가가 지혜로워지기 위해 알아야 하는 지혜는 어떤 것들이며 얼마나 많은 종류가 있는지 말해야 합니다. 980a

**클레이니아스** 말씀 계속하십시오.

**아테나이인** 그다음 단계는 입법자가 지금까지 말해진 것들보다 더 아름답고 더 훌륭하게 신들을 묘사하며 아름다운 놀이를 이용해 신들을 섬기고 평생토록 행복의 찬가로 신들을 칭송하더라도 우리가 이를 비난할 수 없다는 것입니다. b

**클레이니아스** 손님, 좋은 말씀입니다. 그대는 신들을 칭송하며 정결한 삶을 살다가 가장 훌륭하고 가장 아름다운 죽음을 맞는 것을 그대 법률의 목표로 삼는 것 같군요.

**아테나이인** 클레이니아스님, 무슨 뜻으로 우리가 그런 말을 하는 것일까요? 우리는 신들에 관해 가장 아름답고 가장 훌륭한 것들을 말할 수 있게 해달라고 기도함으로써 우리 찬가로 신들을 극진히 섬긴다고 생각하나요? 그런 뜻으로 말씀하시는 건가요, 아니면 무슨 뜻으로 말씀하시는 건가요?

c **클레이니아스** 그렇고말고요. 벗이여, 믿음을 갖고 신들에게 기도하시고, 신들과 여신들에 관련된 아름다운 것들에 대한 이야기라고 생각되는 것을 말씀하십시오.

**아테나이인** 신이 우리를 인도한다면 그렇게 될 것입니다. 그대도 함께 기도하십시오.

**클레이니아스** 계속해서 그다음 것을 말씀해주세요.

**아테나이인** 그러면 먼저 이전 사람들이 나쁘게 기술한 신들과 생명체들의 탄생에 대해 앞서 말한 원칙에 따라 더 좋게 기술해야 할 것 같습니다. 나는 이번에도 불경한 주장을 반박하며 크고 작은 모든 일을 보살피며 d 정의와 관련된 모든 일에 가차없는 신들이 존재한다고[18] 다시 주장하지 않을 수 없습니다. 그대들은 기억할 겁니다, 클레이니아스님. 그대들은 비망록도 넘겨받았으니[19] 말입니다. 또한 그때 내가 말한 것은 아주 진실한 것이기도 합니다. 그중 가장 중요한 부분은 모든 혼은 모든 몸[20]보다 나이가 더 많다는 것입니다. 그대들은 기억하십니까? 더 낫고 더 오래되고 더 신과 같은 것이 〈새롭고〉 더 젊고 덜 존경스러운 것보다, 또한 어디 e 서나 지배하는 것이 지배당하는 것보다, 또한 이끄는 것이 이끌리는 것보다 나이가 더 많다는 것은 설득력이 있으니까요. 따라서 혼이 몸보다 나이가 더 많다고 결론 내리기로 합시다. 그게 그렇다면 우리 탄생 이야 981a 기의 첫 출발점은 믿음직한 것이 될 것입니다. 그러니 우리 시작의 시작은 매우 적절하며, 우리가 신들의 탄생에 관한 지혜의 가장 중요한 부분에 가장 올바르게 다가가고 있다고 생각하기로 합시다.

**클레이니아스** 그런 것들에 관해 우리가 최대한 훌륭하게 말한 것으로 해둡시다.

**아테나이인** 자, 그러면 혼과 몸이 하나로 결합해 하나의 모습을 낳을 때 그것을 생명체라고 말하는 것이 그 본성을 가장 진실에 부합되게 말하는 것이겠지요?

**클레이니아스** 옳습니다.

**아테나이인** 그렇다면 그런 것은 생명체라고 불리는 것이 가장 옳겠지요? b

**클레이니아스** 네.

**아테나이인** 가장 그럴듯한 이야기에 따르면, 입체[21]는 다섯 가지가 있으며, 가장 아름답고 가장 훌륭한 것들은 그것들로 만들 수 있습니다. 그러나 나머지 피조물은 모두 하나의 모습을 갖습니다. 몸을 갖지 않고 색깔을 전혀 갖지 않는 것은 진실로 가장 신적인 부류인 혼 말고는 아무것도 없으니까요. 혼만이 형성하고 생성하는 데 적합한 반면 몸은 형성되고 생성되고 보이기에 적합하다고 우리는 주장합니다. 혼은 눈에 보이지 않고 인식하고 지성을 통해 알기에 적합할뿐더러—이 점은 한 번만 말해서는 안 되므로 거듭해서 말하도록 합시다—기억에 관여하고 홀수와 짝수의 교체를 포함한 계산을 하기에도 적합합니다. 몸은 다섯 가지가 있는데, 우리는 그것들이 불, 물, 세 번째로 공기, 네 번째로 흙 그리고 다섯 번 c

**18** 『법률』 10권 참조.

**19** 『법률』에는 이를 암시하는 구절이 없다.

**20** soma. 문맥에 따라 '물체'로도 옮겼다.

**21** 불, 물, 공기, 흙의 4원소와 아이테르(aither '상층의 맑은 공기')를 말한다. 플라톤의 『티마이오스』(*Timaios*) 82e에서는 아이테르를 원소로 보지 않는다.

째로 아이테르이며, 그중 한 가지가 주도적인 역할을 하면서 수많은 다양한 생명체가 완성된다고 말해야 합니다.

우리는 그것들을 다음과 같이 하나씩 따로 배워야 합니다. 우리는 먼 d 저 흙으로 된 것을 논의의 대상으로 삼도록 합시다. 여기에는 모든 인간, 발이 여럿이거나 발이 없는 모든 것, 움직이거나 뿌리에 붙들려 서 있는 모든 것이 포함됩니다. 이 모든 것이 한 부류를 이루는 것은 모든 종류의 생명체가 다섯 가지 몸 모두로 구성되어 있지만 이 부류는 대부분 흙과 고체로 만들어진 때문이라고 보아야 합니다. 우리는 생성되고 가시적인 생명체의 또 다른 둘째 부류가 있다고 생각해야 합니다. 이 부류는 대체 e 로 불로 이루어져 있지만 흙과 공기도 갖고 있으며, 나머지 두 가지 몸도 갖고 있습니다. 그래서 우리는 이 부류의 이들 몸에서 온갖 종류의 가시적인 생명체들이 생겨난다고 말해야 합니다. 이 모든 종류의 천체를 우리는 하나의 부류로 묶어서 가장 아름다운 몸과 가장 행복하고 가장 훌륭한 혼을 부여받은 신적인 종족이라고 불러야 합니다. 하지만 그것들의 운명은 필연적으로 다음 둘 중 하나일 겁니다. 그것들은 저마다 불멸하 982a 고 불사하고 전적으로 신적이거나, 아니면 저마다 더 바랄 것이 없을 만큼 오래 살거나 할 것입니다.

다시 말하지만 먼저 우리가 말한 대로 그것들은 두 종류의 생명체인데, 둘 다 가시적이지만 하나는 생각건대 전체가 불로 이루어지고, 다른 하나는 흙으로 이루어졌으며, 흙으로 이루어진 것은 무질서하게 움직이고 불로 이루어진 것은 질서정연하게 움직인다고 생각하기로 합시다. 우리는 무질서하게 움직이는—지상의 생명체는 대부분 그렇게 행동합니

다—것은분별이 없다고 생각하되, 어떤 것이 질서정연하게 하늘의 궤도 b
를 달리면 분별 있음을 보여주는 강력한 증거라고 생각해야 합니다. 언제나 변함없이 한결같이 운행하고 행하고 당한다는 것은 분별 있게 산다는 것을 보여주는 확실한 증거이니까요. 지성[22]을 가진 혼의 필연성이야말로 모든 필연성 가운데 가장 강력합니다. 그런 혼은 자신의 법에 따라 자신을 지배하고, 다른 것의 지배를 받지 않기 때문입니다. 혼이 최선의 지성에 따라 최선의 결정을 한 경우 그 결과는 지성에 부합하는 것이 c
므로 전적으로 불변하며, 강철[23]도 이보다 더 견고하고 더 불변할 수 없습니다. 오히려 세 명의 운명의 여신[24]은 신들이 저마다 숙고 끝에 결정한 것은 무엇이든 지키며 반드시 이루어지게 합니다. 그러므로 인간들은 별들의 운행에는 아무런 변화가 없고 별들 자신이 결정한 것을 별들이 우왕좌왕하거나 이랬다저랬다 하거나 헤매거나 궤도를 바꾸는 일 없 d
이 처음에 결정한 것을 놀랍도록 오랫동안 늘 그대로 행하고 있다는 사실을, 별들과 별들의 전체 운행에는 지성이 있다는 증거로 받아들여야 합니다. 우리는 대부분 그와 정반대로 생각했습니다. 별들은 똑같은 일

22 nous.

23 adamas('깨뜨릴 수 없는 것').

24 운명의 여신들(Moirai)은 '각자가 받은 몫'이라는 뜻의 moira(Moirai의 단수형)가 신격화된 것이다. 호메로스 이후에는 클로토(Klotho '실 잣는 여자'), 라케시스(Lachesis '배분하는 여자'), 아트로포스(Atropos '되돌릴 수 없는 여자' '가차없는 여자') 세 자매를 말하는데, 한 명이 실을 자으면, 다른 한 명은 이를 감고, 또 다른 한 명은 명(命)이 다하면 이를 끊음으로써 각자의 수명을 조절하는 것으로 생각되었다.

을 똑같은 방법으로 하므로 혼이 없다고 말입니다. 대중은 어리석은 자들을 따라 인간은 움직이기 때문에 지적이고 살아 있지만, 신적 존재[25]

e 는 같은 궤도에 머물기에 지적이지 않다고 생각했습니다. 하지만 더 아름답고 더 훌륭하고 더 우호적으로 해석하는 사람이라면 누구나 언제나 같은 것을 같은 방법으로 같은 이유에서 행하는 것이야말로 바로 그런 이유에서 지적인 것으로 여겨져야 한다는 것을 이해했을 겁니다. 또한 그런 사람은 이것이 보기에 가장 아름다운 별들의 본성이며, 별들은 가장 아름답고 가장 장엄한 춤을 추고 행진하면서 모든 생명체에게 필요한 것을 이루어준다는 것을 이해할 수 있습니다.

이번에는 별들은 혼이 있다는 우리의 주장이 옳다는 것을 증명하기

983a 위해 먼저 별들의 크기를 살펴보기로 합시다. 별들은 겉보기처럼 작지 않고, 그 각각은 엄청나게 큰 덩어리입니다. 우리는 그렇다고 믿어도 좋습니다. 그렇다는 증거가 충분히 있으니까요. 태양이 지구보다 더 크다고 생각하는 것은 옳은 데다가 운행하는 별들은 크기가 상상을 초월하니 말입니다. 자연의 힘이 어떻게 그처럼 거대한 덩어리를 지금과 같은

b 주기로 굴릴 수 있겠습니까? 단언컨대 신이 원인일 것이며, 다른 원인은 불가능합니다. 우리가 증명했듯이, 어떤 것도 오직 신을 통해서만 혼을 가질 수 있습니다. 신은 혼을 가질 수 있기에 먼저 몸과 물질 덩어리를 생명체로 만들고 난 다음에 자신이 최선이라고 생각하는 방식으로 움직이게 하는 것은 신에게는 아주 쉬운 일이 되었습니다. 우리는 이제 이 모든

c 것과 관련하여 한 가지 진리를 말해도 좋을 것입니다. 대지도 하늘도 별들도 그것들에 내포된 덩어리들도 혼이 더해지거나 내재하지 않는다면,

일어나는 모든 일이 우리 모두에게 좋도록 만들어질 수 없으며 해와 달과 날의 주기에 따라 그토록 정확하게 움직일 수 없다는 겁니다.

인간은 하찮은 존재인 만큼 허튼소리를 하는 것이 아니라 분명하게 말하는 것처럼 보여야 합니다. 어떤 소용돌이나 물체의 본성 따위를 그런 움직임의 원인이라고 말하는 사람이 있다면, 그는 아무것도 분명한 것을 말하지 못할 것입니다. 우리가 말한 것을 다시 떠올리며 우리 주장이 합리적인지 아니면 결함투성이인지 살펴보아야 합니다. 우리는 첫째, d 존재에는 두 부류가 있는데, 하나는 혼이고 다른 하나는 몸이라는 것과, 부류마다 많은 개체가 있는데 그것들은 같은 부류의 다른 것들과도 다르고 다른 부류의 다른 것들과도 다르며 이 둘에 공통된 제3의 것은 없다고 주장합니다. 둘째, 우리는 혼이 몸보다 우월하다고 주장합니다. 우리는 또한 혼은 지적이고 몸은 분별없는 것으로, 혼은 지배하는 것이고 몸은 지배받는 것으로, 혼은 모든 것의 원인이고 몸은 그것이 겪는 어떤 것의 원인일 수 없다고 주장합니다. 따라서 천체가 다른 어떤 것에 의해 e 생겨났고 이처럼 혼과 몸에서 생겨난 것이 아니라고 주장하는 것은 아주 어리석고 불합리합니다. 이 모든 것에 관한 우리 이론이 다른 이론을 이기고, 천체는 원래 모두 신적이라는 주장이 믿음직한 것으로 보이려면 우리는 천체를 둘 중 하나로 분류해야 합니다. 말하자면 우리는 그것을 신들 자신으로 칭송하는 것이 가장 옳거나, 아니면 많은 신상(神像)처

25 별.

984a 럼, 신들이 손수 만든 신들의 모상(模像)이라고 생각해야 합니다. 그것들은 분별없고 하찮은 존재가 만든 것이 아니고, 우리가 앞서 말했듯이 그것을 그 둘 중 하나로 분류해야 하니까요. 후자로 분류한다면 우리는 그것을 어떤 신상보다 더 섬겨야 합니다. 어떤 다른 신상도 이렇게 생겨난 그것보다 더 아름답거나, 모든 인간에 의해 더 공유되거나, 더 훌륭한 b 곳에 세워지거나, 더 순수하고 더 위엄 있고 더 생명력이 넘치지는 않으니까요.

신들과 관련하여 지금은 이 정도로만 말하기로 합시다. 가시적인 생명체는 두 가지가 있는데 한 가지는 불사(不死)하고, 흙으로 된 다른 한 가지는 사멸한다는 것을 우리가 확인했으니, 이제는 그럴듯한 견해에 따르면 분명 이 둘 사이에 있는 것들인, 다섯 가지[26] 가운데 세 가지를 논하기로 하자는 말입니다. 불 다음에는 아이테르를 고찰하기로 합시다. 혼은 다른 종류의 생명체들에서처럼 이것으로 생명체들과 그것들의 능력 c 을 만드는데, 그 생명체들은 대부분 이 한 가지 성분에 의해 특징지어지지만 결합을 위해 다른 종류의 성분도 조금씩 갖습니다. 아이테르 다음으로는 혼이 공기로 다른 종류의 생명체를 만들고, 물로 세 번째 종류의 생명체를 만드는 것으로 보아야 합니다. 이 모든 것을 만듦으로써 혼은 아마도 온갖 종류의 몸을 최대한 이용해 하늘 전체를 가득 채우고, 모든 것을 생명에 참여하게 한 것 같습니다. 이들 두 번째, 세 번째, 네 번째, 다 d 섯 번째 생명체는 눈에 보이는 신들의 탄생에서 시작해 우리들 인간에서 끝납니다.[27]

제우스와 헤라와 그 밖의 다른 모든 신에게 우리는 저마다 원하는 위치를 배정해도 무방하지만 그런 법을 제정하고 그런 원칙을 준수해야 합니다. 그러나 눈으로 볼 수 있고 가장 위대하고 가장 존경받으며 어디서나 가장 날카롭게 보는 신들은 우리가 지각하는 하늘의 모든 현상과 함께 별들의 서열에서 으뜸가는 것으로 보아야 합니다. 이들 다음이자 이들 아래가 신령[28]들입니다. 공기로 만들어져 세 번째이자 중간 자리를 차지하고 있는 이 부류는 신과 인간 사이를 중개하며, 좋은 전조를 전해 들으려면 이들에게 간절히 기도해야 합니다. 하나는 아이테르로 만들어지고 그다음으로 공기로 만들어진 이 두 부류의 생명체는 어느 것도 전체가 또렷이 보이지 않습니다. 이들은 가까이 있어도 우리가 볼 수 없습니다. 그러나 이들은 놀랍도록 지혜롭고 쉬 배우고 기억력이 좋은 부류에 속하므로 우리는 이들이 우리 생각을 다 알고 있고, 우리 가운데 진실로 훌륭한 사람은 놀랄 정도로 반기지만 아주 나쁜 사람은 미워한다고 말해야 합니다. 이들도 괴로움을 느끼니까요. 하지만 신은 신적인 부분이 완전해져서 괴로움과 즐거움에서 벗어나 있고 지혜와 지식에만 전념합니다. 그리고 우주는 생명체들로 가득 차 있기에 이들은 인간들과 그 밖의 다른 모든 것에 관해 자기들끼리도 최고신들과도 소통한다고 말해야 합니다. 우주 중간에 머물러 사는 가벼운 생명체들은 대지로 내려앉을

e

985a

b

**26** 불, 아이테르, 공기, 물, 흙.

**27** 첫 번째로 만들어진 생명체는 별들 또는 '눈에 보이는 신들'이고, 두 번째는 아이테르로 만들어진 것이고, 세 번째는 공기로 만들어진 것이고, 네 번째는 물로 만들어진 것이고, 다섯 번째이자 마지막은 흙으로 만들어진 생명체 또는 인간이라는 뜻인 것 같다.

**28** daimon. 문맥에 따라 '수호신'으로 옮길 수도 있다.

수도 있고 하늘 전역으로 솟아오를 수도 있으니까요. 다섯 번째 가운데 물로 만들어진 것[29]은 물로 만들어진 반신(半神)으로 묘사하는 것이 옳을 텐데, 때로는 보이다가 때로는 숨어버려 보이지 않으니 그 어렴풋한 모습으로 우리를 놀라게 합니다.

c 이들 다섯 부류는 실제로 존재하는 생명체이기에 그중 더러는 다양한 형태로 인간들과 마주치는데, 자다가 꿈결에 그럴 수도 있고, 건강하거나 병들거나 임종을 앞둔 사람에게 신탁이나 예언의 형태로 나타날 수도 있습니다. 거기서 생겨난 믿음은 개인과 공동체에 영향을 미쳐, 많은 사람에게 많은 종교 의식의 기원이 되었고 또 될 것입니다. 조금이라도 지 d 각 있는 입법자라면 이 모든 것과 관련하여 혁신을 감행해 자기 나라를 근본이 확실하지도 않은 신앙으로 전향시키지 않을 것입니다. 또한 그는 제례와 관련하여 조상 전래의 관습이 정해놓은 것을 금하지 않을 것입니다. 인간으로서는 그런 것들을 아는 것이 불가능한 만큼, 그는 그런 일에는 아무것도 아는 것이 없으니까요.

같은 논리에 따라, 실제로 눈에 보이는 신들[30]에 관해 우리에게 공언하며 이들도 신이지만 제대로 공경받지 못한다고 밝힐 용기조차 없는 자 e 들이야말로 가장 나쁜 자들이 아닐까요? 하지만 지금도 그런 일이 일어나고 있습니다. 예를 들어 우리 가운데 누군가가 해나 달이 생겨나 우리 모두를 지켜보고 있는 것을 보았지만 말을 할 줄 몰라 아무 말도 하지 않았다고, 그리고 그것들이 제대로 공경받지 못하는 것을 보고서도 눈에 띄도록 공경받는 장소로 옮기고 그것들을 위해 축제와 제례를 개최하려는 열의를 보이지 않는다고, 그리고 그것들 각각을 위해 더 긴 또는 더 짧은 주기[31]를 배정하려고 노력하지 않는다고 가정해보십시오. 그런 사람 은 나쁜 사람이라 불리어 마땅하다는 데 그 자신도 그것을 지켜본 다른 사람도 동의하지 않을까요? 986a

**클레이니아스** 왜 아니겠습니까, 손님? 당연히 가장 나쁜 사람이지요.

**아테나이인** 하지만 친애하는 클레이니아스님, 그것은 분명 지금 내가 처한 상황이기도 합니다.

**클레이니아스** 무슨 말씀인지요?

**아테나이인** 그대들은 알아두십시오. 온 하늘에는 서로 자매간인 여덟 천체[32]가 있습니다. 그것들은 내가 관찰했습니다. 하지만 대단한 일을 한 것은 아닙니다. 그것은 누구에게나 쉬운 일이니까요. 그것들 가운데 셋은 해가 하나이고 달이 다른 하나이며, 우리가 조금 전에 언급한[33] 별들이 세 번째입니다. 그 밖에 다섯[34]이 더 있습니다. 이들 모든 천체와 스스로 움직이거나 이것들에 실려 앞으로 나아가는 것들과 관련하여 우리 모두는 어느 누구도 공연히 그중 일부는 신이고 다른 것들은 신이 아니라거나, 일부는 적출(嫡出)이지만 다른 것들은 우리가 어느 누구도 입 b

29 물의 요정.
30 하늘의 별들.
31 '더 긴 주기'란 윤달이 든 해를 말하는 것 같다.
32 dynamis(힘).
33 978c~979a 참조.
34 다섯 행성 즉 금성, 수성, 화성, 목성, 토성을 말한다. 플라톤의 대화편 『티마이오스』(*Timaios*) 38 이하 참조.

에 담아서는 안 되는 그런 부류라고 생각해서는 안 됩니다. 대신 우리는
c 그것들이 모두 형제이며 형제의 몫을 갖고 있다고 주장하고 단언해야
합니다. 우리는 그것들에게 합당한 명예를 부여해야 하며, 어떤 것에게
는 해[35]를, 어떤 것에게는 달[36]을 배정하면서 다른 것들에게는 일정한 몫
도, 만물의 가장 신적인 이성이 눈에 보이게 한 질서[37]를 완성하며 제 궤
도를 통과하는 시간도 배정하지 않는 짓을 해서는 안 됩니다. 행복한 사
람은 이 질서에 경탄하고, 그다음에는 이 질서를 인간으로서 최대한 많
이 이해하고픈 열정을 느끼는데, 그래야만 가장 훌륭하고 가장 행복한
d 삶을 살고 죽어서는 미덕에 어울리는 곳으로 갈 것이라고 믿기 때문이지
요. 그처럼 진실로 그리고 실제로 비의(秘儀)에 입문하면 하나가 된 그가
하나인 지혜에 관여하게 되어 눈으로 볼 수 있는 가장 아름다운 것들을
관조하며 여생을 보낼 것입니다.

이제 그다음으로 남은 것은 이 신들이 얼마나 많고 누구인지 말하
는 것입니다. 우리가 거짓말쟁이로 드러나는 일은 없을 테니까요. 그 점
e 은 내가 단언하겠습니다. 다시 말하거니와 그들은 여덟이고, 여덟 가운
데 셋[38]은 논의했으니 다섯이 아직 남았습니다. 네 번째 것[39]과 다섯 번
째 것[40]의 주기 또는 회전은 속도에서 해의 그것과 사실상 같고 전체적
으로 더 느리지도 더 빠르지도 않습니다. 이 셋 가운데 충분한 지성을 가
진 것이 선도해야 합니다. 이 세 주기는 해와 샛별과, 이름이 알려져 있
지 않아 이름을 말할 수 없는 세 번째 천체[41]에 속합니다. 그 이유는 그
것들을 처음 관찰한 사람이 이민족[42]이었기 때문입니다. 아이귑토스
987a 와 쉬리아[43]의 여름철은 놀랍도록 아름답습니다. 그래서 처음으로 별

들을 관찰하는 것이 그곳에서는 오래된 관행입니다. 그곳 하늘에는 구름이나 비가 없기에 그곳 사람들은 눈에 보이는 별들은 언제나 다 보았으니까요. 이런 지식은 수천 년, 아니 무한한 시간에 걸쳐 검토된 뒤에 그곳에서부터 이곳 헬라스[44]를 포함하여 사방으로 전파되었습니다. 그러니 우리는 안심하고 이런 지식을 우리 법률에 포함시켜야 합니다. 어떤 신들은 섬기되 어떤 신들은 무시하는 것은 지각 있는 사람이 할 짓이 아니니까요. 그것들이 이름을 갖지 못한 이유에 대해서는 우리가 설명한 것처럼 설명해야 합니다. 대신 그것들은 전통적인 신들의 이름을 갖게 되었습니다. 개밥바라기라고도 하는 샛별[45]이 아프로디테[46]의 별로 여겨지는 것은 일리가 있고,[47] 쉬리아의 입법자에게는 아주 적절합니다.[48] 사실상 해와 아프로디테의 별을 따라다니는 것은 헤르메스[49] b

35 영어의 year.
36 영어의 month.
37 kosmos.
38 해, 달, 항성들.
39 금성.
40 수성.
41 수성.
42 barbaros.
43 Aigyptos(이집트), Syria(시리아).
44 Hellas. 그리스의 그리스어 이름.
45 hesperos('저녁 별'), heosphoros('새벽을 가져다주는 별').
46 Aphrodite(라/Venus). 여성미와 성애(性愛)의 여신.
47 아름다우니까.
48 서아시아 사람들은 아프로디테를 특히 숭배했다.

의 별입니다. 아직도 우리는 달과 해와 함께 오른쪽으로[50] 움직이는 세 천체[51]의 궤도에 대해 논의해야 합니다. 하지만 우리는 무엇보다도 우주질서[52]라고 불리어 마땅한 여덟 번째 것[53]을 언급해야 합니다. 이것은 다른 것들 전체와 반대 방향으로 움직이며 그것들을 인도하는데, 이런 일 c 들에 관해 약간의 지식이 있는 사람이라면 누구에게나 보입니다. 하지만 우리는 우리가 아는 것이면 무엇이든 말해야 하며, 그래서 말하고 있습니다. 그래야 신과 같은 올바른 이해력을 조금밖에 갖지 못한 사람에게도 진정한 지혜가 모습을 드러낼 테니까요. 이제 남은 별은 셋인데, 그중 하나는 유난히 느리며 어떤 사람들은 그것을 크로노스[54]의 별이라고 부릅니다. 그다음으로 느린 것을 우리는 제우스[55]의 별이라고, 그다음으로 느린 것을 아레스[56]의 별이라고 불러야 하는데, 이 별은 그중 가장 붉은색을 띱니다. 누가 설명해주면 그중 어느 것도 이해하기 어렵지 않 d 지만, 일단 배운 뒤에는 우리가 말했듯이 믿어야 합니다.

모든 헬라스인이 명심해야 할 점은 우리 헬라스인들이 차지하고 있는 지리적 위치가 미덕을 성취하는 데는 사실상 가장 훌륭하다는 것입니다. 그 장점은 헬라스가 겨울 기후와 여름 기후의 중간에 자리잡고 있다는 사실에서 찾아야 합니다. 그리하여 앞서 말했듯이 우리의 여름이 저쪽 지역들의 여름보다 못하기에 우리는 이 신들의 질서를 늦게 관찰하게 되었습니다. 그러나 우리는 헬라스인들이 이민족에게서 무엇을 전수받 e 건 결국에는 그것을 더 훌륭한 것으로 만든다고 생각합시다. 지금 논의 중인 것들에 대해서도 똑같이 명심해야 합니다. 그런 것들을 논쟁의 여지 없이 찾아내기는 어렵지만, 비록 이들 모든 신에 대한 전승과 숭배가 이민족의 나라에서 유래했어도 헬라스인들이 여러 교육과 델포이[57]의 신탁과 법률이 정한 의식(儀式)에 힘입어 이들 신을 이민족보다 더 아름답고 더 올바르게 섬길 가망은 충분히 있다고 말입니다. 988a

또한 어떤 헬라스인도 죽기 마련인 인간이 신들의 일에 관심을 가져서는 안 될 것이라는 생각에 주눅 들어서는 안 됩니다. 오히려 그들은 정반대로 생각해야 합니다. 신적 존재[58]는 분별없거나 인간 본성을 모르기는커녕 자기가 가르쳐주면 우리가 따를 것이며 가르친 것들은 우리가 배울 것임을 안다고 말입니다. 물론 신적 존재는 자기가 가르치고 우리가 배우는 것이 수와 계산법이라는 것을 알고 있습니다. 그것을 모른다면 신적 존재는 가장 분별없을 테니까요. 신의 도움으로 훌륭해진 자들과 함께 진심으로 기뻐하는 대신 배울 수 있는 자들에게 화를 내는 것은 사람들 말마따나 진실로 자신을 모르는 것일 테니 말입니다. b

인간들이 처음에 신들이 어떻게 해서 어떤 존재로 어디서[59] 생겼으며 c

49 Hermes(라/Mercurius). 신들의 전령이자 수행원.
50 서쪽에서 동쪽으로.
51 화성, 목성, 토성.
52 kosmos.
53 항성계.
54 Kronos(라/Saturnus 제우스의 아버지). 토성.
55 Zeus(라/Iupiter 최고신). 목성.
56 Ares(라 Mars 전쟁의 신). 화성.
57 Delphoi. 아폴론의 신탁소가 있던 중부 그리스 지방의 도시.
58 우주를 말하는 듯하다.

어떤 행동을 했는지 생각하기 시작했을 때, 인간들이 말한 것이 분별 있는 사람들에게는 그럴듯하지도 마음에 들지도 않았다는 것은 쉽게 이해할 수 있습니다. 그다음에 나온 주장[60]도 마찬가지였습니다. 불과 물과 그 밖의 다른 물체가 가장 오래되고, 놀라운 혼은 나중에 생긴 것이며, 물체에 속하며 열기와 냉기와 그런 모든 것으로 물체가 자신 안에 산출하는 운동이 더 우월하고 더 귀중하며, 혼은 몸도 자기 자신도 움직이지 d 못한다는 주장 말입니다. 그러나 혼이 일단 몸 안에 생기면 몸과 자신을 움직이고 회전하는 것은 놀랄 일이 아니라고 말하는 지금, 우리 혼은 아무리 무거운 것이라도 움직일 능력이 자신에게 있다는 것을 믿어 의심치 않습니다. 따라서 우리가 지금 주장하듯 혼이 온 우주의 원인이며, 좋은 것들의 원인은 좋은 것이고 나쁜 것들의 원인은 나쁜 것이므로, 혼이 모든 이동과 운동의 원인이며 좋은 것을 향한 이동과 운동은 가장 훌륭한 e 혼이 하는 일이고 그 반대쪽으로 향한 이동과 운동은 그와 반대되는 혼이 하는 일이라는 것은 놀랄 일이 못 됩니다. 그래서 좋은 것들은 나쁜 것들을 언제나 이겼고 또 언제나 이겨야 합니다.

우리가 말한 이 모든 것은 불경한 자를 응징하는 정의[61]와도 일치합니다. 따라서 논의 중인 주제로 되돌아가 우리는 훌륭한 사람이 지혜롭다 989a 고 믿을 수밖에 없습니다. 우리가 아까부터 찾고 있던 그 지혜와 관련해서는, 그것을 모르면 우리에게 정의에 대한 판단력이 완전히 결여될 교육이나 기술을 발견할 수 있을지 살펴보기로 합시다. 아닌 게 아니라 나는 발견할 수 있을 것 같습니다. 그러니 말해야겠지요. 내가 위아래로 찾아 헤맸을 때 그것이 어떻게 모습을 드러냈는지 그대들에게 설명해보겠습니다. 우리가 실패하는 것은 미덕의 가장 중요한 부분을 제대로 실천하지 않기 때문입니다. 내가 방금 말한 것이 그 점을 강력히 시사하는 것 같습니다. 죽기 마련인 종족에게 신을 섬기는 것[62]보다 더 중요한 미덕이 b 있다고 어느 누구도 우리를 설득하지 못할 것입니다. 하지만 가장 훌륭한 자질을 타고난 사람들 속에서도 그것이 모습을 드러내지 않은 것은 최악의 무지 때문이라고 말하지 않을 수 없습니다. 가장 훌륭한 자질은 태어나기 더없이 어렵지만, 일단 태어나면 인류에게 가장 유익합니다. 빠름과 느림을 둘 다 적당한 정도로 그리고 유연하게 구비한 혼이라야 성격이 좋을 테니까요. 그런 혼이 용기를 찬탄하고 절도를 잘 지키고— c 이 점이 가장 중요합니다만—쉽게 배우고 기억력이 좋다면 그런 활동들을 즐길 수 있을 것이며 배우기를 좋아할 것입니다. 그런 기질들은 쉽게 태어나지 않지만 일단 태어나 제대로 양육되고 교육받으면, 그런 사람들이 자신들보다 못한 대중을 통제하는 것이 가장 옳을 것입니다. 신들에 관해 언제 어떻게 생각하고 말하고 행동해야 하는지, 신과 인간들이 관련된 정화 의식을 치르거나 제물을 바칠 때 무엇을 지켜야 하는지 모범을 보여줌으로써 말입니다. 이때 겉치레로 경건한 척해서는 안 되고 진심으로 미덕을 숭상해야 하는데, 미덕을 숭상하는 것이야말로 나라 전체 d

59 버넷(Burnet)에 따라 ho men이라고 읽지 않고 램(Lamb)에 따라 hothen이라고 읽었다.
60 일부 자연철학자들의 주장을 말하는 것 같다.
61 dike. 또는 '정의의 여신'.
62 '신을 섬기는 것'(eusebeia).

를 위해 가장 중요합니다. 그러므로 단언컨대 주민 가운데 이 부분이 본성적으로 가장 권위가 있으며, 가르쳐주는 사람이 있으면 가장 아름답고 가장 훌륭한 것들을 배울 수 있습니다. 하지만 신이 인도하지 않으면 누구도 가르칠 수 없습니다. 누군가 가르치더라도 제대로 가르치지 못하면 배우지 않는 것이 더 나을 것입니다. 그렇더라도 우리가 논의한 것에 따르면 그런 종류의 가장 훌륭한 본성을 타고난 사람은 반드시 그런 것들을 배워야 하며, 나도 그렇다고 주장합니다.

e 그러면 그런 것들이 무엇이며 어떤 것이며 어떻게 배워야 하는지, 말하자면 신들을 적절히 섬기는 법을 어떻게 배워야 하는지, 말하는 사람 990a 으로서의 내 능력과 듣는 사람들의 능력이 허용하는 한 설명해보기로 합시다. 좀 이상하게 들리겠지만, 내가 신들을 섬기는 일로 인도하는 지혜의 이름을 대면 사람들은 그런 문제에 무지하기에 뜻밖이다 싶을 겁니다. 그것은 천문학[63]입니다. 진정한 천문학자는 가장 지혜로운 사람이어야 한다는 것을 사람들은 모릅니다. 별들이 뜨고 지는 것을 관찰함으로써 헤시오도스[64] 식으로 천문학을 하는 사람이 아니라, 여덟 궤도 가운데 일곱 궤도[65]를 연구한 사람 말입니다. 그것들이 각각 제 회전주기를 b 다 도는 것은 비범한 자질을 타고나지 않은 사람은 쉽사리 관찰할 수 없습니다. 이 점은 내가 이미 언급했고, 지금은 우리가 그것을 어떻게 어떤 방식으로 배워야 하는지 말할 것인데, 내가 먼저 말하고 싶은 것은 다음과 같은 것입니다.

달이 제 주기를 가장 빨리 완주하며 달[66]과 만월(滿月)을 가져다줍니다. 그다음에는 제 궤도를 완주하며 동지와 하지를 가져다주는 해와 그것의 위성들[67]을 관찰해야 합니다. 같은 것들에 대해 같은 말을 되풀이 하는 것을 피하기 위해 간단히 말하자면, 우리가 앞서 열거한 나머지 궤도들은 이해하기가 쉽지 않으므로 우리는 그런 지식을 위해 본성적으로 그것을 이해할 수 있는 사람들을 준비하며 그들에게 많은 것을 미리 가르치고 어리고 젊을 때 배우는 습관이 몸에 배도록 지속적으로 노력해야 합니다. 그래서 그들은 수학을 공부할 필요가 있습니다. c

그중 가장 중요하고 으뜸가는 것은 수 자체를 공부하는 것입니다. 말하자면 물체 속에서 구체화된 수가 아니라, 홀수와 짝수의 생성 전체와 존재하는 사물의 본성에 그것이 미치는 영향이 얼마나 큰지 공부하는 것입니다. 그것을 배우고 나면 기하학[68]이라는 매우 우스꽝스러운 이름으로 불리는 것이 그다음 차례입니다. 사실상 이 과목은 본성상 서로 같지 않은 수들[69]을 평면에 적용함으로써 서로 같게 만드는 것임이 분명합니다. 이런 기적이 인간에게서 유래한 것이 아닌 신적이라는 것은 그것을 이해할 수 있는 사람에게는 누구에게나 명백합니다. 그다음은 그 본성상 입체와도 같은 세제곱한 수들을 공부하는 것입니다. 여기서 다시 d

**63** astronomia.

**64** Hesiodos. 기원전 700년경에 활동한 그리스 서사시인. 그의 작품으로는 『신들의 계보』(*Theogonia*), 『일과 날』(*Erga kai hemerai*) 등이 남아 있다.

**65** 해, 달 그리고 다섯 행성.

**66** 영어의 month.

**67** 금성과 수성.

**68** geometria. 그대로 옮기면 '토지의 측량'이라는 뜻이다.

**69** 유리수와 무리수.

처음 발견한 사람들이 입체기하학[70]이라고 명명한 다른 기술로 서로 다

e 른 수들이 서로 같아집니다. 그러나 그런 것들을 들여다보는 사람들이 신적이며 놀랍다고 여기는 것은 어떻게 자연 전체가 언제나 갑절에 기초한 힘과 절반에 기초한 힘에 따라 같은 비례로 종과 유들을 찍어내는지

991a 입니다. 갑절의 첫 번째 수열은 1에서 2로 진행되는 것이고,[71] 제곱으로 결정되는 수열은 이것의 갑절입니다.[72] 또 입체적이고 만질 수 있는 것을 향한 수열은 이것의 갑절로 1에서 8로 나아갑니다.[73] 갑절의 중간으로 나아가는 수열에는 더 큰 것보다 작은 만큼 더 작은 것보다 더 큰 중간도 있고,[74] 양끝에 있는 수들의 분수만큼 그중 하나보다 더 크고 다른 하나보

b 다 더 작은 중간[75]도 있습니다. 6과 12의 중간으로는 6에 그 1/2을 보탠 9도 있고, 6에 1/3을 보탠 8도 있습니다. 이 둘[76]에 근거한 수열이 놀이에서의 리듬과 선법[77]을 위해 조화롭게 균형 있게 사용되도록 무사[78] 여신들의 축복받은 합창으로 인간들에게 주어졌던 것입니다.

이 모든 것이 우리가 말한 대로라고 받아들이도록 합시다. 그러고 나서 끝으로 지혜의 완성을 위해 신이 인간에게 관찰하는 것을 허용한 가시적인 것들 중에 가장 아름답고 가장 신적인 것들로 이루어진, 생성계의 신적인 요소를 고찰해야 합니다. 그런 광경은 내가 방금 언급한 전제

c 조건이 충족되지 않으면 어느 누구도 쉽게 보았다고 자랑할 수 없는 것입니다. 또한 모든 논의에서 우리는 질문하고 잘못된 주장을 논박함으로써 개별적인 것을 일반적인 것에 맞춰보아야 합니다. 그러는 것이 인간에게는 진실로 진리의 가장 아름답고 으뜸가는 시금석이고, 그 밖에 시금석이 아니면서 시금석인 체하는 것은 헛수고 중에서도 가장 헛수고입니

다. 또한 우리는 하늘에서 일어나는 일들이 얼마나 정확하게 일어나는지 시간도 정확하게 알고 있어야 합니다. 그러면 혼이 몸보다 더 오래되고 더 신적이라는 우리 주장이 참이라고 믿는 사람은 누구나 "만물은 신으로 충만하다"는 말은 전적으로 옳고 충분하며, 우리는 우리보다 더 나은 분들[79]의 망각과 소홀함으로 인해 결코 경시당하는 것이 아님을 믿게 될 것입니다. d

이 모든 것과 관련하여 우리는 이 점을 명심해야 합니다. 그런 것들 하나하나를 제대로 이해하는 사람은 그럼으로써 큰 덕을 보게 될 것입니다. 그러지 못하면 신에게 도움을 청하는 것이 언제나 더 낫습니다. 그 방법은 이렇습니다. 이 정도는 말해야 하니까요. 제대로 배우는 사람에게는 모든 도형과 수의 체계와 선법의 모든 구성과 별들의 운행의 동일한 양식은 이 모든 것에 적용되는 하나임이 드러나야 하며, 우리가 말했듯이 하나에 주목하며 제대로 배우는 사람에게는 드러날 것입니다. 그런 e

**70** stereometria.
**71** 1, 2, 4, …….
**72** 1, 4, 16, …….
**73** 1, 8, 64, …….
**74** 산술평균.
**75** 조화평균.
**76** 6과 12.
**77** harmonia.
**78** Mousa. 시가(詩歌)의 여신.
**79** 신들.

992a 사람에게는 이 모든 것을 자연스럽게 하나로 묶는 끈이 드러날 테니까요. 그러나 이런 것들을 다른 방법으로 대하는 사람은 말하자면 운(運)이 좋아야 합니다. 그런 것들을 배우지 않고는 어느 누구도 나라에서 행복하지 못할 테니까요. 이것이 방법이고, 이것이 양육이며, 이것이 교과목들입니다. 그리고 그것들이 어렵든 쉽든 우리는 그 길로 나아가야 합니다.

우리가 모든 신들[80]에 관해 제대로 말했다는 것이 운 좋게도 밝혀진 b 터에 신들을 소홀히 하는 것은 부당합니다. 이 모든 것을 제대로 이해한 사람이야말로 단언컨대 진실로 가장 지혜로운 사람입니다. 그리고 농담이자 진담으로 장담하건대, 그런 사람 중 누군가가 죽음으로 자기 운명을 마감할 때 (실은 그가 죽어도 살아 있는 것이라면), 더이상 지금처럼 많은 감각적 지각[81]에 참여하지 않고 하나 됨의 운명에 참여하게 될 것입니다. 그렇게 여럿에서 하나가 되어 그는 행복하면서도 가장 지혜롭고 축복받은 사람이 될 것입니다. 그가 축복받은 삶을 사는 곳이 대륙이든 c 섬[82]이든 간에 말입니다. 그리고 그는 그런 행운을 언제까지나 누릴 것입니다. 또한 그는 그런 일들에 사인(私人)으로 종사하든 공인으로 종사하며 살아가든 신들에게 똑같은 대접을 받을 것입니다. 그러나 우리가 처음에 말한 것은 지금도 맞는 말인데, 그것은 소수를 제외하고는 인간들은 완전하게 축복받고 행복할 수 없다는 것입니다. 그건 옳은 말이니까요. 본성이 신과 같고 절제 있으며, 또 나머지 미덕을 갖추고 있으며, 축 d 복받은 학문[83]과 연관된 모든 과목—그것들이 어떤 것인지는 이미 설명한 바 있습니다—을 터득한 사람들만이 신이 인간에게 줄 수 있는 모든 것을 충분히 얻어 갖고 있습니다.

그래서 우리는 이 모든 과목을 애써 제대로 공부한 원로들에게 사적으로는 최고 관직이 주어져야 한다고 주장하고 공적으로는 법률로 제정해야 합니다. 다른 사람들은 그들에게 복종하고 모든 남녀 신들을 찬양해야 합니다. 또한 이제는 그 지혜가 무엇인지 알았고 충분히 검증했으니, 우리는 마땅히 그 지혜를 추구하도록 새벽 회의 회원들[84]에게 촉구해야 합니다. e

**80** 천체.

**81** aisthesis.

**82** 이른바 대지의 서쪽 끝 오케아노스(Okeanos) 강변에 있다는 '축복받은 자들의 섬들'(makaron nesoi)을 말한다. 신들이 아끼던 소수의 인간은 죽은 뒤 저승으로 내려가지 않고 이곳에서 살았다고 한다.

**83** 천문학.

**84** ho nykterinos syllogos. 『법률』에서 새벽에 나랏일을 논하는 엘리트 집단.

# 테아게스

## 지혜에 관하여

**대담자**

데모도코스(Demodokos), 소크라테스, 테아게스(Theages)

121a **데모도코스** 소크라테스 선생님, 개인적으로 선생님께 드릴 말씀이 있습니다. 짬이 난다면 말입니다. 짬이 나지 않는다 하더라도 아주 중대한 일이 아니라면 저를 위해 시간을 좀 내주십시오.

**소크라테스** 마침 짬이 나는군요. 특히 그대를 위해서라면 아주 많이 말입니다. 그러니 하고 싶은 말이 있으면 마음껏 말씀하십시오.

**데모도코스** 그러면 이곳 거리에서 해방자 제우스[1]의 주랑(柱廊)으로 자리를 옮겨도 괜찮겠습니까?

**소크라테스** 좋을 대로 하십시오.

b **데모도코스** 그럼 가시죠. 소크라테스 선생님, 모든 생명체는 같은 과정을 밟는 것 같아요. 대지에서 자라는 식물도, 인간을 포함한 동물도 말입니다. 우리들 농사짓는 사람에게는 파종에 필요한 모든 준비를 마치는 것도 파종하는 것 자체도 가장 쉬운 일에 속합니다. 그러나 식물이 자라기 시작하면서부터는 그것을 돌보느라 힘들고 귀찮은 일이 한두 가지가 아 c 닙니다. 사람의 경우에도 마찬가지인 것 같아요. 다른 사람들도 나와 똑같은 문제점이 있다면 말입니다. 여기 있는 내 아들을 낳기 위해 파종하는 일은 내게 세상에서 가장 쉬운 일이었어요. 하지만 아이를 양육하는

일은 힘들었고, 나는 늘 아들이 염려되고 걱정되었답니다.

많은 예를 들 수 있지만, 지금 그를 사로잡은 욕구가 특히 두렵습니다. 그 욕구는 저급하지는 않지만 위험하니까요. 소크라테스 선생님, 여기 이 애가 말하기를 자기는 지혜로워지고 싶다니 말입니다. 아마도 우리 구역[2]에 사는 또래 가운데 시내에 나다니는 몇 명이 그곳에서 들은 토론 이야기로 그를 자극한 것 같아요. 그래서 그는 그들을 부러워하며 이제는 내가 자기를 염려해야 하며 자기를 지혜롭게 만들어줄 소피스트[3] 중 한 명에게 수업료를 내야 한다고 오래전부터 나를 들볶고 있답니다. 나는 수업료는 별로 걱정되지 않지만, 그렇게 서두르다가는 그 애가 큰 위험에 처할 것만 같아요. 나는 한동안 좋은 말로 조언하며 말렸습니다. 한데 더이상 그럴 수 없게 되어, 아들이 나 몰래 누군가와 사귀다가 타락하는 일이 없도록 그의 청을 들어주는 것이 상책이라고 생각합니다. 그래서 지금 여기 이 애를 이른바 소피스트들 가운데 한 명에게 제자로 삼아 달라고 하려고 도성에 온 것입니다. 그런데 우리가 운 좋게도 때마침 선생님을 만났군요. 그러니 그다음에는 내가 무엇을 해야 하는지 조언해

d

122a

1 Zeus ho eleutherios.

2 demos. 아테나이를 포함한 앗티케 지방은 174개 구역으로 나뉘어 있었다.

3 소피스트의 그리스어 sophistes는 형용사 sophos('지혜로운')에서 파생한 명사로 그대로 옮기면 '지혜로운 사람'이라는 뜻이다. 이 말은 기원전 5세기에 보수를 받고 지식을 가르쳐주는 순회 교사들을 의미했다. 그들은 수학, 문법, 지리 등 다양한 과목을 가르쳤으나 출세를 위해 젊은이들에게 주로 수사학을 가르쳤다. 그들은 진리의 상대성을 주장한 까닭에 '궤변학파'(詭辯學派)라고 불리기도 한다.

주시면 더없이 기쁘겠습니다. 방금 들으신 것에 근거해 조언해주실 수 있

b 다면 해주셔도 좋습니다. 아니, 조언해주셔야 합니다.

**소크라테스** 데모도코스님, 사람들 말처럼 조언은 신성한 것이오. 그리고 조언이 신성한 것이라면 분명 그대와 같은 경우일 것이오. 인간이 조언을 구해야 할 것으로 자신이나 가족의 교육보다도 더 신성한 것은 아무것도 없으니까요. 그렇다면 우선 그대와 내가 논의하고자 하는 것이 무엇인지 정확히 규정하도록 합시다. 나는 그것을 이것이라고 여기고 그대는 다른

c 것이라고 여길 수 있고, 한참 논의한 뒤 조언을 하는 나와 조언을 구하는 그대가 전혀 다른 것들을 생각하고 있어 둘 다 우스꽝스러운 짓을 하고 있다는 느낌이 들 수 있으니까요.

**데모도코스** 옳은 말씀인 것 같아요, 소크라테스 선생님. 우리는 당연히 그렇게 해야겠지요.

**소크라테스** 내 말이 옳지요. 하지만 완전히 옳은 것은 아니오. 조금 바꿔야 할 게 있으니까요. 여기 이 젊은이는 그가 원한다고 우리가 생각하는 것이 아니라 다른 것을 원할 수도 있으니까요. 그럴 경우 우리의 조언은

d 더 우스꽝스럽고 엉뚱할 것이오. 그러니 먼저 원하는 것이 정확히 무엇인지 젊은이에게 직접 물어보는 것이 가장 좋을 것 같아요.

**데모도코스** 역시 선생님 말씀대로 하는 것이 좋을 것 같군요.

**소크라테스** 말씀해주시오. 이 젊은이는 이름이 무엇이오? 내가 그를 어떻게 불러야 합니까?

**데모도코스** 이 애의 이름은 테아게스입니다, 소크라테스 선생님.

**소크라테스** 데모도코스님, 아드님에게 아름답고 경건한 이름[4]을 지어주

셨군요. 말해보게, 테아게스군, 자네는 지혜로워지고 싶어 하고, 그래서 자네를 지혜롭게 만들 수 있는 사람의 문하생이 되게 해달라고 여기 계신 아버지를 졸라댄다는데 맞는 말인가? e

**테아게스** 네.

**소크라테스** 자네는 어떤 사람을 지혜롭다고 하는가? 무엇에 관해서든 아는 사람인가, 아니면 그렇지 못한 사람인가?

**테아게스** 물론 아는 사람이지요.

**소크라테스** 읽기, 쓰기, 키타라[5] 연주하기, 레슬링과 그 밖의 다른 경기처럼 여기 있는 자네 또래들이, 다른 신사들의 아들들이 모두 배운 것들을 자네 부친은 자네에게 배우고 교육받게 해주시지 않던가?

**테아게스** 그렇게 해주셨어요.

**소크라테스** 자네가 아직도 어떤 지식이 부족하기 때문에, 그것을 얻도록 자네 부친이 마땅히 도와주어야 한다고 생각하는가? 123a

**테아게스** 저는 그렇게 생각합니다.

**소크라테스** 그게 어떤 지식인가? 우리에게도 말해주게. 자네를 도울 수 있도록 말일세.

**테아게스** 소크라테스 선생님, 그건 아버지께서도 알고 계세요. 제가 누차 말씀드렸으니까요. 그런데도 아버지께서는 선생님 면전에서 제가 원하는 것이 무엇인지 모르는 척 시치미를 떼고 계세요. 또한 아버지께서

4 Theages. '신이 인도한' 또는 '신을 섬기는'이라는 뜻인 것 같다.
5 kithara. 고대 그리스의 발현악기로 뤼라(lyra)를 개량한 것.

는 이런저런 핑계를 대시며, 누군가의 문하생이 되게 해달라는 저의 청을 거절하세요.

**소크라테스** 하지만 자네가 앞서 말한 것은 자네가 말했다고 증언해줄 증인이 없네. 그러니 이번에는 나를 증인으로 세우고, 자네가 원하는 것이 어떤 지혜인지 내 면전에서 말해보게. 자, 자네가 원하는 것이 배의 키를 잡는 지혜이고, 내가 자네에게 이렇게 묻는다고 가정해보게. "테아게스, 자네는 대체 어떤 지식이 부족하기에 자네를 지혜롭게 만들어줄 누군가의 문하생이 되게 해달라는 청을 거절한다고 아버지를 비난하는 겐가?" 자네는 뭐라고 대답할 텐가? 자네는 그것을 어떤 지혜라고 할 텐가? 조타술이라고 하겠지?

**테아게스** 그렇습니다.

**소크라테스** 그리고 전차를 모는 지혜를 원하기에 자네가 아버지를 비난하고 내가 이번에도 그 지혜가 무엇인지 묻는다면, 자네는 무엇이라고 대답할 텐가? 전차 모는 기술이라고 하겠지?

**테아게스** 네.

**소크라테스** 자네가 지금 원하는 것은 이름이 없는가, 이름이 있는가?

**테아게스** 이름이 있다고 생각해요.

**소크라테스** 자네는 그것을 알아도 그것의 이름은 모르는가, 아니면 그것의 이름도 모르는가?

**테아게스** 저는 그것의 이름도 압니다.

**소크라테스** 그러면 그것의 이름이 무엇인가? 말해보게.

**테아게스** 그것에 지혜[6] 말고 무슨 다른 이름을 붙일 수 있겠어요, 소크라테스 선생님.

**소크라테스** 전차 모는 기술도 지혜겠지? 아니면 자네는 그것을 무지[7]라고 생각하는가?

**테아게스** 저는 그렇게 생각하지 않아요.

**소크라테스** 그렇다면 지혜겠지?

**테아게스** 네.

**소크라테스** 우리는 그것을 어디에 사용하는가? 그것을 알아야 우리가 한 조의 말들이 끄는 전차를 통제할 수 있겠지?

**테아게스** 네.

**소크라테스** 조타술도 지혜겠지?

**테아게스** 저는 그렇다고 생각해요.

**소크라테스** 그것을 알아야 우리가 배를 조종할 수 있겠지?

**테아게스** 그렇습니다.

**소크라테스** 자네가 원하는 것은 어떤 지혜인가? 그것을 알면 우리가 무엇을 지배할 수 있는가? e

**테아게스** 사람들을 지배할 수 있다고 생각해요.

**소크라테스** 병자들 말인가?

**테아게스** 아닙니다.

**소크라테스** 그것은 의술이겠지? 그렇지 않은가?

6 sophia.

7 amathia.

**테아게스** 그렇습니다.

**소크라테스** 아니면 우리가 그것을 알면 합창가무단의 가수들을 지휘할 수 있는 그런 것인가?

**테아게스** 아닙니다.

**소크라테스** 그것은 음악이겠지?

**테아게스** 물론이지요.

**소크라테스** 그것을 알면 운동선수들을 지도할 수 있는 그런 것인가?

**테아게스** 아닙니다.

**소크라테스** 그것은 체육이겠지?

**테아게스** 네.

**소크라테스** 그것을 알면 무엇을 하는 사람들을 지배할 수 있는가? 내가 앞서 그랬듯이 최선을 다해 말해보게.

124a **테아게스** 그것을 알면 나라 안 사람들을 지배할 수 있다고 생각해요.

**소크라테스** 병자들도 나라 안에 있지 않은가?

**테아게스** 하지만 제가 말하는 것은 그 사람들뿐 아니라 나라 안에 있는 그 밖의 모든 사람입니다.

**소크라테스** 자네가 말하는 게 어떤 기술인지 이제야 알 것 같네. 자네가 말하는 것은 그것을 알면 수확하는 사람과 따는 사람과 심는 사람과 씨 뿌리는 사람과 타작하는 사람을 지배할 수 있는 그런 기술은 아닌 것 같네. 그것을 알면 우리가 이들을 지배할 수 있는 것은 농사 기술이니까. 그렇지 않은가?

**테아게스** 그렇습니다.

**소크라테스** 자네가 말하는 것은 톱질하는 사람과 구멍 뚫는 사람과 대패질하는 사람과 돌림판공 등을 지배할 수 있는 그런 기술도 아닌 것 같네. 그것은 목공술일 테니까. b

**테아게스** 그렇습니다.

**소크라테스** 자네가 말하는 것은 아마도 우리가 그것을 알면 이들 모두를, 농부와 목수와 모든 장인(匠人)과 보통 사람과 남녀 모두를 지배할 수 있는 그런 지혜인 것 같네.

**테아게스** 그것이 아까부터 제가 말하고 싶었던 것이랍니다, 소크라테스 선생님.

**소크라테스** 그렇다면 자네는 아르고스에서 아가멤논을 살해한 아이기스토스[8]가 자네가 말하는 그들 모두를, 즉 장인과 보통 사람과 남녀 모두를 모조리 지배했다고 말할 수 있는가? 아니면 그는 다른 사람들을 지배했는가? c

**테아게스** 아니요, 그들을 지배했습니다.

**소크라테스** 어떤가? 아이아코스의 아들 펠레우스도 프티아[9]에서 같은 종류의 사람들을 지배했겠지?

8 아르고스(Argos)는 펠로폰네소스반도 북동부에 있는 지역 이름이자 도시 이름이다. 아가멤논은 트로이아전쟁 때 그리스 연합군 총사령관으로 10년 만에 개선하던 날 아내 클뤼타임네스트라(Klytaimnestra)와 그녀의 정부(情夫) 아이기스토스(Aigisthos)의 손에 살해된다.

9 펠레우스는 아이아코스(Aiakos)의 아들로 아킬레우스의 아버지이다. 프티아(Phthia)는 텟살리아(Thessalia) 지방에 있는 지역 이름이자 도시 이름이다.

**테아게스** 네.

**소크라테스** 자네는 큅셀로스의 아들 페리안드로스[10]가 코린토스의 지배자가 되었다는 말을 들은 적이 있는가?

**테아게스** 들은 적이 있어요.

**소크라테스** 그도 자기 나라에서 같은 종류의 사람들을 지배했겠지?

d **테아게스** 네.

**소크라테스** 얼마 전에 마케도니아의 지배자가 된 페르딕카스의 아들 아르켈라오스[11]는 어떤가? 자네는 그도 같은 종류의 사람들을 지배한다고 생각하지 않는가?

**테아게스** 그렇다고 생각합니다.

**소크라테스** 자네는 페이시스트라토스의 아들 힙피아스[12]가 이 나라를 지배할 때 어떤 사람들을 지배했다고 생각하는가? 그들도 같은 종류의 사람들이 아닐까?

**테아게스** 왜 아니겠어요?

**소크라테스** 바키스와 시빌라와 우리 동향인인 암필뤼토스[13]는 어떤 명칭을 갖고 있는지 내게 말해줄 수 있겠나?

**테아게스** '예언자' 말고 무슨 다른 이름을 갖고 있겠어요, 소크라테스 선생님?

e **소크라테스** 옳은 말일세. 힙피아스와 페리안드로스에 관해서도 같은 식으로 대답해보게. 이들은 자신들의 통치 방식 때문에 어떤 명칭을 갖고 있는가?

**테아게스** '참주'겠지요. 달리 어떻게 부를 수 있겠어요?

**소크라테스** 자기 나라의 모든 사람을 모조리 지배하기를 원하는 사람이 있다면, 그도 이들과 같은 통치 방식 즉 참주정체를 원하고 참주가 되기를 원하겠지?

**테아게스** 그럴 것 같아요.

**소크라테스** 그럼 이것이 자네가 원한다고 주장하는 것인가?

**테아게스** 제가 말씀드린 것에 따르면 그런 것 같아요.

**소크라테스** 고약한 친구 같으니라고! 그러니까 자네는 참주로서 우리를 지배하고 싶어서 자네에게 참주가 되는 법을 가르쳐줄 교사의 문하생으로 보내주지 않는다고 오래전부터 아버지를 비난했구먼. 그리고 데모도코스님, 그대는 아들이 원하는 것이 무엇인지 오래전부터 알았고, 그를 자기가 원하는 지혜의 전문가로 만들려면 어디로 보내야 하는지 알면서도 인색하게 굴며 보내려 하지 않았다니 부끄럽지도 않으시오? 보시다 125a

10 킵셀로스(Kypselos)의 아들인 페리안드로스(Periandros)는 기원전 627년경~587년까지 코린토스(Korinthos)의 참주(僭主)였다.

11 페르딕카스(Perdikkas)의 아들인 아르켈라오스(Archelaos)는 기원전 413년경 마케도니아(Makedonia)의 왕이 되었다가 기원전 399년에 살해된다.

12 페이시스트라토스(Peisistratos)는 기원전 560~527년에 아테나이의 참주였다. 그의 장남 힙피아스(Hippias)는 기원전 527~510년에 아테나이의 참주였다.

13 바키스(Bakis)는 그리스반도 중동부에 있는 보이오티아(Boiotia) 지방 출신의 예언자이다. 시빌라(Sibylla)라는 이름을 가진 예언녀는 원래 여기서처럼 한 명뿐이었지만, 나중에는 여러 곳의 예언녀들이 시빌라라고 불렸다. 암필뤼토스(Amphilytos)는 그리스반도 중서부에 있는 아카르나니아(Akarnania) 지방 출신의 예언자였는데 나중에 아테나이의 시민이 된 것 같다.

시피 이제 그가 내 면전에서 그대를 비난했으니, 우리가 그를 누구의 문하생으로 보내야 하는지, 그리고 지혜로운 참주가 되려면 그가 누구와 함께해야 하는지 그대와 내가 함께 의논해봅시다.

b **데모도코스** 제우스에 맹세코 그렇게 합시다, 소크라테스 선생님. 이 문제는 심사숙고할 필요가 있는 것 같으니까요.

**소크라테스** 여보시오, 그것은 나중에 하고, 먼저 그에게 철저히 캐물어봅시다.

**데모도코스** 캐물으세요.

**소크라테스** 테아게스군, 우리가 에우리피데스에게 도움을 청하면 어떻겠는가? 에우리피데스는 어딘가에서 이렇게 말하네.

> 참주들은 지혜로운 사람들과 교제하기에 지혜롭다.[14]

그래서 누군가가 에우리피데스에게 묻는다고 가정해보게. "에우리피
c 데스님, 그들과의 교제가 참주를 지혜롭게 만든다고 그대가 주장하는 그 사람들은 대체 무엇에 지혜롭지요?" 예를 들어 그가 "농부들은 지혜로운 사람들과 교제해야 지혜로워지지요"라고 말해서, "무엇에 지혜롭지요?"라고 우리가 묻는다면, 그는 뭐라고 대답할까? 그는 분명히 "농사에 관련된 일에요"라고 대답할 걸세.

**테아게스** 다르게 대답할 수는 없겠지요.

**소크라테스** 또한 그가 "요리사들은 지혜로운 사람들과 교제해야 지혜로워지지요"라고 말해서, "무엇에 지혜롭지요?"라고 우리가 묻는다면, 그

는 뭐라고 대답할까? "요리에 관련된 일에요"라고 대답하겠지?

**테아게스** 네.

**소크라테스** 또한 그가 "레슬링선수들은 지혜로운 사람들과 교제해야 지혜로워지지요"라고 말해서, "무엇에 지혜롭지요?"라고 우리가 묻는다면, 그는 "레슬링에요"라고 대답하겠지? d

**테아게스** 네.

**소크라테스** 그러나 그가 "참주들은 지혜로운 사람들과 교제하기에 지혜롭다"고 말한 지금 "에우리피데스님, 그대가 지혜로운 사람들이라고 말하는 사람들은 무엇에 지혜롭지요?"라고 우리가 묻는다면, 그는 뭐라고 대답할까? 그는 이번에는 어떤 것을 언급할까?

**테아게스** 제우스에 맹세코, 저는 모르겠어요.

**소크라테스** 내가 말해도 괜찮겠나?

**테아게스** 선생님께서 괜찮으시다면요.

**소크라테스** 그것은 칼리크리테는 안다고 아나크레온[15]이 말한 것과 같은 것일세. 아니면 자네는 그 노래[16]를 모르는가?

**테아게스** 압니다.

**14** 에우리피데스는 아이스퀼로스, 소포클레스(Sophokles)와 더불어 고대 그리스의 3대 비극 작가이다. 플라톤의 『국가』 568a에도 나오는 이 시행은 사실은 소포클레스의 것이다. 소포클레스, 단편 13 (Nauck) 참조.

**15** Kallikrite. 아나크레온(Anareon)은 기원전 6세기 중엽에 활동한 그리스 서정시인이다.

**16** 이 노래의 내용에 관해서는 달리 알려진 것이 없다.

e **소크라테스** 어떤가? 자네도 퀴아네의 딸 칼리크리테와 같은 기술을 갖고 있으며, 시인이 말했듯이, 참주정체에 정통한 사람의 문하생이 되고 싶은가? 자네도 우리와 이 나라의 참주가 되기 위해서 말일세.

**테아게스** 소크라테스 선생님, 아까부터 저를 조롱하며 갖고 노시는군요.

**소크라테스** 그럴까? 자네는 그것을 알면 모든 시민을 지배할 수 있는 지혜를 갖고 싶다고 말하지 않았는가? 그렇다면 자네는 참주가 될 수밖에 없지 않은가?

**테아게스** 아닌 게 아니라 저는 가능하다면 모든 사람을 지배하는, 그게 안 되면 되도록 많은 사람을 지배하는 참주가 되고 싶어요. 그 점은 선생

126a 님도 다른 사람들도 모두 마찬가지라고 저는 생각해요. 아니, 저는 신이라도 되고 싶어요. 하지만 제가 신이 되고 싶다고는 말하지 않았습니다.

**소크라테스** 그렇다면 자네가 원하는 것은 대관절 무엇인가? 시민들을 지배하고 싶다고 자네는 말하지 않는가?

**테아게스** 그렇습니다. 하지만 힘을 사용하거나, 참주들처럼 그러는 것이 아니라 이 나라의 유명 인사들처럼 시민들의 동의를 받아 그러고 싶어요.

**소크라테스** 그러니까 자네 말은 테미스토클레스나 페리클레스나 키몬[17]이나 그 밖의 다른 탁월한 정치가처럼 사람들을 지배하고 싶다는 뜻인가?

**테아게스** 제우스에 맹세코, 제 말은 그런 뜻입니다.

b **소크라테스** 그럼 자네가 기마술에 지혜로워지기를 원한다면 어떻게 할 텐가? 자네가 탁월한 기수가 되려면 누구에게 가야 한다고 생각하는가? 다른 사람이 아니라 기수에게 가야겠지?

**테아게스** 그렇습니다.

**소크라테스** 그것도 이 분야의 대가이며 말을 갖고 있으며 자기 말과 남의 말을 늘 많이 부리는 사람에게 가야 할 걸세.

**테아게스** 자명합니다.

**소크라테스** 자네가 창던지기에 지혜로워지기를 원한다면 어떻게 할 텐가? 투창을 갖고 있으며 자기 투창과 남의 투창을 늘 많이 사용하는 창던지기의 대가에게 가야만 자네가 창던지기에 지혜로워질 것이라고 생각하지 않는가? c

**테아게스** 저는 그렇게 생각해요.

**소크라테스** 그러면 말해보게. 자네가 정치에 지혜로워지기를 원한다니 말인데, 정치에 탁월한 능력을 갖고 있을뿐더러 자기 나라뿐 아니라 다른 나라와도 늘 협력하고 헬라스 도시뿐 아니라 이민족 도시와도 교제하는 정치가들 말고 다른 사람들에게 가야 자네가 지혜로워질 것이라고 생각하는가? 아니면 자네는 이들 정치가가 아니라 다른 사람들과 교제해야 정치가들이 하는 일에 지혜로워질 것이라고 생각하는가?

**테아게스** 소크라테스 선생님, 저는 이들 정치가의 아들들이 제화공의 아들들보다 조금도 나을 것이 없다고 선생님께서 말씀하셨다는 말을 들었어요.[18] 제가 헤아리건대, 선생님 말씀은 더없이 맞는 말씀인 것 같아요. d

17 테미스토클레스(Themistokles), 페리클레스(Perikles), 키몬(Kimon)은 셋 다 아테나이의 유명 정치가이자 장군이다.

18 『알키비아데스 I』(*Alkibiades*) 118d~119a, 『메논』(*Menon*) 93a~94e, 『프로타고라스』(*Protagoras*) 319e~320b 참조.

그러니 이들 중 누군가가 자기 아들에게는 아무 도움도 안 되는 자기 지혜를 제게 전수할 것이라고 믿는다면 제가 바보겠지요. 그가 그런 일에 누군가에게 정말로 도움을 줄 수 있다면 말입니다.

**소크라테스** 여보게, 자네는 어떡할 텐가? 만약 자네에게 아들이 생겨 그 e 가 똑같은 방법으로 자네를 괴롭히고, 자기는 훌륭한 화가가 되고 싶은데 자기를 위해 수업료를 내려 하지 않는다고 자기 아버지인 자네를 비난하면서도 그 분야의 전문가인 화가들을 무시하며 그들에게 배우기를 거부한다면 말일세. 또는 피리 연주자가 되고 싶다면서 피리 연주자들을 무시하거나, 키타라[19] 연주자가 되고 싶다면서 키타라 연주자들을 무시한다면 말일세.

**테아게스** 제우스에 맹세코, 저는 어떡해야 할지 모르겠어요.

127a **소크라테스** 한데 자네도 자네 아버지에게 똑같은 짓을 하면서 자네를 어떻게 해야 할지, 누구에게 보내야 할지 모른다고 해서 놀라고 아버지를 비난할 수 있단 말인가? 그리고 우리는 누구든 자네가 원하는 정치에 능한 진실로 훌륭한 아테나이인의 문하생이 되게 해줄 것이며, 그는 수업료를 받지 않고 자네를 돌봐줄 걸세. 그러면 자네는 비용이 들지 않을뿐더러, 다른 사람의 제자가 되었을 때보다도 대중 사이에 훨씬 더 명성이 자자할 걸세.

**테아게스** 어떻습니까, 소크라테스 선생님? 선생님께서도 진실로 훌륭한 분 중 한 분이 아니신가요? 선생님께서 저를 제자로 받아주시겠다면 저는 만족하고 다른 사람을 찾지 않을 것입니다.

b **소크라테스** 테아게스군, 그게 무슨 말인가?

**데모도코스** 소크라테스 선생님, 나쁜 발상이 아닌 것 같아요. 그래주시면 선생님께서 내게 호의를 베푸시는 것도 될 것입니다. 그가 선생님의 제자가 되는 것에 만족하고 선생님께서 그를 제자로 받아들이시겠다면, 나로서는 그보다 더 큰 횡재는 생각할 수 없을 테니까요. 사실 그렇게 되기를 내가 얼마나 간절히 원하는지 말씀드리기조차 부끄럽습니다. 두 사람에게 내 간청하노니, 선생님께서는 이 애를 제자로 받아주시고, 너는 소크라테스님 말고 다른 스승을 찾지 말거라. 그러면 나는 무거운 근심의 짐을 벗게 될 것입니다. 나는 이 애가 자신을 망칠 다른 사람에게 빠져들까 봐 지금도 걱정이 태산이니까요. c

**테아게스** 아버지, 이제 저를 위해 더이상 걱정 안 하셔도 돼요. 저를 제자로 받아들이도록 소크라테스 선생님을 설득하실 수만 있다면 말입니다.

**데모도코스** 네 말이 마음에 드는구나. 소크라테스 선생님, 지금부터는 선생님께 말씀드려야겠어요. 간단히 말해 나는 나 자신과 내가 가진 모든 재산 가운데 선생님께 필요한 것이 있으면 무엇이든 무조건 바칠 용의가 있어요. 선생님께서 여기 있는 테아게스를 반가이 맞아주시고, 그에게 최대한 호의를 베풀어주신다면 말입니다. d

19 '피리'라고 옮긴 aulos는 지금의 오보에나 클라리넷에 가까운 관악기로 디튀람보스, 비극과 희극 코로스의 반주악기로 사용되었으며 잔치 때나 제물을 바칠 때나 장례 때도 연주되었다. 뤼라(lyra)는 활을 사용할 줄 몰라 손가락으로 뜯거나 채 따위로 켜던 발현악기(撥絃樂器)로 현의 길이가 모두 같다는 점에서 하프와 다르다. 피리와 더불어 고대 그리스의 주요 악기인 뤼라는 주로 서정시 반주에 사용되었다. 키타라(kithara)는 소리가 더 잘 울리도록 뤼라를 개량한 것이다.

**소크라테스** 데모도코스님, 나는 그대의 열성에 놀라지 않아요. 만약 여기 있는 그대의 아들에게 누구보다도 내가 도움이 될 것이라고 그대가 생각한다면 말이오. 나는 지각 있는 사람에게 자기 아들이 최대한 훌륭해지는 것보다 무엇이 더 진지한 관심사가 될 수 있는지 알지 못하니까요. 하지만 어째서 그대의 아들이 훌륭한 시민이 되는 데 내가 그대 자신보다 더 도움이 될 것이라고 생각하게 되었는지, 또 어째서 그대의 아들은 그대보다 내가 자기에게 더 도움이 될 것이라고 생각하게 되었는지 놀라지 않을 수 없소이다. 첫째, 그대는 나보다 나이가 많고, 아테나이의 여러 주요 관직에서 봉사한 적이 있고, 아나귀루스[20] 구역민들뿐 아니라 다른 동료 시민에게 누구 못지않게 존경받습니다. 하지만 그대들 두 사람 가운데 어느 누구도 내게서는 그런 점을 찾아볼 수 없어요.

그다음 여기 있는 테게아스군이 정말로 정치가의 문하생이 되는 것을 거부하고 젊은이들을 교육할 수 있다고 주장하는 다른 사람들을 찾는다면 이곳에는 케오스 출신 프로디코스도 있고, 레온티노이 출신 고르기아스도 있고, 아크라가스 출신 폴로스도 있으며 그 밖에도 다른 사람이 많이 있어요.[21] 이들은 너무나 지혜로워서 여러 도시를 순회하며, 수업료를 내지 않고 자기가 원하는 사람이면 누구에게서나 배울 수 있는 가장 부유한 명문가 젊은이들을 설득하지요. 그런 사람에게 배우기를 그만두고 대신 자기들한테 배우되, 수업료를 두둑이 내고 게다가 자기들에게 고마워하도록 말이오. 나보다는 이들 가운데 몇 명을 고르는 것이 그대의 아들과 그대에게는 합리적일 것이오. 나는 이들 훌륭하고 아름다운 학과목에 관해서는 아는 것이 아무것도 없다오. 알고 싶을 뿐이지요. 늘 말하지만, 나는 연애[22]라는 사소한 학과목 말고는 실제로 아는 것이 아무것도 없어요. 하지만 이 학과목에서는 이전에 살았거나 현재를 사는 어느 누구보다 내가 더 정통하다고 자부한답니다.

**테아게스** 아버지, 보고 계세요? 소크라테스 선생님은 저를 돌봐주실 생각이 전혀 없으면서 우리를 갖고 노시는 것 같아요. 저를 돌봐주시겠다면 저야 준비가 되어 있지만 말이에요. 저는 제 동년배이거나 저보다 나이가 조금 더 많은 사람 가운데 몇 명이 이 분의 제자가 되기 전에는 보잘것없었지만 이 분의 제자가 된 뒤에는 단기간에 전에 자신들보다 더 낫던 사람들보다 분명 더 나아진 것을 알고 있으니까요. c

**소크라테스** 자네는 그게 무엇을 의미하는지 알고 있는가, 데모도코스의 아들이여?

**테아게스** 물론 알고 있어요. 선생님께서 원하신다면 저도 그들처럼 될 수 있다는 것이지요.

**소크라테스** 여보게, 자네는 그게 어떻게 된 것인지 알지 못하네. 내가 자네에게 설명해보겠네. 내게는 신의 섭리에 의해 어린 시절부터 어떤 신적 존재[23]가 따라다닌다네. 그것은 목소리인데, 내 귀에 들릴 때면 언제 d

20 Anagyrous. 앗티케(Attike) 지방의 174개 구역(區域 demos) 중 하나.

21 프로디코스(Prodikos), 고르기아스(Gorgias), 폴로스(Polos)는 소크라테스와 동시대를 살던 소피스트이다. 케오스(Keos)는 앗티케 지방의 수니온(Sounion)곶 앞바다에 있는 섬이고, 레온티노이(Leontinoi 라/Leontini)와 아크라가스(Akragas 라/Agrigentum)는 시칠리아섬에 있는 도시들이다.

22 ta erotika.

나 내가 하려던 것을 만류할 뿐 나더러 무엇을 하라고 격려하지는 않는다네. 그리고 내 친구 가운데 한 명이 내게 조언을 구하고 그 목소리가 들릴 때도 마찬가지로 그 목소리는 계획을 실행하는 것을 금하고 허용하지 않는다네. 내가 그 증거를 대겠소. 그대들은 미남으로 자란, 글라우콘의 e 아들 카르미데스[24]를 분명 알고 있을 것이오. 그가 언젠가 네메아 경기[25]의 달리기경주에 참가할 의도로 내게 조언을 구한 적이 있는데, 그가 경주에 참가하려 한다는 말을 입 밖에 내자마자 그 목소리가 들렸고, 그래서 나는 그를 만류하며 이렇게 말했소. "자네가 말하는 동안 신적 존재의 목소리가 들렸네. 자네는 참가하지 말게"

그가 말했소. "아마도 내가 우승하지 못할 것이라는 뜻이겠지요. 설령 내가 우승하지 못하더라도 그동안 훈련하는 것은 내게 이로울 것입니다." 그렇게 말하고 그는 가서 훈련하기 시작했소. 그가 훈련한 결과 어떤 129a 일이 일어났는지는 그에게 물어보는 것이 좋겠지요. 아니면 그대들만 괜찮다면 티마르코스의 아우 클레이토마코스에게 물어보시오. 티마르코스가 추방당한 자기를 받아준 달리기선수 에우아틀로스[26]와 함께 형장으로 끌려가며 아우에게 뭐라고 말했는지 말이오. 이런 말을 했다고 그는 말할 것이오.

**테아게스** 그게 뭐지요?

**소크라테스** 티마르코스가 말했소. "클레이토마코스, 내가 지금 형장으로 끌려가는 것은 소크라테스의 조언을 따르려 하지 않았기 때문이야." 티마르코스가 왜 그런 말을 했느냐고? 내가 설명하겠네. 티마르코스와 b 필레모니데스의 아들 필레몬이 헤로스카만드로스의 아들 니키아스[27]

를 살해하려고 술자리에서 일어섰을 때 이 살해 계획을 아는 사람은 이 두 사람뿐이었네. 티마르코스가 일어서며 내게 말하더군. "소크라테스 선생님, 어떻게 생각하세요? 여기 계신 여러분은 계속해서 술을 마시십시오. 나는 일어서 다른 곳에 갔다가, 일이 잘되면 잠시 뒤 돌아오겠습니다." 그때 그 목소리가 들렸고, 그래서 내가 그에게 말했네. "절대로 일어서지 말게. 귀에 익은 그 신적 신호가 내게 나타났으니까." 그러자 그가 멈춰 섰네. 하지만 잠시 뒤 그는 다시 가려고 나서며 말했네. "이제는 가겠어요, 소크라테스 선생님." c

다시 그 목소리가 들리기에 내가 다시 그에게 멈춰 서도록 강요했네. 그는 내 눈에 띄지 않으려고 내가 딴 데로 주의를 기울이기를 기다렸다가 아무 말도 하지 않고 몰래 세 번째로 일어섰네. 그렇게 그는 떠나갔고 그에게 죽음을 가져다준 범행을 저질렀네. 그래서 그는 내가 방금 그대들에게 말한 것을 자기 아우에게 말했던 것일세. 자기가 형장으로 끌려가는 것은 소크라테스의 조언을 따르려 하지 않았기 때문이라고 말일세.

또한 시켈리아 사건[28]과 관련해 내가 군대의 파멸을 말하더라고 그대 d

23 daimonion.

24 Glaukon, Charmides.

25 ta Nemeia. 고대 그리스의 4대 경기 중 하나. 네메아(Nemea)는 펠로폰네소스반도 북동부에 있는 도시이다.

26 Timarchos, Kleitomachos, Euathlos.

27 Philemonides, Philemon, Heroskamandros, Nikias.

28 기원전 415~413년에 시칠리아에서 아테나이 원정군이 전멸한 사건을 말한다. 시켈리아(Sikelia)는 시칠리아의 그리스어 이름이다.

들은 여러 사람한테서 듣게 될 것이오. 지난 일은 아는 사람들한테서 들을 수 있겠지만, 그 신호가 말해주는 것이 어떤 의미가 있는지는 지금도 시험해볼 수 있을 것이오. 미남인 산니오노스가 원정길에 올랐을 때 그 신호가 내게 나타났기에 하는 말이오. 그는 지금 트라쉴로스와 함께 에페소스와 이오니아 지방을 원정 중이오.[29] 그래서 나는 그가 목숨을 잃거나 죽을 고비를 넘길 것이라고 생각하며, 우리 군대 전체가 잘못되지나 않을까 몹시 걱정되오.

e 내가 자네에게 이 모든 것을 말한 것은 나와 함께하는 사람들과의 교제에서 이 신적 존재는 절대적인 힘을 행사하기 때문일세. 말하자면 많은 사람의 경우 그것이 반대하므로 나와의 교제에서 이득을 볼 수가 없고, 그래서 나는 그들과 교제할 수가 없네. 그런가 하면 다른 많은 사람의 경우 그것이 나와 교제하는 것을 막지는 않지만 나와의 교제가 그들에게는 아무 도움이 안 된다네. 하지만 나와의 교제에서 그 신적 존재의 도움을 받는 사람들은 자네도 주목한 사람들일세. 그들은 급속히 향상 130a 하니까. 그리고 이들 향상하는 자 중에서도 몇 사람만이 계속해서 단단히 이득을 본다네. 그런가 하면 많은 사람이, 나와 함께할 때는 놀랍도록 향상하다가 내 곁을 떠나자마자 다시 다른 사람과 전혀 구별되지 않게 되더군.

아리스테이데스의 손자이자 뤼시마코스의 아들인 아리스테이데스에게 그런 일이 일어났네. 나와 교제하는 동안 그는 단기간에 눈부시게 향상했네. 그 뒤 그는 원정에 참가하기 위해 배를 타고 떠났네. 귀국했을 때 그는 투퀴디데스의 손자이자 멜레시아스의 아들인 투퀴디데스가 나

와 교제한다는 것을 알았네.[30] 그런데 투퀴디데스는 전날 대화를 하다 b
가 나와 다툰 적이 있었네. 그래서 아리스테이데스는 나를 보자 인사하고 나서 이런저런 이야기를 하다가 이렇게 말했네. "소크라테스 선생님, 듣자 하니 투퀴디데스가 자기가 무슨 대단한 인물인 양 젠체하며 선생님에게 화를 냈다더군요"

"그랬네." 하고 내가 대답했네.

그가 말했네. "무슨 말씀이신지요? 그는 선생님의 제자가 되기 전에는 자기가 어떤 노예였는지도 모르는 건가요?"

"신들에 맹세코, 모르는 것 같네." 하고 내가 말했네.

그가 말했네. "소크라테스 선생님, 우습게 되기는 저도 마찬가지인 것 같아요."

"어째서 그런가?" 하고 내가 물었네. c

그가 대답했네. "제가 배를 타고 떠나기 전에는 누구와도 대화할 수

**29** Sannionos. 트라쉴로스(Thrasyllos)가 기원전 409년 소아시아의 콜로폰(Kolophon)을 되찾았을 때를 말한다. 트라쉴로스는 기원전 406년 아르기누사이(Arginousai) 해전에서 스파르테 해군에게 이겼지만 풍랑이 심해서 물에 빠진 전우들을 구하지 않았다는 이유로 사형선고를 받은 아테나이 장군 중 한 명이다. 에페소스(Ephesos)는 이오니아 지방의 도시이다. 이오니아(Ionia) 지방은 소아시아의 서해안 지방과 그 부속 도서들을 말한다.

**30** 여기 나오는 아리스테이데스(Aristeides)와 투퀴디데스(Thoukydides)는 각각 페르시아전쟁 때 아테나이의 정치가인 아리스테이데스와, 페리클레스의 정적인 투퀴디데스의 손자이다. 그들의 아버지들인 뤼시마코스(Lysimachos)와 멜레시아스(Melesias)는 플라톤의 다른 대화편 『라케스』(*Laches*)에 나온다.

있었고, 토론에서는 분명 어느 누구 못지않았어요. 그래서 저는 가장 지혜로운 사람들과도 어울리려고 했지요. 그런데 지금은 누군가가 교육받았다 싶으면 제가 그를 피한답니다. 제가 변변찮은 것이 그만큼 부끄러워요."

그래서 내가 물었네. "자네의 그런 능력이 갑자기 없어지던가, 조금씩 없어지던가?"

"조금씩 없어졌어요."

d 내가 다시 물었네. "자네가 그런 능력을 갖고 있었을 때, 자네가 그런 능력을 갖고 있었던 것은 나한테서 무언가를 배웠기 때문인가, 아니면 어떤 다른 방법에 의해서인가?"

그가 말했네. "소크라테스 선생님, 제가 말씀드리려고 하는 것은 믿기지 않겠지만 사실입니다. 제가 선생님과 함께할 때는 한 방이 아니라 한 집에만 있어도 향상했고, 한 방에 있을 때는 더 향상했어요. 제 생각에는 제가 딴 데를 바라볼 때보다 한 방에 있으면서 선생님께서 말씀하시

e 는 모습을 바라볼 때 더 향상하는 것 같았어요. 하지만 제가 가장 많이 가장 눈에 띄게 향상한 때는 선생님 곁에 앉아 선생님을 붙잡거나 만질 때였습니다. 한데 지금은 사정이 완전히 달라졌어요."

테아게스군, 자네는 그렇게 나와 교제하게 될 걸세. 신이 원하면 자네는 크게 그리고 급속히 향상할 것이고, 신이 원치 않으면 향상하지 못할 걸세. 그러니 나와 함께 자네 운을 시험하는 것보다도 인류에게 혜택을 베풀 수 있다고 자부하는 사람 중 한 명에게 교육받는 것이 더 안전하지 않겠는지 검토해보게.

**테아게스** 소크라테스 선생님, 우리 이렇게 하도록 해요. 말하자면 서로 사귀며 그 신적 존재를 시험해보도록 해요. 그것이 우리에게 호의적이면 가장 좋겠지요. 호의적이지 않으면 그때는 우리가 어떻게 해야 할지 당장 검토하도록 해요. 우리가 다른 사람과 교제해야 할지, 아니면 선생님께 주어진 신적 존재를 기도나 제물이나 그 밖에 예언자가 지시하는 다른 방법으로 달랠 수 있을지 말입니다. 131a

**데모도코스** 소크라테스님, 이와 관련해서는 젊은이에게 이의를 제기하지 마십시오. 테아게스의 말이 옳으니까요.

**소크라테스** 우리가 그래야 한다고 그대가 생각하신다면 그러도록 합시다.

# 클레이토폰[1]

**대담자**

소크라테스, 클레이토폰

406a **소크라테스** 며칠 전에 어떤 사람한테서 들었는데, 아리스토뉘모스의 아들 클레이토폰이 뤼시아스와 대화를 하며 내 교수법은 비난하고 트라쉬마코스[2]의 가르침은 극찬했다고 하더군.

**클레이토폰** 소크라테스 선생님, 그런 말을 한 사람이 누구든 그는 선생님에 관해 제가 뤼시아스에게 말한 것을 잘못 전했군요. 선생님의 어떤 점들은 제가 칭찬하지 않았지만, 어떤 점들은 칭찬했으니까요. 하지만 선생님께서는 무관심한 척하셔도 저를 나무라시는 것이 분명하므로 마침 우리가 단둘이 있는 지금, 제가 말한 것을 직접 전해드렸으면 합니다. 제가 선생님을 대수롭지 않게 여긴다고 선생님께서 생각하시지 않도록 말입니다. 선생님께서는 사실을 제대로 전해 듣지 못해 저를 필요 이상으로 못마땅해하시는 것 같으니까요. 그러니 제가 기탄없이 말씀드리게 해주신다면 제가 말한 것을 기꺼이 전해드리고 싶어요.

407a **소크라테스** 자네가 내게 호의를 베풀겠다는데 내가 응하지 않겠다면 수치스러운 일이겠지. 일단 나의 나쁜 점들과 좋은 점들을 알게 되면 나는 분명 좋은 점들은 추구하고 계발하되 나쁜 점들은 최대한 피할 테니 말일세.

**클레이토폰** 그러면 들어보십시오. 소크라테스 선생님, 선생님과 함께할 때면 저는 선생님 말씀에 깜짝 놀라곤 했답니다. 그리고 비극 공연에서 기계장치를 타고 등장한 신처럼 목청을 돋우어 다음과 같이 인류를 꾸짖으실 때면 선생님께서는 어느 누구보다도 훌륭한 연설을 하시는 것 같았어요.

"인간들이여, 어디로 달려가는가? 너희는 너희가 해야 할 일을 아무것도 하지 않는다는 것을 모르는가? 너희는 재산을 모으려고 기를 쓰면서도, 그것을 물려줄 자식들이 그것을 올바로 사용하는 법을 알게 하는 데는 소홀하구나. 너희는 또한 정의가 가르쳐질 수 있는 것이라면 자식들을 위해 정의를 가르쳐줄 선생을 찾지도 않고, 정의가 연습과 훈련을 통해 얻을 수 있는 것이라면 자식들을 적절히 연습시키고 훈련시킬 사람도 찾지 않으며, 그 점에서 일찍이 너희 자신을 개선한 적이 없다. 너희도 보다시피 너희와 너희 자식들이 읽기와 쓰기와 음악과 체육교육을 충분히 받았고 그것을 너희는 완전한 미덕 교육이라고 생각지만 재산을 사용하는 데는 쓸모없는 것이라면, 어떻게 너희의 현재 교육체계를 경멸하지 않을 수 있으며 너희를 무(無)교양[3]에서 구해줄 사람들을 찾지 않을 수

b

c

1 이 대화편의 주제는 '정의란 무엇인가'이다.

2 Aristonymos, Kleitophon. 뤼시아스(Lysias)는 아테나이의 유명한 연설가이다(『파이드로스』 227a 이하 참조). 트라쉬마코스(Thrasymachos)는 수사학 교사(『파이드로스』 266c)로 『국가』(336b 이하)에도 등장한다.

3 amousia.

있겠는가? 사실 척도와 조화가 사라져 형제가 형제와, 도시가 도시와 대립하며 충돌하고 싸우며 극단적인 전쟁 공포를 주고받는 것은 이런 부

d 조화와 이런 부주의 때문이지, 춤출 때 뤼라[4]와 박자를 맞추지 못해서가 아니다.

하지만 너희는 불의한 자들이 불의한 것은 그러하기를 원하기 때문이지 교육받지 못했거나 무지해서가 아니라고 주장하는가 하면 뻔뻔스럽게도 불의는 수치스럽고 신에게 미움받는 것이라고 말한다. 그렇다면 누군가가 어떻게 그런 나쁨을 자진해서 택할 수 있단 말인가? '그것은 아마도 그가 쾌락에 졌기 때문이겠지요'라고 너희는 대답하겠지. 하지만 이기는 것이 자발적인 것이라면, 그렇게 지는 것은 본의 아닌 것이 아니겠는가? 그러니 어느 모로 보나 논의가 입증해주는 것은 불의한 행위는 본

e 의 아닌 것이고, 모든 사람은 개인적으로, 모든 국가는 공적으로 그런 일에 지금보다 더 관심을 가져야 한다는 것이다."

소크라테스 선생님, 선생님께서 가끔 그런 말씀을 하시는 것을 들을 때마다 저는 깊은 감명을 받으며 선생님을 극찬한답니다. 선생님께서 이어서 몸을 단련하고 혼을 소홀히 하는 자들도, 지배해야 할 것은 홀대하고 지배받을 것은 우대하는 만큼 같은 짓을 하는 것이라고 말씀하실 때도 마찬가지고요. 또한 선생님께서 사용할 줄 모르는 것은 사용하지 않고 두는 것이 더 좋다고, 예를 들어 눈이나 귀나 온몸을 사용할 줄 모르는 사람은 그것을 아무렇게나 사용하는 것보다도 보거나 듣거나 다른 용

408a 도로 사용하지 않는 것이 더 좋다고 말씀하실 때도 마찬가지고요. 기술[5]

도 마찬가지입니다. 자기 뤼라를 사용할 줄 모르는 사람은 이웃의 뤼라도 사용하지 못하고, 남의 뤼라를 사용할 줄 모르는 사람은 자기 뤼라도 사용하지 못하니까요. 그 점은 다른 도구나 재물도 마찬가지입니다. 선생님의 그런 논의에서 자기 혼을 사용할 줄 모르는 사람은 제멋대로 사느니 자기 혼을 쉬게 하고 아예 살지 않는 편이 더 낫다는 멋진 결론을 얻을 수 있습니다. 어떤 이유에서 그가 꼭 살아야 한다면 그런 사람에게는 b 자유민으로 사느니 노예로서 사는 것이 더 나을 것입니다. 배를 조종하듯 마음을 조종하는 키를, 사람들을 조종하는 기술을 배운 다른 사람에게 맡기고 말입니다. 소크라테스 선생님, 사람들을 조종하는 기술을 선생님께서는 가끔 정치학이라 부르시며, 그것이 바로 재판과 정의의 기술이기도 하다고 말씀하십니다.

이런 논의들과, 미덕은 가르쳐질 수 있고 사람은 무엇보다도 자기 자신을 돌보아야 한다는 취지의 그 밖에 그와 유사한 더없이 아름답게 말해진 수많은 논의에 대해 저는 사실상 이의를 제기한 적이 없으며 차후에도 이의를 제기하지 않을 것이라고 생각합니다. 저는 그런 논의들을 c 더없이 유익한 권고로 여기며, 말 그대로 우리가 잠에서 깨어나게 할 수 있다고 생각하니까요. 그래서 저는 그런 논의들 다음에는 무엇이 이어지나 들어보려고 주의를 기울였습니다. 그러나 소크라테스 선생님, 저는 먼저 선생님께 묻지 않고, 선생님의 동료나 학우나 친구나 어떻게든 선생

4 lyra. 고대 그리스의 발현악기.

5 techne.

님과 관계가 있는 분들에게 물었습니다. 저는 이들 가운데 선생님께서 대단하다고 여기시는 분들에게 질문을 하며 선생님의 다음 논의는 무엇인지 물었고, 선생님을 흉내내며 다음과 같이 제 생각을 제시했습니다.

d "더없이 훌륭한 분들이시여, 소크라테스 선생님께서 우리에게 미덕을 추구하라고 권고하신 것을 우리는 지금 어떤 의미로 받아들이는 겁니까? 그것이 전부이며, 이 문제를 더 탐구하고 완전히 파악하는 것은 불가능하다고 여겨야 하나요? 그리고 아직 전향하지 않은 사람들에게 미덕을 추구하도록 권고하고, 이들은 또 다른 사람들을 전향시키는 것이 우리의 필생의 과업인가요? 설령 그것이 사람이 할 일이라는 데 동의 e 한다 하더라도 우리는 소크라테스 선생님께 그리고 서로에게 그다음 단계는 무엇이냐고 물으면 안 되나요? 정의가 무엇인지 우리는 어떻게 배우기 시작해야 합니까? 우리는 무엇이라고 말할까요?

우리가 어린애들처럼 체육이나 의술 같은 것이 존재한다는 것을 모르는데 어떤 사람이 이를 알아채고 우리에게 몸을 돌보도록 권고하며, 우리가 밀과 보리와 포도와 그 밖에 몸을 위해 애써 얻으려는 다른 모든 것에는 정성을 들이면서도, 몸 자체를 최대한 좋은 상태로 유지하게 만드는 기술이 있음에도 그런 기술이나 방안을 찾아내려고 노력하지 않는 409a 것은 수치스러운 일이라고 우리를 나무란다고 가정해보십시오. 그래서 그렇게 권고하는 사람에게 우리가 '어떤 기술들을 두고 그렇게 말씀하시는 거죠?'라고 묻는다면 그는 아마도 '체육과 의술이지요'라고 대답할 것입니다. 그렇다면 혼을 미덕으로 인도하는 기술을 우리는 지금 무엇이라고 부를까요? 말씀해주십시오."

그러자 선생님의 동료 가운데 가장 예리하기로 정평이 난 분이 제 질문에, "소크라테스님이 말씀하시는 것을 자네가 듣고 있는 그 기술은 바로 정의일세"라고 답변했지요. 그래서 제가 말했습니다. "이름만 말씀하지 말고 이렇게 설명해주십시오. 의술은 분명 일종의 기술입니다. 하지만 그 효과는 두 가지입니다. 하나는 기존의 의사들에 더하여 계속해서 b 새 의사들을 배출하는 것이고, 다른 하나는 건강을 증진하는 것입니다. 이 중 후자는 기술이 아니라 기술의 산물인데, 그 산물을 우리는 건강이라고 부르지요. 한편 기술은 가르치기도 하고 가르쳐지기도 합니다. 마찬가지로 목공술의 결과물은 집과 목공술인데, 첫 번째 것은 산물이고 두 번째 것은 가르쳐지는 것입니다. 또한 다른 기술들의 경우 그런 기술을 가진 사람을 배출하는 것이 목표이듯, 정의의 한 효과도 정의로운 사람들을 배출하는 것이라고 가정합시다. 하지만 다른 것 즉 정의로운 사람이 우리를 위해 만들어내는 산물은 무엇이라고 말해야 하죠? 말씀해주십시오."

그분은 '유익한 것'이라고, 다른 사람은 '적당한 것'이라고, 또 다른 사 c 람은 '유용한 것'이라고, 또 다른 사람은 '이로운 것'이라고 대답한 것 같아요. 그래서 제가 다음과 같이 다시 말했지요. "'올바르게 행하다', '이롭다', '유용하다' 등등의 표현은 각각의 기술에서도 발견할 수 있습니다. 하지만 이들 기술 모두가 노리는 것이 무엇인지 물으면 기술은 저마다 자기 특유의 산물을 언급할 것입니다. 예를 들어 목공술이 '잘', '아름답

게', '적절하게'라는 낱말을 사용한다면 목공품 생산에 대해 말하는 것

d 인데, 목공품은 기술 자체와는 다른 것입니다. 그처럼 정의 특유의 산물이 무엇인지 말씀해주십시오."

소크라테스 선생님, 마침내 선생님의 친구 가운데 말 잘하기로 정평이 난 분이 대답하기를, 어떤 다른 기술도 관여하지 않는 정의 특유의 산물은 국가들 안에 우애를 낳는 것이라고 했습니다.[6] 계속해서 묻자 그분은 우애는 좋은 것이고 결코 나쁘지 않다고 말했습니다. 계속해서 더 묻자 그분은 우리가 아이들이나 동물들의 우애라고 부르는 것은 진정한 우애라고 인정하기를 거부했는데, 그런 관계는 좋을 때보다 해로울 때가

e 더 많다는 결론에 이르렀기 때문이지요. 그렇다고 인정하는 것을 피하기 위해 그분은 그런 관계는 결코 우애가 아니며, 그런 것을 우애라고 부르는 사람들은 잘못하는 것이라고 주장했습니다. 대신 진실하고 참된 우애는 가장 정확하게 말하자면 일치[7]라고 했습니다. 그분이 말하는 일치가 의미하는 것이 의견의 일치인지 아니면 지식의 일치인지 묻자, '의견의 일치'는 사람들에게 해로운 경우도 많다는 것을 인정하지 않을 수 없어 그분이 거부했으나, 우애는 좋은 것이고 정의의 산물이라는 데는 동의했습니다. 그래서 그분은 결론적으로 일치는 의견이 아니라 지식인 한 정의와 같은 것이라고 말했습니다.

410a 우리의 논의가 여기에 이르러도 아무런 진척을 보이지 않자 그 자리에 있던 사람들은 논의가 다람쥐 쳇바퀴 돌 듯 제자리걸음만 한다고 그분을 나무라며 말했습니다. "의술도 모든 기술이 그러하듯 일종의 일치입니

다. 그리고 모든 기술은 자신이 무엇을 다루는지 말할 수 있습니다. 하지만 그대가 '정의' 또는 '일치' 라고 부르는 것은 자신이 목표로 삼는 것이 무엇인지 전혀 알지 못하며, 그것의 산물이 무엇인지 명확하지 않습니다."

그래서 소크라테스 선생님, 제가 마지막으로 선생님께 그런 것들을 묻자 선생님께서 말씀하시기를, 정의가 목표로 삼는 것은 적에게는 해롭게 하고 친구에게는 이롭게 하는 것이라고 하셨습니다. 하지만 정의로운 사람의 모든 행위는 만인을 위한 것인 만큼 정의로운 사람은 어느 누구에게도 해롭게 하지 않는 것으로 나중에 밝혀졌습니다. 이런 일을 한두 번도 아니고 오랫동안 반복해서 당하자 저는 답변을 구하는 일을 포기하고, 미덕을 추구하도록 사람들을 전향시키는 데는 선생님께서 누구보다도 훌륭하시지만 다음 둘 중 하나가 확실하다는 결론에 이르렀습니다. 말하자면 그것이 선생님께서 하실 수 있는 전부이며, 더는 하실 수 없다고 말입니다. 예를 들어 키잡이가 아닌 사람도 키잡이의 기술을 사람들에게 큰 가치가 있는 것으로 찬양할 수 있으며, 그것은 다른 기술의 경우도 가능합니다. 그래서 누군가는 정의에 대한 선생님의 처지도 마찬가지여서, 정의를 찬양하실 수 있다고 해서 선생님께서 정의의 전문가는 아니라고 비난할 것입니다. 물론 저는 그렇게 불평하지 않지만, 다음 둘 중 하나임이 분명하다고 생각합니다. 선생님께서 정의가 무엇인지 모르시거나, 아니면 선생님께서 아시면서도 제게 알려주고 싶지 않으시거나.

b

c

6 『국가』 351d 참조.

7 homonoia.

그래서 저는 어찌할 바를 몰라 트라쉬마코스님이나 그 밖에 제가 찾아갈 수 있는 다른 분에게 갈까 합니다. 하지만 선생님께서 드디어 제게 d 그런 권고의 말씀만 해주시는 것을 멈추려 하신다면, 이를테면 선생님께서 몸을 소홀히 해서는 안 된다고 체육을 권고하시면서 그런 권고에 이어 몸의 본성이 무엇이며 몸은 어떻게 다루어야 하는지 제게 설명하실 것이라면, 이번에도 그렇게 해주십시오.

우리가 혼을 위해 얻으려고 애쓰는 것들에만 신경을 쓰고 정작 혼 자체를 홀대하는 것은 웃기는 일이라는 데 클레이토폰은 선생님께 동의한다고 가정하십시오. 그리고 제가 방금 말씀드린 그다음에 오는 다른 것 e 들도 모두 말씀드린 것으로 생각하십시오. 제발 그렇게 해주십시오. 그러시면 저는 지금처럼 뤼시아스와 다른 사람들 앞에서 선생님을 어떤 것들 때문에는 칭찬하고, 어떤 것들 때문에는 비난하지 않을 것입니다. 소크라테스 선생님, 저는 미덕을 추구하기로 전향하지 않은 사람에게는 선생님께서 이루 말할 수 없이 가치가 있지만, 이미 전향한 사람에게는 미덕이라는 목표에 도달하여 행복해지는 데 사실상 장애물이 될 수도 있다고 주장할 테니 말입니다.

# 힙파르코스
## 이득을 사랑하는 사람

**대담자**

소크라테스와 그의 학우

225a **소크라테스** 이득을 사랑하는 것이란 무엇인가? 이득을 사랑하는 것이란 어떤 것일 수 있으며, 이득을 사랑하는 사람이란 어떤 사람인가?

**학우** 내가 보기에 이득을 사랑하는 사람이란 사실상 아무런 가치도 없는 것들에서 이득을 보는 것을 가치 있는 일이라고 생각하는 사람인 것 같아요.

**소크라테스** 자네가 보기에 그들은 그런 것들이 아무런 가치가 없다는 것을 아는 것 같은가, 아니면 모르는 것 같은가? 모른다면 자네 말은 이득을 사랑하는 사람은 어리석다는 뜻이 될 걸세.

**학우** 내 말은 그들이 어리석다는 뜻이 아니라, 이득이라면 맥을 못 추는 b 사악한 악당이라는 뜻이에요. 그들은 자신이 이득을 보려는 것들이 아무런 가치가 없는 줄 알면서도 파렴치하게도 감히 이득을 보려 하니까요.

**소크라테스** 자네가 말하는 이득을 사랑하는 사람이란 이를테면 아무런 가치가 없는 줄 알면서도 농작물을 심고 그 농작물이 충분히 자라면 거기서 이득을 보는 것이 좋다고 생각하는 농부와도 같은 사람인가? 자네가 말하는 것은 그런 사람인가?

**학우** 소크라테스님, 이득을 사랑하는 사람은 모든 것에서 이득을 보아야 한다고 생각하지요.

**소크라테스** 누군가의 계략에 넘어간 양 그렇게 아무렇게나 대답하지 말고, 내가 처음부터 다시 묻는 것처럼 조심해서 대답해주게. 이득을 사랑하는 사람은 자신이 이득을 보는 것이 좋다고 생각하는 것의 가치를 안다는 것을 자네는 인정하지 않는가? c

**학우** 나는 인정해요.

**소크라테스** 그러면 누가 농작물의 가치를, 그리고 어떤 계절에 어떤 토양에 농작물을 심는 것이 좋다는 것을 아는가? 재치 있는 변론가들이 법정에서 쓸 법한 미사여구를 우리도 사용한다면 말일세.[1]

**학우** 내가 생각하기에 그것은 농부인 것 같아요. d

**소크라테스** 자네가 말하는 '이득을 보는 것이 좋다고 생각한다'는 '이득을 보아야 한다' 는 뜻 말고 다른 것을 의미하는가?

**학우** 아니, 바로 그것을 의미해요.

**소크라테스** 그러면 방금 그랬듯이 마음에도 없는 대답을 함으로써 그토록 젊은 자네가 노인이 다 된 나를 속이려 들지 말게. 그러지 말고 사실 대로 말해주게. 아무런 가치가 없는 줄 아는 농작물을 심으면서도 거기서 이득을 보게 될 것이라고 기대하는 농부가 과연 있다고 생각하는가? 226a

**학우** 제우스에 맹세코, 나는 그렇게 생각하지 않아요.

**소크라테스** 어떤가? 어떤 기수(騎手)가 자기 말에게 아무런 가치가 없는 먹

1 horai('계절에')와 chorai('토양에')의 운(韻)이 같은 것을 두고 하는 말이다.

이를 먹이는 줄 알면서도 자기 말을 망칠 것임을 모르리라고 생각하는가?

**학우** 나는 그러리라고 생각하지 않아요.

b **소크라테스** 그렇다면 그는 아무런 가치가 없는 먹이에서 이득을 볼 것이라고 기대하지 않겠구먼.

**학우** 기대하지 않겠지요.

**소크라테스** 어떤가? 자네는 아무런 가치도 없는 돛과 노로 자기 배를 의장(艤裝)한 선장이 그로 인해 손해를 보고, 목숨을 잃고 배도 화물도 모두 잃게 될 위험에 처할 것임을 모르리라고 생각하는가?

**학우** 나는 그러리라고 생각하지 않아요.

**소크라테스** 그렇다면 그는 아무런 가치도 없는 선구(船具)에서 이득을

c 볼 것이라고 기대하지 않겠구먼.

**학우** 전혀 기대하지 않겠지요.

**소크라테스** 아니면 자기 군대가 아무런 가치도 없는 무기를 갖고 있는 줄 아는 장군이 그 무기에서 이득을 볼 것이라고 기대하거나, 아니면 이득을 보는 것이 좋다고 생각할까?

**학우** 그러지 않겠지요.

**소크라테스** 아니면 아무런 가치도 없는 피리를 가진 피리 연주자나 뤼라를 가진 뤼라[2] 연주자나 활을 가진 궁수나, 아무런 가치도 없는 그 밖의 다른 도구나 장비를 가진 장인(匠人)이나 똑똑한 사람은 그 도구나 장비에서 이득을 볼 것이라고 기대할까?

d **학우** 기대하지 않을 것 같아요.

**소크라테스** 그렇다면 자네가 말하는 이득을 사랑하는 사람이란 어떤 사

람인가? 그들은 분명 우리가 방금 언급한 사람이 아니라, 자신이 가진 것들이 아무런 가치도 없는 줄 알면서도 거기서 이득을 보기를 기대하는 사람이니 말일세. 하지만 놀라운 친구여, 그럴 경우 자네 말대로라면 이득을 사랑하는 사람은 아무도 없네.

**학우** 소크라테스님, 만족할 줄 모르는 탐욕에서 시시하거나 가치가 조금밖에 없거나 전혀 없는 것들에서도 이득을 보기를 지나치게 갈구하는 사람을 나는 이득을 사랑하는 사람이라고 부르고 싶어요. e

**소크라테스** 더없이 훌륭한 친구여, 물론 그런 것들이 아무런 가치도 없다는 것을 알지 못하고 그러는 것이겠지. 그들이 그걸 아는 것은 불가능하다는 것을 우리는 이미 논증했으니 말일세.

**학우** 나는 그런다고 생각해요.

**소크라테스** 그리고 그것을 알지 못한다면 그들은 분명 무지하여 아무런 가치도 없는 것들을 아주 가치 있는 것으로 여길 걸세.

**학우** 그럴 것 같아요.

**소크라테스** 이득을 사랑하는 자는 물론 이득을 보기를 좋아하겠지?

**학우** 네.

**소크라테스** 자네가 말하는 이득은 손실의 반대겠지?

2 '피리'라고 옮긴 aulos는 지금의 오보에나 클라리넷에 가까운 관악기로 디튀람보스, 비극과 희극 코로스의 반주악기로 사용되었으며 잔치 때나 제물을 바칠 때나 장례 때도 연주되었다. 뤼라(lyra)는 활을 사용할 줄 몰라 손가락으로 뜯거나 채 따위로 켜던 발현악기(撥絃樂器)로 현의 길이가 모두 같다는 점에서 하프와 다르다. 피리와 더불어 고대 그리스의 주요 악기인 뤼라는 주로 서정시 반주에 사용되었다.

227a **학우** 그래요.

**소크라테스** 손실을 입는 것이 누군가에게 좋은 일일 수 있을까?

**학우** 어느 누구에게도 그럴 수 없어요.

**소크라테스** 오히려 나쁜 일이겠지?

**학우** 네.

**소크라테스** 그럼 사람들은 손실에 의해 손해를 보네.

**학우** 손해를 봐요.

**소크라테스** 그럼 손실은 나쁜 것일세.

**학우** 네.

**소크라테스** 이득은 손실의 반대일세.

**학우** 반대이지요.

**소크라테스** 그럼 이득은 좋은 것일세.

**학우** 네.

b **소크라테스** 그럼 자네가 이득을 사랑하는 자라고 부르는 사람은 좋은 것을 사랑하는 사람일세.

**학우** 그런 것 같네요.

**소크라테스** 친구여, 자네가 말하는 이득을 사랑하는 사람은 적어도 정신병자는 아닐세. 말해보게. 자네 자신은 좋은 것을 사랑하는가, 아니면 사랑하지 않는가?

**학우** 나는 사랑해요.

**소크라테스** 자네가 사랑하지 않는 좋은 것이 있는가? 아니면 자네는 나쁜 것을 사랑하는가?

**학우** 제우스에 맹세코, 나는 나쁜 것은 사랑하지 않아요.

**소크라테스** 그럼 자네는 좋은 것이면 다 사랑하겠구먼.

**학우** 네.

**소크라테스** 나도 마찬가지가 아닌지 자네가 내게도 물어보게. 나도 좋은 것들을 사랑한다고 자네와 의견을 같이할 테니 말일세. 하지만 자네와 c 나 말고도 모든 사람이 좋은 것은 사랑하고 나쁜 것은 미워할 것이라고 생각지 않는가?

**학우** 내가 보기에는 그럴 것 같아요.

**소크라테스** 그럼 이익은 좋은 것이라는 데 우리는 의견을 같이한 것인가?

**학우** 네.

**소크라테스** 그렇게 보면 모두가 이득을 사랑하는 것 같네. 반면 우리가 앞서 말한 것에 따르면 이득을 사랑하는 사람은 아무도 없었네. 그러니 우리가 실수를 피하려면 둘 중 어느 논의에 의지해야 할까?

**학우** 소크라테스님, 우리는 이득을 사랑하는 사람이 어떤 사람인지 제대로 이해해야 할 것 같아요. 그러자면 이득을 사랑하는 사람을, 정직한 d 사람이라면 감히 이득을 볼 엄두도 못 낼 그런 것들에 관심을 갖고 거기서 이득을 보는 것을 좋다고 여기는 사람으로 이해해야 해요.

**소크라테스** 하지만 더없이 사랑스러운 친구여, 자네도 보다시피 이득을 보는 것은 덕을 보는 것이라는 데 우리는 방금 의견을 같이했네.

**학우** 그래서 어쨌다는 거죠?

**소크라테스** 우리는 또한 모든 사람은 언제나 좋은 것들을 원한다는 데도 의견을 같이했네.

**학우** 그래요.

**소크라테스** 그럼 좋은 사람들도 온갖 이득을 원할 걸세. 그 이득들이 좋은 것이라면 말일세.

e **학우** 하지만 소크라테스님, 그들이 그로 인해 손해를 보게 될 이득은 원하지 않겠지요.

**소크라테스** 자네가 말하는 '손해를 본다' 함은 '손실을 입는다'는 뜻인가, 아니면 그와 다른 뜻인가?

**학우** 아니, '손실을 입는다'는 뜻이에요.

**소크라테스** 사람들에게 손실을 입히는 것은 이득인가 손실인가?

**학우** 둘 다이지요. 사람들은 손실에 의해서도 사악한 이득에 의해서도 손실을 입으니까요.

**소크라테스** 자네는 쓸모 있고 훌륭한 것이 사악하기도 하다고 생각하는가?

**학우** 나는 그렇게 생각하지 않아요.

228a **소크라테스** 우리는 또 조금 전에 이득은 나쁜 것인 손해와 반대되는 것이라는 데도 의견을 같이했네.

**학우** 동의해요.

**소크라테스** 나쁜 것에 반대되는 것은 좋은 것이겠지?

**학우** 그렇다는 데 우리는 의견을 같이했어요.

**소크라테스** 그러면 보다시피 자네는 나를 속이려 하네. 우리가 방금 의견을 같이한 것과 반대되는 것을 의도적으로 주장함으로써 말일세.

**학우** 제우스에 맹세코, 그렇지 않아요, 소크라테스님. 오히려 그대가 나를 속이려 하고 있어요. 정신을 못 차리게 말을 이리 비틀고 저리 비틀고

함으로써 말이에요.

**소크라테스** 말조심하게. 훌륭하고 지혜로운 사람의 말을 듣지 않는다면 분명 내가 잘못하는 것이겠지. b

**학우** 그게 누구지요? 그리고 그게 무슨 뜻이죠?

**소크라테스** 나와 자네의 동료 시민으로 필라이다이 구역 출신인 페이시스트라토스의 아들 힙파르코스[3] 말일세. 페이시스트라토스의 자식들 가운데 맏이이자 가장 지혜로운 그는 다른 많은 업적을 통해 자신이 지혜롭다는 것을 보여주기도 했지만, 호메로스[4]의 시들을 처음으로 이 나라에 도입해 음송 시인이 오늘날처럼 판아테나이아 축제[5]에서 차례차례 음송하게 했네. 그는 또한 쉰 개의 노가 달린 배를 테오스로 보내 아나크레온[6]을 우리 도시로 실어 왔네. 그는 또 보수와 선물을 많이 주고 c

3 필라이다이(Philaidai)는 앗티케 지방의 174개 구역(demos) 중 하나이다. 페이시스트라토스(Peisistratos)는 기원전 560~527년에 아테나이의 참주였으나 선정을 베푼 것으로 알려져 있다. 여기서 페이시스트라토스의 장남으로 나오는 힙파르코스(Hipparchos)는 사실은 차남이며, 연인(erastes)과 연동(eromenos) 사이인 아리스토게이톤(Aristogeiton)과 하르모디오스(Harmodios)에게 암살된다. 힙파르코스의 형 힙피아스(Hippias)는 기원전 527~510년에 아테나이의 참주였다.

4 Homeros. 기원전 730년경에 활동한 그리스의 서사시인. 그의 작품으로는 『일리아스』와 『오뒷세이아』가 남아 있다.

5 판아테나이아(Panathenaia) 축제는 아테나이(Athenai) 시의 수호 여신 아테나(Athena)의 탄생을 기리는 대규모 여름 축제로 해마다 지금의 7월 말에 개최되었다. 이때 아테나이 시민들은 파르테논(Parthenon) 신전의 프리즈(frieze)에서 볼 수 있듯이 파르테논을 향해 행렬을 지어 올라갔고 황소들을 제물로 바쳤으며 신전 안에 안치된 거대한 여신상에 새 옷(peplos)을 지어 바쳤다. 4년에 한 번씩 대규모로 개최된 대(大)판아테나이아 축제 때는 각종 경기, 경마, 시가 경연도 곁들여졌다.

케오스 출신 시모니데스[7]가 늘 자기 주위에 있게 했네. 그는 자신이 최대한 훌륭한 사람들을 통치할 수 있도록 시민들을 교화하겠다는 일념에서 이 모든 일을 했던 것일세. 그는 진실로 훌륭한 사람[8]인지라 누구에게도 지혜를 나누어 주지 않는 것은 옳지 못하다고 여겼다네.

도성에 사는 그의 백성들이 교화되어 그의 지혜를 찬미하자 힙파르 d 코스는 시골 주민들도 교화하기로 결심하고, 도성과 각 구역 도시 사이에 있는 도로를 따라 그들을 위해 헤르메스 주상(柱像)[9]들을 세우기 시작했네. 그러고는 남한테 배운 것이든 자신이 찾아낸 것이든 자신의 지혜 창고에서 가장 지혜롭다고 여겨지는 것들을 골라내어 비가(悲歌)형식[10]으로 옮긴 뒤 그것들을 자신이 지은 시로서 그리고 자신이 지혜롭다는 증거물로서 헤르메스 주상들에 새기게 했네. 그가 그런 것은 첫째, 그 e 의 백성들이 "너 자신을 알라" "그 어떤 것도 지나치지 않게"[11] 같은 델포이의 지혜로운 명문(銘文)들에 감탄하지 않고, 대신 힙파르코스의 말들을 더 지혜로운 것으로 여기게 하기 위해서였네. 둘째, 그들이 도성으로 올라오거나 지방으로 내려갈 때 그의 글귀들을 읽고 그의 지혜를 맛보고는 자신들의 교화를 완성하기 위해 지방에서 도성으로 올라오고 싶게 하기 위해서였네. 각 헤르메스 주상의 양쪽 측면에는 명문이 새겨져 229a 있었는데, 왼쪽 측면에 새겨진 명문에서는 헤르메스 주상이 도성과 구역 도시의 중간 지점에 서 있노라고 말했고, 오른쪽 측면에 새겨진 명문에서는 헤르메스 주상이 이렇게 말했네. "이것은 힙파르코스가 세운 기념물이다. 정의로운 마음으로 걸어가라!" 다른 헤르메스 주상들에도 그가 작시한 다른 훌륭한 명문이 많이 새겨져 있네. 그중 스테이리아[12]로

가는 길가에 세워진 헤르메스 주상에서는 이렇게 말했네. "이것은 힙파르코스가 세운 기념물이다. 친구를 속이지 말라!" 그러니 나는 자네의 친구인 만큼 그토록 위대한 사람에게 불복하여 감히 자네를 속이려 하지 않을 걸세. b

힙파르코스가 죽은 뒤 아테나이인들은 3년 동안 그의 아우 힙피아스의 참주정체의 지배를 받았는데, 자네도 이전 세대 사람들한테 들었겠지만 아테나이가 참주정체의 지배를 받은 것은 그 3년뿐이고, 다른 때에는 아테나이인들은 사실상 크로노스[13]가 왕이었을 때처럼 살았네. 사실 더 세련된 사람들의 주장에 따르면, 힙파르코스가 살해된 것은 대중이 생각하듯 암살자의 누이가 축제 행렬에서 바구니를 들고 갈 자격을 c 박탈당해 모멸감을 느꼈기—그것은 바보 같은 짓이겠지—때문이 아니

6 테오스(Teos)는 소아시아 이오니아 지방의 해안 도시이다. 아나크레온(Anakreon)은 기원전 6세기에 활동한 그리스의 서정시인이다.

7 케오스(Keos)는 퀴클라데스 군도(Kyklades) 중 하나로 앗티케 지방의 수니온(Sounion)곶 앞바다에 있다. 시모니데스(Simonides)는 기원전 5세기 초에 활동한 그리스 서정시인이다.

8 '진실로 훌륭한 사람'(kalos kagathos). 문맥에 따라 '신사'로 옮길 수 있다.

9 hoi Hermai. 헤르메스(Hermes)는 신들의 전령이다.

10 헥사메터와 펜타메터가 교차하는 2행 연구(聯句).

11 gnothi sauton, meden agan.

12 Steiria. 앗티케 지방의 174개 구역 중 하나.

13 Kronos. 그리스신화에서 우라노스(Ouranos '하늘')의 아들이자 제우스의 아버지. 그가 세상을 다스리던 때는 일설에 따르면 노력을 안 해도 먹을거리가 넘쳐나는 태평성대였다고 한다.

라 하르모디오스가 아리스토게이톤[14]의 연동[15]이 되어 그에게 교육받았기 때문이라고 하네. 아리스토게이톤도 사람들을 교육하는 것에 자부심을 느꼈고, 그래서 힙파르코스를 자신의 경쟁자로 보았네. 그리고 d 그때 마침 하르모디오스는 당시 잘생긴 명문가 출신 젊은이 중 한 명의 연인이 되었는데, 그의 이름을 듣기는 했지만 기억이 나지 않는군. 아무튼 그 젊은이는 잠시 동안 하르모디오스와 아리스토게이톤을 지혜로운 사람들로 찬탄했으나, 나중에 힙파르코스와 사귀고 나서부터는 두 사람을 무시했고, 그러자 그들은 자신들이 무시당한 것에 화가 나 힙파르코스를 살해한 것일세.

**학우** 소크라테스님, 그대는 나를 친구로 여기지 않거나, 친구로 여긴다면 힙파르코스가 시킨 대로 하지 않는 것 같아요. 나는 이 논의에서 어떻게 e 게 그러는지는 모르지만 그대가 나를 속이고 있지 않다고 확신할 수 없으니까요.

**소크라테스** 나는 장기를 둘 때처럼 이 논의에서 자네가 말한 것 가운데 아무거나 자네가 원하는 것을 무르게 해주겠네. 자네가 속고 있다고 생각하지 않도록 말일세. 나도 자네를 위해 모든 사람은 좋음을 욕구한다는 말을 취소할까?

**학우** 아니, 그러지 마세요.

**소크라테스** 손실을 보는 것이나 손실은 나쁜 것이라는 것은 어떤가?

**학우** 그것도 취소하지 마세요.

**소크라테스** 이익과 이익을 보는 것은 손실과 손실을 입는 것과 반대되는 것이라는 것은 어떤가?

**학우** 그것도요. 230a

**소크라테스** 이득을 보는 것은 나쁜 것과 반대되는 만큼 좋은 것이라는 것은 어떤가?

**학우** 언제나 그런 것은 아니지요. 그것은 나를 위해 취소하세요.

**소크라테스** 그러니까 자네는 어떤 이득은 좋고, 어떤 이득은 나쁘다고 생각하는 것 같구먼.

**학우** 나는 그렇다고 생각해요.

**소크라테스** 그럼 자네를 위해 그것은 취소하겠네. 우리는 어떤 이득은 좋은 것이고, 어떤 이득은 나쁜 것이라고 생각하기로 하세. 그러나 좋은 종류라고 해서 나쁜 종류보다 더 이득은 아닐세. 그렇지 않은가?

**학우** 그 질문은 무슨 뜻이지요?

**소크라테스** 설명하겠네. 먹을거리는 좋은 것도 있고 나쁜 것도 있겠지?

**학우** 네. b

**소크라테스** 그럼 그중 하나는 다른 것보다 더 먹을거리인가, 아니면 둘은 똑같이 먹을거리며, 먹을거리란 점에서 하나는 다른 것과 다르지 않고

**14** 아리스토게이톤은 아테나이의 젊은이로 기원전 514년 참주 힙피아스를 암살하려다 그의 아우 힙파르코스를 암살한 까닭에 연동 하르모디오스와 함께 처형된다. 당시 아테나이의 축제 행렬에서는 명문가 규수들이 제례를 치르는 데 필요한 물건이 든 바구니를 들고 행렬을 인도했는데, 하르모디오스는 자기 누이가 처음에는 그중 한 명으로 뽑혔다가 나중에 제외되자 모멸감을 느껴 힙피아스를 암살하려 했고 그의 연인(erastes) 아리스토게이톤이 그를 적극적으로 도와준다. 이 두 사람은 나중에 아테나이에서 이른바 '참주 살해자들'이란 이름으로 영웅시되었다.

**15** paidika.

하나는 좋고 다른 것은 나쁘다는 점에서만 서로 다른가?

**학우** 그래요.

**소크라테스** 마실 거리와 그 밖의 다른 것도 마찬가지일세. 같은 종류의 어떤 것들은 좋고 다른 것들은 나쁠 경우 서로 간의 공통점에서 하나는 다 c 른 것과 다르지 않겠지? 사람을 예로 들자면 한 사람은 훌륭하고, 다른 사람은 사악하네.

**학우** 그래요.

**소크라테스** 나는 그들 중 어느 누구도 다른 사람보다 더 사람이거나 덜 사람이라고 생각하지 않네. 훌륭한 사람이 사악한 사람보다 더 사람이지도 않고, 사악한 사람이 훌륭한 사람보다 덜 사람이지도 않네.

**학우** 맞는 말이에요.

**소크라테스** 그러면 우리는 이득에 대해서도 그렇게 생각해야 하지 않을까? 사악한 종류도 훌륭한 종류도 똑같이 이득이라고 말일세.

**학우** 당연하지요.

**소크라테스** 그러면 훌륭한 이득을 보는 사람이 사악한 이득을 보는 사람보다 조금도 더 이득을 보는 것이 아닐세. 우리가 동의한 바에 따르면, 어 d 느 것도 다른 것보다 더 이득이 아닌 것 같으니까.

**학우** 그래요.

**소크라테스** 둘 중 어느 것에도 '더'나 '덜'이 덧붙여질 수 없으니까.

**학우** 아닌 게 아니라 덧붙여질 수 없어요.

**소크라테스** 둘 중 어느 것도 덧붙여질 수 없는 그런 것에게 누가 어떻게 더 당하거나 덜 당할 수 있겠는가?

**학우** 그건 불가능해요.

**소크라테스** 따라서 그것들은 둘 다 이득이고, 이득이 되는 만큼 우리는 이제 무엇이 그 둘을 이득이라고 부르게 하는지 탐구해야 하네. 자네는 그 둘의 공통점이 무엇이라고 보는가? 이를테면 내가 방금 예로 든 것과 (e) 관련하여 "무엇이 그대가 좋은 먹을거리도 나쁜 먹을거리도 똑같이 '먹을거리'라고 부르게 하는 건가요?"라고 그대가 묻는다면, 나는 자네에게 "둘 다 몸의 고체 상태 영양분이기 때문이지." 하고 대답할 걸세. 그것이 먹을거리라는 데 자네도 분명히 동의할 테니까. 자네는 동의하지 않는가?

**학우** 나는 동의해요.

**소크라테스** 마실 거리와 관련해서도 대답은 같네. 몸의 액상 영양분도 몸에 좋은 것이든 몸에 해로운 것이든 '마실 거리'라는 이름을 갖는다고 말 (231a) 일세. 다른 것들도 마찬가지일세. 그러니 자네는 내 방식을 흉내 내며 대답해보게. 자네가 좋은 이득도 나쁜 이득도 이득이라고 부른다면 그것들에서 어떤 공통점을 보고 그것을 이득의 실질적 요소라고 판단하는가? 이번에도 자네가 대답할 수 없다면 내가 말하는 것을 고찰해보게. 자네는 비용을 들이지 않고 얻었건 들인 비용보다 많이 얻었건 모든 재물 취득을 이득이라 부르는가?

**학우** 나는 그것을 이득이라고 부르는 것 같아요. (b)

**소크라테스** 자신은 비용을 들이지 않고 남에게 융숭한 대접을 받고 병을 얻는 사람이 있다면 자네는 그런 것도 이득이라고 부르는가?

**학우** 제우스에 맹세코, 나는 그렇게 부르지 않아요.

**소크라테스** 그런 대접을 받고 몸이 건강해지는 사람이 있다면 그는 이득을 보는 것일까, 손해를 보는 것일까?

**학우** 이득을 보는 것이겠지요.

**소크라테스** 그럼 재물 취득이 곧 이득은 아닐세.

**학우** 아니고말고요.

**소크라테스** 취득한 재물이 나쁜 것일 때는 아니겠지? 아니면 좋은 것을 취득해도 이득을 보는 것이 아닌가?

**학우** 좋은 것을 취득한다면 이득을 보는 것이겠지요.

c **소크라테스** 그럼 취득한 것이 나쁜 것일 때는 손실을 보게 되지 않을까?

**학우** 나는 그럴 것이라 생각해요.

**소크라테스** 자네가 원점으로 되돌아오고 있는 것이 보이지 않는가? 이득은 좋은 것이고, 손실은 나쁜 것으로 밝혀졌으니 말일세.

**학우** 나로서는 뭐라고 말해야 할지 난감하네요.

**소크라테스** 자네가 난감해하는 것은 당연하네. 이번에는 이 질문에 대답해주게. 들인 비용보다 더 많이 취득하는 사람이 있다면 자네는 그것을 이득이라고 부르는가?

**학우** 취득한 것이 나쁜 것일 때는 그렇게 부르지 않지만, 누군가 자신이 들인 비용보다 더 많은 금이나 은을 취득할 때는 그렇게 불러요.

d **소크라테스** 그러잖아도 그와 관련해 자네에게 질문하려던 참이었네. 금 반 냥을 들이고 그 갑절의 은을 얻는 사람이 있다면 그는 이득을 본 것인가, 손해를 본 것인가?

**학우** 손해를 본 것이 분명해요, 소크라테스님. 그럴 경우 그의 금은 은의

12배 대신 갑절로만 평가되었으니까요.

**소크라테스** 하지만 그는 더 많은 것을 얻었네. 아니면 갑절이 반보다 더 많지 않은가?

**학우** 가치에서는 더 많지 않아요. 한쪽은 은이고 다른 쪽은 금이니까요.

**소크라테스** 그렇다면 우리는 이득에 가치 개념을 덧붙여야 할 것 같네. 자네는 지금 은은 금보다 많아도 금만큼 가치가 없고, 금은 적어도 은과 대등한 가치가 있다고 말하니 말일세.

**학우** 물론이지요. 사실이 그러니까요. e

**소크라테스** 그렇다면 가치 있는 것만이 크든 작든 이익이 되고, 가치 없는 것은 아무런 이익도 되지 않네.

**학우** 그래요.

**소크라테스** 자네가 말하는 '가치'란 '소유할 가치가 있는 것' 말고 다른 것을 의미하는가?

**학우** 아니요, '소유할 가치가 있는 것'을 의미해요.

**소크라테스** 또한 자네가 말하는 '소유할 가치가 있는 것'이란 유익하지 않은 것을 의미하는가, 아니면 유익한 것을 의미하는가?

**학우** 물론 유익한 것을 의미하지요.

**소크라테스** 유익한 것은 좋은 것이겠지? 232a

**학우** 네.

**소크라테스** 그렇다면 가장 용감한 전사여, 우리는 세 번째 아니면 네 번째로 또다시 이득이 되는 것이 좋은 것이라는 데 의견이 일치하지 않았는가?

**학우** 그런 것 같네요.

**소크라테스** 자네는 우리 논의의 출발점을 기억하는가?

**학우** 기억한다고 생각해요.

**소크라테스** 기억나지 않으면 내가 일깨워주겠네. 자네는 나를 반박하며 훌륭한 사람은 모든 종류의 이득을 보기를 원하는 것이 아니라, 좋은 이득은 보되 나쁜 이득은 보지 않는다고 주장했네.

**학우** 그랬지요.

b **소크라테스** 그런데 지금 우리 논의는 모든 이득은 크든 작든 좋다는 데 동의하도록 우리에게 강요하고 있지 않은가?

**학우** 그래요, 소크라테스님. 논의는 나를 설득하기보다 내게 강요하고 있어요.

**소크라테스** 나중에는 아마 자네를 설득하기도 할 걸세. 하지만 지금은 자네가 어떤 상태에 있건 말하자면 설득당했건 설득당하지 않았건, 모든 이익은 크든 작든 좋은 것이라는 데는 자네도 우리에게 동의하고 있네.

**학우** 그래요, 나도 동의해요.

**소크라테스** 자네는 훌륭한 사람은 모두 온갖 훌륭한 것을 원한다는 데도 동의하는가, 아니면 동의하지 않는가?

**학우** 동의해요.

c **소크라테스** 그런데 사악한 자도 크든 작든 이득을 사랑한다고 자네 스스로 말했네.

**학우** 말했지요.

**소크라테스** 자네 논리대로라면 모든 사람은 훌륭하든 사악하든 이득을 사랑하네.

**학우** 그런 것 같아요.

**소크라테스** 그럼 이득을 사랑한다고 남을 나무라는 것은 옳지 않네. 그렇게 나무라는 사람도 사실은 이득을 사랑하니까.

# 연인들

## 철학에 관하여

소크라테스가 이야기하다

132a 내가 문법학자 디오뉘시오스[1]의 학원에 들어섰을 때 그곳에는 명문가 출신의 가장 잘생긴 소년들과 그들의 연인[2]들이 있었네. 마침 두 소년이 무엇인가에 관해 토론하고 있었는데, 무엇에 관해 토론하는지 알아들을 수 없었지만 아낙사고라스 아니면 오이노피데스[3]에 관해 토론하는 b 것 같았네. 아무튼 그들은 원을 그리며 손으로 어떤 기울기를 나타내는 일에 열중하고 있는 것 같았네. 그래서 나는 한 소년의 연인 곁에 앉아 팔꿈치로 슬쩍 찌르며 도대체 무엇에 관해 토론하기에 소년들이 저렇게 열심인지 물으며 이렇게 말했네. "소년들이 저렇게 열중하는 것을 보니 중대하고도 아름다운 일인 것 같구먼."

그가 말했네. "뭐라고요? 중대하고도 아름다운 일이라고요? 저 소년들은 천체에 관해 잡담을 늘어놓으며 철학에 관해 수다를 떨고 있는 걸요."

c 그의 대답에 놀라며 내가 물었네. "젊은이, 자네는 철학을 공부하는 것을 창피한 일이라고 생각하는가? 아니라면 철학에 대해 왜 그렇게 험담을 하는가?"

마침 그의 곁에 앉아 있던 그 소년의 또 다른 연인이 내 질문과 그의 대답을 듣고 말했네. "소크라테스 선생님, 철학을 공부하는 것을 창피한 일로 생각하느냐고 그에게 자꾸 물어보아도 그건 시간 낭비예요. 선생님은 그가 레슬링을 하고 배를 채우고 잠자는 일로 인생을 다 보낸 것도 모르세요? 그러니 그가 철학을 공부하는 것은 창피한 일이라는 대답 말고 다른 대답을 하리라고 어떻게 기대할 수 있겠어요?"

한데 두 연인 가운데 이 사람은 그가 모욕한 다른 연인이 운동경기로 모든 시간을 보낸 반면 시가(詩歌)[4] 공부로 모든 시간을 보냈네. 그래서 나는 방금 내가 물었던 사람에게 질문하기를 그만두고—그러잖아도 그는 자신이 말에는 능하지 않고 행동에만 능하다고 자부했으니까— 혹시 그에게 덕을 볼 수 있을까 해서 자신이 더 지혜롭다고 자부하는 사람에게 질문을 던지기로 결심했네. 내가 말했네. "나는 두 사람 모두에게 물은 것일세. 만약 자네가 더 훌륭한 대답을 할 수 있다고 생각한다면 나는 자네에게도 같은 질문을 하겠네. 자네는 철학을 공부하는 것을 고매한 일이라고 생각하는가, 아니라고 생각하는가?" d

우리 대화가 그쯤 진척되었을 때 두 소년은 우리가 하는 말을 듣고 입 133a

1 Dionysios.

2 erastes. 남자끼리의 동성애에서 능동적 역할을 하는 연상의 남자. 남자끼리의 동성애에서 수동적 역할을 하는 연하의 남자는 ta paidika라고 하며, '연동(戀童)'으로 옮겼다.

3 아낙사고라스(Anaxagoras)는 기원전 5세기에 활동한 이오니아 지방 클라조메나이(Klazomenai) 시 출신 자연철학자로 특히 기하학에 정통했다고 한다. 오이노피데스(Oinopides)는 그보다 조금 뒤에 활동한 키오스(Chios)섬 출신의 수학자로 천문학에 밝았다고 한다.

4 mousike.

을 다물더니 자신들의 논의는 제쳐두고 우리 논의를 들으러 왔네. 그러자 그들의 연인들의 감정은 어떠했는지 모르지만 나는 미소년들에게 둘러싸일 때면 늘 그렇듯이 황홀해서 정신이 아찔했네. 다른 연인도 나 못지않게 안절부절못하는 것 같았네. 그럼에도 그는 내게 패기만만하게 대답했네. "소크라테스 선생님, 만약 제가 철학을 공부하는 것을 창피한 b 일로 여긴다면 저 자신을 더이상 인간으로 여기지 않을 것이며, 그런 사고방식을 가진 다른 사람도 역시 인간으로 여기지 않을 거예요." 그러면서 그는 자기 연적(戀敵)을 가리켰고, 자기 연동이 똑똑히 알아들을 수 있도록 큰 소리로 말했네.

그래서 내가 말했네. "그럼 자네는 철학을 공부하는 것을 고매한 일로 여기는가?"

"물론이지요." 하고 그가 말했네.

"어떤가?" 하고 내가 물었네. "자네는 어떤 것이 도대체 무엇인지 알지도 못하면서 그것이 고매한 것인지 창피한 것인지 알 수 있다고 생각하는가?"

"아니요." 하고 그가 말했네.

c "그럼 자네는 철학을 공부하는 것이 무엇인지 아는가?" 하고 내가 말을 이었네.

"물론이지요."

"그럼 그게 무엇인가?"

"솔론[5]이 말한 바로 그것이지요. 솔론은 이렇게 말했어요. '나는 늙어가며 여전히 많은 것을 배운다.' 그리고 철학자가 되려는 사람은 생전에 되도록 많은 것을 배우기 위해 젊어서나 늙어서나 새로운 것을 계속해서 배워야 한다는 데 저도 그와 의견을 같이해요."

처음에는 그의 말이 일리가 있는 것 같았으나, 다시 생각해보고는 철학은 많이 배우는 것[6]이라고 생각하는지 그에게 물었네.

"물론이지요." d

"자네는 철학을 고매하다고만 생각하는가, 아니면 좋기도 하다고 생각하는가?"

"좋기도 하다고 생각해요. 그것도 아주요."

"자네는 그것을 철학의 특징이라고 보는가, 아니면 다른 것도 모두 마찬가지라고 생각하는가? 예를 들어 자네는 체육에 대한 사랑이 고매할 뿐 아니라 좋기도 하다고 생각하는가? 아니면 그렇지 않다고 생각하는가?"

그러자 그는 아주 장난스럽게 이중의 대답을 했네. "여기 이 친구에게는 어느 것도 아니라고 말할 겁니다. 하지만 선생님께는 고매하기도 하고 e 좋기도 하다고 인정할래요, 소크라테스 선생님. 저는 그것이 옳다고 생각하니까요."

그래서 내가 그에게 물었네. "자네는 체육에 대한 사랑이 연습을 많이 하는 데 있다고 생각하는가?"

그가 대답했네. "물론이지요. 철학에 대한 사랑은 많이 배우는 데 있다고 제가 생각하듯이 말이에요."

5 Solon. 기원전 6세기 초에 활동한 아테나이의 정치가이자 시인.

6 '많이 배우는 것'(polymathia).

그래서 내가 물었네. "자네는 체육을 사랑하는 사람들이 자신들의 몸 상태를 좋게 해줄 것 말고 다른 것을 원할 것이라고 생각하는가?"

"바로 그것을 원하겠지요." 하고 그가 말했네.

내가 물었네. "그럼 연습을 많이 하는 것이 그들의 몸 상태를 좋게 해 주겠지?"

134a "그래요. 연습을 조금밖에 하지 않는데 어떻게 몸 상태가 좋을 수 있겠어요?" 하고 그가 대답했네.

나는 이제야말로 체육에 대한 자신의 경험으로 나를 돕도록 체육을 사랑하는 친구를 분기시킬 때라고 생각했네. 그래서 내가 물었네. "여보게, 자네 친구는 이런 주장을 하는데 왜 자네는 침묵을 지키는가? 자네도 사람들이 연습을 많이 해야 몸 상태가 좋아진다고 생각하는가, 아니면 연습을 적당히 해야 좋아진다고 생각하는가?"

그가 말했네. "소크라테스 선생님, 저는 적당한 연습이 몸 상태를 좋게 한다는 것은 사람들 말마따나 돼지도 안다고 생각했지요. 그런데 잠 b 도 안 자고 먹지도 않고 골똘히 생각하느라 목이 뻣뻣하고 몸이 비쩍 마른 사람이 왜 모르겠어요?" 그가 그렇게 말하자 소년들은 재미있다고 깔깔 웃었고, 다른 연인은 얼굴이 빨개졌네.

그래서 내가 그에게 말했네. "어떤가? 이제 자네는 몸 상태를 좋게 하는 것은 많은 연습도 적은 연습도 아니고 적당한 연습이라는 것을 인정하는가? 아니면 자네는 우리 두 사람을 상대로 논쟁을 벌일 텐가?"

c 그러자 그가 대답했네. "이 친구와는 기꺼이 싸우고 싶어요. 그리고 내 논거가 약하기는 하지만 내 주장을 뒷받침할 자신이 있어요. 그는 내

적수가 못 되니까요. 하지만 선생님과는 제 의견을 놓고 다툴 필요가 없겠지요. 그래서 저는 사람들의 몸 상태를 좋게 하는 것은 많은 양의 체육이 아니라 적당량의 체육이라는 데 동의해요."

"먹을거리는 어떤가? 적당량인가, 많은 양인가?" 하고 내가 물었네.

그는 먹을거리도 마찬가지라는 데 동의했네.

그다음 나는 몸에 관련된 그 밖의 모든 것도 많은 양도 적은 양도 아니고 적당량이 가장 유익하다는 데 그가 동의하도록 강요했고, 그는 그렇다고 동의했네. d

"혼은 어떤가?" 하고 내가 물었네. "혼에게 제공되는 것은 적당량이 유익한가, 아니면 무절제한 양이 유익한가?"

"적당량입니다." 하고 그는 말했네.

"혼에게 제공되는 것 가운데 하나는 학습이겠지?"

그는 동의했네.

"그럼 많은 양의 학습이 아니라, 적당량의 학습이 유익하겠지?"

그는 동의했네.

"그럼 어떤 연습이나 어떤 먹을거리가 몸에 좋은지 누구에게 묻는 것이 옳을까?" e

그것은 의사나 체육교사여야 한다는 데 우리 셋 다 동의했네.

"그럼 적당량의 씨앗을 뿌리는 것에 관해서는 누구에게 물어야 할까?"

그것은 농부에게 물어야 한다는 데 우리는 동의했네.

"그럼 혼에 학습의 식물을 심고 씨앗을 뿌리는 일과 관련해 어떤 종류와 얼마나 많은 양이 적당한지 우리는 누구에게 물어보는 것이 옳을까?"

135a 이때 우리는 너나없이 뭐라고 대답해야 할지 난감해했고, 그래서 나는 농담 삼아 그들에게 물었네. "우리가 난감하니 여기 이 소년들에게 물어보는 것이 어떻겠는가? 아니면 우리는 호메로스의 구혼자들[7] 처럼 창피해서 다른 사람은 활에 시위를 얹지 못할 것이라고 생각해야 할 것인가?"

그러자 그들이 논의에 흥미를 잃는 것 같아 보여 나는 다른 방법으로 접근해보려고 이렇게 말했네. "철학자라도 다 배우거나 많이 배울 수는 없는 만큼, 자네들은 철학자가 주로 어떤 과목을 배워야 한다고 보는가?"

b 그러자 둘 중 더 지혜로운 친구가 끼어들며 말했네. "가장 훌륭하고 가장 적절한 것들은 철학자로서의 그의 명성을 가장 높여줄 과목들이겠지요. 그리고 명성이 가장 높아지려면 모든 기술에서 또는 모든 기술이 아니더라도 대부분의 주요 기술에서 자유민에게 적합한 만큼 배움으로써 말하자면 실제 기술이 아니라 그 이론을 배움으로써 전문가다워 보여야 해요."

그래서 내가 물었네. "그러니까 집 짓는 경우와 비슷하다는 말이지?
c 알다시피 목수는 5므나나 6 므나[8]를 주면 구할 수 있지만 일류 건축가는 1,000드라크메를 줘도 구할 수 없네. 헬라스[9] 전체에 몇 명 없으니까. 자네가 말하는 것은 그런 것인가?" 그는 내가 말하는 것이 그가 말하는 것과 같은 것이라는 데 동의했네.

그래서 나는 여러 기술 또는 주요 기술은 차치하고라도 두 가지 기술을 그렇게 철저히 배우는 것도 불가능한지 그에게 물었네. 그가 대답했네. "소크라테스 선생님, 제 말을 철학자는 개개의 기술을 그 분야의 전
d 문가만큼 정확히 알고 있어야 한다는 뜻으로 이해하지 말아 주세요. 제

말은 교육받은 자유민에게 어울릴 만큼만, 다시 말해 전문가의 설명을 그 자리에 있는 누구보다 더 잘 따라갈 수 있고 또 자기 의견을 제시할 수 있어서 기술에 관해 논의하거나 기술을 실습할 때면 그 자리에 있는 사람 중에서는 그가 언제나 가장 지혜롭고 가장 조예가 깊은 사람으로 보일 만큼만 알고 있어야 한다는 뜻입니다."

그래서 나는 그의 말이 무슨 뜻인지 여전히 확신이 서지 않아 그에게 물었네. "자네가 철학자를 어떤 사람이라고 생각하는지 내가 제대로 이해하고 있는 것일까? 내가 보기에 자네가 말하는 것은 달리기선수나 레슬링선수와 겨루는 오종경기 선수와도 같은 것인 듯하네. 오종경기 선수들은 전자의 각 종목에서는 전자만 못해 2등을 차지하지만, 다른 종목 선수들에게는 모두 이겨 1등을 차지하네. 아마도 자네가 말하는 것은 철학을 공부하는 사람들에게 철학이 가져다주는 것도 그런 것이라는 뜻인 것 같네. 말하자면 그들은 기술을 이해하는 데는 1등을 차지하는 자들보다 못하지만, 나머지는 모두 능가하여 2등을 차지하며, 그래서

e

136a

**7** 오뒷세우스(Odysseus)의 아내 페넬로페(Penelope)의 구혼자들을 말한다. 오뒷세우스가 두고 간 활에 그들이 시위를 얹지 못하는 것을 보고 거지로 변장한 오뒷세우스가 시위를 얹겠다고 나서자 그들은 겁을 주며 그를 내쫓으려 한다.

**8** mna. 고대 그리스의 화폐단위. 고대 그리스의 화폐단위는 다음과 같다.

| 탈란톤(talanton) | 므나(mna) | 드라크메(drachme) | 오볼로스(obolos) |
|---|---|---|---|
| 1 | 60 | 6,000 | 36,000 |
| | 1 | 100 | 600 |
| | | 1 | 6 |

**9** Hellas. 그리스의 그리스어 이름.

철학을 공부하는 사람은 모든 종목에서 버금간다는 뜻인 것 같네. 내가 보기에 자네는 그런 사람을 가리키는 것 같네그려."

그러자 그가 말했네. "소크라테스 선생님, 철학자를 오종경기 선수와 비교하신다면 제가 말하는 철학자를 제대로 이해하신 것 같네요. 철학자란 어떤 것에도 예속되지 않을뿐더러 어떤 것도 전문가처럼 한 가지에만 b 집중함으로써 다른 것들에서는 모두 남에게 뒤질 만큼 철저히 탐구하는 것이 아니라, 모든 것에 적당히 종사하는 그런 종류의 사람입니다."

그가 그렇게 대답하자 나는 그의 말뜻을 정확히 알고 싶어 그는 좋은 사람들을 쓸모 있다고 여기는지 쓸모없다고 여기는지 물었네.

"그야 쓸모 있다고 여기지요, 소크라테스 선생님." 하고 그가 말했네.

"좋은 사람들이 쓸모 있다면 나쁜 사람들은 쓸모없겠지?"

그는 동의했네.

"어떤가? 자네는 철학자를 쓸모 있는 사람으로 여기는가, 아니면 그렇게 여기지 않는가?"

c 그는 철학자들이 쓸모 있다는 데 동의했고, 그들을 가장 쓸모 있는 사람으로 여긴다고 덧붙였네.

"자, 그러면 자네 말이 맞다고 보고 이들 버금가는 자가 우리에게 어디에 쓸모 있는지 알아보도록 하세. 철학자는 분명 각 분야의 전문가보다 열등하네."

그는 동의했네.

내가 말했네. "자, 자네 자신이나 자네가 마음을 많이 쓰는 친구 중 한 명이 병든다면 건강을 회복해달라고 자네는 철학자라는 버금가는 자를 집으로 부를 텐가, 아니면 의사를 부를 텐가?"

"저는 둘 다 부를래요." 하고 그가 대답했네. d

그래서 내가 말했네. "둘 다 부르겠다고 말하지 말고, 어느 쪽을 먼저 부를 것인지 말해주게."

그가 말했네. "의사를 먼저 불러야 한다는 데 어느 누구도 이의를 제기하지 않겠지요."

"어떤가? 바람이 세차게 부는 날 배를 타고 항해 중이라면 자네는 누구에게 자네 자신과 자네 재산을 맡길 텐가? 키잡이인가, 철학자인가?"

"저는 키잡이에게 맡길 겁니다."

"다른 것들도 모두 마찬가지여서, 전문가가 있는 한 철학자는 쓸모없겠지?"

"그런 것 같아요." 하고 그가 말했네.

"그렇다면 이제 철학자는 쓸모없겠지? 우리에게는 언제나 전문가가 e 있으니까. 우리는 또한 좋은 사람은 쓸모 있고, 나쁜 사람은 쓸모없다는 데 동의한 바 있네."

그는 어쩔 수 없이 이에 동의했네.

"그다음 것은 무엇인가? 내가 계속해서 물어볼까, 아니면 그것은 너무 무례한 짓일까?"

"묻고 싶으신 것은 무엇이든 물어보세요."

그래서 내가 말했네. "나는 우리가 앞서 말한 것들을 요약하려 할 뿐일세. 그것들은 이런 것이었네. 말하자면 우리는 철학은 고매하고, 철학 137a 자가 되는 것도 고매하며, 철학자는 좋으며, 좋은 사람은 쓸모 있고, 나쁜 사람은 쓸모없다는 데 의견을 같이했네. 그런가 하면 우리는 전문가가 있는 한 철학자는 쓸모없으며 전문가는 항상 있다는 데 의견을 같이했네. 이 모든 것에 우리는 의견을 같이하지 않았는가?"

"물론 의견을 같이했지요." 하고 그가 말했네.

"그런데 자네 논리에 따른다면, 철학이 자네 말처럼 기술에 관해 지식을 갖는 것을 의미할 경우 인간들 사이에 기술이 있는 한 철학자는 나쁘고 쓸모없다는 데 우리는 의견을 같이한 것 같네. 하지만 친구여, 철학자는 그런 것 같지 않으며, 철학은 기술에 관여하거나 많이 행하고 많이 배우며 고개를 숙이고 살아가는 데 있는 것이 아니라 전혀 다른 것일세. 내 생각에 그런 삶은 비난받아 마땅하고, 기술에 종사하는 사람은 저속하다[10]고 불리니 말일세. 하지만 내 이 질문에 자네가 대답한다면, 내 말이 맞는지 우리는 더 명확히 알 수 있을 걸세. 어떤 사람이 말(馬)을 제대로 벌줄 줄 아는가? 말을 가장 훌륭한 말로 만드는 사람인가, 아니면 다른 사람인가?"

"가장 훌륭한 말로 만드는 사람이지요."

"어떤가? 개를 가장 훌륭한 개로 만들 줄 아는 것도 개를 제대로 벌줄 줄 아는 사람이겠지?"

"네."

"그럼 가장 훌륭하게 만들고 제대로 벌주는 것은 같은 기술이겠지?"

"그런 것 같네요." 하고 그가 말했네.

"어떤가? 가장 훌륭하게 만들고 제대로 벌줄 줄 아는 기술은 좋은 것과 나쁜 것을 구별할 줄 아는 것과 같은 기술인가, 다른 기술인가?"

"같은 기술입니다." 하고 그가 말했네.

"그럼 자네는 사람의 경우에도 사람을 가장 훌륭하게 만드는 기술은 사람을 제대로 벌주고 좋은 사람과 나쁜 사람을 구별할 줄 아는 기술과 같은 것이라는 데 동의할 용의가 있는가?" d

"물론이지요." 하고 그가 말했네.

"한 명에게 그럴 수 있는 기술은 여러 명에게도 그럴 수 있고, 여러 명에게 그럴 수 있는 기술은 한 명에게도 그럴 수 있겠지?"

"네."

"말과 그 밖의 다른 것도 모두 마찬가지겠지?"

"동의해요."

"그럼 국가에서 방종한 자와 무법자를 제대로 벌주는 것은 어떤 지식[11]인가? 법률 지식 아닐까?"

"그렇습니다."

"자네가 정의[12]라고 부르는 것은 그것과 같은 것인가, 다른 것인가?"

"같은 것입니다."

"사람들을 제대로 벌주는 데 쓰인 지식은 좋은 사람과 나쁜 사람을 구별하는 데 쓰인 것과 같은 것이 아닌가?" e

"같은 기술입니다."

10 banausos.

11 episteme.

12 dikaiosyne.

"한 사람을 아는 사람은 여러 사람도 알겠지?"

"네."

"여러 명을 모르는 사람은 한 명도 모르겠지?"

"동의해요."

"말인데 좋은 말과 나쁜 말을 구별할 줄 모르는 사람이 있다면, 그는 자신이 어떤 종류의 말인지도 모르겠지?"

"동의해요."

"그리고 소인데 나쁜 소와 좋은 소를 구별할 줄 모르는 사람이 있다면 자신이 어떤 종류의 소인지도 모르겠지?"

"네." 하고 그가 말했네.

"어떤 사람이 개라도 마찬가지겠지?"

그는 동의했네.

138a "어떤가? 사람인데 좋은 사람과 나쁜 사람을 알지 못하는 사람이 있다면 자신도 사람인 만큼 자신이 좋은 사람인지 나쁜 사람인지 알지 못하겠지?"

그는 그렇다고 인정했네.

"자신을 알지 못하는 것은 절제 있는 것인가, 절제 있는 것이 아닌가?"

"절제 있는 것이 아닙니다."

"그럼 자신을 아는 것은 절제 있는 것이겠지?"

"동의해요." 하고 그가 말했네.

"델포이[13]의 명문(銘文)이 말하려는 것은 절제와 정의를 실행하라는 뜻인 것 같네."

"그런 것 같네요."

"우리가 제대로 벌줄 줄 아는 것도 이 기술에 의해서겠지?"

"네."

"그렇다면 우리가 제대로 벌줄 줄 아는 것은 정의에 의해서고, 우리가 우리 자신과 남을 구별할 줄 아는 것은 절제에 의해서겠지?" b

"그런 것 같아요." 하고 그가 말했네.

"그럼 정의와 절제는 같은 것이겠지?"

"그런 것 같네요."

"나라가 잘 다스려지는 것도 불의를 행한 자들이 벌받을 때이겠지?"

"맞는 말씀이에요." 하고 그가 말했네.

"그리고 그것은 정치술일세."

그는 동의했네.

"어떤가? 누군가가 나라를 제대로 다스릴 때는 참주(僭主) 또는 왕이라고 불리지 않는가?"

"동의해요."

"그는 왕의 기술이나 참주의 기술로 통치하겠지?"

"그래요."

"이들 기술은 앞서 말한 기술들과 같은 것이겠지?"

"그런 것 같아요."

13 Delphoi. 아폴론 신전이 있던 그리스 중부 지방의 도시.

c “어떤 사람이 혼자서 가정을 제대로 다스릴 때는 뭐라고 불리는가? 그는 가장(家長) 또는 주인이 아닐까?”

“그렇습니다.”

“그가 가정을 잘 다스리는 것도 정의에 의해서가 아닐까? 아니면 어떤 다른 기술에 의해서일까?”

“정의에 의해서지요.”

“그럼 왕도 참주도 정치가도 가장도 주인도 절제 있는 사람도 정의로운 사람도 모두 같은 사람인 것 같네. 그리고 왕의 기술도 참주의 기술도 정치가의 기술도 주인의 기술도 가장의 기술도 정의도 절제도 모두 하나의 기술일세.”

“그런 것 같아요.” 하고 그가 말했네.

d “그렇다면 의사가 환자에 관해 말할 때 의사의 말을 따라갈 수 없거나 말해진 것이나 행해진 것들에 자기 의견을 덧붙일 수 없는 것이, 그리고 다른 전문가가 무언가를 행하거나 말할 때도 마찬가지로 그럴 수 없는 것이 철학자에게 창피한 일이라면, 재판관이나 왕이나 우리가 방금 예로 든 다른 사람 가운데 누군가가 말할 때 그의 말을 따라갈 수도 없고 자기 의견을 제시할 수 없는 것은 철학자에게 창피한 일이 아닐까?”

“소크라테스 선생님. 그런 중대사에 관해 자기 의견을 제시할 수 없다면 어찌 창피한 일이 아니겠어요?”

e 그래서 내가 말했네. “우리는 그런 것들과 관련해서도 철학자는 오종 경기 선수이자 버금가는 사람이어야 한다고 말할까? 아니면 그의 가정이 잘 다스려지려면 그는 무엇보다도 가정을 남에게 맡기고 자기는 가정

에서 두 번째 자리를 차지할 것이 아니라 자신이 올바르게 재판하고 벌주어야 한다고 말할까?"

그래야 한다고 그는 인정했네.

"또한 친구들이 그에게 분쟁을 중재하는 데 나서달라고 부탁하고, 나라가 어떤 일을 결정하거나 판단하도록 그에게 위임할 경우, 친구여, 앞장서서 이끌지 못하고 그런 일에 둘째 아니면 셋째 가는 것처럼 보이는 것은 그에게 창피한 일이 아닐까?" 139a

"나는 그렇다고 생각해요."

"그러면 더없이 훌륭한 친구여, 철학은 많이 배우고 기술에 종사하는 것과는 거리가 아주 멀다네."

내가 그렇게 말하자 지혜로운 친구는 앞서 자기가 한 말이 부끄러워 침묵을 지켰고, 무지한 친구는 내 말이 옳다고 말했네. 그리고 다른 사람들도 내 말을 칭찬했네.

# 서한집

**첫 번째 편지**

## 플라톤이 디오뉘시오스[1]의 행복을 빌다

309a 그토록 오랫동안 여러분과 함께 지내며 누구보다 신임받는 가운데 여러분의 정부를 운영한 뒤, 여러분은 그 덕을 보았지만 나는 심한 중상모략에 시달렸습니다. 하지만 참고 견뎠습니다. 사람들이 나를 여러분이 저지른 잔혹 행위에 자발적으로 가담한 공범이라 생각하지 않을 것임을 알 b 았기 때문이지요. 여러분의 정부에 참여한 사람은 모두 내 증인이니까요. 나는 그들 중 많은 사람을 어려울 때 도왔으며 적잖은 손실에서 구했습니다. 나는 전권(全權)을 행사하여 여러분의 나라를 여러 번 지켜주었는데 거지보다 더 불명예스럽게 쫓겨났습니다. 그토록 오래 함께 지냈다면 거지라도 그처럼 내쫓으며 배를 타고 떠나라고 명령해서는 안 될 것입니다.

그러니 나는 앞으로 사람들을 멀리하며 내 문제들을 해결할 것이며, 그대는 그런 참주이니 친구도 없이 혼자 살아가게 될 것입니다. 귀향할 c 때 그대가 내게 여비로 준 반짝이는 황금은 이 편지를 전달할 박케이오스[2]가 그대에게 가져다줄 겁니다. 그것은 여비로도 충분하지 못했고 훗날 다른 용도로도 쓸모가 없을 것이며 그런 선물은 주는 그대에게 가장 큰 망신거리겠지만 받는 내게도 그에 못지않게 망신거리입니다. 그래서 거절하는 것입니다. 그런 돈은 주어도 받아도 그대에게 분명 아무런 차이도 없을 테니 돌려받아, 내게 했듯이 다른 친구를 보살피는 데 사용하십시오. 나는 이미 그대에게 충분한 보살핌을 받았으니까요. 내게는 에우리피데스의 시행을 일깨워주는 것도 시의적절하겠지요. 언젠가 운명이 바뀌면, d

그대는 그런 사람이 곁에 있어주기를 기도하리라.[3]

나는 또한 대부분의 비극 시인이 참주가 누군가에게 암살될 때 다음과 같이 소리 지르게 한다는 점도 일깨워주고 싶어요.

아아, 불쌍한 내 신세! 나는 친구들도 없이 죽는구나![4] 310a

어떤 시인도 참주가 돈이 없어서 죽는 것으로는 그리지 않았습니다. 다음 시도 분별 있는 사람에게는 나빠 보이지 않겠지요.

1 Dionysios. 시칠리아의 쉬라쿠사이(Syrakousai) 시 참주. 여기서는 디오뉘시오스 1세(기원전 430년경~367년)가 아니라 그의 아들인 디오뉘시오스 2세를 말하는 것 같다. 그는 기원전 343년 티몰레온(Timoleon)에 의해 폐위되었고 코린토스에서 죽었다.

2 Bakcheios. 그에 관해서는 달리 알려진 것이 없다.

3 에우리피데스, 단편 956 (Nauck). 에우리피데스는 고대 그리스의 3대 비극 시인 가운데 한 사람이다.

4 작자 미상, 『그리스 비극 단편』(*Tragicorum Graecorum Fragmenta*) 347 (Nauck).

죽기 마련인 인간들의 절망적인 삶에서 가장 귀한 것은
번쩍이는 황금도, 금강석도, 눈부신 은제(銀製) 침상도,
풍년이 든 비옥한 대지의 넓은 가슴도 아니며,
고매한 인간들의 한결같은 생각이로다.[5]

b 건강하십시오. 그리고 그대가 내게 얼마나 잘못했는지 알아두십시오. 그대가 다른 사람에게 더 잘 대할 수 있도록 말입니다.

5 작자 미상, 『그리스 서정시 단편』(*Lyricorum Graecorum Fragmenta*) 138 (Bergk).

## 두 번째 편지

# 플라톤이 디오뉘시오스의 행복을 빌다

아르케데모스[1]가 말하기를, 그대는 나뿐 아니라 내 친구들도 그대에 관해 침묵을 지키고 말과 행동으로 그대를 폄훼해서는 안 된다고 생각하신다고 하더군요. 디온[2]만 빼고 말입니다. 그런데 '디온만 빼고'라는 그대의 말은 내가 내 친구들에게 아무런 힘을 갖지 못한다는 것을 의미합니다. 아닌 게 아니라 내가 그대와 디온과 그 밖의 다른 사람들에 대해 그런 힘을 가졌다면 단언컨대 우리 모두와 다른 헬라스[3]인들에게 좋은 일이 더 많이 있었겠지요. 그런데 나의 위대함은 나 자신이 내 가르침을 따르는 데 있습니다. 이런 말을 하는 것은 크라티스톨로스와 폴뤽세노스[4]가 그대에게 한 말이 사실이어서가 아닙니다. 사람들이 말하기를, 올륌피아[5]에서 내 동료 여러 명이 그대를 비난하는 것을 둘 중 한 명이 들었다고 하더군요. 그는 아마도 나보다 귀가 더 밝은 것 같습니다. 나는 그런 말을

310b

c

d

1 Archedemos. 남이탈리아 타라스(Taras) 시 출신 퓌타고라스학파 철학자 아르퀴타스(Archytas)의 제자로 세 번째 편지(319a)와 일곱 번째 편지(339a, 349d)에도 나온다.

2 Dion. 디오뉘시오스 2세의 처숙부로 플라톤이 시칠리아섬의 동남 해안에 있는 쉬라쿠사이(Syraousai) 시를 처음 방문했을 때 플라톤의 제자가 된다.

3 Hellas. 그리스의 그리스어 이름.

듣지 못했으니까요. 생각건대 앞으로는 누가 우리 중 누군가에 대해 그런 말을 할 때면 그대는 내게 편지를 보내 물어보아야 할 것입니다. 나는 주저하거나 부끄러워하지 않고 사실대로 말할 테니까요.

그대와 나의 상호관계는 다음과 같습니다. 말하자면 우리를 모르는 헬라스인은 한 명도 없으며 우리의 교유(交遊)는 비밀이 아닙니다. 그리고 그대는 우리의 교유가 미래 세대에게도 비밀이 아닐 것임을 명심하십시오. 우리의 교유는 장기간 공개적으로 지속되었기에 들은 사람이 많지요. 왜 지금 그런 말을 하느냐고요? 먼저 보편적인 진리를 말할게요. 지혜[6]와 위대한 능력[7]은 함께하는 것이 자연의 이치이며, 그것들은 언제나 서로를 찾고 서로 결합하려고 합니다. 그래서 사람들은 그것들에 관해 서로 대화하기를 즐기고 시인들이 하는 말에 즐겨 귀를 기울이지요.

예를 들어 히에론이나 라케다이몬 사람 파우사니아스에 관해 이야기할 때면 사람들은 그들이 시모니데스[8]와 어떻게 교유했으며 시모니데스는 그들에게 어떤 행동을 하고 어떤 말을 했는지 언급하기를 좋아합니다. 사람들은 또한 코린토스의 페리안드로스와 밀레토스의 탈레스를, 그리고 페리클레스와 아낙사고라스를 함께 칭송하는가 하면, 크로이소스와 솔론은 현자로서, 퀴로스[9]는 통치자로서 칭송하곤 합니다. 이를 모방하여 시인들은 또한 크레온과 테이레시아스를, 폴뤼에이도스와 미노스를, 아가멤논과 네스토르를, 오뒷세우스와 팔라메데스[10]를 한데 묶곤 합니다. 내 생각에 옛날 사람들은 프로메테우스와 제우스[11]도 그런 식으로 함께 묶었던 것 같습니다. 그리고 시인들에 따르면 이들 중 어떤 이들은 반목하고 어떤 이들은 서로 친했으며, 어떤 이들은 어떤 때는 서로 친하고 어떤 때는 반목했으며, 어떤 일에는 의견을 같이하고 어떤 일

4 크라티스톨로스(Kratistolos)에 관해서는 달리 알려진 것이 없다. 폴뤽세노스(Polyxenos)는 소피스트로 메가라(Megara)학파 철학자 브뤼손(Bryson)의 제자인데 열세 번째 편지(360c)에도 나온다.

5 아마도 기원전 364년 아니면 360년에 개최된 올륌피아 경기 때. 올륌피아(Olympia)는 펠로폰네소스반도 서북부에 있는 소도시이다.

6 phronesis('실천적 지혜'). 이에 반해 sophia는 사변적 지혜이다.

7 dynamis.

8 히에론(Hieron) 1세는 시칠리아 남서 해안에 있는 도시 겔라(Gela)의 참주였고 나중(기원전 485~467년)에는 쉬라쿠사이 시의 참주였다. 라케다이몬(Lakedaimon)은 스파르테 주변 지역을 가리킬 때도 있으나 대개 스파르테와 동의어로 쓰인다. 파우사니아스(Pausanias)는 스파르테의 장군으로 기원전 479년 테바이(Thebai) 시 남쪽에 있는 플라타이아이(Plataiai) 전투에서 페르시아의 남은 부대를 섬멸했다. 시모니데스(Simonides)는 기원전 5세기 초에 활동한 케오스섬 출신의 그리스 서정시인이다. 케오스(Keos)섬은 퀴클라데스 군도(Kyklades) 중 하나로 앗티케 지방의 수니온(Sounion)곶 앞바다에 있다.

9 코린토스(Korinthos)는 그리스반도와 펠로폰네소스반도를 이어주는 지협(地峽)에 자리잡고 있는 항구도시이다. 페리안드로스(Periandros)는 기원전 584년까지 코린토스 시의 참주였다. 밀레토스(Miletos)는 이오니아(Ionia) 지방의 도시이다. 탈레스(Thales)는 기원전 600년경에 활동한 그리스 자연철학자 중 한 사람이다. 페리안드로스와 탈레스의 관계에 대해서는 알려진 것이 없다. 페리클레스(Perikles)는 아테나이(Athenai)의 직접민주주의를 완성한 정치가이자 장군이다. 아낙사고라스(Anaxagoras)는 이오니아 지방의 클라조메나이(Klazomenai) 시 출신 자연철학자로 아테나이에서 살며 페리클레스와 가까이 지낸 것으로 알려져 있다. 크로이소스(Kroisos)는 부유하기로 소문난 소아시아 뤼디아(Lydia) 지방의 왕이었으나 기원전 549년 퀴로스(Kyros)에 의해 폐위된다. 솔론(Solon)은 아테나이의 입법자이자 시인이다. 퀴로스는 페르시아제국의 창건자이다. 솔론과 크로이소스와 퀴로스의 관계에 대해서는 헤로도토스(Herodotos)의 『역사』(*Histories apodexis*) 1권 86~90장 참조.

에는 의견을 달리했습니다.

내가 이 모든 것을 말하는 것은 우리가 죽더라도 남의 입길에 오르내 c 릴 것이고, 그래서 그들의 의견에 신경을 써야 한다는 점을 분명히 하고 싶어서입니다. 우리가 후세에 신경을 쓰는 것은 당연한 듯합니다. 노예 근성이 아주 강한 사람은 후세에 신경을 쓰지 않겠지만, 죽은 뒤 좋은 말을 듣기 위해 더없이 정직한 사람이 최선을 다하는 것은 일종의 자연법칙이니까요. 그래서 나는 이런 태도를 지상에서 있었던 일에 대한 어떤 감 d 각적 지각[12]이 죽은 사람에게도 있다는 증거로 삼지요. 더없이 훌륭한 혼은 그렇다고 예언하고 가장 악한 혼은 그렇지 않다고 부인하지만 신과 같은 인간의 예언이 그렇지 못한 인간의 예언보다 더 믿음직스러우니까요.

생각건대 앞서 말한 이전 사람들이 자신들의 교유를 바룰 수 있었다면 지금보다 더 좋은 말을 듣기 위해 최선을 다했을 것이라고 나는 믿습니다. 우리의 경우 만약 지난날의 교유에 잘못이 있었다면 신의 도움으로 아직은 말과 행동으로 이를 바룰 수 있습니다. 우리가 고매하게 행동하는지 비열하게 행동하는지에 따라 사람들은 진정한 철학에 대해 더 e 좋게도 더 나쁘게도 생각하고 말할 것임이 내 지론이니까요. 그리고 그런 일에 신경을 쓰는 것보다 더 경건한 행위는 없고, 그런 일을 소홀히 하는 것보다 더 불경한 짓은 없습니다.

어떻게 해야 그렇게 되며, 무엇을 해야 옳은지 말하겠습니다. 시켈리아에 갔을 때[13] 나는 철학자 중에서 탁월하다는 평판을 들었지만, 312a 철학이 대중에게도 사랑받도록 하기 위해 쉬라쿠사이를 방문하여 그대도 공동 증인으로 삼고 싶었습니다. 결과는 성공적이지 못했습니다. 하지만 내가 내세우는 이유는 대중이 내세울 법한 그런 이유가 아닙니다. 그것은 그대가 나를 전적으로 신뢰하지 않는다는 것을 보여주었고, 나를 내보내고 대신 다른 이들을 불러들여 내 의도가 무엇인지 알아내려고 했으니까요. 내가 생각하기에 그대가 그런 것은 나를 불신했기 때문입니다. 그러자 대중은 그대가 나를 완전히 무시하고 다른 일에 열중한다고 떠들어댔고, 그래서 그런 소문이 널리 퍼졌습니다. b

앞으로 그대가 어떻게 행동해야 하는지 들어보십시오. 이것은 또한 그대와 내가 서로 어떻게 대해야 하느냐는 그대의 질문에 대한 답변이 될 것입니다. 만약 그대가 철학을 완전히 경멸한다면 철학을 내버려두세요. 만약 그대가 내 가르침보다 더 훌륭한 가르침을 다른 사람한테서 받았거나 그대 자신이 발견했다면 그 가르침을 존중하십시오. 하지만 내

10 크레온(Kreon)은 오이디푸스에 이어 테바이 왕이 된 사람이고, 테이레시아스는 당시의 눈먼 예언자이다. 폴뤼에이도스(Polyeidos 또는 Polyidos)는 코린토스 출신의 전설적 예언자로 크레테(Krete)왕 미노스(Minos)의 아들 글라우코스(Glaukos)가 꿀통에 빠져 죽었을 때 이를 알아내어 다시 살려냈다고 한다. 아가멤논은 트로이아전쟁 때 그리스 연합군의 총사령관이고, 네스토르은 언변과 조언에 능한 그리스군 노장이다. 오뒷세우스는 목마(木馬)를 만들어 트로이아성을 함락한 그리스군 장수이고, 팔라메데스(Palamedes)는 오뒷세우스의 모함으로 돌에 맞아 죽은 그리스군 지장이다.

11 프로메테우스(Prometheus)는 인간에게 불을 가져다준 그리스 신이고 제우스는 그리스신화에서 최고신이다.

12 aisthesis.

13 플라톤의 두 번째 시칠리아 여행(기원전 366~365년)을 말한다. 시켈리아(Sikelia)는 시칠리아의 그리스어 이름이다.

가르침에 만족한다면 그대는 누구보다도 나를 존중해야 합니다. 지금도 처음 시작했을 때처럼, 그대가 앞장서세요. 그러면 나는 뒤따라갈 것입니다.

c 그대가 나를 존중한다면 나는 그대를 존중할 것이고, 그대가 나를 존중하지 않는다면 나는 잠자코 있을 것입니다. 그대가 나를 존중하는 데 앞장선다면 철학을 존중한다는 명성을 얻게 될 것이며, 그대가 한때 다른 철학자들의 가르침도 공부했다는 사실은 많은 사람이 그대를 진정한 철학자로 존중하게 만들 것입니다. 그러나 나는 그대를 존중하는데 그대는 나를 존중하지 않는다면 나는 부(富)에 경탄하고 부를 좇는 것처럼 보일 것이며, 우리가 알기에 이는 누구에게나 아름답지 못한 이름을 남깁니다. 간단히 말해 그대가 나를 존중하면 우리 두 사람 모두에게 명예 d 가 되지만 내가 그대를 존중하면 우리 둘 모두에게 치욕이 될 것입니다. 이에 대해서는 이쯤 해둡시다.

작은 구체(球體)[14]는 제대로 된 것이 아닙니다. 그 점은 아르케데모스가 가서 그대에게 설명할 것입니다. 그대가 난감해한다는 더 중대하고 더 미묘한 다른 문제에 관해서는 반드시 그가 설명해야 합니다. 그가 알린 내용에 따르면 그대는 첫 번째 것[15]의 본성이 충분히 해명되지 않았다고 말한다니 말입니다. 바다와 육지의 후미진 곳에서 이 서판(書板)에 불상사가 일어나더라도 읽는 사람이 그 뜻을 알지 못하도록 나는 여기서 e 수수께끼로 말해야겠습니다. 그것은 이렇습니다. 모든 것은 만물의 왕[16]과 관련되고, 그분은 모든 것의 존재 이유이자 모든 좋음의 원인입니다. 두 번째 것은 두 번째 것에 관련되고, 세 번째 것은 세 번째 것에 관련됩니다. 인간의 혼은 그것들에 관해 알고 싶어서 자신과 친족관계에 있는 것에 주목하지만 그중 어느 것도 충분하지 못합니다. 내가 말한 것들과 왕은 그런 것이 아닙니다. 그다음에는 혼이 묻습니다. "그럼 그것들은 대체 어떤 것들입니까?" 하지만 디오뉘시오스와 도리스[17]의 아들이여, 바로 이 질문이 또는 이 질문 때문에 혼 안에서 일어나는 진통이 모든 불행의 원인이며, 누구든 그 진통에서 벗어나지 못하면 진실로 진리에 이르지 못할 것입니다. 313a

그런데 그대는 자신이 그런 것을 생각해내고 발견했노라고 그대 정원의 월계수나무 아래에서 말했습니다. 나는 그것이 사실이라면 그대가 나를 기나긴 논의에서 구한 것이라고 대답했지요. 하지만 나는 그런 것을 발견한 사람을 만난 적이 없으며, 내 공부는 대부분 바로 그 문제와 관련되어 있다고 말했지요. 그대는 아마도 누군가에게서 그런 해결책을 들었거나 아니면 요행으로 알아맞힌 다음 그에 대한 증거를 확실히 잡았다고 믿고는 꽁꽁 매어두기를 소홀히 한 것 같습니다. 그래서 그것에 대한 그대의 생각이 가상(假像)의 영역에서 때로는 이리 흔들리고 때로는 저리 흔들리는 것입니다. 진실은 전혀 다른데 말입니다. 그런 일 b c

**14** sphairon. 천체의 운동을 보여주기 위한 천체의(天體儀)를 말하는 것 같다.

**15** '첫 번째 것'(to proton). 혼(魂)을 말하는 것 같다. 플라톤의 대화편『법률』(*Nomoi*) 886c 참조.

**16** '만물의 왕'과 관련해서는 '좋음의 형상', 우주를 만든 '데미우르고스'(demiourgos), '지성'(nous)을 뜻한다는 등 의견이 분분하다.

**17** Doris. 디오뉘시오스 1세의 아내.

은 그대에게만 일어나는 것이 아닙니다. 단언컨대 내 말을 처음 듣는 사람은 누구나 그런 혼란을 겪었습니다. 그리고 거기에서 벗어날 때까지 어떤 사람은 더 많은 어려움을 겪고 어떤 사람은 더 적은 어려움을 겪었을 뿐, 어려움을 조금밖에 겪지 않은 사람은 사실상 아무도 없습니다.

과거와 현재의 이런 경험에 비추어 나는 우리 관계는 어떤 것이어야 하느냐고 그대가 편지에서 제기한 질문에 대해 우리가 답변을 찾았다고 생각합니다. 그대는 다른 철학자들과도 대화하면서 내 가르침을 그 자체로도 시험하고 다른 철학자들의 가르침과 비교함으로써도 시험하는 만큼, 그대의 시험이 진지한 것이라면 내 가르침은 이번에는 그대의 마음속에 뿌리를 내리고, 그대는 그런 가르침과 나와 친해질 것입니다.

그렇다면 어떻게 해야 그런 일과 그 밖에 내가 말한 모든 것이 이루어질 수 있을까요? 이번에 그대가 아르케데모스를 내게 보내기를 잘했습니다. 그가 돌아가 그대에게 내 답변을 전하고 나면 그대는 앞으로 또 다른 어려움에 봉착하게 될 것입니다. 그대가 지혜롭다면 아르케데모스를 또다시 내게 보낼 것이고, 그는 장사꾼처럼 화물을 싣고 그대에게 돌아갈 것입니다. 그대가 두세 번 그렇게 하고 내가 그대에게 보내는 답변을 철저히 검토한 뒤에도 그대를 괴롭히는 것들이 지금과 아주 달라 보이지 않는다면 나는 놀라움을 금치 못할 것입니다. 그러니 용기를 내어 그렇게 하십시오. 이보다 더 아름답고 신에게 사랑받는 화물은 그대도 보낼 수 없고, 아르케데모스도 운반할 수 없을 것입니다.

하지만 그런 편지들이 교육받지 못한 자들의 손에 들어가지 않도록 조심하십시오. 내 생각에 대중에게는 그런 편지들의 내용보다 더 우습

(d, e, 314a)

게 들리는 것은 없고, 재능 있는 사람에게는 이보다 더 놀랍고 더 영감을 주는 것은 사실상 아무것도 없으니까요. 그런 것들은 거듭해서 말하고 여러 해 동안 설명하는 것을 들어야만 오랜 노고 끝에 용광로 속의 황금처럼 정련됩니다. 그와 관련하여 가장 놀라운 이야기를 들어보십시오. 배울 능력이 있고 기억력이 좋으며 그런 것들을 온갖 방법으로 b 검토하고 시험할 수 있는 많은 사람이 30년 남짓 내게서 설명을 듣느라 벌써 노인이 다 된 지금 와서 말하기를, 처음에 가장 의심스러웠던 것들이 지금은 가장 자명해 보이고, 처음에 가장 자명해 보이던 것들이 지금은 가장 의심스러워 보인다고 합니다.

그러니 이 점을 명심하시고, 그런 것들이 부적절한 자들의 손에 들어가게 한 것을 그대가 후회하는 일이 없도록 조심하십시오. 최선의 방책은 글로 쓰지 않고 외우는 것입니다. 글로 쓴 것이 남의 손에 들어가지 c 않는 것은 불가능하니까요. 그래서 나는 그런 주제들에 관해 글을 쓴 적이 없으며, 플라톤의 저술은 있지도 않고 있지도 않을 것입니다. 지금 플라톤의 저술이라고 불리는 것들은 소크라테스 선생님이 미화되고 젊어진 것입니다. 잘 계시고, 내 말대로 하십시오. 이 편지는 지금 거듭해서 읽고 나서 태워버리십시오.

그 일들에 관해서는 이쯤 해둡시다. 내가 폴뤽세노스를 그대에게 보낸 것에 대해 그대는 놀라움을 금치 못했습니다. 그러나 나는 뤼코프론[18]이나 그대 측근의 다른 사람들에 관해서는 예나 지금이나 같은 말 d 을 합니다. 그대는 대화술에서 타고난 재능이 있고 논증 능력에서 그들보다 훨씬 우월하다고 말입니다. 그들 중 한 명이 토론에서 그대에게 지면, 어떤 사람들이 생각하듯 일부러 져주는 것이 아니라 마지못해 지는 것이라고 주장합니다. 하지만 그대는 그들을 각별히 우대하고 선물도 주는 것 같습니다. 그들에 관해서는 이쯤 해둡시다. 그런 사람들에게는 이 정도도 과합니다.

e 필리스티온[19]은 그대가 쓰신다면 계속해서 쓰십시오. 하지만 가능하다면 그를 이리 보내 스페우십포스[20]가 쓰게 해주십시오. 스페우십포스도 그대가 그래 주시기를 바라고, 필리스티온도 그대가 보내주신다면 기꺼이 아테나이에 오겠다고 내게 약속했습니다. 그대는 채석장에 갇힌 사람[21]을 풀어주기를 잘했습니다. 그리고 아리스톤의 아들 헤게십포스와 그의 가족에 관한 내 청원은 이루기 어려운 것이 아닙니다. 누315a 가 그나 채석장에 갇힌 다른 자들을 해코지하다가 발각되면 내버려두지 않겠다고 그대가 편지로 써 보냈기 때문이지요. 뤼시클레이데스[22]에 관해서도 사실대로 말하는 것이 적절하겠지요. 그는 시켈리아에서 아테나이로 온 사람 중에서 유일하게 우리 관계를 왜곡해서 알리지 않았습니다. 그는 일어난 일들에 관해 언제나 좋게 말하고 좋게 해석합니다.

18 Lykophron. 당대의 소피스트.

19 Philistion. 남이탈리아 로크로이(Lokroi) 출신의 유명한 의사로 당시에는 디오뉘시오스 2세의 궁중 의사였다.

20 Speusippos. 플라톤의 생질로 세 번째 시칠리아 방문 때 플라톤과 동행한다. 그는 나중에 플라톤에 이어 학원인 아카데메이아의 수장이 된다.

21 그가 누군지 알 수 없다. 당시 쉬라쿠사이의 채석장은 악명 높은 감옥이었다.

22 아리스톤(Ariston), 헤게십포스(Hegesippos), 뤼시클레이데스(Lysikleides)에 관해서는 달리 알려진 것이 없다.

"플라톤이 디오뉘시오스의 기쁨을 빌다." 내가 이렇게 써야 가장 적절한 인사말을 하는 것일까요? 아니면 오히려 친구에게 보내는 편지에서 으레 그러듯이 나는 그대의 행복을 빌어야 합니까? 당시 델포이로 파견된 사절단이 전하는 바에 따르면 그대는 델포이의 신[1]에게도 같은 문구로 기분을 맞춰주며 이렇게 인사했다고 하더군요.[2] 315b

그대의 기쁨을 빕니다. 언제까지나 참주의 즐거운 삶을 누리시기를![3]

하지만 나는 신에게는 물론이고 인간에게도 인사말에서 기뻐하라고 권하고 싶지 않습니다. 신적 존재는 즐거움과 괴로움에서 멀리 벗어나 있는 만큼 신에게는 내가 그의 본성에 어긋나는 것을 요구하는 것이 될 것이고, 인간에게는 즐거움과 괴로움이 그의 혼 안에 아둔함과 건망증 c

1 아폴론. 델포이는 그리스 중부 지방에 있는 소도시로 아폴론의 신탁소가 있었다.
2 문서로 물어도 델포이 신탁을 받을 수 있었다고 한다.
3 누구의 시행인지 알 수 없다.

과 어리석음과 오만을 낳기에 대체로 해악을 끼치기 때문이지요. 인사말에 관해서는 이쯤 해두겠습니다. 그대는 읽고 좋을 대로 받아들이십시오.

적잖은 사람이 전하는 바에 따르면, 그대의 궁전에 파견된 사절단 사이에서 그대가 이렇게 말했다고 하더군요. 한번은 시켈리아에 헬라스 도시들을 재건하고[4] 정체(政體)를 참주정체에서 왕정[5]으로 바꿈으로써 쉬라쿠사이인들을 구해주려 한다고 그대가 말하는 것을 내가 듣고는 그대 주장에 따르면 그대가 그러기를 간절히 원했음에도 그대를 만류했지만, 지금은 내가 그와 똑같은 일을 하도록 디온에게 권유하고 있으며, 그리하여 우리 두 사람이 그대 자신의 계획을 이용해 그대에게서 제국[6]을 빼앗고 있다고 말입니다. 그런 이야기로 그대가 덕을 볼지는 그대가 가장 잘 알겠지만, 사실과 반대되는 말을 함으로써 그대는 분명 내게 불의를 저지르고 있습니다. 나는 모함이라면 필리스티데스[7]와 많은 다른 사람에 의해 용병과 쉬라쿠사이의 대중 앞에서 원 없이 당했습니다. 내가 성채[8]에 머물렀기 때문이지요. 그래서 성채 바깥에 머무르는 자들은 무슨 일이 잘못되면 그대가 매사를 내가 시키는 대로 하기 때문이라고 주장하며 모두 내 탓으로 돌렸습니다. 그대도 잘 아시다시피 그곳을 처음 방문한 때는 그러는 것이 좋은 일을 하는 줄 알고 약간의 정치 문제와 관련해 기꺼이 그대와 공동작업을 했습니다. 다른 사소한 것 말고도 법률 서문을 작성하는 데 열성을 다했지요. 그대와 다른 누군가가 덧붙인 것은 제외하고 말입니다. 내가 작성한 서문은 그대들 가운데 누군가가 나중에 수정할 것이라는 말을 들었으니까요. 하지만 어느 부분이 내 것이고, 어느 부분이 여러분 것인지는 내 문체를 알아보는 사람에게는 누구에게나 분명할 것입니다.

방금 말했듯이 내게 필요한 것은 쉬라쿠사이인들이나 그대의 이야기를 믿을 다른 사람들에게 내가 또 오해를 사는 것이 아닙니다. 내게 필요한 것은 오히려 이전의 모함뿐 아니라 그 뒤에 모습을 드러낸 더 심각하고 더 악의적인 지금의 모함에 대해 해명하는 것입니다. 두 가지 비난을 듣고 있으니 변론도 두 가지로 하지 않을 수 없네요. 나는 먼저 그대의 나랏일에 관여하는 것을 피하기를 잘했다고 말할 것이고, 그다음으로 그대가 헬라스의 도시들을 재건하려고 했을 때 그대 말처럼 그대를 만류하고 방해하기 위해 조언한 것이 아니었음을 말할 것입니다. 그럼 먼저 두 가지 쟁점 가운데 첫 번째 것에 대한 내 변론을 들어보십시오. b c

내가 쉬라쿠사이에 간 것은 그대와 디온의 초청을 받았기 때문입니다. 디온은 내게는 검증된 사람이었고 오래된 외지인 친구였으며 원숙한 중년 남자였는데, 그런 자질들은 조금이라도 지각 있는 사람이라면

4 기원전 5세기 말에 시칠리아에 세워진 몇몇 그리스 식민시가 카르타고인들에 의해 정복되고 파괴되었다.

5 플라톤의 『국가』(*Politeia*) 562a~576b에서 참주정체(tyrannis)는 최악의 정체로 나온다. 왕정(basileia)에 관해서는 구체적으로 언급되지 않고 있다.

6 arche.

7 Philistides. 필리스토스(Philistos)의 아들 또는 손자. 여기서는 시칠리아의 저명한 역사가이자 디오뉘시오스 1세와 2세의 조언자이며 장군이었던 필리스토스를 말하는 것 같다. 그는 디온의 유력한 정적(政敵)이었다.

8 akropolis.

당시의 여러분처럼 중대한 업무에 관해 조언하려 할 때는 반드시 구비해야 합니다. 한편 그대는 아주 젊은 데다 경험이 필요한 일들에 경험이 거의 없었고 나와는 전혀 모르는 사이였습니다. 그 뒤 곧 어떤 인간 또는 어떤 신 또는 어떤 우연이 그대를 도와 디온을 추방했고, 그대는 혼자 남았습니다. 그런데 그대가 현명한 협력자는 잃고 분별없는 협력자는 다수의 사악한 무리와 함께 디온이 추방된 뒤에 남아 자신이 다스린다고 생각하지만 사실은 자신이 다스리는 것이 아니라 그런 자들의 다스림을 받는 것을 보면서도 내가 나랏일에 그대와 협력할 수 있었을 것이라고 생각하십니까? 그런 상황에서 나는 무엇을 해야 합니까? 내가 했던 대로 할 수밖에 없지 않을까요? 말하자면 앞으로는 나랏일과 담쌓고 나를 시기하는 자들의 모함을 조심하면서 비록 서로 사이가 나빠졌지만 그대와 디온을 가능하다면 화해시키는 것 말입니다. 그와 관련해서는 그대도 내가 그러기 위해 쉼 없이 노력했다는 것을 증언할 증인입니다. 마침내 우리 사이에 간신히 합의가 이루어졌습니다. 그대들이 교전 중이니 나는 배를 타고 고향으로 떠나고, 다시 평화가 찾아오면 디온과 나는 쉬라쿠사이로 돌아오고 그대는 우리를 부르기로 말입니다. 이상이 내가 쉬라쿠사이를 처음 방문했다가[9] 무사히 귀향했을 때 있었던 일들입니다.

평화가 찾아오자 그대는 나를 두 번째로 초청했지만, 서로 합의한 대로가 아니라 나더러 혼자 오라고 써 보냈고 디온은 나중에 부르겠다고 했습니다. 그래서 나는 가지 않았고, 디온은 이를 못마땅해했습니다. 그는 그대가 시키는 대로 내가 가는 것이 더 좋다고 여겼으니까요. 그러던 1년 뒤에 삼단노선[10] 한 척과 그대가 보낸 편지가 도착했는데, 주된 내용은 내가 가면 디온에 관련된 일이 내 뜻대로 될 테지만 내가 가지 않으면 그 반대로 될 것이라는 거였습니다. 그때 그대에게서, 그리고 그대의 지시에 따라 이탈리아와 시켈리아에 있던 다른 사람들에게서 얼마나 많은 편지가 왔으며, 또 얼마나 많은 내 친구와 지인에게서 편지가 왔는지 말하기도 부끄럽습니다. 그 편지들은 모두 나더러 가서 무조건 그대가 시키는 대로 하라고 강력히 촉구했습니다. 그래서 디온을 비롯하여 모든 사람이 주저하지 않고 배를 타고 떠나는 것이 내 의무라고 생각했습니다. c

그러나 나는 그들에게 나이 핑계를 댔고,[11] 그대와 관련해서는 나를 모함하고 우리 사이가 나빠지기를 바라는 자들에게 그대가 저항할 수 없을 것이라고 역설했습니다. 그때도 보았고 지금도 보지만, 사인(私人)이나 독재자의 손에 엄청난 부(富)가 쌓이면 많이 쌓일수록 모함꾼과 식객과 탕아가 많이 꾀기 마련인데, 부와 다른 형태의 특권이 낳는 악(惡) 가운데 그보다 더 큰 것은 아무것도 없습니다. 그럼에도 나는 그런 고려사항을 모두 제쳐두고 그대에게 돌아갔습니다. 내가 노력했으면 구할 수 있었을 텐데도 자신들의 전 재산을 잃었다고 하면서 내 친구 가운데 어느 누구도 나를 탓할 수 없게 해야겠다고 결심하고서 말입니다. d

9 플라톤이 쉬라쿠사이를 처음 방문했을 때 있었던 일에 관해서는 「일곱 번째 편지」 327c 이하와 338a~b 참조.

10 trieres. 좌우 양현에 노 젓는 자리가 3층씩 있고, 길이 37미터 최대 너비 5미터인, 당시로서는 최신형 전함으로 노꾼만 170명이나 되었고 모두 200명쯤 승선했다.

11 기원전 361년에 플라톤은 67세쯤 되었다.

e 나는 쉬라쿠사이에 도착했을 때—그 뒤 무슨 일이 일어났는지는 그대도 물론 다 알고 있습니다—그대가 편지에서 약속한 대로 먼저 디온과 화해하고 그를 불러들일 것을 요구했습니다. 두 사람은 인척[12]이라고 강조하면서 말입니다. 만약 그때 그대가 내 조언을 받아들였다면 그대와 쉬라쿠사이를 위해서도 그 밖의 다른 헬라스인 국가들을 위해서도 아마 사태가 지금보다 더 호전되었을 것입니다.

318a 그다음으로 나는 디온의 사유재산은 그의 가족이 소유해야지 그대가 아는 관리인들이 관리해서는 안 된다고 주장했습니다. 또한 해마다 그에게 보내곤 하던 그의 재산 수익도 내가 있는 동안에는 더 보내면 보냈지 덜 보내서는 안 된다고 생각했습니다. 이런 요구들이 하나도 받아들여지지 않자 나는 떠나겠다고 했습니다. 그러자 그대는 나더러 그 해는 머물러달라고 요청하며 디온의 전 재산을 처분하여 절반은 코린토스 b 로 보내고 나머지 절반은 디온의 아들을 위해 쉬라쿠사이에 남겨두겠다고 말했습니다.

그대가 약속을 하고도 지키지 않은 일은 아주 많습니다. 하지만 그런 경우가 하도 많아 간략하게 말하겠습니다. 그대는 디온의 동의 없이는 그의 재산을 처분하지 않겠다고 약속했음에도 디온의 동의 없이 그의 모든 재산을 처분한 뒤, 놀라운 친구여, 그대의 모든 약속에 가장 비열한 방법으로 갓돌을 얹었습니다. 그대는 내가 디온에게 돈을 보내라고 요구조차 하지 못하도록 무슨 일이 일어나고 있는지 모르게 하려고 나를 협박할 방책을 생각해냈는데, 그것은 아름답지도 적절하지도 정당하 c 지도 유익하지도 못한 것이었으니까요.

그대가 헤라클레이데스[13]를 추방했을 때 그것은 쉬라쿠사이인들에게도 내게도 옳지 않다고 생각되어 테오도테스와 에우뤼비오스[14]와 함께 그러지 말라고 그대에게 간청했는데, 그것을 핑계로 그대가 보기에 내가 오래전부터 분명 그대는 배려하지 않고 디온과 디온의 친구와 추종자만 배려하더니, 이제는 디온의 친구인 헤라클레이데스와 테오도테스가 고발당하자 그들이 처벌받지 않게 하려고 수단과 방법을 가리지 않는다고 단언하니 말입니다.

나랏일에 관련된 그대와 나의 협력관계에 관해서는 이쯤 해둡시다. 그리고 내가 그대를 소원하게 대한 그 밖의 다른 증거가 있다면 그대는 모든 것이 같은 이유 때문에 일어났다고 생각함이 옳을 것입니다. 그렇다고 그대가 놀랄 필요는 없습니다. 그대의 막강한 권력에 굴복하여 이런 말을 해도 된다면 그대보다 조금도 못하지 않음에도 그대 때문에 고통받고 있는 오랜 벗이자 친구를 배신하고 불의를 행하는 그대를 선호하여 무엇이든 그대가 시키는 대로 한다면, 그런 내가 지각 있는 사람에게 나쁜 사람으로 보이는 것은 당연하니 말입니다. d e

아무튼 내가 변심했다면 그 이유를 사람들은 바로 돈 때문이라고 여길 것입니다. 우리가 소원해지고 우리 사이에 늑대와 양의 우정이 생겨

12 디온은 디오뉘시오스 2세의 처숙부이다.

13 Herakleides. 쉬라쿠사이의 유력한 귀족으로 디온을 지지했으나 민주정체 신봉자이다.

14 Theodotes. 헤라클레이데스의 삼촌으로 디온의 친구. 에우뤼비오스(Eurybios)에 관해서는 달리 알려진 것이 없다.

난 것은 그대의 그런 행위들 탓입니다.

이제 내 이야기는 방금 말한 이야기에 이어 내가 해명해야 한다고 말
319a 한 두 번째 쟁점[15] 으로 이어집니다. 정신 바짝 차리고, 내 말이 참말이 아니라 거짓말 같지 않은지 살펴보십시오. 단언하건대 내가 쉬라쿠사이를 떠나 고향으로 돌아가기 20일 전쯤 아르케데모스와 아리스토크리토스[16]가 우리와 함께 정원에 있었을 때 그대는 지금과 같은 불평을 털어놓았습니다. 내가 그대보다도 헤라클레이데스와 그 밖의 다른 사람들을
b 더 보살핀다고 말입니다. 그대는 또 그들 앞에서 내가 처음 도착했을 때 헬라스의 식민시들을 재건하도록 권유한 일이 기억나는지 물었습니다. 나는 기억난다고 인정하고 지금도 그러는 것이 상책이라고 생각한다고 말했습니다. 하지만 디오뉘시오스님, 바로 그다음에 내가 말한 것도 일깨우지 않을 수 없습니다. 말하자면 나는 그때 그것이 내가 그대에게 준 유일한 조언이었는지, 아니면 그 밖에도 무엇이 있는지 물었습니다. 그러자 그대는 몹시 화를 내며 나를 조롱한답시고 대답했습니다. 그대가 조롱조로 말한 것이 이제는 꿈이 아니라 현실이 되었군요. 내 기억이 맞다
c 면 그대는 억지웃음을 웃으며 이렇게 말했습니다. "그대는 모든 것을 내가 교육받은 뒤에 행하거나, 아니면 아예 행하지 말라고 권유하시는군요." 그래서 나는 그대가 기억력이 탁월하다고 말했지요. 그러자 그대가 말했습니다. "그대가 말하는 교육이란 기하학 교육이었던가요, 아니면 무슨 교육이었지요?" 나는 대답할 말이 머리에 떠올랐지만 사소한 말 한마디에 고대하던 고향으로 가는 뱃길이 넓어지는 대신 좁아지지 않을까 두려워서 대꾸하지 않았습니다.

내가 이 모든 것을 말하는 이유는 이렇습니다. 그대가 이민족[17]의 손에 파괴된 헬라스의 식민시들을 재건하려는 것을 내가 말렸다거나, 참주정체를 왕정으로 바꾸어 쉬라쿠사이인들의 부담을 덜어주려는 것을 d 말렸다고 말함으로써 나를 모함하지 마십시오.

그대는 나에 대해 그보다 더 부적절한 모함은 할 수 없을 것입니다. 또한 나는 이런 문제를 심리할 만한 법정이 있다면 그런 조치들을 취하도록 권유했으나 그대가 그런 계획을 실행하기를 거부했다는 것을 입증할 더 명확한 증거를 제시할 수 있습니다. 그리고 그런 계획이 실행되었다면 그것이 그대와 쉬라쿠사이인들과 시켈리아의 모든 헬라스인에게 최상의 조치였음을 명확하게 입증하는 것은 어려운 일이 아닙니다. e

친구여, 그대가 그런 말을 해놓고도 하지 않았다고 부인한다면 정의는 내 편에 있습니다. 그러나 그대가 그런 말을 했다는 데 동의한다면, 스테시코로스[18]가 현명하다는 것을 인정하고 그의 철회시(撤回詩)를 모방하여 거짓말은 철회하고 참말을 하십시오.

**15** 316b 참조.

**16** Aristokritos. 그에 관해서는 달리 알려진 것이 없다.

**17** 카르타고인들.

**18** Stesichoros. 기원전 600년경에 활동한 남이탈리아 출신의 그리스 서정시인. 그는 트로이아전쟁이 일어난 것은 헬레네(Helene) 탓이라고 말했다가 장님이 되었으나 트로이아로 간 것은 헬레네의 허상이고 진짜 헬레네는 이집트에 가 있었다는 내용의 철회시(palinodia)를 짓자 시력을 회복했다고 한다. 플라톤, 『파이드로스』(*Phaidros*) 243a~b 참조.

## 네 번째 편지

플라톤이 쉬라쿠사이의 디온의 행복을 빌다

320a 그대가 이룩한 성과들[1]에 내가 진심으로 공감하고 그런 성과들이 완성되기를 바라마지 않음은 처음부터 명백했다고 생각합니다. 그것은 내가 b 고매한 것에 열의가 있기 때문입니다. 진실로 훌륭한 사람과 훌륭하게 행동하는 사람이 응분의 명성을 얻는 것은 옳은 일이라고 생각하니까요. 현재에는 그대가 하는 일이 신의 가호로 잘돼가고 있지만, 앞으로의 싸움이 가장 큰 싸움입니다. 용기와 날램과 체력에서 탁월한 것은 다른 사람도 할 수 있는 일이라고 생각되지만, 진실과 정의와 호방함과 그런 미덕에 어울리는 우아한 태도에서 남보다 탁월한 것은 그런 것들을 존중 c 하는 사람의 몫이라는 것이 여러 사람의 생각이기 때문입니다.

지금 내가 무슨 말을 하려는지는 분명합니다. 하지만 우리가 명심해야 할 것은 그들 ─그들이 누군지는 그대도 알고 있습니다─ 은 다른 사람들보다 뛰어나야 한다는 것입니다. 다른 사람들이 어린아이보다 뛰어난 것 이상으로 말입니다. 따라서 우리는 우리가 자부하는 그런 사람임을 분명히 드러내야 합니다. 더욱이 신의 도움을 받는다면 그러는 것은 쉬운 일일 테니까요.

d 다른 사람은 알려지려면 여러 곳을 돌아다녀야 하지만, 그대의 현재

처지를 말하자면 좀 거창하게 말해서 세상 사람이 한곳을, 그중에서도 주로 그대를 주시하고 있습니다. 온 세상 사람이 그대를 주시하는 만큼 그대는 저 유명한 뤼쿠르고스와 퀴로스[2]와 성격과 업적으로 두각을 나타낸 그 밖의 다른 사람을 무색케 할 준비를 하십시오. 더군다나 대부분의 이곳 아테나이 사람을 포함해 많은 사람이 말하기를, 디오뉘시오스가 제거되고 나면 그대와 헤라클레이데스와 테오도테스[3]와 그 밖의 다른 유명인사들의 야망 때문에 십중팔구 사태가 다시 악화되리라 예측하니까요. 나는 물론 아무도 그렇게 행동하지 않기를 바랍니다. 하지만 그렇게 행동하는 사람이 있다면 그대는 의사 노릇을 해야 합니다. 그러면 사태가 가장 좋은 방향으로 마무리되겠지요. 이런 말을 하는 내가 그대에게는 아마 우스워 보일 것입니다. 그런 위험은 그대도 잘 알고 있을 테니까요. 하지만 나는 극장에서 경연자들이 친구는 물론이고 아이들의 갈채를 받고도 고무되는 것을 봅니다. 그 갈채가 진심과 호의에서 우러나온다고 믿어질 때면 말입니다. 그러니 여러분도 맡은 역을 수행하시고, 필요한 게 있으면 편지하십시오.

e

321a

이곳 사정은 여러분이 이곳에 있을 때와 거의 같아요. 여러분이 무엇을 했는지 또는 무엇을 하고 있는지도 소식 전해주십시오. 우리는 듣는

b

1 기원전 357년 디온은 군사작전을 통해 쉬라쿠사이에 입성한다.

2 뤼쿠르고스(Lykourgos)는 스파르테의 전설적인 입법자이고, 퀴로스는 페르시아 제국의 창건자이다.

3 「세 번째 편지」 318c 및 주 참조.

것은 많아도 아는 것은 아무 것도 없으니까요. 방금도 테오도테스와 헤라클레이데스가 보낸 편지들이 라케다이몬과 아이기나[4]에 도착했습니다. 하지만 우리는 앞서 말했듯이 듣는 것은 많아도 아는 것은 아무것도 없습니다. 그리고 디온님, 그대가 남을 배려하는 마음이 좀 부족하다고 말하는 사람들도 있다는 점을 명심하십시오. 성공하려면 사람들에게 c 친절해야 하고, 오만하면 외로워진다는 것을 잊지 마십시오. 행운을 빕니다.

4 Aigina. 아테나이 서남쪽 앞바다에 있는 섬.

## 다섯 번째 편지

플라톤이 페르딕카스[1]의 행복을 빌다

그대가 편지에 써 보내신 대로 나는 에우프라이오스[2]에게 시간을 내어 그대의 일들을 돌보라고 조언해두었습니다. 하지만 나도 외지인 친구로서 그대에게 이른바 신성한 조언을 할 권리가 있습니다. 그대가 언급하는 다른 일들과 관련해서도 그렇지만, 그대가 지금 에우프라이오스를 어떻게 써야 하는지와 관련해서는 특히 그렇습니다. 그 사람은 그대에게 여러 모로 쓸모가 있지만, 그중 가장 중요한 것은 그대에게 부족한 것을 채워주는 것입니다. 그대는 젊으니까요. 그리고 그런 일에는 젊은이에게 조언해줄 수 있는 사람이 많지 않습니다. 321c d

동물도 그렇지만 정체(政體)[3]도 저마다 목소리가 다릅니다. 민주정체의 목소리가 다르고, 과두정체의 목소리가 다르며, 세습군주제의 목소리가 다릅니다. 아주 많은 사람이 그 목소리들을 안다고 주장하지만 소수를 제외하고는 제대로 알지 못합니다. 이들 정체 가운데 신들과 인간들을 향해 제 목소리로 말하고 그 목소리에 부합하는 행동을 하는 것은 언제나 번창하고 살아남지만, 다른 정체의 목소리를 흉내내면 타락합니다. 에우프라이오스는 다른 일에도 유능하지만 그런 일에는 아마도 그대에게 가장 쓸모 있을 것입니다. 나는 그가 그대에게 봉사하는 어느 누 e

322a 구보다도 세습군주제에 알맞은 낱말을 찾아낼 수 있을 것으로 기대하니까요. 그런 일에 그를 쓰면 그대는 자신도 덕을 보고 그에게도 더없이 큰 은혜를 베풀게 될 것입니다.

누군가가 이 말을 듣고 이렇게 말한다고 가정해보십시오. "플라톤이 민주정체에 이로운 것을 안다고 주장하는 것 같은데, 그는 민중[4] 앞에서 연설하고 최선의 조언을 해줄 만한데도 일어서서 연설한 적이 한 번도 없어요." 그러면 이렇게 대답하십시오. "플라톤은 자기 조국을 위해 너 b 무 늦게 태어났고, 민중은 이미 늙었고 이전 정치가들을 따라 자신의 조언과 모순되는 많은 일을 행하는 데 익숙해져 있는 것을 보았지요.[5] 그가 자신이 공연히 위험만 무릅쓸 뿐 아무것도 이루지 못할 것이라고 생각하지 않는다면, 그에게는 아버지에게처럼 민중에게 조언을 하는 것보다 더 즐거운 일은 없을 테니까요. 내게 조언하는 문제와 관련해서도 그는 아마도 똑같이 행동할 것입니다. 내 상태를 치유할 수 없다고 생각한다면, c 그는 내가 멋대로 하도록 내버려두고 나나 내 일에 관해 조언하려 하지 않을 것입니다." 행운을 빕니다.

1 페르디카스(Perdikkas) 3세는 필립포스(Philippos) 2세의 형으로 기원전 364~359년까지 마케도니아(Makedonia)의 왕이었다.

2 Euphraios. 에우보이아(Euboia)섬 출신으로 플라톤의 제자.

3 politeia.

4 demos.

5 소크라테스가 사형선고를 받고 죽은 뒤 플라톤은 정치와 담을 쌓는다.

**여섯 번째 편지**

## 플라톤이 헤르메이아스와 에라스토스와 코리스코스[1]의 행운을 빌다

내가 보기에 어떤 신이 호의에서 자네들을 위해 행운을 넉넉히 마련하고 있는 것 같네. 자네들이 그것을 올바로 받아들인다면 말일세. 자네들은 가까운 이웃으로 살며, 자네들에게 필요한 것은 자네들이 서로 가장 큰 도움을 줄 수 있는 그런 것이니 말일세. 헤르메이아스는 모든 계획을 수행할 수 있는 힘의 원천은 기병대나 동맹군의 많음이나 황금을 더 취득하는 데 있지 않고 건전한 성격의 믿음직한 친구들을 얻는 데 있음을 알아야 하네. 한편 에라스토스와 코리스코스에게는 내 비록 늙은이이지만[2] 단언하겠네. 형상(形相)[3]들에 관한 이런 아름다운 지혜[4]에 더하여

322c

d

1 헤르메이아스(Hermeias)는 기원전 351~341년까지 소아시아 아이올리스(Aiolis) 지방에 있는 아타르네우스(Atarneus) 시의 참주이자 아리스토텔레스(Aristoteles)의 친구였으며, 일설에 따르면 아테나이에서 플라톤의 강의를 들었다고 한다. 에라스토스(Erastos)와 코리스코스(Koriskos)는 아테나이에 있을 때는 플라톤의 제자였으나 기원전 350년경에는 다시 아이올리스 지방에 있는 도시이자 고향인 스켑시스(Skepsis)에서 살았다. 그들은 플라톤이 죽은 뒤(기원전 347년) 헤르메이아스의 후원을 받아 앗소스(Assos)에 철학 학교를 세우는데, 아리스토텔레스를 비롯한 플라톤의 다른 제자들도 한때 합류한 적이 있다.

2 노인도 세상살이에 관심을 가져야 하니까.

사악하고 불의한 자들에 맞서 자신을 지켜줄 지식과 능력이 필요하다고

e 말일세. 그들은 삶의 상당 부분을 절제 있고 악의 없는 우리와 함께 보낸 터라 경험이 부족하기 때문일세. 그래서 그들이 진정한 지혜는 소홀히 하면서 세속적이고 불가피한 지혜에 필요 이상으로 관심을 갖게끔 강요 당하지 않도록 그런 자질들이 추가로 필요하다고 말한 것일세. 아직 함께해보지 않고 판단하건대, 헤르메이아스는 그런 자질을 타고나기도 했

323a 지만 경험에 근거한 기술로도 습득한 것으로 보이네.

대체 무슨 말을 하려는 것이냐고? 헤르메이아스, 나는 에라스토스와 코리스코스를 자네가 아는 것보다 개인적으로 더 잘 알기에 자네에게 엄숙하게 선언하고 증언하겠는데, 자네는 자네 이웃인 이들의 성격보다 더 믿음직한 성격을 쉽게 찾지 못할 걸세. 그래서 내 자네에게 권고하겠는데, 온갖 정당한 방법을 다해 이들에게 매달리되 그것을 부차적인 일로 여기지 말게. 그런가 하면 나는 코리스코스와 에라스토스에게는 헤르

b 메이아스에게 매달리되 서로 간의 매달림을 우정의 유대로 발전시키라고 권하고 싶네. 그리고 자네들 가운데 누군가가 이 유대를 약화한다고 생각되면—인간사는 언제나 항구적인 것은 아니니까—나와 여기 있는 내 친구들에게 불만의 원인을 편지로 써서 보내게. 불화가 그리 심각하지 않다면 나는 자네들의 정의감과 우리에 대한 존경심이 상처를 동여매어 자네들이 이전 상태의 우정과 연대감으로 다시 돌아가게 하는 데는 어떤 주문(呪文)보다 더 효과적이라고 믿으니까. 우리 모두가, 즉 우리

c 와 자네들이 저마다 힘닿는 데까지 최선을 다해 철학에 매진한다면 내가 방금 예언한 것은 실현될 걸세. 우리가 그러지 않으면 어떻게 될지는 말

하지 않겠네. 나는 좋은 것만 예언하고 있으니까. 단언하건대 우리는 신의 도움으로 이 모든 것에 성공할 걸세.

이 편지는 가급적이면 자네들 셋이 모두 모여 읽고, 아니면 둘씩이라도 가급적 자주 함께 읽도록 하게. 그리고 이 편지를 일종의 협약 또는 구속력이 있는 법률로 사용하게. 당연한 일이지만 점잖고 진지하면서도 진지함과 자매간인 장난기를 갖고 지금 존재하고 앞으로 존재할 만물의 지배자인 신의 이름으로, 또한 이 지배자의 주인과 아버지와 원인[5]의 이름으로 맹세하게. 우리가 진정한 철학자라면 우리 모두는 행운을 타고난 사람이 알 수 있는 한도 내에서 신이 누군지 분명히 알게 될 걸세. d

3 eidos.

4 sophia.

5 『국가』 508a, 516b, 517c에 나오는 '좋음의 형상' 같은 것을 말하는 듯하다.

## 일곱 번째 편지

플라톤이 디온의 친족과 동료의 행복을 빌다

323d 여러분은 내게 보낸 편지에서 여러분의 정치적 신념이 디온의 것과 같다고 믿고 말과 행동으로 내가 여러분과 최대한 협력할 것을 촉구했습니다. 324a 여러분의 견해와 바람이 디온의 것과 정말로 같다면 여러분을 돕겠지만, 같지 않다면 거듭 숙고하겠습니다. 디온의 정치적 신념과 바람이 무엇인지 나는 어림짐작으로가 아니라 확실히 알고서 말할 수 있습니다. 쉬라쿠사이에 처음 도착했을 때 내 나이는 마흔쯤 되었고, 디온은 지금의 힙파리노스 나이였습니다.[1] 그때 갖게 된 신념을 그는 바꾸지 않고 죽 b 을 때까지 그대로 지켰는데, 그것은 쉬라쿠사이인들은 자유민이어야 하고 가장 훌륭한 법률에 따라 살아가야 한다는 것이었습니다. 그러니 어떤 신이 힙파리노스도 정체(政體)에 대해 디온과 같은 신념을 갖게 만든다 해도 놀랄 일이 못 됩니다. 그런 신념이 어떻게 형성되었는지는 노소(老少)를 불문하고 들어둘 만합니다. 그리고 지금이 좋은 기회라 여겨 처음부터 이야기를 자세히 들려주도록 하겠습니다.

젊은 시절에 나도 많은 사람이 가진 야망을 똑같이 품었습니다. 성년 c 이 되면 정계에 투신할 작정이었죠. 그리고 우리 나라의 정치 상황과 관련하여 내게 다음과 같은 일들이 일어났습니다. 다수가 당시의 정체를 거부한 탓에 혁명이 일어난 것입니다. 혁명 정부는 51명이 이끌었는데, 그중 11명은 도성인 아테나이에서, 10명은 페이라이에우스[2]에서 시장과 행정 업무를 떠맡았고, 그들 위에 절대권력을 가진 다른 30명이 있었습니다.[3] 그중 몇 명은 내 친척[4]이거나 지인이었는데, 그들은 곧바로 나를 적임자로 보고 그 일에 합류할 것을 권했습니다. 젊었던 내가 그때 그들에게 느낀 감정은 놀라운 것이 아니었습니다. 나는 그들이 나라를 불의한 삶에서 올바른 삶으로 이끌어가면서 다스릴 줄 알았고, 그래서 그들이 무엇을 하는지 마음먹고 지켜보았습니다. 한데 그들은 내가 지켜보는 짧은 동안에 이전 정부를 황금시대로 뒤돌아보게 했습니다. 무엇보다도 그들은 내가 주저하지 않고 당대의 가장 올바른 사람이라고 부른 내 선배 소크라테스님을 몇몇 다른 사람과 함께 파견하여 어떤 시민을 사형시키기 위해 강제로 체포해 오게 했는데, 그들의 의도는 소크라테스님이 싫든 좋든 자신들의 행위에 연루되게 하려는 것이었습니다. 하지만 그분은 시키는 대로 하지 않고 그들의 불경한 행위에 가담하느니 어떤 처벌

d e 325a

1 플라톤이 쉬라쿠사이를 처음 방문한 기원전 388~387년에 디온은 20살쯤 되었다. 이 편지가 기원전 353년에 쓰였다면 디온의 아들 힙파리노스(Hipparinos)는 기원전 373년에 태어났을 것이다. 참고로 디오뉘시오스 1세와 디온의 누이 사이에서 태어난 아들도 이름이 힙파리노스이다.

2 Peiraieus. 아테나이 서남쪽에 있는 외항(外港).

3 그래서 스파르테의 후원으로 세워진 이 과두정체 정부(기원전 404~403년)를 이끈 자들이 '30인 참주'(hoi triakonta)라고 불린다.

4 그중 카르미데스(Charmides)는 플라톤의 외삼촌이고, 막강한 권한을 행사한 크리티아스(Kritias)는 외종숙이다.

이라도 받을 위험을 무릅썼습니다. 이 모든 일과 그에 못지않게 중대한 비슷한 일들을 보고 나는 분개하며 당시의 악행에서 물러났습니다.

그 뒤 오래지 않아 30인 통치는 와해되고 그들의 통치 체제도 완전히 무너졌습니다. 그러자 이번에는 덜 절박하기는 해도 또다시 정계에 투신 b 하고 싶은 욕구에 이끌렸습니다. 이 혼란기에 통탄할 일이 다반사로 일어났고 이 변혁기에 정적끼리 서로 가혹하게 복수하는 것은 놀랄 일이 아니었습니다. 하지만 망명했다가 돌아온 자들[5]은 대체로 온건하게 행동했습니다. 불운하게도 몇몇 유력자[6]가 앞서 언급한 우리 친구 소크라테스님을 법정에 세웠습니다. 그분에게 가장 불경하고 터무니없는 누명 c 을 씌워서 말입니다. 말하자면 그들 중 어떤 자들은 그분을 불경죄로 고발했고, 다른 자들은 그분에게 유죄 투표를 하여 사형에 처하게 했습니다. 그들 자신이 망명자로서 어려운 처지에 있을 때 그들의 동료 중 한 명을 부당하게 체포하는 데 협조하기를 거부한 그분을 말입니다.

그런 일들과 나랏일을 돌보는 자들의 유형과 그들의 법률과 관습을 곰곰이 생각해볼 때, 더 곰곰이 생각할수록 그리고 나이가 더 들어갈수록 내게는 나랏일을 제대로 다스리는 일이 더 어려워 보였습니다. 친구 d 들과 믿음직한 지지자 없이는 정치활동을 하는 것이 불가능했으니까요. 그런 사람이 있다 해도 우리 나라는 더이상 우리 선조의 기준과 관행에 따라 다스려지지 않는 만큼 찾아내기가 쉽지 않고, 다른 새 친구들을 쉽게 구하는 것은 불가능했으니 말입니다. 성문법과 관습은 놀랄 정도로 빨리 무너져가고 있었습니다. 그래서 처음에는 정계에 투신하고 싶은 욕 e 구에 넘쳤으나 그런 변화들을 보며 상황이 얼마나 불안정한지 알아채고

종국에는 현기증을 느끼기 시작했습니다. 어떻게 하면 이런 상황과 우리 정체 전체가 개선될 수 있을지 계속해서 숙고했지만, 행동으로 옮기는 것은 기회가 올 때까지 뒤로 미루었습니다. 결국 나는 현존하는 모든 국가는 잘못 다스려지고 있고, 그 법률은 행운이 따르는 놀라운 개혁 없이는 사실상 치유가 불가능한 상태에 있다는 결론을 내렸습니다. 그래서 올바른 철학을 찬양하면서 공공생활과 사생활에서 무엇이 실제로 정의인지는 철학으로써만 알 수 있으며,[7] 올바르고 진실하게 철학을 하는 사람들이 정권을 잡거나 국가에서 권력을 가진 자들이 신의 섭리에 따라 진정한 철학자가 되기 전에는 인류의 재앙은 그치지 않을 것이라고 주장하지 않을 수 없었습니다.[8]

326a

b

이탈리아와 시켈리아[9]에 처음 도착했을 때 마음속에 그런 생각을 품고 있었습니다. 그곳에 도착해 그곳 사람들이 '행복한 삶'이라고 부르는 것에 강한 거부감을 느꼈는데, 그것은 이탈리아와 쉬라쿠사이식 연회에서 하루 두 번씩 배불리 먹고 밤에는 혼자 잠자리에 들지 않는 그런 것이었습니다. 그런 생활방식이 낳는 습관에도 거부감을 느꼈습니다. 젊어

c

**5** 민주정체 지지자들.

**6** 멜레토스(Meletos)와 아뉘토스(Anytos)와 그 밖의 다른 자들. 그들은 나라에서 믿는 신들을 믿지 않고 젊은이들을 타락시킨다는 이유로 소크라테스를 법정에 고발한다. 『소크라테스의 변론』 참조.

**7** 『국가』 473d, 501e 참조.

**8** 『국가』 473d 참조.

**9** 이탈리아(Italia)는 여기서 남이탈리아를 말한다. 시켈리아는 시칠리아의 그리스어 이름이다.

서 그런 습관이 몸에 밴다면 하늘 아래 어느 누구도 지혜로워질 수 없으니까요. 그런 놀라운 결합은 인간 본성에 반(反)하니 말입니다. 그런 사람은 또한 절제가 있을 수 없으며, 다른 미덕[10]과 관련해서도 같은 말을 할 수 있습니다. 과도한 무절제를 위해 모든 재산을 낭비하는 것이 옳고, d 먹고 마시고 애욕에 탐닉하는 일 말고는 뭐든 소홀히 해도 된다고 생각한다면 법률이 아무리 훌륭해도 어떤 나라도 평온할 수 없습니다. 그런 나라는 계속해서 참주정체나 과두정체나 민주정체로 정체가 바뀔 것이고, 그런 나라의 집권자들은 정의와 법 앞의 평등을 주장하는 정체의 이름을 듣는 것조차 참지 못할 것입니다.

앞서 말한 신념[11]에 더해 그런 생각을 마음에 품고 나는 쉬라쿠사이로 건너갔습니다. 그것은 우연의 일치일 수도 있겠지만, 디온과 쉬라쿠사 e 이를 둘러싸고 그 뒤에 벌어진 사건들의 주춧돌을 놓기 위한 어떤 신의 계략일 수도 있습니다. 그것은 또한 여러분이 내 조언을 두 번째로 듣지 않는다면[12] 또 다른 사건들의 발단이 되지 않을까 우려됩니다. 그때 내가 시켈리아에 간 것이 모든 사건의 발단이 되었다는 말이 대체 무슨 뜻이 327a 냐고요? 당시 젊은이였던 디온과 가까이 지내던 나는 인간들에게 가장 훌륭하다고 생각되는 것들을 설명하며 그것들을 실천에 옮기도록 조언했는데, 그렇게 함으로써 내가 나도 모르게 어떤 의미에서는 훗날 참주정체를 무너뜨릴 계획을 꾸미고 있다는 것을 몰랐던 것 같습니다.

디온은 실로 다른 점에서도 그랬지만 특히 나와 나눈 대화를 재빨리 이해했고, 내가 만난 어떤 젊은이에게서도 찾아볼 수 없을 만큼 주의 깊 b 게 열심히 내 말에 귀를 기울였습니다. 그는 이탈리아와 시켈리아에 거주하는 대부분의 헬라스인과는 다른 여생을 보내기로 결심했는데, 쾌락과 사치보다는 미덕을 더 사랑하게 되었기 때문이지요. 그래서 그의 삶의 방식은 참주정체의 관행에 따라 살아가는 자들에게는 역겨운 것이었습니다. 디오뉘시오스가 죽을 때까지는 말입니다.[13]

그 뒤 그는 올바른 논의를 통해 갖게 된 그런 자신의 신념이 자기에게만 국한된 것이 아니라고 생각했고, 실제로 많지는 않지만 몇몇 사람도 그런 신념을 품고 있다는 것을 알아차렸습니다. 그리고 디온은 신의 가호가 있다면 디오뉘시오스[14]도 그중 한 명이 될 수 있으며, 그렇게만 되면 참주 자신의 삶도 나머지 쉬라쿠사이인들의 삶도 엄청나게 행복해지리라 생각했습니다. 또한 그는 내가 무슨 수단을 써서라도 되도록 빨리 쉬라쿠사이로 와서 그런 계획의 협력자가 되어야 한다고 생각했는데, 나와의 교제로 얼마나 쉽게 그가 가장 아름답고 가장 훌륭한 삶의 방식을 동경하게 되었는지 기억하고 있었기 때문이지요. c d

그런 올바른 생각을 품고 디온은 내게 사람을 보내도록 디오뉘시오스를 설득했고, 다른 사람들[15]이 디오뉘시오스와 접촉하여 가장 훌륭한

10 arete.
11 326a 참조.
12 플라톤은 전에도 조언을 한 적이 있었으나 디온과 그의 추종자들은 듣지 않았다. 350d 참조.
13 디오뉘시오스 1세는 기원전 367년에 죽었다.
14 아버지에 이어 정권을 잡은 디오뉘시오스 2세를 말한다.
15 다른 학파의 철학자들과 소피스트들.

e 삶의 방식에서 다른 삶의 방식으로 이탈시키기 전에 무슨 수를 써서라도 되도록 빨리 와달라고 간청하는 편지를 그 자신도 써 보냈습니다. 디온이 전하는 말은 되풀이해서 말하자면 좀 길어지긴 하겠지만 이런 것이었습니다. "신의 섭리에 따라 지금 주어진 것보다 더 좋은 기회가 주어지기를 어떻게 기다릴 수 있겠습니까?" 하고 그는 말했습니다. 그는 이탈

328a 리아와 시켈리아에 있는 제국과 그곳에서의 자신의 권력과 디오뉘시오스가 젊다는 것에 대해 자세히 언급하며 디오뉘시오스가 철학과 교양에도 큰 관심을 보인다고 했습니다. 디온은 또 자기 생질들과 인척에 관해 그들은 내가 늘 말하던 가르침과 삶으로 쉽게 전향할 수 있을뿐더러 디오뉘시오스를 같은 방향으로 끌어들이는 데도 크나큰 도움이 될 것이라며, 그러니 언젠가는 같은 사람들이 철학자이자 큰 나라의 통치자가 되는 것을 볼 희망이 있다면, 지금이야말로 그런 희망이 이루어질 때라고 말했습니다.

b 그런 말과 그와 비슷한 수많은 말로 디온은 내게 계속해서 권고했습니다. 젊은이들이 관련된 문제이기에 일이 언제 어떻게 될지 몰라 나는 일말의 불안감이 없지 않았습니다. 젊은이들의 욕구는 금세 생겼다가 종종 반대 방향으로 향하니까요. 그러나 나는 디온이 건실한 성격을 타고났으며, 이미 중년의 나이임을 알았습니다.[16] 그래서 그의 조언을 받아들여 그곳으로 갈지 말지 숙고하고 망설이다가, 결국에는 누군가 법률과

c 정체에 관한 자신의 이상을 언젠가는 실현해야 한다면 지금이야말로 그럴 때라는 쪽으로 생각의 저울이 기울어졌습니다. 내가 한 사람만 잘 설득하면 온갖 좋은 것을 이룰 수 있을 테니 말입니다. 그런 대담한 생각을

갖고 집을 나섰고, 사람들이 생각하는 것과 같은 이유에서는 아닙니다. 무엇보다도 나 자신에게 내가 실무와는 담쌓으려는 순수 이론가로 비춰질까 부끄러웠습니다. 또한 나는 디온이 진실로 작지 않은 위험에 처했을 때 내가 그의 환대와 우정을 배신하는 것이라고 생각했습니다.

디온이 살해되거나 디오뉘시오스나 다른 정적들에게 추방되어 망명자로서 우리를 찾아와 이렇게 묻는다고 가정해보십시오. "플라톤님, 내가 망명자로 그대를 찾아온 것은 적군을 물리칠 중무장 보병이나 기병대가 부족해서가 아니라, 그것에 힘입어 그대가 젊은이들을 좋음과 정의로 향하게 하고 그럼으로써 젊은이들이 매번 서로 친구가 되고 동료가 되게 할 수 있는 논의와 설득 방법을 구하기 위해서입니다. 그대가 치유할 수 있었을 그런 약점 때문에 나는 지금 쉬라쿠사이를 떠나 여기 와 있습니다. 내 처지가 그대에게는 그다지 큰 비난거리가 되지 않을 수도 있겠지요. 그러나 그대는 철학을 늘 칭송하고 철학은 모든 사람에게 홀대받는다고 주장하면서도 지금 기회를 놓치고 나를 배신한다면 철학도 배신하는 것이 아닐까요? 우리가 메가라[17]에 살고 있다면 그대는 분명히 내 부름에 호응해 나를 도우러 왔거나, 아니면 자신을 가장 비열한 인간으로 여겼겠지요. 한데 갈 길이 멀고 힘든 항해를 오래해야 한다는 핑계를 대면 그대가 겁쟁이라는 비난을 면할 수 있으리라 생각하시오? 천만의 말씀입니다." 그가 그렇게 묻는다면 어떻게 그럴듯한 답변을 할 수 있

d

e

329a

16 플라톤이 기원전 367년 쉬라쿠사이에 처음 갔을 때 디온은 40대 초반이었다.

17 Megara. 아테나이와 코린토스 사이에 있는 도시.

을까요? 그런 답변은 할 수 없겠지요.

b 그래서 인간으로서 최대한 합리적이고 올바른 동기에 따라 아테나이를 떠나 결코 부끄럽지 않은 내 직업을 뒤로하고 내 가르침과도 나 자신과도 맞지 않을 것 같은 참주정체 치하로 들어간 것입니다. 그곳에 감으로써 나는 제우스 크세니오스[18]에 대한 의무를 다했고, 철학도 비난을 사지 않게 해주었습니다. 내가 유약하거나 비겁하여 망신을 당했다면 철학도 명예가 실추되었을 테니까요.

도착해서 보니—이야기를 장황하게 늘어놓을 필요가 어디 있겠습니까—디오뉘시오스의 궁전은 온통 당파싸움과 참주에게 디온을 모함하 c 는 보고로 가득차 있었습니다. 할 수 있는 일은 많지 않았지만 나는 힘닿는 데까지 그를 지켜주었습니다. 그러나 내가 도착한 지 석 달이 조금 지났을 때 디오뉘시오스는 참주정체를 무너뜨릴 음모를 꾸민다는 이유로 디온을 작은 배에 태워 불명예스럽게 추방했습니다. 디온의 친구인 우리는 디오뉘시오스가 우리 중 누군가를 디온의 음모의 공범으로 고소하고 처벌하지 않을까 전전긍긍했습니다.

나에 관해서는 그때 있던 모든 사건의 책임자로서 디오뉘시오스의 손에 죽임을 당했다는 소문이 쉬라쿠사이에 떠돌기까지 했습니다. 그러나 d 디오뉘시오스는 우리 모두의 마음 상태가 그렇다는 것을 알고는 우리의 두려움이 뭔가 더 큰일을 낳지 않을까 두려워하며 우리 모두를 상냥하게 도로 받아들였고, 특히 나를 격려하고 안심시키며 어떤 일이 있어도 남아달라고 간청했습니다. 내가 그의 곁을 떠나는 것보다는 남아 있는 것이 그의 명예를 더 높여줄 것 같았기 때문이지요. 그래서 그는 내게 간청하는 척한 것입니다. 그러나 우리도 알다시피 참주의 요청에는 강요가 뒤섞여 있는 법이지요.

그는 내가 떠나지 못하도록 계책을 꾸몄는데, 나를 성채[19]로 데리고 들어가 그곳에서 기거하게 한 것입니다. 그곳에서는 디오뉘시오스의 특명 없이는 어떤 선장도 나를 데리고 나갈 수 없었고, 디오뉘시오스가 금지할 때는 더더욱 그랬습니다. 또한 내가 혼자 떠나는 것을 보고도 못 본 척하거나 나를 당장 붙잡아 도로 디오뉘시오스에게 데려가지 않을 장사꾼이나 출입국 관리관은 한 명도 없었는데, 무엇보다도 이전 소문과 달리 이번에는 디오뉘시오스가 플라톤을 놀랍도록 좋아한다는 소문이 이미 파다했기 때문입니다. 하지만 사실은 어떠했습니까? (e, 330a)

나는 사실대로 말해야 합니다. 그는 내 방식과 성격에 친숙해지면서 시간이 지날수록 더욱더 나를 좋아했지만, 내가 디온보다는 자기를 더 칭찬하고 자기와의 우정을 더 높이 평가하기를 원했으며 거기에 놀랍도록 매달렸습니다. 그런 일이 가능한 것이라면 최선의 방법은 그가 내 제자가 되어 나와 함께 철학에 관해 논의하는 것이지만 그는 매번 그러기를 기피했습니다. 그러면 그가 덫에 치여 디온이 결국 자기 목적을 달성하게 될 것이라는 무고꾼들의 모함이 두려웠기 때문이지요. 그러나 그곳을 찾았을 때 원래 품은 생각에 매달리며 나는 그 모든 것을 참았고, 그가 어떻게든 철학적 삶을 살고 싶어 하기를 바랐습니다. 하지만 그의 (b)

**18** Zeus xenios. '손님과 주인의 보호자로서의 제우스'라는 뜻.
**19** akropolis.

저항을 꺾지 못했지요.

내가 시켈리아를 처음 방문하여 그곳에 체류했을 때 이 모든 일이 일 c 어났습니다. 그 뒤 나는 디오뉘시오스의 간절한 부름을 받아 집을 떠나 다시 그곳에 갔습니다. 그렇게 한 동기와 내 모든 행위가 합리적이고 정당하다는 것을 설명하기 전에 나는 곁다리를 본론으로 다루는 일이 없도록 먼저 현재 상황에서 그대들이 어떻게 행동해야 하는지 조언해야 합니다. 그러고 나서 이와 관련해서는 무슨 목적으로 그곳에 두 번째로 갔는지 묻는 사람들을 위해 나중에 설명할 것입니다. 내가 말하려는 것은 이런 것입니다.

d 건강에 안 좋은 생활습관을 가진 환자에게 조언하려는 의사는 먼저 환자의 생활방식을 바꾸어야 하고, 환자가 시키는 대로 하면 계속해서 조언해야 합니다. 그러나 환자가 시키는 대로 하지 않을 때 나는 그런 환자에게 조언하지 않는 사람은 남자답고 의사라고 생각하지만, 반대로 그런 환자에게 계속해서 조언하는 사람은 남자답지 못하고 돌팔이의사라고 생각합니다. 국가도 마찬가지입니다. 통치자가 한 명이건 여러 명이건 정부가 바른길을 제대로 가고 있다면 무엇이 국가에 이익이 될지에 관해 e 시민들에게 조언하는 것은 지각 있는 사람이 할 일일 것입니다. 그러나 그들이 바른 정부에서 한참 벗어나 있고 바른길로 돌아가기를 단호히 거부하면서 정체는 그냥 두어야지 바꾸려 해서는 안 되며 만약 바꾸려 하면 사형에 처하겠다고 조언자를 위협한다면, 그 대신 자신들의 소망과 331a 욕구를 두고두고 가장 쉽고 가장 빨리 이루는 데 도움이 되는 방법을 조언해달라고 명령한다면, 나는 그런 조언을 계속하는 사람은 남자답지

못하고 그런 조언을 계속하기를 거부하는 사람은 남자답다고 여길 것입니다.

그런 신념을 지니고 있는 터라 누군가가 예를 들어 돈을 번다든가 몸이나 혼을 돌보는 일 같은 인생의 중대사에 관해 내게 조언을 구할 때는, 내가 보기에 계획을 세워 일상생활을 꾸려나가고 나와 상의하는 일들과 관련하여 내 조언에 귀를 기울이는 사람 같으면 기껍게 조언을 하고 건성으로 대답하지 않습니다. 그러나 어떤 사람이 내게 전혀 조언을 구하지 않거나 조언을 해도 따르려 하지 않을 것이 분명하면 그런 사람에게는 자청해서 조언하지도 않고 강제하지도 않습니다. 그가 내 아들이라 해도 말입니다. 하지만 노예에게는 조언을 하고, 만약 거부하면 강제할 것입니다. 병이 들어 정신이 온전하지 못하다면 몰라도 아버지나 어머니를 강제하는 것은 불경하다고 생각합니다. 그리고 부모님이 내게는 즐겁지 않지만 자신들에게는 즐거운 어떤 생활방식을 고수한다면 쓸데없는 조언을 함으로써 그분들의 기분을 상하게 하지도 않을 것이며, 나 같으면 죽으면 죽었지 빠져들고 싶지 않은 그런 종류의 욕구를 충족할 수단을 제공함으로써 그분들에게 아첨하거나 맹종하지 않을 것입니다.

지각 있는 사람이라면 자기 조국에 대한 관계에서도 반드시 그런 원칙을 따라야 합니다. 조국이 잘못 다스려지고 있다 싶으면 그가 말해도 쇠귀에 경 읽는 꼴이 되거나 말을 하다가는 목숨을 잃을 것 같지 않다면 반드시 말을 해야 합니다. 그러나 사람들을 추방하거나 죽이지 않고는 최선의 정체를 도입할 가망이 없다면 그는 정체를 변혁하기 위해 조국에 폭력을 행사하면 안 됩니다. 그럴 경우 그는 가만있어야 하며 자신과 조국에 좋은 일이 있기를 기도해야 합니다.

그런 원칙에 따라 디온과 힘을 모아 디오뉘시오스에게 조언하곤 했던 것처럼 여러분에게도 조언하겠습니다. 우리는 디오뉘시오스에게 무엇보다도 아버지의 전철을 밟지 않도록 그가 최대한 자신의 주인이 되고 e 충실한 친구와 추종자를 구할 수 있는 방식으로 일상생활을 꾸려야 한다고 조언했습니다. 그의 아버지는 이민족[20]의 손에 완전히 파괴된 시켈리아의 수많은 대도시를 되찾았으나[21] 그곳에 이주민을 다시 정착시켰을 때 충성스러운 정부를 세울 수 없었습니다. 그에게는 이들 정부를 이 332a 끌 심복이 없었기 때문이지요. 외지인 중에서도, 그들이 어릴 때 그가 길러주고 사인(私人)에서 통치자로, 가난뱅이에서 큰 부자로 만들어준 자신의 형제들[22] 중에서도 말입니다.

그는 그들 중 어느 누구도 설득으로든 가르침으로든 혜택으로든 친족관계를 통해서든 통치의 협조자로 만들 수 없었습니다. 그 점에서는 다레이오스[23]보다 일곱 배나 더 불운했습니다. 다레이오스는 형제도, 자기가 양육한 사람들도 믿지 않고 오직 메디아인 환관[24]을 거꾸러뜨리는 b 데 협력한 사람들만 믿고 제국을 그 하나하나가 시켈리아 섬 전체보다 더 큰 일곱 부분으로 쪼개 그들에게 나누어 주었으니까요. 그러자 그들은 그에게 충성을 다했고, 그를 공격하지 않음은 물론이고 자기들끼리도 공격하지 않았습니다. 그리하여 그는 훌륭한 입법자와 왕은 어떻게 행동해야 하는지 본보기를 보여주었습니다. 그가 제정한 법률에 힘입어 페르시아제국은 지금까지도 온전히 보존될 수 있었으니까요.

또한 아테나이인들도 이민족의 수중에 들어간 수많은 헬라스인 도시를 넘겨받은 뒤 자신들은 그 도시들에 정착하지 않았지만 70년 이상 지배할 수 있었는데,[25] 이들 도시 각각에 자신들에게 우호적인 시민들이 있었기 때문이지요. 디오뉘시오스는 시켈리아 전체를 하나의 국가로 통합했지만 너무 영리하여 아무도 믿지 않았기에 간신히 일신을 보존할 수 있었습니다. c

그에게는 충직한 친구들이 부족했는데, 미덕과 악덕의 징표로는 그런 친구들이 있는지 없는지보다 더 확실한 것은 없기 때문이지요. 그래서 디온과 나는 디오뉘시오스에게 조언하기를, 그는 아버지의 손에 양육된 탓에 제대로 교육받지 못하고 제대로 교유해본 적이 없는 까닭에 d 먼저 교양인이 되려고 노력해야 하고, 그렇게 시작한 다음 미덕에 대해

20 카르타고인들.

21 디오뉘시오스 1세는 기원전 405년 시켈리아 동부에 세운 그리스 식민시들을 카르타고인들에게서 도로 찾고 참주가 된다.

22 디오뉘시오스 1세의 형제들인 렙티네스(Leptines)와 테아리다스(Thearidas)를 말한다.

23 다레이오스(Dareios 라/Darius)는 기원전 521년 6명의 페르시아 귀족의 도움을 받아 찬탈자인 가짜 스메르디스(Smerdis)를 거꾸러뜨리고 페르시아 왕이 된다. 헤로도토스(Herodotos), 『역사』(*Histories apodexis*) 3권 61장 이하 및 플라톤, 『법률』(*Nomoi*) 695b 이하 참조.

24 자신을 페르시아 왕 캄뷔세스(Kambyses)의 죽은 아우인 스메르디스라고 자처한 가우마타(Gaumata)는 환관이 아니라 메디아 출신 사제(magos)였다. 메디아(Media)는 카스피해 남서부 지방으로 처음에는 페르시아의 종주국이었으나 나중에는 페르시아의 종속국이 된다.

25 아테나이인들의 해양 제국은 기원전 480년의 살라미스(Salamis) 해전 이후 70년쯤 지속되었다.

자신과 뜻을 같이하는 친족과 동년배 중에서 친구를 만들어야 하며, 무엇보다도 그는 자신과 조화를 이루어야 한다고 했습니다. 그 점에서 그는 놀랍도록 부족한 점이 많았으니까요.

우리는 신변이 안전하지 못할 것 같아 터놓고 그렇게 말하지는 않았지만, 그러는 사람은 누구나 자신과 자신이 이끄는 사람들을 구할 것이지 e 만 그 길을 가지 않는 사람은 정반대의 결과를 맞을 것이라고 은근히 암시했습니다. 그리고 우리가 말한 그 길로 나아가 분별 있고 절제 있는 사람이 된 뒤 그가 폐허가 된 시켈리아의 도시들에 다시 시민들을 이주시켜 활동하게 하고 법률과 정체로써 결속시켜 이들 도시가 이민족의 침공에 맞서 그에게도 저들끼리도 친구가 된다면, 그는 아버지의 제국을 두 333a 배로만 늘리는 것이 아니라 사실은 여러 배로 늘릴 것이라고 했습니다. 그렇게 되면 지금은 비록 그의 아버지가 맺은 조약에 따라 이민족에게 공물을 바치고 있지만 카르케돈[26]인들을 겔론[27] 시대보다 더 심하게 예속시키는 것은 쉬운 일이었으니까요.

그렇게 권고하고 그렇게 조언했습니다, 디오뉘시오스를 무너뜨릴 음모를 꾸미고 있다는 소문이 파다했던 우리가 말입니다. 그리고 디오뉘시오스가 결국 그런 소문에 넘어가는 바람에 디온은 추방되고 그의 친 b 구인 우리는 두려움에 떨었습니다. 짧은 기간에 일어난 적잖은 사건을 간략하게 말하자면 디온은 펠로폰네소스반도와 아테나이에서 돌아와서[28] 디오뉘시오스를 행동으로 가르쳤습니다. 그러나 디온이 도시를 해방하고 쉬라쿠사이인들에게 나라를 두 번째로 돌려주었을 때,[29] 그들은 그에게 디오뉘시오스가 느낀 것과 똑같은 감정을 느꼈습니다.

디온이 디오뉘시오스를 교육하고 통치할 자격이 있는 왕으로 만드는 일에 매진하며 평생토록 그의 협력자가 되려고 했을 때 디오뉘시오스는 모함꾼들의 말에 귀를 기울였는데, 그들의 주장에 따르면 디온의 모든 행동은 참주정체를 무너뜨리려는 음모이며, 디온의 의도는 디오뉘시오스가 교육으로써 마음이 현혹되어 통치를 소홀히 하면서 나라를 자신에게 맡기면 자기가 나라를 탈취한 뒤 음모를 꾸며 디오뉘시오스를 권좌에서 내쫓는 것이라 했습니다. 디온을 모함하는 그런 소문은 당시에도, 나중에 다시[30] 쉬라쿠사이에 널리 퍼졌을 때도 승리를 거두었지만, 그것이 승리하게 한 자들에게도 이상하고 자랑스럽지 못한 승리였습니다. c

지금과 같은 위기를 맞아 내게 도움을 청하는 여러분은 그 뒤 무슨 일이 일어났는지 반드시 들어야 합니다. 아테나이인으로 디온의 친구이자 d

26 Karchedon. 카르타고의 그리스어 이름.

27 겔론(Gelon)은 기원전 490년 힙포크라테스(Hippokrates)에 이어 겔라(Gela) 시의 참주가 되어 쉬라쿠사이를 함락한 뒤 수도로 삼았는데 기원전 480년 히메라(Himera) 전투에서 서부 시켈리아를 차지해 지키던 카르타고인들에게 결정적인 승리를 거둔다.

28 디온은 기원전 366년 쉬라쿠사이에서 추방되자 그리스로 가서 주로 아테나이와 펠로폰네소스반도에서 여러 해를 보내다가 기원전 357년 소수 병력을 이끌고 돌아와 디오뉘시오스를 추방한다.

29 쉬라쿠사이로 돌아온 지 얼마 안 되어 디온은 이번에는 헤라클레이데스를 꾀어 부추긴 혐의로 다시 추방되었다가 디오뉘시오스가 도시를 공격하자 귀국하여 도시를 두 번째로 해방한다.

30 여기서 '당시'란 기원전 366년 디온이 디오뉘시오스에 의해 추방되었을 때를 말하고, '나중에 다시'란 디온이 기원전 357년 귀국했다가 두 번째로 추방되어 결국 살해되었을 때를 말한다.

전우였던 내가 참주를 찾아간 것은 디온과 참주를 화해시키기 위해서였습니다. 그러나 모함꾼들과의 싸움에서 지고 말았습니다. 그리고 디오뉘시오스는 내가 자신의 편을 들며 자신이 디온을 추방한 것은 적절한 조치였다고 증언해달라고 명예와 돈으로 나를 설득하려 했지만 그의 그런 시도는 완전히 실패했습니다.

e 나중에 디온은 귀국하면서 아테나이에서 두 명의 형제[31]를 데려왔는데, 그들과의 우정은 철학이 아니라 대체로 자신들을 친구라고 부르는 자들 사이에서 흔히 볼 수 있는 사회활동에 기반한 것으로, 그들과의 동지애는 서로 접대하거나 같은 종교나 비밀 의식에 참여할 때 생겨나는 그런 것이었습니다. 디온이 귀국할 때 동행한 이 두 사람도 그런 이유에서 그의 친구가 되었고, 그런 교류에 덧붙여 그가 뱃길로 귀국할 때 도와
334a 준 까닭에 그의 동지가 되었습니다. 시켈리아에 도착해 디온이 해방해준 시켈리아의 헬라스인들 사이에서 자신이 참주가 되려고 음모를 꾸민다는 모함을 당하고 있다는 것을 감지하자 그들은 동지이자 친구인 그를 배신하는 데 그치지 않고 사실상 손수 그를 살해했습니다. 그들은 손에 무기를 든 채 조력자로서 살해자들 옆에 서 있었으니까요. 나로서는 그런 수치스럽고 불경한 짓을 눈감아주지도 않을 것이며 자세히 언급하지
b 도 않을 것입니다. 그런 행위를 되풀이해서 말할 사람은 나 말고도 지금도 많이 있고 앞으로도 많이 있을 테니까요.

하지만 이들 아테나이인이 나라 망신시켰다는 소문과 관련해서는 그냥 넘어갈 수 없습니다. 단언컨대 돈과 많은 명예를 얻을 수 있었음에도 디온을 배신하기를 거부한 사람도 아테나이인이었습니다. 그것은 그가

세속적인 우정을 통해서가 아니라 자유민다운 교양을 공유함으로써 디온의 친구가 되었기 때문입니다. 지성인은 혼이나 몸의 친족관계보다 오직 그것만을 신뢰해야 하니까요. 그래서 디온을 살해한 그 두 사람은 한 c 때는 유명했지만 나라 망신시킬 만한 인물이 못 되는 것입니다.

내가 이 모든 것을 말한 것은 디온의 친구와 친족에게 조언하기 위해서입니다. 이에 덧붙여 앞서 두 번이나 말한 것과 똑같은 조언과 주장을 여러분에게 세 번째로 되풀이하겠습니다. 시켈리아도 다른 나라도 법률이 아닌 전제적(專制的)인 인간들에게 예속시키지 마십시오. 그것이 내 주장입니다. 그런 전제 권력은 예속시킨 자에게도 예속된 자에게도, 그들 자신에게도 그들의 자식들에게도 자식의 자식들에게도 더 나은 것이 d 아니니까요. 그런 시도는 오히려 전적으로 파괴적이며, 거기서 이익을 취하기를 좋아하는 자들은 마음이 좀스럽고 자유민답지 못하며, 현세에서도 내세에서도 신적인 그리고 인간적인 좋음과 올바름이 무엇인지 알지 못합니다. 이런 진리를 나는 처음에는 디온에게, 두 번째로는 디오뉘시오스에게, 세 번째로는 여러분에게 가르쳐주려고 했습니다.

세 번째로 바치는 술잔을 받는 구원자 제우스[32]를 위해 여러분은 내가 시키는 대로 하시고, 디오뉘시오스와 디온 가운데 전자는 내 말을 듣지 않다가 지금 불명예스럽게 살아가고 후자는 내 말을 듣다가 명예롭게 e

31 칼립포스(Kallippos)와 필로스트라토스(Philostratos).

32 고대 그리스인들은 축제나 잔치를 시작하기 전에 신에게 술을 세 잔 바쳤는데, 그중 세 번째이자 마지막 잔은 구원자 제우스(Zeus soter)에게 바쳤다.

죽었다는 점을 명심하십시오. 자신과 조국을 위해 가장 명예로운 것을 추구하다가 어떤 결과든 감수하는 것은 언제나 올바르고 고매하기 때문입니다. 우리는 누구도 죽음을 면할 수 없고, 설령 면할 수 있다 해도 대중이 생각하듯이 행복할 수 없으니까요. 좋음이든 나쁨이든 언급할 만한 가치가 있는 것은 어떤 것도 혼이 없는 것에는 속하지 않고, 몸과 결합

335a 되어 있든 몸과 떨어져 있든 혼에게만 일어날 수 있으니 말입니다.

우리는 혼은 불멸하며 혼이 몸에서 분리되고 나면 심판받고 가장 큰 벌을 받는다는 오래되고 신성한 말씀을 항상 굳게 믿어야 합니다. 그러므로 우리는 큰 잘못과 불의를 행하는 것보다는 당하는 것이 덜 나쁜 것이라고 생각해야 합니다.[33] 그러나 혼이 황폐화된 탐욕스러운 사람은 그

b 런 가르침에 귀를 기울이지 않거나, 귀를 기울인다면서 마음속으로 조롱하며 먹을거리나 마실 거리를 대주거나 아프로디테[34]라고 잘못 불리는 비루하고 품위 없는 쾌락을 만족시킬 성싶은 것이면 여기저기서 무엇이든 짐승처럼 염치없이 낚아챕니다. 그는 눈이 멀어 모든 악행에 따르는 죄가 어떤 것이며 얼마나 무거운지 보지 못합니다. 하지만 죄지은 자는 지상을 돌아다닐 때도 도로 지하로 내려가 불명예스럽고 더없이 비참

c 한 여행을 할 때도 반드시 죄악의 짐을 끌고 다녀야 합니다.

나는 그런 말과 그와 비슷한 말로 디온을 설득할 수 있었습니다. 그러나 내가 디오뉘시오스에게 분개한 것과 똑같이 디온의 살해자들에게도 분개할 정당한 이유가 있습니다. 그들도 그도 나와 사실상 전 인류에게 엄청난 해악을 끼쳤으니까요. 둘은 정의를 실현하려던 사람을 죽임으로써 그랬고, 디오뉘시오스는 통치 기간 내내 막강한 권력을 갖고도 정의

실현을 거부했습니다. 그러나 그의 제국에서 철학과 권력이 정말로 같은 사람 안에서 결합했다면 헬라스인들과 이민족을 포함한 전 인류에게 빛을 발했을 것이며, 그런 미덕을 타고났건 경건한 통치자들 밑에서 바르게 양육되고 훈련받은 결과물이건 정의의 인도 아래 지혜롭게 살지 않는다면 어떤 국가 어떤 개인도 행복할 수 없다는 확신을 심어주었을 것입니다. 디오뉘시오스는 그런 해악을 끼쳤으며, 내가 보기에 이에 비하면 그의 나머지 해악은 사소합니다. 그리고 디온을 살해한 자는 자신이 디오뉘시오스와 같은 짓을 했다는 것을 알지 못했습니다. d e

디온과 관련해 사람이 사람들에 관해 확실히 말할 수 있는 한 디온이 정권을 잡았다면 다음과 같은 통치 형태 말고 다른 통치 형태는 결코 받아들이지 않았으리라는 것을 알기에 하는 말입니다. 말하자면 그는 먼저 자기 조국인 쉬라쿠사이를 예속에서 해방하고 정화한 뒤 자유를 누리게 했을 것이며, 그다음에는 가능한 수단을 다해 적합하고도 더없이 훌륭한 법률로 동료 시민들의 삶을 정돈했을 것입니다. 그런 다음 시켈리아 전체를 식민지화하고, 이민족을 더러는 내쫓고 더러는 히에론[35]이 그랬던 것보다 더 쉽게 굴복시킴으로써 시켈리아를 이민족으로부터 해방하려고 최선을 다했을 것입니다. 336a

**33** 플라톤, 『고르기아스』(*Gorgias*) 523 참조.

**34** Aphrodite. 성애(性愛)의 여신.

**35** Hieron. 쉬라쿠사이의 참주(기원전 478~466년)로 카르타고인들에게 승리함으로써 쉬라쿠사이는 시칠리아와 남이탈리아에서 패권을 쥐게 된다.

b 만약 그런 일들이 정의롭고 용감하고 절제 있고 지혜를 사랑하는 사람[36]의 손에 이루어졌다면 미덕에 대한 같은 생각이 대중 사이에서도 생겨났을 것입니다. 그리고 그런 생각은 디오뉘시오스가 내 말을 들었다면 사실상 전 인류에게 생겨나 인류를 모두 구원했을 것입니다. 그러나 지금은 어떤 신적 존재 또는 원수를 갚는 정령이 불법과 불경과 무엇보다도 무지[37]에서 비롯되는 무모한 행위로 그들을 덮쳤는데 무지야말로 인류의 모든 재앙이 뿌리내리고 자라며 뿌린 사람에게 나중에 가장 쓰라린 열매를 안겨주는 씨앗입니다. 그리고 우리 계획을 두 번째로 뒤엎고 수포로 돌아가게 만든 것도 바로 무지입니다.

c 세 번째인 이번에는 좋은 전조를 위해 불길한 말은 하지 맙시다. 하지만 이전의 불운에도 불구하고 디온의 친구인 여러분에게 충고하건대 조국을 향한 디온의 헌신과 절제 있는 생활방식을 본받고, 좋은 징조 아래 그의 바람을 이루려고 노력하십시오. 그의 바람이 무엇인지는 내가 명확히 설명했습니다. 그러나 여러분 중에 여러분의 선조처럼 도리에이스족[38]의 생활방식대로 살 수 없어 디온을 살해한 자들의 생활방식이나 시 d 켈리아 풍의 생활방식[39]을 따르는 사람이 있다면, 여러분은 그에게 도움을 청하지 말고 그가 성실하고 건전하게 행동할 것이라고 기대하지 마십시오. 시켈리아 전체를 식민화하고 공정한 법률을 제정하려면 다른 사람을 불러들이십시오. 시켈리아 자체에서, 펠로폰네소스반도 전체에서. 그리고 여러분은 아테나이도 두려워하지 마십시오. 아테나이에도 미덕에서 남달리 탁월하고 손님을 살해하는 자들[40]의 만용을 혐오하는 사람들이 있으니까요.

한데 그런 것들은 나중에 취할 조치이고, 당장에는 여러분의 당파싸움에서 날마다 온갖 분쟁이 수없이 일어나 여러분을 압박하니, 신의 가호로 올바른 의견을 조금이라도 나누어 받은 사람이라면 이긴 쪽이 전투와 추방과 사형집행으로 분풀이하고 정적에게 복수하기를 그만두기까지는 내전에 말려든 자들에게 재앙이 그칠 날이 없을 것임을 알아야 합니다. 그들이 자제하고 모두를 위해 법률을 제정하며 진 쪽의 이익보다도 자신들의 이익을 더 생각하지 않는다면, 진 쪽은 존경심과 두려움이라는 이중의 억제력을 가지게 되어 법률을 준수하도록 강요당할 것입니다. 진 쪽이 두려움을 느끼는 것은 이긴 쪽이 힘의 우월성을 보여주었기 때문이고, 진 쪽이 존경심을 갖는 것은 이긴 쪽이 자신들의 욕구를 억제하고 법률에 복종할 능력과 용의가 있다는 것을 보여주었기 때문입니다. 당파싸움으로 분열된 나라가 재앙에서 벗어날 길은 이 길 말고는 없으며, 내분 상태에 있는 나라에서는 반목과 적개심과 증오와 불신이 끊임없이 생겨나기 마련입니다.

e 337a b

이긴 쪽이 자신들이 안전하기를 바란다면 자기들끼리 의논해 온 헬라스에서 가장 훌륭한 사람들을 수소문해서 뽑아야 합니다. 우선 나이가

**36** '지혜를 사랑하는 사람'(philosophos). 문맥에 따라 '철학자'로도 옮겼다.

**37** amathia.

**38** Dorieis. 기원전 1,200년경 그리스반도로 남하해 주로 펠로폰네소스반도에 정착한 그리스의 부족. 시칠리아의 그리스인 식민시들은 대부분 도리에이스족이 세웠다.

**39** 326b~d 참조.

**40** 디온을 살해한 자들처럼.

많고, 집에 처자가 있으며, 선조 가운데 유명한 사람이 되도록 많고, 가진 재산도 넉넉한 사람으로 말입니다. 그리고 시민이 1만 명인 나라에는 c 그런 사람이 50명이면 충분합니다.[41] 그들은 그런 사람들에게 간청하고 최고의 명예를 약속하며 고향에서 데려와야 합니다. 데려온 뒤에는 진 쪽보다 이긴 쪽의 이익을 더 생각하지 않고 나라 전체가 동등한 권리를 누리게 하겠다고 서약하게 한 다음 법률을 제정하도록 간청하고 명령해야 합니다.

법률이 제정된 뒤에는 모든 것이 다음과 같은 조건에 달려 있습니다. 말하자면 이긴 쪽이 진 쪽보다 법률에 더 고분고분 복종하면 나라 전체 d 가 태평하고 행복이 넘칠 것이며 온갖 재앙에서 벗어날 것입니다. 그렇지 않으면 지금의 우리 조언을 거부하는 사람을 돕도록 나나 다른 협조자를 부르지 마십시오. 그것은 디온과 내가 쉬라쿠사이를 위해 취하려 한 조치와 아주 유사합니다. 그것은 차선책입니다. 최선책은 우리가 디오뉘시오스 자신의 도움으로 취하려 한 조치인데, 그것은 모두에게 유익했을 것입니다. 인간보다 더 강력한 어떤 우연이 그 계획을 무산시키지 e 않았다면 말입니다. 이번에는 여러분이 더 운 좋게 그 계획을 실현할 수 있기를. 그리고 여러분의 노력에 신의 가호가 있기를 빕니다.

나의 조언과 당부, 그리고 내가 디오뉘시오스의 궁전을 처음 방문한 일에 관해서는 이쯤 해둡시다. 그 다음번의 내 바닷길 여행이 얼마나 합리적이고 적절하게 이루어졌는지에 관심 있는 사람은 누구나 들을 수 있 338a 습니다. 나는 시켈리아에 처음 머물던 시기를, 디온의 친족과 전우에게 조언할 수 있기 전에는 내가 앞서 말한 것처럼 보냈습니다. 그런 일들이 있은 뒤 나는 떠날 수 있게 해달라고 힘닿는 데까지 디오뉘시오스를 설득했고, 다시 평화가 찾아오면—당시에는 시켈리아에서 전쟁이 벌어지고 있었으니까요—자신의 제국이 안정되는 대로 디오뉘시오스가 디온과 나를 다시 부르기로 합의했습니다. 그는 또 디온에게 지금 추방되는 것이 아니라 이사하는 것으로 생각해달라고 요청했습니다. 그래서 나는 그런 조건이라면 돌아오겠다고 약속했습니다. b

다시 평화가 찾아오자 그는 내게는 계속해서 사람을 보냈으나, 디온에게는 1년만 더 기다려달라고 요청했습니다. 내게는 돌아와달라고 집요하게 요청하면서도 말입니다. 디온은 내게 출항하라고 요구하고 간청했습니다. 디오뉘시오스가 이번에 다시 철학에 놀랍도록 매진한다는 소문이 시켈리아에서 날아들었으니까요. 그래서 디온은 그의 초청을 거절하지 말라고 내게 간곡히 요청했습니다. 그러나 나는 철학과 관련해 젊은이들에게 그런 일이 흔히 일어난다는 것을 알면서도 그때는 디온도 디오뉘시오스도 자기 자신에게 맡겨두는 것이 더 안전하다고 생각되어, 나는 늙은이[42]이고 지금 그들이 취하는 조치들은 어느 것도 우리가 합의한 것과 맞지 않다고 답변했으며, 그래서 두 사람의 기분을 상하게 했습니다. 아르퀴테스[43]가 디오뉘시오스의 궁전을 방문한 것은 그런 일이 있은 뒤인 것 같습니다. 출발하기 전에 내가 아르퀴테스와 타라스에 있는 그의 친구들과 디오뉘시오스 사이에 선린 우호관계를 맺어주었으니까요. c d

**41** 『법률』 752d 이하 참조. 입법자의 자격에 관해서는 『법률』 765d 참조.

**42** 기원전 361년 세 번째로 쉬라쿠사이를 방문했을 때 플라톤은 67세였다.

또한 쉬라쿠사이에는 디온에게서 배운 다른 사람들도 있고 이들에게서 배운 또 다른 사람들도 있었는데, 그들의 머릿속은 설익은 철학적 가르침들로 가득차 있었습니다. 그들은 디오뉘시오스가 내 사상 체계에 정통하다고 믿고 그런 가르침들에 관해 그와 토론하려 했습니다. 하지만 그는 배움의 능력을 타고나지 못한 것은 아니지만 놀랍도록 명예욕이 강했습니다. 그는 아마도 자신에 대한 세간의 평판이 마음에 드는 것 같았고, 내가 방문했을 때 자신이 아무것도 배우지 못했음이 알려지는 것을 부끄러워하는 것 같았습니다. 그래서 내가 더 명확하게 가르쳐주기를 원했고, 그의 명예욕은 달리는 말에 채찍질을 해댔습니다. 내가 처음 방문했을 때 그가 배우지 못한 이유는 조금 전 이야기에서 이미 설명했습니다.[44] 그래서 무사히 귀향해 방금 말했듯이 그의 두 번째 초청을 거절했을 때, 디오뉘시오스는 명예욕이 강하기에 내가 그의 본성과 성격을 경멸하고 그의 생활방식이 마음에 들지 않아 그를 다시 방문하기를 원치 않는 것이라고 생각하는 사람이 있을까 봐 전전긍긍하는 것 같았습니다.

e

339a

나는 진실을 말해야 하며, 경위를 듣고 나서 내 철학을 경멸하고 참주가 옳다고 생각하는 사람이 있더라도 참고 견뎌야 합니다. 디오뉘시오스는 이번에 나를 세 번째로 초대하며 여행의 편의를 위해 삼단노선[45] 한 척을 보냈습니다. 그는 또 시켈리아에 있는 나의 지인들을 보냈는데, 그 중에 한 사람인 아르케데모스[46]는 아르퀴테스의 제자 가운데 한 명으로 디오뉘시오스는 내가 그를 시켈리아의 어떤 헬라스인보다도 높이 평가한다고 생각했습니다. 이들은 디오뉘시오스가 철학에서 놀라운 진척을

b

보인다고 이구동성으로 칭찬했습니다.

디오뉘시오스는 또한 디온에 대한 내 감정이 어떠하며 디온이 내가 배를 타고 쉬라쿠사이로 가기를 원한다는 것을 알고 있었기에 장문의 편지를 보냈습니다. 편지는 그런 상황에 맞춰져 있었고, "디오뉘시오스가 플라톤에게"라고 운을 뗀 뒤 의례적인 인사말을 하고 나서 대뜸 이렇게 시작했습니다. "그대가 우리의 요청을 받아들여 쉬라쿠사이에 오신다면, c 그대는 우선 디온에 관련된 일이 그대가 원하는 대로 처리되는 것을 보게 될 것입니다. 나는 그대가 합리적인 것을 원함을 알기에 양보할 것입니다. 그러지 않으면 디온과 관련된 일은 그 자신에 관련된 것이든 다른 것들에 관련된 것이든 어느 것 하나 그대의 뜻대로 되지 않을 것입니다." 그렇게 그는 말했습니다.

편지의 나머지 부분을 되풀이하면 따분할 것이며, 지금은 그럴 때가 아닙니다. 아르퀴테스와 타라스의 친구들이 보낸 다른 편지들도 디오뉘 d 시오스의 철학 공부를 칭찬하며 만약 지금 가지 않는다면 내가 이루어

43 「일곱 번째 편지」와 「열세 번째 편지」에서는 앗티케 식으로 Archytes라고 읽고, 「아홉 번째 편지」와 「열두 번째 편지」에서는 도리스 식으로 Archytas라고 읽고 있다. 아르퀴테스 또는 아르퀴타스는 타라스 출신의 유명한 수학자이자 정치가이다. 타라스(Taras 라/Tarentum)는 남이탈리아의 해안 도시이다.

44 330b 참조.

45 trieres. 좌우 양현에 노 젓는 자리가 3층씩 있고, 길이 37미터 최대 너비 5미터인, 당시로서는 최신형 전함으로 노꾼만 170명이나 되었고 모두 200명쯤 승선했다.

46 아르케데모스(Archedemos)는 「두 번째 편지」 310b에도 나오지만 그에 대해서는 달리 알려진 것이 없다.

놓았으며 정치적으로도 적잖이 중요한 디오뉘시오스와의 우호관계가 완전히 틀어질 것이라고 주장했습니다.

그때 그런 식으로 나를 초대하며 시켈리아와 이탈리아의 친구들은 나를 그쪽으로 끌어당기고 아테나이의 친구들은 간청하며 말 그대로 나를 밖으로 떠밀다시피 했을 때, 이번에도 디온과 타라스에 있는 친구들과 지지자들을 배신해서는 안 된다는 생각이 다시 떠올랐습니다. 또한 쉬 배우는 젊은이가 철학의 위대한 진리에 관해 논하는 것을 듣고는 더 고매한 삶을 살기를 열망하는 것은 전혀 놀라운 일이 아니라는 느낌이 들었습니다. 그래서 어느 쪽 말이 맞는지 상황을 명확히 검증해야지 그러기를 미리 포기함으로써 그런 보고 가운데 어느 것이 사실일 경우 내게 쏟아질 정당한 비난에 빌미를 제공해서는 안 된다고 생각했습니다.

이런 생각에 눈이 가려진 채 나는 여행길에 올랐습니다. 당연한 일이지만 많은 두려움과 약간의 불길한 예감을 느끼면서 말입니다. "세 번째는 구원자에게"[47]라는 속담이 있는데, 내 세 번째 여행은 그것이 사실임을 확인해주었습니다. 운 좋게도 안전하게 다시 돌아왔으니까요. 그에 대해 나는 신 다음으로는 디오뉘시오스에게 감사해야 합니다. 많은 사람이 나를 죽이기로 작정했지만 그가 막아주었고 내가 하는 일에 경의를 표했으니 말입니다.

나는 도착하는 길로 우선 디오뉘시오스가 정말로 철학 공부에 대한 열의로 불붙었는지, 아니면 아테나이에 전해진 많은 소문은 헛소문인지 검증해보아야겠다고 생각했습니다. 그런 것을 검증하는 데는 비열하지 않고 참주에게 아주 적합하며 특히 머릿속이 설익은 이론으로 가득찬

자들에게 적합한 방법이 하나 있습니다. 나는 도착하자마자 디오뉘시오스가 특히 그렇다는 것을 알아차렸습니다.

그런 사람들에게는 철학이 전체적으로 무엇이며, 무엇을 탐구하며, 얼마나 많은 어려움이 뒤따르며, 얼마나 많은 노력을 해야 하는지 지적해주어야 합니다. 그런 설명을 들은 사람이 진정으로 지혜를 사랑하고 신과 같은 기질을 타고나 철학에 친근감을 느끼고 자신은 철학에 전념할 자격이 있다고 생각한다면 자기 앞에 놀라운 길이 펼쳐져 있다고 들은 만큼 당장 그 길로 들어서도록 마음을 다잡아야 하며, 그러지 않으면 삶은 살 가치가 없다고 생각할 테니까요. 그때부터는 그는 자신도 그 길을 인도하는 사람도 다잡으며, 공부의 목적지에 도착하거나 아니면 길라잡이의 도움 없이 스스로도 길을 찾을 수 있을 때까지는 멈추지 않을 것입니다. 그런 사람은 그런 마음가짐으로 살아가며, 어떤 직업에 종사하더라도 언제나 무엇보다도 철학에, 그리고 쉬 배우고 쉬 기억하고 혼자서 냉정하게 사고하기에 가장 적합하도록 만드는 생활방식에 매달립니다. 그러나 이와 반대되는 생활방식은 끝까지 혐오합니다.

c

d

하지만 진정으로 지혜를 사랑하지 않고 몸이 햇볕에 그을린 사람처럼 거죽만 의견들에 물든 자들은 배울 것이 얼마나 많으며 얼마나 많은 노력이 필요하며 거기에 적합한 일상적인 생활방식이 어떤 것인지 알고 나면 그것이 자신들에게 어렵거나 불가능하다는 결론을 내리고 그것에 매

e

**47** 334d. 주 32 참조.

341a 진할 수 없게 됩니다. 그런가 하면 그들 중 일부는 자신은 전체적으로 충분히 배웠고 더이상 노력할 필요가 없다고 자신을 설득합니다. 그것은 사치스럽게 살고 지속적인 노력을 감당할 수 없는 사람들에게 적용할 만한 확실하고도 가장 안전한 시험입니다. 그런 사람은 길라잡이가 아니라, 그런 공부가 요구하는 모든 것을 감당하지 못하는 자신을 탓하기 때문입니다.

그때 나는 디오뉘시오스에게 그런 취지로 말했습니다. 하지만 나도 충분히 설명하지 않았고, 디오뉘시오스도 그렇게 해달라고 요구하지 않 b 았습니다. 그는 자신도 가장 중요한 것을 많이 알고 있을뿐더러 다른 교사들에게 충분히 배웠다고 주장했습니다. 또한 그가 나중에 그것이 자신의 창작이고 내게 들은 것과는 전혀 다른 것인 양 우리가 논의한 것들에 관해 책을 썼다고도 들었지만, 그 내용에 관해서는 나는 아무것도 아는 것이 없습니다. 나는 다른 사람들도 같은 주제에 관해 책을 썼다는 것을 알지만, 그들은 자신이 누군지 자신도 모릅니다.[48]

c 그러나 내게 들었건 다른 사람들한테 들었건 아니면 자신이 알아냈건 우리가 전념하는 주제에 관해 안다고 주장하며 이미 책을 썼거나 앞으로 책을 쓸 모든 사람에 대해 나는 다음과 같이 단언할 수 있습니다. 적어도 내가 판단하기에는 그들이 그런 것을 안다는 것은 불가능하다고 말입니다. 왜냐하면 그런 지식은 다른 학문처럼 말로 표현할 수 있는 그런 것이 아니라, 사제지간의 오랜 교류와 공동 정진 끝에 다른 데서 튀어온 불 d 꽃으로 불빛이 생겨나듯 갑자기 혼 안에 생겨나서는 자신이 자신을 먹여 살리기 때문입니다. 그런 가르침들이 글이나 말로 옮겨질 수 있다면 내

가 가장 잘 옮길 수 있으며, 그런 것들이 글로 잘못 옮겨지면 내가 가장 고통받을 것이라는 것쯤은 압니다. 그런 것들이 대중에게 적합한 글이나 말로 충분히 옮겨질 수 있다고 생각했다면, 내 인생에서 인류에게 그토록 큰 이익이 되는 것을 글로 쓰고 모두가 볼 수 있도록 사물의 본성을 밝히는 것보다 더 아름다운 일을 할 수 있었을까요?

그러나 나는 모든 사람에게 그런 것들을 말하려는 시도는 사람들에게 유익하지 않다고 생각합니다. 조금만 가르쳐도 스스로 진리를 찾아내는 소수의 사람을 제외하고는 말입니다. 그 밖의 다른 사람 가운데 더러는 근거 없는 경멸감으로 가득차고, 더러는 뭔가 굉장한 것을 배운 것처럼 과장되고 공허한 기대감으로 가득찰 테니까요. e

그 점에 관해서는 좀 더 말할까 합니다. 그래야만 지금 다루는 주제[49]가 더 분명해질 테니까요. 그런 것들에 관해 아무거나 감히 글로 옮기는 사람에게 대처하는 참된 논리가 있기에 하는 말입니다. 그 논리는 이전에도 종종 언급했지만 지금도 말해야 할 것 같습니다. 존재하는 모든 것에는 그것을 알려면 꼭 필요한 세 가지가 있고, 앎[50] 자체는 네 번째 것입니다. 다섯 번째 것으로는 알 수 있고 진실로 존재하는 것을 요구해야 합니다. 그중 첫 번째 것은 이름이고, 두 번째 것은 정의(定義)이며, 세 번째 것은 모상(模相)[51]이며, 네 번째 것이 앎입니다. 342a b

48 "너 자신을 알라"(gnothi sauton)는 금언을 암시하는 것 같다.

49 341c 참조.

50 episteme. 또는 '지식'.

그러니 내가 지금 말하는 것을 알고 싶다면 특정 경우를 예로 들고 그 이론을 모든 대상에 똑같이 적용하십시오. 예를 들어 원(圓)이라는 것이 있는데, 그것의 이름은 우리가 방금 말한 그 낱말입니다. 그것에 속하는 두 번째 것은 그것의 정의인데, 명사와 동사로 구성됩니다. 예를 들어 '둥글다' '구형(球形)이다' '원형이다'라는 이름을 가진 것은 가장자리에서 중심까지의 거리가 어디서나 똑같은 것으로 정의할 수 있습니다. 세 번째로는 그려졌다가 지워졌거나, 돌림판 위에서 만들어졌다가 부서져 버리는 것이 있는데, 이 모든 것이 원과 관련되지만 원 자체는 그런 것들과 다르기에 그런 일을 겪지 않습니다. 네 번째로는 앎과 지성[52]과 그런 것들에 관한 참된 의견이 있습니다. 이런 것들은 소리나 물체의 형태가 아니라 혼 안에 존재하므로, 우리는 그 전체를 원 자체와도 앞서 말한 세 가지[53]와도 분명히 다른 것으로 파악해야 합니다. 이 중에서 지성이 친족성과 유사성에서 다섯 번째 것에 가장 가깝고, 다른 것들은 더 멀리 떨어져 있습니다.

c

d

곧은 형태와 둥근 형태와 색깔과 관련해서도, 좋은 것과 아름다운 것과 올바른 것과 관련해서도, 인공적으로 만들어진 모든 물체와 자연적으로 생겨난 물체와 관련해서도, 불과 물과 모든 원소와 관련해서도, 모든 생명체와 관련해서도, 혼의 성질과 관련해서도, 모든 행함과 당함과 관련해서도 우리는 같은 말을 할 수 있습니다. 이런 것들과 관련하여 어떻게든 그 네 가지를 파악하지 못하는 사람은 다섯 번째 것을 완전히 알 수 없을 테니까요. 게다가 그 네 가지는 언어 자체가 가진 약점 때문에 저마다의 대상이 무엇인지보다는 무엇과 유사한지 보여주려고 합니다. 그

e

래서 지성을 가진 사람은 자신의 가장 심오한 사상을 글로 썼을 때처럼 불변의 언어로는 감히 표현하려 하지 않는 것입니다. 343a

그런데 앞서 예를 든 것이 무엇을 의미하는지 다시 검토해야 합니다. 손으로 그려지거나 돌림판 위에서 돌려지는 모든 원은 다섯 번째 것과 반대되는 것으로 가득차 있습니다. 그것은 어디서나 직선과 접촉하니까요. 하지만 원 자체는 반대되는 성질을 조금도 내포하지 않는다고 우리는 주장합니다. 또한 그것들[54]은 어느 것도 확고한 이름이 없고, 지금 둥글다고 불리는 것들이 곧다고 불리고 곧다고 불리는 것들이 둥글다고 b 불리지 말라는 법이 없으며, 그것들의 이름을 바꿔 부른다고 해서 그것들에게 그 이름이 덜 확고한 것은 아닐 것이라고 주장합니다. 정의(定義)에 대해서도 같은 말을 할 수 있습니다. 정의가 명사와 동사로 구성되어 있는 한 거기에 확고한 것은 아무것도 없으니까요.

이들 네 가지가 저마다 불분명하다는 데 대해서는 많은 말을 할 수 있습니다. 하지만 가장 중요한 것은 내가 앞서 말한 것[55]입니다. 실재와 특성, 이 두 가지 중에서 혼이 알고자 하는 것은 특성이 아니라 실재인데, c 이들 네 가지가 말이나 행동으로 혼에게 제공하는 것은 혼이 찾는 것이 아니라는 것입니다. 그래서 말해지거나 제시된 것은 언제나 감각으로써

**51** eidolon.

**52** nous.

**53** 이름, 정의, 모상.

**54** 손으로 그려지거나 돌림판 위에서 돌려진 원들.

**55** 342c~343a 참조.

쉽게 논박되기에 사실상 누구나 난감해하고 어리둥절해하기 마련입니다. 하지만 나쁜 교육 때문에 진리를 찾는 데 익숙지 못해 우리에게 제시되는 모상들로 만족하는 다른 대상들과 관련해서는 우리가 이들 네 가지를 분석하고 비판하는 데 능하기에 서로에게 웃음거리가 되지 않고도 질문하고 대답할 수 있습니다.

d 그러나 누군가에게 다섯 번째 것에 관해 답변하고 설명하도록 강요하려는 경우에는 논박하려는 자가 유리하여 말이나 글이나 답변으로 설명하는 사람을 대다수 듣는 사람에게 자신이 쓰거나 말하려는 것에 관해 아무것도 알지 못하는 사람으로 보이게 만들 수 있습니다. 종종 논박당하는 것은 글 쓰는 사람이나 말하는 사람의 혼이 아니라 이들 네 가지 각각의 불완전한 본성이라는 것을 듣는 사람들은 모르기 때문이지요.

e 차례차례 위아래로 움직이며 이들 네 가지를 체계적으로 공부해야만 많은 노력 끝에 본성적으로 훌륭한 사람에게 본성적으로 훌륭한 앎이 생겨납니다. 사실 대다수 사람의 혼은 배움과 이른바 성격과 관련하여 본성적으로 나쁘거나 망가진 상태입니다. 그런 사람은 륑케우스[56] 조차 344a 도 보게 만들 수 없습니다. 한마디로 본성이 대상과 친족 사이가 아닌 사람은 쉬 배우는 능력으로도 좋은 기억력으로도 보게 만들 수 없습니다. 그런 지식은 이질적인 본성에는 뿌리를 내리지 않으니까요.

따라서 올바른 것들과 그 밖의 다른 고매한 것들과 본성적으로 가깝거나 친족 사이가 아닌 사람들은 비록 여러 다른 지식은 쉬 배우고 잘 기억한다 하더라도 그들 중 어느 누구도 미덕과 악덕에 관한 진리를 최대 b 한 배우지는 못합니다. 그 점은 친족 사이라 하더라도 쉬 배우지 못하고 기억력이 나쁜 사람들도 마찬가지입니다.

미덕과 악덕은 동시에 배울 수 있는데, 그것은 모든 실재의 거짓과 진실이 처음에 말했듯이[57] 오랫동안 열심히 공부해야만 동시에 배울 수 있는 것과도 같습니다. 이름과 정의와 시각과 다른 감각들이 서로 비교되고 검토되며 스승과 제자가 시기하지 않고 호의에서 질문하고 답변할 때에만 인간으로서 최대한 노력하는 사람의 마음속에 각각의 대상과 관련해 지혜와 지성의 섬광이 번쩍이는 것입니다.

따라서 진지한 대상을 진지하게 공부하는 사람이라면 그런 것들을 글로 써서 자신의 생각을 대중의 시기와 어리석음에 내맡기지 않을 것입니다. 한마디로 입법자의 법률이든 그 밖의 다른 주제에 관한 저술이든 어떤 책을 볼 경우 저자가 진실로 진지한 사람이라면 그 책은 그의 가장 훌륭한 생각을 담고 있지 않으며, 그것은 그가 가진 가장 아름다운 장소[58]에 보관되어 있다는 것을 알아야 합니다. 하지만 그 책이 그의 가장 진지한 생각을 글로 옮긴 것이라면, 그렇다면 "신들이" 아니라 인간들이 "손수 그대의 지혜를 빼앗아버렸음이 분명하오."[59]

c

d

내 이 이야기와 여담을 여기까지 따라온 사람이라면 누구나, 자연의 최고이자 으뜸가는 진리에 관해 글을 쓴 사람이 디오뉘시오스든 그보다

56 Lynkeus. 아르고(Argo)호에 오른 영웅 가운데 한 명으로 눈이 밝아 수로 안내인 역할을 맡았다.

57 341c 참조.

58 혼.

59 『일리아스』 7권 360행.

능력이 덜하거나 더한 사람이든 그는 내 논의가 보여주듯 자신이 쓴 글의 주제에 관해 건전한 것은 아무것도 배우지도 듣지도 못했다는 것을 분명히 알 것입니다. 그렇지 않다면 그는 나처럼 그런 진리들을 존중하여, 그것들을 어울리지도 않고 적합하지도 않은 대중에게 내맡기지 않았을 테니까요.

e　디오뉘시오스는 기억을 돕기 위해 저술한 것이 아닙니다. 그의 저술은 분량이 아주 적은 편이어서 혼이 일단 포착하면 잊어버릴 염려가 없으니까요. 오히려 그가 그런 것을 썼다면, 그것은 자신을 그런 것을 창안해낸 사람으로 내세우거나 문화인이라는 명성을 얻고 싶어 그럴 자격도 없으면서 문화인 행세를 하겠다는 야비한 명예욕에서 비롯된 것입니다.

345a　나와 단 한 번 만나고 나서 디오뉘시오스에게 그런 일이 일어났다면 그럴 수도 있겠지요. 하지만 어떻게 그런 일이 일어났는지는 테바이 사람 말마따나 "제우스께서는 알고 계시겠지요."[60] 내가 말했듯이 그에게 내 가르침을 설명한 것은 그때 한 번뿐이고, 그 뒤에는 다시 설명하지 않았으니까요. 어떻게 그런 일이 일어났는지 알고 싶은 사람은 우선 우리가 왜 그것을 두 번 세 번 또는 더 자주 설명하지 않았는지 살펴보아야 합니다.

b　디오뉘시오스는 내게 한 번 들었기에 또는 자신이 알아냈거나 이전에 다른 스승들한테 배웠기에 안다고 생각했는데, 실제로 충분히 알았던 것일까요? 아니면 내 가르침을 하찮은 것으로 여겼을까요? 아니면 세 번째로 그런 것은 자기 능력 밖에 있으며 지혜와 미덕에 매진하는 삶은 자기로서는 정말로 감당할 수 없다고 생각한 것일까요? 만약 그가 내 가르침을 하찮은 것으로 여긴다면, 그와 반대되는 주장을 하며 그런 일에는

디오뉘시오스보다 훨씬 권위 있는 심판관인 수많은 증인과 싸우게 될 것입니다. 반면에 자신이 그런 진리들을 알아내거나 배웠다고 생각하고 그런 것들이 자유민의 교육에 적합하다고 인정한다면, 그가 괴물 같은 인간이 아닌 한 이 분야에서 그의 스승이자 길라잡이였던 분[61]을 어떻게 이렇게 쉽게 무시할 수 있겠습니까? 그가 그분을 어떻게 무시했는지 말해 보겠습니다. c

여태까지 디오뉘시오스는 디온이 재산을 소유하고 거기서 수익을 올리는 것을 허용했는데, 그런 일[62]이 있고 오래지 않아 그런 취지의 편지[63]를 완전히 잊은 듯 디온의 재산 관리인들이 수익을 펠로폰네소스로 보내는 것을 더이상 허용하지 않으며, 재산은 디온의 것이 아니라 자기 조카인 디온의 아들의 것이며 그의 법적 재산 관리인은 자기라고 주장했습니다. 그런 일들이 그간 일어났고, 그런 일들을 보고는 철학에 대한 디오뉘시오스의 사랑이 어떤 것인지 명확히 알았습니다. 게다가 나는 원하든 원치 않든 화를 낼 만했습니다. d

때는 이미 여름이었고 항해가 가능한 계절이 되었습니다. 나 자신과 "내가 끔찍한 카륍디스에게로 되돌아가게 하려고"[64] 스퀼라의 해협으

**60** "itto Zeus". 소크라테스가 독배를 비우고 임종할 때 함께한 제자 가운데 한 명인 테바이 사람 케베스(Kebes)가 한 말이다. 그는 앗티케 방언 isto('알고 있다') 대신 itto라는 테바이 방언을 쓰고 있다. 『파이돈』(*Phaidon*) 62a~b 참조.

**61** 플라톤 자신.

**62** 플라톤이 디오뉘시오스를 시험해본 일.

**63** 339c 참조.

로 세 번째로 가도록 내게 강요한 사람들보다도 디오뉘시오스에게 더 화
e 를 내서는 안 된다는 것을 알면서도 디온이 그렇게 모욕당한 지금 나로서는 머물러 있을 수 없다고 디오뉘시오스에게 말하지 않을 수 없었습니다. 그는 내가 직접 그런 소식을 전하려 서둘러 돌아가는 것은 자신에게 바람직하지 않다고 생각하고 나를 달래면서 머물러달라고 간청했습니다. 그러나 설득하는 데 실패하자 그는 내가 배를 타고 돌아갈 수 있도록
346a 손수 주선하겠다고 약속했습니다. 나는 장삿배를 타고 갈 작정이었으니까요. 분명 불의를 행한 쪽이 아니라 당한 쪽인 만큼 나는 화가 났고 가지 못하게 제지당할 경우 모든 위험을 감수해야 한다고 생각했습니다.

내가 아무래도 머물 것 같지 않자 그는 항해가 가능한 계절 동안 나를 머물게 할 요량으로 다음과 같은 계책을 꾸몄습니다. 이튿날 그는 나를 찾아와 그럴듯한 말을 했습니다. "우리 사이에 자꾸 갈등을 일으키는 디온과 디온의 재산 문제를 깨끗이 정리하도록 합시다. 그대의 체면을 보
b 아 디온을 위해 이렇게 하겠습니다. 나는 그가 자기 재산을 가지고 펠로폰네소스에 거주하기를 요구합니다. 망명객으로서가 아니라, 그 자신과 나와 그의 친구들인 여러분이 모두 동의한다면 이 나라를 방문할 권리를 가진 자로서 말입니다. 그러려면 그가 내게 음모를 꾸미지 말아야 합니다. 그것을 위해 그대와 그대의 친구들과 여기 있는 디온의 친구들이 보증을 서야 하고, 여러분을 위해서는 디온이 보증을 서야 합니다. 그리
c 고 그가 받는 재산은 펠로폰네소스와 아테나이에서 여러분이 적당하다고 생각하는 사람들에게 맡기십시오. 그는 그 재산의 수익은 누리되, 여러분의 동의 없이 재산을 처분할 권한은 갖지 못하게 하십시오. 그가 재

산을 처분하면 적잖은 돈이 될 텐데, 만약 그가 그 돈을 사용한다면 내게 올바른 쪽으로 사용할 것이라고는 별로 믿지 않으니까요. 오히려 나는 그대와 그대의 친구들을 더 믿습니다. 이 정도면 만족스러운지 살펴보십시오. 그러면 그런 조건으로 올해에는 머무시고, 다음번 계절에는 디온의 재산을 갖고 떠나도록 하십시오. 그대가 디온을 위해 이런 일을 해낸다면, 그가 그대에게 감지덕지할 것이라고 확신합니다." d

이 말을 듣고 화가 났지만 심사숙고해보고 이튿날 결정한 바를 알려주겠다고 대답했습니다. 그때는 우리 둘 다 그러기로 했습니다. 그 뒤 혼자 있을 때 곰곰이 생각해보니 내 처지가 아주 난감했습니다. 하지만 내 생각을 지배하는 가장 중요한 논리는 이런 것이었습니다. '자, 디오뉘시오스가 자신이 약속한 것을 이행할 뜻이 전혀 없으면서 내가 떠난 뒤 디온에게 편지를 써서 자신이 방금 내게 제안한 것을 알려준다면 어떻게 되지? 그리고 자신도 편지를 쓰고 디온의 친구 중 여러 명에게도 편지를 쓰게 해 자기가 지금 제안한 대로 하려고 했는데 내가 거부했을뿐더러 디온의 일에는 관심도 없더라는 취지의 글을 그럴듯하게 전한다고 생각해보라. 또한 그가 선장 가운데 한 명에게 직접 명령을 내려 나를 보내주기를 원하는 것이 아니라, 내가 배를 타고 고이 떠나는 것을 그가 원하지 e 347a

**64** 호메로스, 『오뒷세이아』 12권 428행. 카륍디스(Charybdis)는 모든 것을 빨아들이는 거대한 바다 소용돌이이고, 스퀼라(Sylla)는 카륍디스의 맞은편 동굴에 살며 지나가는 선원들을 잡아먹는 머리 여섯에 발이 열둘인 식인 괴물이다. 오뒷세우스는 귀향길에 시칠리아의 메시나(Messina) 해협에 자리잡고 있는 것으로 추정되는 이 두 괴물 사이를 통과해야 했다.

않는다는 것을 널리 알린다면 설령 내가 디오뉘시오스의 집에서 나온다 한들 어느 누가 나를 승객으로 받아주겠는가?'

설상가상으로 나는 그의 저택에 딸린 정원에서 기거하고 있었는데, 그가 명령을 내리지 않는 한 내가 거기서 나가는 것조차 문지기는 허락하지 않았을 것입니다. '반면에 올해 여기 머문다면 내가 처한 상황과 내가 하는 일을 디온에게 편지로 알릴 수 있을 거야. 그리고 디오뉘시오스가 b 일부라도 자기가 약속한 것을 이행한다면 내가 행한 일이 전적으로 우스워 보이지는 않겠지. 디온의 재산은 제대로 평가한다면 못해도 100탈란톤[65]은 될 테니까. 하지만 지금 예상하는 대로 그와 반대되는 일이 일어난다면 어떻게 해야 할지 모르겠군. 그렇다 하더라도 나는 디오뉘시오스의 계략을 직접 실험함으로써 힘든 한 해를 보내야 할 것 같아.'

그렇게 결심하고는 이튿날 디오뉘시오스에게 말했습니다. "나는 머물 c 기로 결심했습니다. 부탁입니다. 내가 디온을 강제할 수 있다고 생각하지 마시고, 우리 둘이 함께 디온에게 편지를 보내 우리가 지금 결정한 것을 설명하고 그것이 마음에 드는지 물어보기로 합시다. 마음에 들어 하지 않고 다른 조건들을 원하고 요구한다면 그가 그것들을 당장 알리게 합시다. 그리고 그때까지 그대는 그와 관련해 새로운 조치를 취하지 마십시오." 우리는 그렇게 말했고, 그렇게 합의했습니다. 사실상 방금 말한 그대로 말입니다.

그 뒤 장삿배들이 모두 출항하고 내가 더이상 항해할 수 없게 되었을 d 때, 디오뉘시오스가 말하기를 재산의 절반은 디온의 것으로 보아야 하지만 나머지 절반은 그의 아들의 것으로 보아야 한다고 했습니다. 또 말하기를 그래서 자기는 그 재산을 매물로 내놓아 팔리면 절반은 디온에게 가져가도록 내게 내주겠지만 나머지 절반은 그의 아들을 위해 이곳에 남겨두겠다고 했습니다. 그러는 것이 가장 공평한 조치라는 것이었습니다. 그의 이런 말에 어안이 벙벙했으나 더이상 항의하는 것은 어리석은 짓이라 생각했습니다. 하지만 나는 디온의 답장을 기다렸다가 이런 제안을 편지로 그에게 알려야 한다고 대답했습니다. 그 뒤 그는 곧바로 디온의 전 재산을 독단적으로 매물로 내놓았는데, 어떻게 어떤 조건으로 누구에게 팔 것인지 자신이 결정했고, 그에 관해 내게는 일언반구의 말도 없었습니다. 나 또한 디온의 일에 관해서는 그에게 더이상 아무 말도 하지 않았는데, 그래봐야 이로울 것이 없다고 생각했기 때문이지요. e

여태까지 그런 식으로 철학과 내 친구들을 도우려 했습니다. 그러나 그때부터 디오뉘시오스와 내가 어떻게 살았느냐 하면, 나는 새장 밖을 응시하며 날아가기를 열망하는 새처럼 살았고, 그는 나를 겁주어 붙들어두고 디온의 재산을 조금도 내주지 않을 계책을 꾸미며 살았습니다. 그러면서도 전(全) 시켈리아 앞에서 우리는 친구인 척했습니다. 348a

그런데 디오뉘시오스가 아버지 때의 관행과는 달리 나이 많은 용병

**65** talanton. 고대 그리스의 화폐단위. 100탈란톤은 엄청나게 큰돈이다. 고대 그리스의 화폐단위는 다음과 같다.

| 탈란톤(talanton) | 므나(mna) | 드라크메(drachme) | 오볼로스(obolos) |
| --- | --- | --- | --- |
| 1 | 60 | 6,000 | 36,000 |
| | 1 | 100 | 600 |
| | | 1 | 6 |

(傭兵)[66]들의 봉급을 삭감하려 하자, 격분한 병사들이 무리 지어 모여 이를 받아들이기를 거부했습니다. 그는 성채[67]의 문들을 닫고 폭도를 힘으로 제지하려 했지만, 그들은 알아들을 수 없는 이민족의 군가(軍歌)를 소리 높여 부르며 곧장 성벽으로 돌진했습니다. 그러자 디오뉘시오스는 깜짝 놀라 그때 모인 경(輕)방패병들의 모든 요구를 들어주고 그보다 더 많은 것을 양보했습니다. 이 모든 소요사태의 책임이 헤라클레이데스에게 있다는 소문이 재빨리 퍼졌고, 그런 소문을 듣고는 헤라클레이데스가 자취를 감추었습니다. 디오뉘시오스는 그를 잡으려 했지만 찾을 수 없자 테오도테스를 자기 정원으로 불렀는데, 마침 그때 나는 정원을 거닐고 있었습니다. 그들이 나눈 대화의 다른 부분은 알지도 못하고 듣지도 못했지만, 테오도테스가 내 면전에서 디오뉘시오스에게 말한 것은 알기도 하고 기억도 하고 있습니다.

b

c

테오도테스가 말했습니다. "플라톤님, 만약 내가 헤라클레이데스를 자신에게 제기된 혐의를 해명하도록 우리 앞으로 데려올 수 있고, 그가 더이상 시켈리아에 살아서는 안 된다고 디오뉘시오스님이 결정하는 경우, 헤라클레이데스가 처자를 데리고 펠로폰네소스로 배를 타고 가서 디오뉘시오스님을 해코지하지 않는 한 자기 재산에서 올리는 수익을 누리며 그곳에 살게 해야 한다고 여기 계신 디오뉘시오스님을 설득하는 중이랍니다. 그래서 나는 벌써 그에게 사람을 보냈고, 지금 또 보낼 것입니다. 그가 나의 앞서의 부름 아니면 지금의 부름에 응할까 해서 말입니다. 내가 디오뉘시오스님에게 요구하고 간청하는 것은, 누가 헤라클레이데스를 시골에서 발견하든 시내에서 발견하든 디오뉘시오스님이 결정을

d

e

번복할 때까지 나라를 떠나게 하는 것 이상의 해코지를 당해서는 안 된다는 것입니다." 그리고 그는 디오뉘시오스를 향해 말했습니다. "이에 동의하십니까?" "동의하오." 디오뉘시오스가 대답했습니다. "그가 그대의 집에서 발견된다 하더라도 그대가 방금 말한 것 이상의 해코지를 당하는 일은 없을 것이오."

이튿날 오후 에우뤼비오스[68]와 테오도테스가 급히 나를 찾아왔는데, 두 사람 모두 몹시 흥분해 있었습니다. 테오도테스가 말했습니다. "플라톤님, 디오뉘시오스가 헤라클레이데스에 관해 나와 그대와 합의를 보았을 때 그대는 그 자리에 계셨지요?" "물론이오." 내가 대답했습니다. 그러자 그가 말했습니다. "한데 지금 경방패병들이 그를 잡으려고 뛰어다니고 있습니다. 그가 아마도 이 부근 어딘가에 있나 봐요." 테오도테스가 말을 이었습니다. "그대는 최대한 빨리 우리와 함께 디오뉘시오스에게 가주십시오." 349a

우리는 가서 디오뉘시오스의 면전에 섰습니다. 두 사람이 눈물을 흘리며 말없이 서 있는 동안 내가 말했습니다. "여기 있는 두 사람은 그대가

66 고대 그리스의 참주정체 국가에서는 자국 시민을 믿지 못해 주로 외지인 용병을 호위병으로 썼다.

67 akropolis.

68 헤라클레이데스는 디온의 친구로 디오뉘시오스가 거느리던 용병의 대장이었는데, 디온이 추방된 뒤에도 그 자리에 있었다. 테오도테스는 헤라클레이데스의 삼촌이자 디온의 친구였다. 에우뤼비오스에 관해서는 달리 알려진 것이 없다. 이들은「세 번째 편지」318c에도 나온다.

헤라클레이데스에 대해 어제 합의한 것에 반하는 새로운 조치를 취하지 않을까 두려워하고 있습니다. 그는 이 부근 어딘가로 피신한 것 같아요."
이 말을 듣고 디오뉘시오스는 노발대발하며 화난 사람에게서 볼 수 있
b 듯이 얼굴이 붉으락푸르락했습니다. 그러자 테오도테스가 무릎을 꿇고 그의 손을 잡으며 제발 그런 짓은 하지 말아달라고 간청했습니다. 내가 끼어들며 그를 격려하려고 말했습니다. "테오도테스, 힘내시오. 디오뉘시오스님은 어제의 약속에 반하는 조치는 취하지 않을 것이오." 그러자 디오뉘시오스가 나를 노려보며 그야말로 참주답게 말했습니다. "나는 큰 것이든 작은 것이든 그대와 약속한 것이 없소이다." 그래서 내가 대답했습니다. "신들에 맹세코, 그대는 지금 이 사람이 그대에게 하지 말아달라고 부탁하는 것을 하지 않겠다고 약속했습니다." 이렇게 말하고는 돌아서서 나왔습니다.

c 그 뒤 디오뉘시오스는 계속해서 헤라클레이데스를 뒤쫓았지만, 테오도테스가 계속 그에게 전령을 보내 피신하게 했습니다. 디오뉘시오스는 테이시아스[69]와 방패병들을 내보내 그를 추격하도록 명령했지만, 들리는 이야기에 따르면 헤라클레이데스는 몇 시간 앞서 카르케돈인들의 영토로 안전하게 피신했다고 하더군요.

그 뒤 디오뉘시오스는 디온의 재산을 돌려주지 않으려는 자신의 오래된 계획에 반대하는 만큼 자신이 나를 적대시하는 것은 당연하다고 여겼습니다. 첫 번째 조치로 그는 내가 묵고 있는 정원에서 여인들이 열흘
d 동안 제사를 지내야 한다는 핑계로 나를 성채에서 내보냈습니다. 그 기간 동안 바깥에 있는 아르케데모스의 집에서 살게 했지요. 그곳에 가 있

는 동안 테오도테스가 내게 사람을 보냈고 그는 그런 조치들에 불만을 쏟아내며 디오뉘시오스를 비난했습니다.

디오뉘시오스는 내가 테오도테스의 집을 방문했다는 말을 듣고 이를 이전 핑계와 마찬가지로 나를 적대시할 또 다른 구실로 삼으려고, 전령을 보내 테오도테스의 초대를 받고 정말로 그를 방문한 적이 있는지 내게 물었습니다. 내가 말했습니다. "물론이지." 그러자 전령이 말했습니다. "그분께서는 그대가 그분보다 디온과 디온의 친구들을 늘 더 소중하게 여기는 것은 올바른 처신이 아니라고 그대에게 전하라 하셨습니다." 그렇게 전하게 한 뒤 디오뉘시오스는 나를 다시는 자기 집으로 부르지 않았습니다. 테오도테스와 헤라클레이데스에게는 내가 친구이지만 그에게는 적이란 것이 이제는 완전히 밝혀진 것처럼 말입니다. 그는 또한 디온의 재산이 완전히 사라진 만큼 내가 그를 좋아할 수 없을 것이라고 생각했습니다. e

그 뒤로 나는 성채 바깥 용병들 사이에서 거주했습니다. 그곳으로 다른 사람들도 찾아왔지만, 내 동료 시민인 아테나이 출신 선원들도 찾아와 경방패병들 사이에서 내가 평이 좋지 않으며 그들 중 더러는 나를 붙잡으면 죽이겠다고 위협한다고 전했습니다. 그래서 내 안전을 위해 다음과 같은 계책을 생각해냈는데, 바로 아르퀴테스와 타라스에 있는 다른 친구들에게 사람을 보내 내가 처한 상황을 전하게 한 것입니다. 그러자 350a

**69** Teisias. 그에 관해서는 달리 알려진 것이 없다.

그들은 자신들의 도시에서 사절단을 파견할 구실을 만들어 30노선[70] 한 b 척과 자기들 가운데 한 명인 라미스코스[71]를 보냈습니다. 그는 도착하여 내가 떠나기를 원하니 어떤 일이 있어도 거절하지 말아달라며 나를 위해 디오뉘시오스에게 간청했습니다. 디오뉘시오스는 이에 동의하고는 여비를 주며 나를 보내주었지만, 디온의 재산은 나도 더이상 요구하지 않았고 내게 돌려주는 사람도 없었습니다.

나는 펠로폰네소스에 있는 올륌피아로 가서 경기[72]를 관람하고 있는 디온을 만나 그간의 일을 전했습니다. 그는 제우스를 증인으로 부르며 당장 디오뉘시오스에게 복수할 준비를 할 것을 나와 내 친척과 친구에 c 게 요구했습니다. 디온의 말과 생각에 따르면 우리가 복수해야 하는 것은 그가 손님을 배신했기 때문이고, 자기가 복수해야 하는 것은 부당하게 쫓겨나고 추방당했기 때문이라고 했습니다. 이 말을 듣고 나는 내 친구들에게 도움을 청하라고 했습니다. 그들이 원한다면 말입니다.

내가 말을 이었습니다. "하지만 나로 말하면 다른 사람들과 더불어 그대가 어떤 의미에서는 강제로 디오뉘시오스와 같은 식탁과 같은 화로를 쓰고 그와 함께 제물을 바치게 했습니다. 그리고 그는 아마도 수많은 모함꾼이 주장하듯 내가 그대와 더불어 자신과 그의 참주정체적 지배를 무너뜨릴 음모를 꾸민다고 믿었을 테지만 나를 죽이기를 망설였습니다. d 또한 나는 전쟁을 하도록 누군가를 도울 나이도 아닐뿐더러, 그대들이 서로 친구가 되고 서로 좋은 일을 하고자 할 경우 기꺼이 그대들 두 사람과 함께할 것입니다. 하지만 그대들 두 사람이 서로 해코지하려는 동안에는 다른 사람들을 불러오십시오."

내가 이런 말을 한 것은 시켈리아로의 방랑과 그곳에서 겪은 내 불운이 지긋지긋했기 때문입니다. 그들은 내 말을 듣지 않았고 화해시키려는 내 시도를 거부했습니다. 그러니 그 뒤에 그들에게 일어난 모든 불행은 그들 자신에게 책임이 있습니다. 디오뉘시오스가 디온에게 재산을 돌려 e 주었거나 어떻게든 화해했다면 인간이 예견할 수 있는 한 그런 일들은 결코 일어나지 않았을 테니까요. 나는 내 의지와 영향력으로 디온을 쉽게 제지했을 것입니다. 하지만 지금은 그들이 서로를 향해 덤벼듦으로써 온 세상에 불행이 넘쳐나고 있습니다.

디온의 의도는 나 자신이나 그 밖에 마음이 올곧은 사람이라면 누구 351a 나 가져야 한다고 말하지 않을 수 없는 그런 것이었습니다. 그런 사람은 자신의 권력과 친구와 조국과 관련해 오직 최대의 기여를 함으로써 최고의 권력과 명예를 얻을 것이라고 생각합니다. 그러나 가난하고 자제력이 없고 쾌락의 비겁한 노예이면서 음모를 꾸미거나 공모자들을 규합함으로써 자신과 자신의 지지자들과 자기 나라를 부자로 만드는 자는 사실 b 은 그런 기여를 하지 못합니다. 또한 부자들을 적으로 몰아 죽이고는 그들의 재산을 약탈하는 자도, 공범들과 추종자들이 같은 짓을 하게 해 그중에 가난하다고 불평하는 자가 있으면 자기 탓으로 돌리지 못하게 하는 자도 그런 기여를 하지 못합니다.

**70** triakontoros. 노 30개로 젓는 함선.

**71** Lamiskos. 그에 관해서는 달리 알려진 것이 없다.

**72** 기원전 360년에 개최된 경기.

누군가 그런 식으로 국가에 기여한답시고 법령에 따라 소수의 재산을 다수에게 분배함으로써 존경받는 경우에도, 또는 다수의 작은 나라를 다스리는 큰 나라의 수장으로서 작은 나라들의 재산을 자기 나라에 부 c 당하게 나누어주는 경우에도 이는 마찬가지입니다. 그러니 디온도 그 밖의 다른 사람도 자신과 후손에게 영원한 재앙이 될 권력을 자발적으로 추구하지는 않을 것이며, 오히려 되도록 처형하거나 추방하는 일 없이 가장 훌륭한 정부를 수립하고 가장 올바른 법률을 제정하려 할 것입니다.

디온은 불의한 짓을 행하느니 당하는 것이 더 바람직하다고 생각하고는 실제로 그러려고 했지만, 그런 짓을 당하지 않으려고 조심했음에도 자신의 적들보다 가장 우세했을 때 넘어졌는데, 그가 그런 일을 당한 것 d 은 놀랄 일이 아닙니다. 왜냐하면 경건하고 절제 있고 분별 있는 사람이 불경한 자들을 상대할 때 그런 자들의 성격에 완전히 속는 일은 없지만, 폭풍이 온다는 것을 전혀 모르지 않았으나 예상치 못한 폭풍의 엄청난 기세를 알지 못한 훌륭한 선장이 당할 법한 재앙을 그가 당한다 해도 놀랄 일은 아니니까요. 디온이 넘어진 것도 사실은 같은 실수 때문입니다. e 그는 자신을 넘어뜨린 자들이 악인이라는 것을 모르지 않았지만 그들이 얼마나 무지하고 야비하고 탐욕스러운지 알지 못했으니까요. 그런 실수 때문에 그는 넘어져 누워 있고, 시켈리아는 크나큰 슬픔에 휩싸여 있습니다.

352a 지금 상황에서 내가 할 수 있는 조언은 사실상 다 했으니 그것으로 만족하도록 합시다. 그리고 왜 내 두 번째 시켈리아 방문을 자세히 설명하느냐고 물으신다면 그때 있었던 일들이 기이하고 있음직하지 않았기 때

문입니다. 그러니 방금 들려준 이야기가 누군가에게 있음직해 보이고 그 때의 상황을 충분히 설명해준다고 믿어진다면, 그 이야기는 적절하고도 충분할 것입니다.

## 여덟 번째 편지

플라톤이 디온의 친족과 동료의 행복을 빌다

352b 여러분이 진정으로 행복하려면 어떤 원칙을 따라야 하는지 힘닿는 데까지 설명해보겠습니다. 그리고 내 조언이 누구보다도 여러분에게 유익하 c 기를 바라지만 여러분뿐 아니라, 둘째로는 모든 쉬라쿠사이인에게도, 그리고 셋째로는 불경한 짓을 저지르지 않는 한 여러분의 원수와 적에게도 유익하기를 바랍니다. 그런 행위는 치유할 수 없고 그 때는 씻어버릴 수 없기 때문입니다. 여러분은 지금 말하는 것을 명심하십시오.

시켈리아 전역에서 참주정체가 전복된 뒤로 여러분의 유일한 다툼은, 한쪽은 통치권을 되찾기를 원하고, 다른 쪽은 참주를 축출하는 일 d 을 매듭짓기를 원한다는 것입니다. 그런 상황에서 대중은 언제나 올바른 조언이란 적에게는 가장 해롭고 친구에게는 가장 이로운 조치들을 권하는 것이라고 생각합니다. 그런데 남에게는 많은 해를 입히면서 자신은 많은 해를 입지 않기란 결코 쉽지 않습니다. 그런 일은 멀리 갈 것도 없이 지금 이곳 시켈리아에서 벌어지는 일들에서도 분명히 볼 수 있습니 e 다. 두 당파가 서로 공격하고 앙갚음하니 말입니다. 그런 이야기는 남에게 들려주기만 해도 그때마다 여러분은 유능한 교사가 될 것입니다. 그런 정책은 많이 있습니다. 하지만 적과 친구 모두에게 유익하거나, 최대한 덜 해로운 정책은 찾아내기 쉽지 않고, 찾아내더라도 실행하기가 쉽지 않습니다. 그런 정책을 조언하거나 설명하려는 것은 기도하는 것이나 다름없지요.[1] 그러니 그건 기도하는 것이라 칩시다. 사람들은 생각하고 말할 때 어차피 신들로부터 출발해야 하니까요. 하지만 나는 다음과 같은 취지의 조언을 함으로써 그 기도가 이루어지기를 바랍니다. 353a

전쟁[2]이 시작되고부터 지금까지 사실상 계속해서 한 가문이 여러분과 여러분의 정적을 지배했는데, 시켈리아의 헬라스 국가들이 카르케돈[3]인들에게 완전히 함락되어 이민족의 세계에 흡수될 절체절명의 위기에 처했을 때 여러분의 선조가 그 가문을 권좌에 앉혔습니다. 그때 그분들은 시켈리아의 안전을 위하여 젊은 전사인 디오뉘시오스를 택해 그의 적성에 맞는 군사작전을 수행하게 하고, 나이가 더 많은 힙파리노스는 그의 조언자로 택하면서 두 사람[4]에게 이른바 '참주'[5]라는 명칭을 부여했으니까요. 시켈리아가 구원받은 것은 행운과 신 덕분인지, 아니면 이들 통치자의 탁월함[6] 덕분인지, 이 둘이 결합된 것에 시민들의 노력이 더해졌기 때문인지는 각자 생각하기 나름이겠지요. 아무튼 그렇게 해서 b

1 실현되기 어렵다는 뜻.

2 기원전 409년부터 계속된 대(對)카르타고 전쟁을 말한다.

3 시켈리아(Sikelia)와 헬라스(Hellas)와 카르케돈(Karchedon)은 각각 시칠리아와 그리스와 카르타고의 그리스어 이름이다.

4 디오뉘시오스 1세와 힙파리노스 1세.

5 tyrannos. 무력으로 정권을 잡은 일종의 군사독재자.

6 arete. 문맥에 따라 '미덕'으로 옮길 수도 있다.

시켈리아는 그 세대에는 구원받았습니다.

그런 자질을 가졌음을 스스로 입증했으니, 그들이 구해준 모든 사람 c 이 그들에게 감사하는 것은 옳은 일이겠지요. 하지만 나중에 참주정체가 국가가 준 선물을 부당하게 남용한 적이 있다면, 이에 대해서는 대가를 치러야 하는데 일부는 이미 치렀고[7] 일부는 치러야 할 것입니다. 그렇다면 현재 상황에서 그들에게 어떤 대가를 치르게 하는 것이 옳을까요? 만약 여러분이 큰 위험이나 노고 없이 쉽게 그들에게서 벗어날 수 있거나, 아니면 그들이 어렵지 않게 다시 권력을 잡을 수 있다면, 그때는 내가 지금 말하려고 하는 것과 같은 조언을 하는 것이 불가능하겠지요.

d 여러분은 양쪽 다 명심하고 기억해야 합니다. 얼마나 자주 각 당파가 희망에 부풀어 있었으며 매번 간발의 차이로 완전한 성공을 놓쳤다고 생각했는지, 그리고 그 간발의 차이라는 게 늘 크고 많은 재앙의 원인으로 밝혀졌다는 것을 말입니다. 그리고 여러분은 그 재앙의 끝에 이르지 못했고, 옛 재앙의 끝이라고 믿어지던 것에서 언제나 새로운 재앙이 시작되었습니다. 재앙이 수레바퀴처럼 돌고 돌면 참주파도 민중파도 둘 다 e 완전히 궤멸할 위험에 처할 것입니다. 물론 그런 일이 일어나지 말아야겠지만 혹시라도 일어난다면 시켈리아 전체가 포이니케인들과 오피키아[8]인들의 속주(屬州)가 되어 헬라스어가 사실상 사라질 것입니다. 이를 막기 위해 모든 헬라스인은 있는 힘을 다해 대책을 강구해야 합니다. 그러니 만약 내가 지금 말하려는 것보다 더 적절하고 더 훌륭한 대책을 알고 354a 있어 이를 공개적으로 말하는 사람이 있다면, 그는 누구보다도 "헬라스의 친구"[9]라 불릴 자격이 있을 것입니다.

지금 상책으로 보이는 것을 솔직하게 그리고 공평무사하게 설명해보겠습니다. 나는 마치 이전의 참주와 이전에 그의 지배를 받던 사람들 사이를 중재하는 사람으로서 저마다 한 개인인 것처럼 그들에게 말을 걸며 해묵은 조언을 하고 있습니다. 지금도 나는 모든 참주에게 참주라는 직함과 직무를 피하고 가능하다면 참주정체를 왕정으로 바꾸라고 조언합니다. 그것이 가능하다는 것은 지혜롭고 훌륭한 뤼쿠르고스[10]가 사실로 b 입증했는데, 그는 아르고스와 멧세네의 친족[11]들이 왕 대신 참주가 됨으로써 자신들도 망하고 나라도 망친 것을 보고는 자신의 나라와 가문이 염려되어 대책으로 왕권을 통제하는 안전판으로서 국정감독관[12]들과 원로원[13]의 권위를 도입했습니다. 그래서 그 많은 세대 동안 그의 백성은

7 디오뉘시오스 2세가 시칠리아에서 추방된 일을 말한다.

8 포이니케(Phoinike)는 페니키아의 그리스어 이름이다. 여기서 포이니케란 페니키아인들이 북아프리카에 건설한 식민지 카르타고를 말한다. 오피키아(Opicia)는 이탈리아반도 중서부에 있는 캄파니아(Campania) 지방과 라티움(Latium) 지방을 말한다.

9 philellen.

10 Lykourgos. 스파르테의 전설적인 입법자.

11 헤라클레스의 자손들은 펠로폰네소스반도를 정복했을 때 스파르테와 아르고스와 멧세네를 제비뽑기로 나누어 가졌다. 아르고스와 멧세네는 소수의 왕족들이 권력을 독점함으로써 오래가지 못했으나, 스파르테는 여러 장치로 권력을 분산함으로써 오래 지속될 수 있었다. 아르고스(Argos)는 펠로폰네소스반도 북동부에 있는 도시이자 지방이고, 멧세네(Messene)는 펠로폰네소스반도 남서부에 있는 지방이다.

12 ephoros(복수형 ephoroi). 스파르테의 최고 관리로서 기원전 5세기 말부터 해마다 5명씩 시민들이 선출했는데, 왕을 견제하고 사법권을 행사하고 장군을 소환하고 외국과 조약을 맺는 등 막강한 권한을 행사했다.

13 gerousia.

c 안전과 영광을 누릴 수 있었는데, 인간이 법을 지배하는 참주가 되는 대신 법이 인간을 지배하는 왕이 되었기 때문이지요.

지금 내가 모든 이에게 간곡히 권하는 것도 바로 그것입니다. 말하자면 모든 참주 지망생에게 만족할 줄 모르고 욕구하는 어리석은 인간들이 '행복'이라고 부르는 것에 늦기 전에 등을 돌리고 자신을 왕의 모습으로 바꾸고 자신을 왕과 같은 법률에 종속시키라고 권합니다. 그러면 시민과 법률은 자진해 그들을 최대한 존경할 것입니다.

d 마찬가지로 자유의 원칙을 추구하고 예속의 멍에를 진실로 나쁜 것이라고 피하는 사람들에게는 만족할 줄 모르고 지나치게 자유를 갈구하다가 그들의 선조들이 앓았던 병에 걸리지 않도록 조심하라고 조언합니다. 그 당시 사람들이 자유를 지나치게 갈구하다가 과도한 무정부상태 때문에 앓았던 질병 말입니다. 디오뉘시오스와 힙파리노스가 다스리기 이전 시대에 시켈리아에 거주한 헬라스인들은 자신들이 사치를 누리고 통치자들을 통치하면서 나름 행복하게 산다고 생각했으니 말입니다. 그들은 자신들이 정당한 권리를 가진 주인의 노예도 아니고 심지어 법률의 e 노예도 아니며 대신 완전한 자유민이라는 것을 보여주기 위해 디오뉘시오스 이전의 장군 10명을 재판 없이 돌로 쳐서 죽이기까지 했지요. 그래서 그들에게서 참주정체가 생겨난 것입니다. 종살이와 자유는 과도할 때는 둘 다 아주 나쁘지만, 절제 있을 때는 둘 다 아주 좋은 것이지요. 절제 있는 종살이는 신의 노예가 되는 것이고, 절제 없는 종살이는 인간의 노예가 되는 것입니다. 그리고 절제 있는 인간에게는 법률이 신이지만, 어리석은 자에게는 쾌락이 신입니다.

사물의 이치가 그러한 만큼 디온의 친구인 여러분에게 디온과 내가 하는 공동 조언을 모든 쉬라쿠사이인에게 전하기를 부탁합니다. 만약 디온이 살아서 말할 수 있다면 그가 지금 여러분에게 말할 법한 것을 옮겨보겠습니다. "그러면 현재 상황과 관련해 디온의 조언이 말하려는 것은 무엇입니까?"라고 누군가 물을 수 있겠지요. 그것은 이런 것입니다. 355a

"쉬라쿠사이인들이여, 여러분은 무엇보다도 여러분의 욕망을 자극하고 여러분의 생각을 돈벌이와 부(富) 쪽으로 돌리지 않을 것 같은 법률을 받아들이십시오. 혼과 몸과 부라는 세 가지 좋음 가운데 여러분의 법률은 혼의 미덕에 최고의 명예를 부여해야 합니다. 혼의 미덕에 종속된 몸의 미덕에는 두 번째 명예를 부여해야 하며, 세 번째이자 마지막 미덕은 부에 부여해야 합니다. 부는 몸과 혼에게 종노릇을 하니까요. 그런 규정은 여러분이 법률로 공표하는 것이 옳겠지요. 그런 규정은 거기에 따르는 사람을 진실로 행복하게 만들어주니까요. 반면 부자들이 행복하다는 주장은 여자들과 아이들의 헛소리와 같기에 그 자체도 비참하지만 그렇게 믿는 사람도 비참하게 만듭니다. 내가 방금 법률에 관해 말한 것을 시험해보십시오. 그러면 여러분은 그 결과를 보고 내가 조언한 것이 옳음을 알게 될 것입니다. 어떤 경우든 경험이 가장 확실한 시험인 것 같으니까요. b c

일단 그런 종류의 법률을 받아들인 뒤에는 시켈리아가 위험에 처해 있고 여러분도 여러분의 정적도 분명한 우위를 확보하지 못한 만큼, 여러분 모두에게 다시 말해 여러분 가운데 참주의 폭정을 피하려는 사람에게도 참주의 권력을 되찾으려는 사람에게도 서로 타협하는 것이 아 d

마도 옳고 유익할 것입니다. 당시 헬라스인들을 이민족으로부터 구한 것—그것은 최대의 봉사였습니다—은 이들 후자의 선조들이며, 우리가 정체에 관해 논의할 수 있는 것도 그 덕분입니다. 그때 헬라스인들이 패했더라면 논의도 희망도 전혀 남아 있지 않았겠지요. 그러니 이제 e 여러분 가운데 한쪽은 왕의 통치를 받으며 자유를 누리고, 다른 쪽은 왕으로서 통치하되 책임을 지고 법률을 위반할 경우에는 왕에게도 다른 시민에게도 법률이 절대적 권위를 행사하게 하십시오. 그 모든 것을 행한다는 전제로 여러분은 신들의 도움을 받아 정직하고 건전한 의도에서 첫 번째로 내 아들[14]을 이중의 은혜에 보답하는 셈으로 왕으로 앉히십시오. 내가 베푼 은혜와 내 선친이 베푼 은혜 말입니다. 내 선친께서는 당시 356a 에 도시를 이민족에게서 해방하셨고, 나는 요즘 여러분도 목격했다시피 도시를 두 번이나 참주들에게서 해방했으니까요.

그리고 여러분의 두 번째 왕으로는 내 선친과 이름이 같은, 디오뉘시오스의 아들[15]을 임명하십시오. 그가 지금 여러분을 도와주는 보답으로 말입니다. 그는 성격도 경건합니다. 참주의 아들인데도 자진해 도시를 해방하고 있고, 그럼으로써 자신과 가문을 위해 덧없고 불의한 참주정체 대신 영원히 없어지지 않을 명예를 얻고 있으니까요. 세 번째로는 b 지금 여러분의 정적들의 군대를 지휘하는, 디오뉘시오스의 아들 디오뉘시오스를 쉬라쿠사이의 왕이 되어달라고 초빙하되, 도시는 그를 자발적으로 초빙하고 그는 자발적으로 응해야 합니다. 만약 그가 참주의 운명을 두려워하고 조국과 조국의 신전과 무덤이 방치되는 것을 안타깝게 여겨, 자신의 야망 때문에 모든 것이 완전히 망가지고 이민족이 쾌재를 부르는 일이 없도록 그가 자진해 왕으로 탈바꿈하겠다면 말입니다.

이들 세 왕을 여러분은 라코니케[16]의 왕들[17]의 권한을 부여하든 아니면 서로 합의해 이를 더 축소하든 대략 다음과 같은 방법으로 임명해야 c 합니다. 방법에 관해서는 앞서[18] 언급한 바 있지만, 한 번 더 들어보십시오. 만약 디오뉘시오스와 힙파리노스의 가족이 지금도 나중에도 자신들과 후손에게 명예가 주어진다는 조건 아래 시켈리아의 안전을 위해 현재의 무질서를 종식할 의향이 있다면, 여러분은 그런 조건으로 앞서 말했듯이 현지인이든 외지인이든 또는 둘 다든 양쪽이 승인한 전권을 위임받은 협상단을 서로 합의한 수만큼 초빙해야 합니다. 이 협상단은 도착 d 하면 먼저 입법을 하고, 왕들이 신전과 그 밖의 이전 공로자에게 배정하는 것이 합당한 모든 것을 돌보는 것이 허용되는 그런 정체를 정해야 합니다. 그리고 전쟁과 평화에 대한 결정권은 민회와 평의회[19]와 공동으로 통치하는 35명의 법률수호자들[20]에게 주어져야 합니다. 상이한 범행에

**14** 누구를 말하는지 확실하지 않다. 디온의 아들 힙파리노스는 아버지보다 먼저 죽었으며, 디온의 다른 아들들에 관해서는 확실하게 알려진 것이 아무것도 없다.

**15** 디오뉘시오스 1세의 아들 힙파리노스를 말한다. 디온의 생질이기도 한 이 힙파리노스는 칼립포스(Kallippos)를 공격하던 디온의 추종자들을 도와주었다.

**16** Lakonike. 엄밀히 말해 스파르테 주변 지역을 가리키지만 대개 스파르테와 같은 뜻으로 쓰인다.

**17** 스파르테에는 왕이 두 명 있었는데, 그들은 종교 의식을 주관하거나 국가를 대표하는 사절단으로 파견되었으며, 실권은 국정감독관들과 원로원이 쥐고 있었다.

**18** 「일곱 번째 편지」 337b 이하 참조.

**19** boule.

**20** nomophylakes.

대해서는 상이한 법정이 있어야 하지만, 사형과 추방형이 부과되는 모든 사건에서는 35명이 법정을 구성해야 합니다. 이들에 더해 매번 전년의 관리 중 관직마다 한 명씩 가장 훌륭하고 가장 올바르다고 생각되는 사람을 재판관으로 선출합니다. 그리고 이들이 이듬해에 시민들에게 사형이나 감금형이나 추방형이 부과되는 모든 사건을 재판해야 합니다. 왕은 그런 사건을 재판해서는 안 되고, 사제처럼 살인과 감금과 추방으로부터 정결해야 합니다.

e

357a

이것이 내가 시켈리아에 살았을 적에 여러분을 위해 계획한 것이고, 지금도 나의 간절한 소망입니다. 복수의 여신들[21]이 손님으로 가장하고 나를 막지 않았다면 그때 여러분의 도움으로 우리의 적을 무찌르고 계획대로 실행했을 것입니다. 그러고 나서 내 뜻대로 되었다면 시켈리아의 나머지 지역에도 헬라스인들을 다시 이주시키고 지금 그곳을 차지하고 있는 이민족을 내쫓았을 것입니다. 참주정체에 맞서 우리와 함께 자유를 위해 싸운 자들은 제외하고 말입니다. 그러고는 이들 헬라스 지역의 이전 주민을 그들의 조상이 살던 오래된 고향으로 다시 이주하게 했을 것입니다.

b

지금도 여러분 모두에게 조언합니다. 똑같은 계획을 공동으로 세우고 실행하라고, 그것을 실현하기 위해 모든 사람에게 도움을 청하라고, 그리고 그러기를 거절하는 자는 공동의 적으로 간주하라고 말입니다. 그것은 불가능한 목표가 아닙니다. 이미 두 혼 안에 깃들어 있고 따지고 보면 상책이라는 것을 금세 알 수 있는 계획을 불가능하다고 말하는 사람은 제정신이라고 할 수 없습니다. '두 혼'이란 디오뉘시오스의 아들 힙파

c

리노스의 혼과 내 아들의 혼을 말합니다. 이 둘의 의견이 일치하면 나라를 염려하는 다른 쉬라쿠사이인들도 모두 동의할 것이라고 믿으니까요.

여러분은 모든 신과, 신들과 함께 경배하는 것이 마땅한 모든 분에게 경배하고 기도한 다음 친구와 적대자를 온갖 방법으로 부드럽게 설득하고 격려하되 멈추지 마십시오. 내가 방금 말한 계획들이 마치 깨어 있는 사람들에게 신이 보내는 꿈처럼 환히 모습을 드러내며 성공적으로 실현될 때까지는 말입니다."

**21** erinyes. 여기서는 디온을 살해한 칼립포스와 필로스트라토스(Philostratos)를 말한다. 「일곱 번째 편지」 333e 이하 참조.

**아홉 번째 편지**

## 플라톤이 타라스의 아르퀴타스의 행복을 빌다

357e 아르킵포스와 필로니데스[1] 일행이 그대가 준 편지를 들고 찾아와서 구두(口頭)로도 그대의 소식을 전했습니다. 그들은 나라의 볼일을 어렵지 않게 수행했습니다. 그건 사실 힘든 일이 아니었으니까요. 그러고는 그대의 소식을 자세히 전해주며 그대가 공무를 수행하느라 여가가 없어 조금 358a 괴로워한다고 하더군요. 인생에서 가장 즐거운 일은 자신이 하는 일에 전념하는 것이라는 것은 사실상 누구에게나 명백합니다. 특히 어떤 사람이 그대가 선택한 그런 일[2]을 선택할 때는 말입니다. 하지만 그대는 또한 우리는 누구도 자신을 위해 태어난 것이 아니라는 점을 명심해야 합니다. 우리 생존의 일부는 우리 조국에 속하고, 일부는 우리 부모에게 속 b 하며, 일부는 다른 친구들에게 속합니다. 또한 우리 삶을 지배하는 환경이 큰 부분을 요구합니다. 우리 조국이 공무에 종사하도록 부르는데 우리가 응하지 않는 것은 분명 부적절할 것입니다. 그러지 않는 것은 무엇보다도 결코 가장 훌륭하다고 할 수 없는 동기에서 공무에 종사하는 하찮은 인간들에게 자리를 내어주는 것을 의미하니까요.

이에 관해서는 이쯤 해둡시다. 에케크라테스는 우리가 돌봐주고 있으며 앞으로도 그럴 것입니다. 그대를 위해, 그의 아버지 프뤼니온[3]을 위해, 그리고 젊은이 자신을 위해 말입니다.

1 아르킵포스(Archippos)와 필로니데스(Philonides)는 358b에 나오는 에케크라테스(Echekrates)와 마찬가지로 퓌타고라스 철학의 신봉자들이다.

2 수학과 철학.

3 Phrynion.

## 열 번째 편지

플라톤이 아리스토도로스[1]의 행복을 빌다

358c 듣자 하니 그대는 철학 방면에 가장 지혜로운 성향을 보임으로써 지금도 디온의 가장 믿음직한 동료 가운데 한 명인데, 언제나 그랬다고 하더군요. 굳건함과 믿음직함과 건전함, 이런 것들을 나는 진정한 철학이라고 주장하니까요. 이와 다른 것을 추구하는 지혜와 능력은 겉만 번지르르한 미사여구라고 하면 옳게 명명하는 것이겠지요.

건강하시기를. 그리고 지금의 성향을 계속 간직하시기를!

1 Aristodoros. 그에 관해서는 달리 알려진 것이 없다.

**열한 번째 편지**

## 플라톤이 라오다마스[1]의 행복을 빌다

나는 전에도 그대가 언급한 모든 것과 관련해 그대가 아테나이에 오는 것이 대단히 중요하다고 편지를 쓴 적이 있습니다. 하지만 그것이 불가능하다고 하시니 차선책은 그대가 편지에 쓴 대로 가능하다면 나나 소크라테스[2]가 그대에게 가는 것이겠지요. 하지만 지금 소크라테스는 배뇨장애가 있고, 내가 그곳에 갈 경우 그 때문에 그대가 나를 초빙하는 일을 제대로 해내지 못한다면 모양새가 좋지 않을 것입니다. 나로서는 내가 그 일을 해낼 수 있을 것이라고 별로 기대하지 않습니다. 그 이유를 충분히 설명하자면 또 다른 장문의 편지가 필요하겠지요. 또한 나이가 나이인 만큼 떠돌아다니며 육지와 바다에서 맞닥뜨릴 위험을 감당할 만큼 내 체력이 강인하지 못합니다. 그리고 요즘은 여행자들에게 도처에 위험[3]이 도사리고 있습니다. 358d e

1 Laodamas. 그에 관해서는 달리 알려진 것이 없다.
2 여기 나오는 소크라테스는 노(老)철학자가 아니라 대화편 『테아이테토스』(*Theaitetos*)와 『정치가』(*Politikos*)에 등장하는 '젊은 소크라테스'를 말한다.
3 해적을 암시하는 것 같다.

359a 하지만 나는 그대와 식민지 정착민에게 헤시오도스[4]의 말처럼 "내가 말할 때는 시시해 보이지만 이해하기 쉽지 않은" 조언을 해줄 수 있습니다. 시민들과 노예들의 일상생활이 절제 있고 남자답게 되도록 감시하는 어떤 권위가 국가에 없는데도 아무 법이라도 제정만 하면 정체가 잘 확립될 것이라고 생각하는 사람들이 있다면 그들은 잘못 생각하는 것입니다. 그런 권위를 행사할 자격이 있는 사람들이 있다면 시민들과 노예 b 들의 일상생활은 절제 있고 남자답게 될 것입니다. 하지만 그들을 가르칠 사람이 필요하다면 여러분에게는 생각건대 가르칠 사람도 배울 사람도 없을 테니 신들에게 기도하는 수밖에 없습니다. 이전의 국가들도 대개 그런 식으로 세워졌다가, 나중에 전쟁이나 그 밖의 다른 어려움들이 겹치면서 그런 위기 때 진실로 훌륭한 사람이 큰 권력을 갖고 등장했을 때는 잘 다스려졌으니 말입니다. 그사이 여러분은 당연히 그런 일이 일 c 어나기를 갈구해야만 하며, 그것은 내가 말하는 그런 것이지 쉽게 이룰 수 있는 것이라는 환상을 가져서는 안 됩니다. 그대에게 행운을 빕니다.

**4** 헤시오도스(Hesiodos), 단편 229 (Rzach). 헤시오도스는 기원전 700년경에 활동한 고대 그리스의 서사시인이다.

**열두 번째 편지**

## 플라톤이 타라스의 아르퀴타스의 행복을 빌다

우리는 그대가 보내준 저술들을 받고 기쁘기 한량없었고, 그것들의 저자에게 감탄해 마지않았습니다. 우리가 보기에 그는 자신의 옛 조상들 359d 못지않은 인물 같습니다. 그들은 뮈라인들이라 불렸는데, 라오메돈[1]의 치세 때 트로이아에서 쫓겨난 자들의 일부로, 전하는 이야기에 따르면 용감한 사람들이었다고 합니다. 그대가 언급한 내 저술[2]은 아직 완성되지 않았지만, 그런 상태로 그대에게 보냈습니다. 그것들을 보관하는 것 e 에 관해서는 우리 의견이 일치했으니 따로 일러둘 필요가 없겠지요.

(이 편지는 플라톤이 쓴 것이 아니라는 주장도 있다.)

1 뮈라(Myra)는 소아시아 서남부 뤼키아(Lykia) 지방에 있는 도시이다. 라오메돈(Laomedon)은 트로이아의 전설상의 왕으로 마지막 왕 프리아모스(Priamos)의 아버지이다. 트로이아인들이 시칠리아로 이주했다는 이야기는 다른 곳에는 나오지 않는다.

2 플라톤의 어떤 저술을 말하는지 알 수 없다.

**열세 번째 편지**

## 플라톤이 쉬라쿠사이의 참주 디오뉘시오스의 행복을 빌다

360a 이 편지가 내게서 왔다는 징표가 될 만한 것으로써 편지를 시작하게 해 주십시오. 언젠가 그대는 로크리스[1]에서 온 젊은이들에게 연회를 베풀며 나와 떨어져 앉았다가 자리에서 일어서서 내게 오더니 내가 생각하기에 다정하고 상냥하게 말을 걸었습니다. 내 옆자리에 앉은 미남 청년 중 한 명도 그리 생각한 것 같습니다. 그때 그는 이렇게 말했으니까요. "디오 b 뉘시오스님, 사실 그대는 지혜에 관한 한 플라톤님의 덕을 톡톡히 보았지요." 그러자 그대가 대답했습니다. "내가 덕 본 게 어디 한두 가지겠는가. 그를 초빙한 순간부터 그를 초빙한 사실로 곧바로 덕을 보기 시작했다네." 우리가 서로에게서 점점 더 많은 덕을 볼 수 있도록 그런 마음가짐을 유지하도록 합시다.

그러기 위해 지금 퓌타고라스의 저술과 '이분법'[2] 가운데 일부와, 우리가 합의한 대로 그대와 아르퀴타스가—만약 아르퀴타스가 쉬라쿠사이 c 에 갔다면 말입니다—쓸 수 있겠다 싶은 사람 한 명을 보냅니다. 그는 이름이 헬리콘이고, 퀴지코스 출신이며, 에우독소스[3]의 제자입니다. 에우독소스의 모든 이론에 정통합니다. 그는 또 이소크라테스의 제자 중 한 명과, 브뤼손의 추종자 중 한 명인 폴뤽세노스[4]에게서도 배웠습니다.

그리고 그런 사람들의 경우 드문 일인데 그는 대화하기 불쾌하지 않으며 성격도 나쁘지 않고 오히려 명랑하고 상냥해 보입니다. 조심스럽게 그런 d 말을 하는 것은, 인간에 대해 말하고 있는데, 인간은 하찮은 존재가 아니라 하더라도 소수의 예외와 소수의 행동 영역을 제외하고는 변하기 쉬운 동물이기 때문입니다. 이 사람의 경우에도 의심스럽고 두려워서 그와 대화할 때 유심히 지켜보고 그의 동료 시민들에게 물어보기도 했지만, 이 사람에 대해 나쁘게 말하는 사람은 없었습니다. 그대도 그를 지켜보며 조심하십시오. 무엇보다도 그럴 여가가 나면 그대의 다른 철학 공부에 더해 그에게서 배우십시오. 여가가 나지 않는다면 다른 사람이라 e 도 그에게 철저히 배우게 하십시오. 나중에 여가가 날 때 그에게 배운 사람에게 그대가 배울 수 있도록 말입니다. 그러면 그대는 향상되고 명성이 높아질 것이며, 그렇게 되면 그대는 계속해서 내게서 덕을 보게 될 것입니다. 이에 대해서는 이쯤 해둡시다.

1 로크리스(Lokris)란 곳은 그리스반도 중부 지방에도 있고 남이탈리아에도 있는데 여기서는 디오뉘시오스와 동맹을 맺고 있던 후자를 말한다.

2 diairesis. 플라톤의 저술을 가리키는지, 만약 그렇다면 어느 저술을 가리키는지 알 수 없다.

3 헬리콘(Helikon)에 관해서는 달리 알려진 것이 없다. 퀴지코스(Kyzikos)는 프로폰티스(Propontis 지금의 Marmara)해의 남해안에 있는 반도이자 도시이다. 에우독소스(Eudoxos)는 기원전 4세기의 유명한 수학자이자 천문학자이다.

4 이소크라테스(Isokrates 기원전 463~338년)는 아테나이의 유명한 수사학자이다. 브뤼손(Bryson)은 평범한 소피스트로 원(圓)의 구적법(求積法) 문제를 해결했다고 주장했다. 폴뤽세노스에 관해서는 「두 번째 편지」 310c 이하와 314c 이하에서도 언급되고 있으나, 그에 관해서는 달리 알려진 것이 없다.

361a 그대가 보내달라고 부탁한 다른 것들에 관해 말하자면 나는 아폴론 상(像)을 만들게 했고, 렙티네스[5]가 그대에게 가져가고 있습니다. 그것은 레오카레스[6]라는 뛰어난 젊은 조각가의 작품인데, 그의 작업장에는 아주 매력적인 다른 작품도 있었습니다. 그래서 그대의 부인에게 선물하려고 그것을 샀습니다. 그녀는 내가 건강할 때나 아플 때나 나와 그대에게 걸맞게 나를 돌봐주었습니다. 그러니 불가(不可)하다 싶지 않으면 그걸 그녀에게 주십시오. 또 아이들을 위해 달콤한 포도주 열두 단지와 꿀 b 두 단지를 보냅니다. 우리가 너무 늦게 도착해서 무화과를 저장하지는 못했습니다. 도금양 열매도 저장했는데 썩어버렸어요. 다음에는 잘 보살피겠습니다. 식물들에 관해서는 렙티네스가 말해줄 것입니다.

그런 것들을 구매하는 데 들어간 비용과 나라에 세금으로 낸 돈은 렙티네스한테 받았습니다. 내가 보기에 가장 체면이 서고 진실하기도 한 말을 그에게 했습니다. 레우카스 배를 전세 내는 데[7] 들어간 돈 약 16므나는 내가 냈다고 말입니다. 그래서 그에게 돈을 받아 나 자신을 위해 쓰기도 하고 물건들을 구입해 여러분에게 보내기도 했습니다.

이번에는 이곳 아테나이에 있는 그대의 돈과 내 돈이 어떤 상태에 있 c 는지 들어보십시오. 전에도 말했듯이 나는 그대의 돈을 내 다른 친구의 돈을 쓰듯 쓸 것입니다. 되도록 적게 쓰고, 내가 보기에 그리고 그대의 대리인이 보기에 필요하거나 정당하거나 적절하다고 생각될 만큼만 씁니다. 그런데 지금 내게는 그런 종류의 지출을 할 필요가 생겼습니다. 화관을 쓰라는 그대의 요구를 내가 거절했을 때[8] 죽은 내 질녀들에게는 딸이 d 네 명 있었습니다. 그중 한 명은 혼기가 찼고, 한 명은 여덟 살이고, 한 명은 세 살이 조금 넘었고, 넷째는 한 살도 안 되었습니다. 이 여자아이들에게는 나와 내 친구들이 지참금을 마련해주어야 합니다. 적어도 내가 살아 있을 때 결혼하는 아이들에게는 말입니다. 다른 아이들은 논외로 쳐도 되겠지요. 자기 아버지가 나보다 더 부자가 된 아이들이라면 그럴 필요가 없겠지요. 그러나 지금은 내가 제일 부자이고, 그래서 디온과 다른 친구들의 도움을 받아 그 애들 어머니들을 위해 지참금을 마련해주었습니다. 그중 가장 나이 든 아이가 이번에 스페우십포스[9]와 결혼하려 하는데, 그녀는 그의 누이의 딸입니다. 그래서 그 애를 위해 많아야 30므나가 필요하고, 우리에게는 그 정도의 지참금이면 적당하니까요. 또한 내 어머니가 돌아가시면 무덤을 지어드릴 돈이 필요한데 10므나를 넘지 않을 것입니다. 지금 필요한 지출은 이것이 전부입니다. 그대를 방문하는 e

5 Leptines. 퓌타고라스의 추종자 중 한 명으로 이탈리아반도의 발끝 부분에 있는 레기온(Rhegion)에서 디온의 살해자 칼립포스(「일곱 번째 편지」 333d~334d 참조)를 살해하는 데 한몫 거들었던 인물과 같은 사람인 것 같다.

6 Leochares. 아테나이의 유명한 조각가로 스코파스(Skopas)의 제자였다고 한다.

7 쉬라쿠사이에서 아테나이로 돌아올 때. 레우카스(Leukas)는 그리스반도 중서부 지방 앞바다 즉 이오니아해에 있는 섬이다.

8 어떤 상황을 암시하는 말인지 알 수 없다.

9 Speusippos. 플라톤의 생질로 플라톤이 죽은 뒤 아카데메이아의 수장이 된다.

362a 일 때문에 사적으로든 공적으로든 지출이 생기면 앞서 말한 대로 최대한 지출을 줄이려고 노력하고, 그래도 피할 수 없는 비용은 그대가 부담해야겠지요.

이번에는 이곳 아테나이에 있는 그대의 돈이 지출된 일에 관해 한마디 하겠습니다. 첫째, 합창가무단의 비용을 후원하는 일[10]이나 그와 비슷한 일을 위해 내가 돈을 지출할 필요가 있을 경우 우리가 생각한 것과는 달리 그대를 위해 돈을 미리 치를 대리인이 한 명도 없습니다. 또한 그대에게 개인적으로 아주 중요한 일이 생겨 신속히 지출하면 그대에게 이익이 되지만 그대에게서 누군가가 올 때까지 지출이 지연된다면 그대에게 해가 될 경우, 그것은 그대에게 난처할뿐더러 체면을 깎는 일이기도 b 합니다. 그런 일을 나는 몸소 경험했습니다. 그대가 편지에서 부탁한 다른 귀중품들도 보내려고 아이기나 사람 안드로메데스에게 에라스토스[11]를 보냈을 때 말입니다. 돈이 필요하면 여러분의 외지인 친구인 그에게서 빌려 쓰라고 그대가 말했으니까요. 그는 인간이라면 누구나 할 수 있는 당연한 대답을 하더군요. 자기는 이전에 그대의 아버지를 위해 돈을 미리 치렀다가 돌려받느라 어려움을 겪었다고, 이번에는 소액은 빌려주되 그 이상은 안 된다고 말입니다. 그래서 나는 렙티네스에게서 돈을 받았던 것입니다. 렙티네스를 칭찬하지 않을 수 없군요. 그가 돈을 c 주어서가 아니라 흔쾌히 주어서 말입니다. 그 밖에도 그대와 관련된 모든 말과 행동에서 그는 자신이 얼마나 훌륭한 친구인지 보여주었습니다. 이 사람 또는 저 사람이 내가 보기에 그대에게 어떤 감정을 품고 있는지 보여주려면 그런 행위뿐 아니라 그와 반대되는 행위도 알려야 할 테니까요.

돈거래와 관련해 그대에게 솔직히 말하겠습니다. 그것은 올바른 일인 동시에 그대의 주변 사람들을 겪어보고 나서 말할 수 있으니까요. 매번 그대에게 보고하는 사람들은 그대의 반감을 살까 봐 비용이 들 것으로 생각되는 일은 보고하기를 망설입니다. 그러니 그대는 그들이 다른 일들뿐 아니라 그런 일들도 보고하도록 버릇을 들이고 강제하십시오. 그대는 모든 것을 힘닿는 데까지 세세히 알고 스스로 판단해야지 알기를 회피해서는 안 됩니다. 그러는 것이 무엇보다도 통치자로서 그대의 권위를 강화해줄 테니까요. 올바로 지출하고 빚진 것을 제대로 갚는 것은 여러모로 좋은 일이고 돈을 버는 데도 도움이 된다는 것은 지금도 그대의 주장이지만 앞으로도 그럴 것입니다. 그러니 그대의 이익을 보살핀다고 자처하는 자들이 세상 사람들 앞에서 그대의 명예를 실추시키는 일이 없게 하십시오. 돈거래에서 셈이 질기다는 평을 듣는 것은 그대의 명성에도 이롭지 않고 아름답지도 못하기 때문입니다.

그다음으로는 디온에 관해 말하겠습니다. 다른 점들에 관해서는 그대가 약속한 대로 그대의 편지가 도착할 때까지는 아직 말할 수 없습니다. 그러나 그대가 그에게 말하지 말라고 한 그 일[12]과 관련해서는 그에

10 경연 때 합창가무단(choros)의 훈련 비용과 의상비와 함선의 의장에 드는 비용은 국가에서 지정하는 부유한 시민들이 부담했다.

11 아이기나(Aigina)는 아테나이 서남쪽 앞바다에 있는 섬이다. 안드로메데스(Andromedes)에 관해서는 달리 알려진 것이 없다. 에라스토스(Erastos)는 「여섯 번째 편지」의 수신인과 동일 인물인 것 같다.

대해 언급한 적도 그와 대화한 적도 없지만 그대가 그런 조치를 취한다면 그가 힘들게 받아들일지 차분하게 받아들일지 알아보려 했는데, 내가 보기에 그는 적잖이 괴로워할 것 같았습니다. 그 밖의 다른 일에서는 그대에 대한 디온의 말과 행동은 내가 보기에 온건했습니다.

363a 티모테오스와 형제간인 내 친구 크라티노스[13]에게는 중무장 보병용 가슴받이 하나를 보병을 위한 부드러운 걸로 선물하고, 케베스의 딸들에게는 값비싼 아모르고스산(産) 천이 아니라 시켈리아의 아마포로 만든 일곱 완척(腕尺)[14]짜리 겉옷 세 벌을 선물하도록 합시다. 케베스란 이름은 그대도 아마 알 것입니다. 그는 소크라테스와의 대화에서 심미아스와 더불어 혼에 관해 소크라테스와 대화를 나눌뿐더러 우리 모두에게 친밀하고 호의적인 친구이니까요.

b 내 편지 가운데 진지한 의도로 쓴 것들과 그렇지 않은 것들을 구별해주는 암호는 그대가 기억하고 있으리라 생각하지만, 그럼에도 명심하고 유념하십시오. 내게 편지를 써달라고 부탁하는 사람이 많은데 이를 공개적으로 거절하기가 쉽지 않으니까요. 진지한 의도로 쓴 편지들은 "신"으로 시작하고, 덜 진지한 의도로 쓴 편지들은 "신들"로 시작합니다.

사절들도 그대에게 보낼 편지를 써달라고 요구했는데, 당연한 일이지요. 그들은 도처에서 그대와 나를 아주 열성적으로 찬양하니까요. 특히 필라그로스가 그렇습니다. 그때 손이 아파 고생한 사람 말입니다. 페르
c 시아 왕에게 사절로 갔다가 돌아온 필라이데스[15]도 그대에 관해 말했습니다. 장문의 편지가 필요하지 않았다면 그가 말한 것을 썼을 것입니다. 그러니 그에 관해서는 렙티네스에게 물어보십시오.

만약 그대가 가슴받이와 그 밖에 내가 말한 물건들을 보내시겠다면 그대가 선호하는 사람이 있으면 그에게 맡기시고, 그렇지 않다면 테릴로스에게 맡기십시오. 그는 늘 항해하는 사람 중 한 명으로 다른 일에도 능하지만 철학에도 조예가 깊은 우리 친구 가운데 한 명입니다. 그는 우리가 배를 타고 그대 곁을 떠나올 때 도시감독관이던 테이손[16]의 사위이기도 합니다.

건강하시고 철학 공부에 전념하시되 다른 젊은이들도 그러도록 격려하십시오. 그대의 공놀이 친구들[17]에게도 안부 전해주십시오. 그리고 아리스토크리토스[18]와 다른 사람들에게 지시해두십시오. 나한테서 그대에게로 어떤 저술이나 편지가 갈 때 그대가 지체 없이 알게 하도록 조처하라고 말입니다. 그리고 내 편지의 내용을 소홀히 하지 않도록 그대 d

12 디오뉘시오스는 디온이 추방되었을 때 그의 아내 아레테(Arete)를 자기 총신과 재혼시키려 했다. 플루타르코스(Ploutarchos), 「디온전(傳)」 21장 참조.

13 티모테오스(Timotheos)와 크라티노스(Kratinos)가 누군지는 확인할 수 없다.

14 케베스(Kebes)는 같은 테바이인인 심미아스(Simmias)와 더불어 플라톤의 대화편 『파이돈』에서 혼(魂)에 관해 소크라테스와 적극적으로 대화를 나눈다. 아모르고스(Amorgos)는 에게해의 섬이다. 1완척(pechys)은 팔꿈치 끝에서 가운뎃손가락 끝까지의 길이를 가리키는데 45센티미터가 조금 못 된다.

15 필라그로스(Philagros)와 필라이데스(Philaides)에 관해서는 달리 알려진 것이 없다.

16 테릴로스(Terillos)와 테이손(Teison)에 관해서는 달리 알려진 것이 없다.

17 여기서 "공"을, 가지고 노는 공이 아니라 천구(天球)를 의미하는 것으로 보고 "공놀이 친구들"을 천문학 동호인들로 해석하는 사람들도 있다.

18 아리스토크리토스는 「세 번째 편지」 319a에도 나오는데 그에 관해서는 달리 알려진 것이 없다.

에게 계속해서 상기시키라고 일러두십시오. 이번에도 렙티네스에게 그의 돈을 되돌려주기를 소홀히 하지 말고 되도록 빨리 갚으십시오. 그대가 그를 어떻게 대하는지 보고 다른 사람들도 기꺼이 우리를 도와주고 싶도록 말입니다.

e 내가 저번에 뮈로니데스와 함께 자유민으로 해방해준 이아트로클레스[19]가 지금 내가 보내는 물건들을 갖고 항해하는 중입니다. 그는 그대에게 호의를 품고 있으니 그대는 그에게 유급직을 주고 그대가 원하는 일을 시키십시오. 이 편지는 그 자체나 요약문을 보관하시고, 그대가 항상 변함없으시기를!

**19** 뮈로니데스(Myronides)와 이아트로클레스(Iatrokles)와 그들에 얽힌 사건은 달리 알려진 것이 없다.

# 용어 해설

411a ἀΐδιον(aidion) **영원한** 과거에도 현재에도 없어지지 않고 언제까지나 존재하는.

θεός(theos) **신(神)** 완전하게 행복한 불멸의 생명체; 좋음의 원인인 영원한 존재

γένεσις(genesis) **생성** 존재로 향하는 운동; 존재에 관계하는 참여; 존재로 옮아가는 이행

ἥλιος(helios) **태양** 같은 사람들이 아침부터 저녁까지 볼 수 있는 불덩이;

b 낮에 뜨는 별; 가장 큰 영원한 생명체

χρόνος(chronos) **시간** 태양의 운동; 모든 운동의 측도

ἡμέρα(hemera) **낮** 일출부터 일몰까지의 동안; 밤과 대립되는 밝음

ἕως(heos) **새벽** 낮의 시작; 첫 햇빛

μεσημβρία(mesembria) **정오** 물체의 그림자가 가장 짧은 시간

δείλη(deile) **저녁** 낮의 끝

νύξ(nyx) **밤** 낮과 반대되는 어둠; 태양이 없는 것

τύχη(tyche) **운(運)** 불확실한 것에서 불확실한 것으로의 이동; 초자연적 사건의 배후에 있는 우발적인 원인

γῆρας(geras) **노령** 시간의 경과에 따른 생명체의 퇴화 c

πνεῦμα(pneuma) **바람** 대지 위에서 일어나는 대기의 운동

ἀήρ(aer) **대기** 모든 공간적 운동이 본성적으로 종속되는 원소

οὐρανός(ouranos) **하늘** 최상층부의 대기를 제외하고 지각할 수 있는 모든 것을 에워싸고 있는 몸통

ψυχή(psyche) **혼** 스스로 움직이는 것; 생명체 내에 있는 모든 생명 운동의 원인

δύναμις(dynamis) **능력** 스스로 결과를 산출하는 것

ὄψις(opsis) **시각** 사물을 구별하는 능력

ὀςτοῦν(ostoun) **뼈** 열에 의해 굳어진 골수

στοχεῖον(stocheion) **원소** 복합체를 구성하는 것 그리고 복합체가 그것으로 해체되는 것

ἀρετή(arete) **미덕** 최선의 성향; 사멸하는 생명체의 그 자체로 칭찬받을 d 만한 상태; 그것을 가진 자가 그 때문에 훌륭하다고 일컬어지는 마음가짐; 법률을 준수하는 것; 그것을 가진 자가 그 때문에 더없이 탁월하다고 일컬어지는 상태; 준법정신을 낳는 마음가짐

φρόνησις(phronesis) **실천적 지혜** 인간을 행복하게 하는 능력; 좋은 것과 나쁜 것을 아는 것; 무엇을 하고 무엇을 하지 말아야 하는지 판단할 수 있게 해주는 상태

δικαιοσύνη(dikaiosyne) **정의** 혼이 자기 자신과 일치하는 것; 혼의 부분들이 서로에 대해 서로와 관련하여 질서를 지키는 것; 각자에 e

게 합당한 것을 분배하는 마음가짐; 그것을 가진 자가 그것에 힘입어 옳다고 생각되는 것을 기꺼이 고르는 마음가짐; 법률을 준수하며 살아가는 마음가짐; 사회적 평등; 법률에 복종하는 마음가짐

σωφροσύνη(sophrosyne) **절제** 자연발생적 욕구와 쾌락과 관련해 혼이 절제하는 것; 자연발생적 쾌락과 고통과 관련해 혼이 조화와 질서를 지키는 것; 지배할 부분과 지배받을 부분들과 관련해 혼이 조화로운 상태에 있는 것; 정상적인 개인의 독립성; 아름다운 것과 수치스러운 것과 관련해 혼이 자기 자신과 조화를 이루는 것; 그것을 가진 자가 선택해야 할 것은 선택하고 조심해야 할 것은 조심하게 만드는 마음가짐

412a

ἀνδρεία(andreia) **용기** 두려움에 흔들리지 않는 혼의 상태; 전쟁터에서 갖는 자신감; 전쟁에 관한 지식; 두렵고 위험한 상황에서의 극기; 실천적 지혜에 봉사하는 대담성; 죽음에 직면해 두려워하지 않는 것; 위험한 상황에서 올바로 사고하게 해주는 마음가짐; 위험에 굴하지 않는 힘; 미덕을 향한 끈기 있는 힘; 우려스럽고 위험한 상황에서 올바른 생각을 하게 하는 마음의 차분함;전쟁의 두려움과 경험과 관련해 두려움을 모르는 신념을 견지하는 것; 법률에 집착하는 마음가짐

b

ἐγκράτεια(enkrateia) **자제** 고통을 참고 견디는 능력; 올바른 생각에 복종하는 것; 올바른 생각을 고수하는 불굴의 능력

αὐτάρκεια(autarkeia) **자족** 좋은 것들을 완전하게 소유하는 것; 그것을

가진 사람이 자신의 주인이게 해주는 마음 상태

ἐπιείκεια(epieikeia) **공정** 자신의 권리와 이익을 포기함; 계약할 때 적절히 양보하는 것; 무엇이 아름답고 무엇이 수치스러운지 숙고하게 하는 정돈된 혼의 상태

καρτερία(karteria) **꿋꿋함** 아름다운 것을 위해 고통을 참는 것; 아름다운 것을 위해 노고를 참는 것 c

θάρσος(tharsos) **자신(自信)** 나쁨을 예기하지 않음; 나쁨과 마주쳐도 당황하지 않음

ἀλυπία(alypia) **고통 없음** 고통을 느끼지 않는 상태

φιλοπονία(philoponia) **근면** 계획한 일을 끝까지 해내려 하는 마음가짐; 자발적인 꿋꿋함; 어떤 노고에도 싫증 내지 않는 마음가짐

αἰδώς(aidos) **겸손** 옳고 가장 훌륭해 보이는 것에 따라 무모한 행동을 자진해 철회함; 자진해 가장 훌륭한 것을 택함; 정당한 비난을 피하려고 조심하는 것

ἐλευθερία(eleutheria) **자유** 자신의 삶을 통제함; 모든 점에서의 독립; 살면서 자신이 하고 싶은 대로 할 수 있음; 재산을 사용하고 소유하는 데서 인색하지 않음 d

ἐλευθεριότης(eleutheriotes) **선심(善心)** 돈에 인색하지 않음; 재산의 적절한 지출과 저축

πρᾳότης(praiotes) **온유** 분노로 인한 충동을 억제하는 것; 혼의 평정

κοσμιότης(kosmiotes) **예의 바름** 가장 좋아 보이는 것에 자진해 복종함; 몸의 움직임과 관련해 잘 정돈됨

εὐδαιμονία(eudaimonia) **행복** 모든 좋음으로 이루어진 좋음; 잘 살기에 충분한 능력; 미덕과 관련해 완전함; 생명체가 지닌 모든 욕구의 충족

e

μεγαλοπρέπεια(megaloprepeia) **호방함** 가장 품위 있는 사람들의 올바른 평가에 따라 경의를 표할 만한 것

ἀγχίνοια(anchinoia) **재치** 그것을 가진 사람이 그때그때 필요한 것을 구할 수 있게 해주는 혼의 자질; 지성의 날카로움

χρηστότης(chrestotes) **정직** 지성을 겸비한 도덕적 성실성; 성격이 가진 탁월함

καλοκαγαθία(kalokagathia) **도덕적 완벽성** 가장 좋은 것을 하기로 결정하는 혼의 상태

μεγαλοψυχία(megalopsychia) **통 큼** 우리와 관련된 모든 것에 품위 있는 태도; 이성을 겸비한 혼의 호방함

φιλανθρωπία(philanthropia) **박애** 쉽게 인간과 친해지는 성격; 인간들에게 선행을 베풀게 하는 마음가짐

εὐσέβεια(eusebeia) **경건** 신들에 대한 정의; 신들을 자진해 섬기는 능력; 신들을 공경하는 데 대한 올바른 견해; 신들을 어떻게 공경해야 하는지 아는 것

413a

ἀγαθόν(agathon) **좋음** 그 자체가 목적인 것

ἀφοβία(aphobia) **대담무쌍함** 두려움에 굴하지 않는 상태

ἀπάθεια(apatheia) **냉정함** 감정에 굴하지 않는 상태

εἰρήνη(eirene) **평화** 전쟁 없는 평온한 시기

ῥᾳθυμία(raithymia) **게으름** 혼의 무기력한 상태; 용기에 관련된 것들에 열정이 없음

δεινότης(deinotes) **영리함** 그것을 가진 자가 특정한 목적을 위해 적절한 수단을 강구하게 해주는 상태

φιλία(philia) **우정** 아름답고 올바른 것들에 의견이 일치하는 것; 같은 생활방식을 선택하는 것; 도덕적 결단과 도덕적 행위에 의견이 일치하는 것; 생활방식에 의견이 일치하는 것; 선의를 공유하 b 는 것; 함께 좋은 일을 행하고 당함

εὐγένεια(eugeneia) **고결함** 고매한 성격의 미덕; 언행에서 교양 있는 혼

αἵρεςις(hairesis) **선택** 올바른 평가

εὔνοια(eunoia) **호의** 다른 사람에게 상냥함

οἰκειότης(oikeiotes) **친족관계** 같은 가문에 속함

ὁμόνοια(homonoia) **의견의 일치** 마음속 모든 것을 공유함; 생각과 결정의 일치

ἀγάπησις(agapesis) **환영** 진심으로 반김

πολιτική(politike) **정치학** 무엇이 고매하고 유익한지에 대한 지식; 국가 안에서 정의를 산출하는 지식

ἑταιρία(hetairia) **동지애** 함께 지냄으로써 같은 나이 또래들 사이에 생기 c 는 우정

εὐβολία(eubolia) **조언을 잘 들음** 타고난 추리능력

πίστις(pistis) **믿음** 사물이 보이는 그대로라는 확신; 믿음직한 성격

ἀλήθεια(aletheia) **진리** 긍정과 부정으로 표현된 올바른 상태; 사실에 대

한 지식

βούλησις(boulesis) **의지** 올바른 이성에 근거하여 원함; 합리적인 욕구; 이성에 근거한 자연스러운 욕구

συμβούλευσις(symbouleusis) **상담** 어떻게 처신해야 할지 다른 사람에게 조언함

εὐκαιρία(eukairia) **적기(適期)** 무엇을 행하거나 당하기에 알맞은 때를 맞춤

d εὐλάβεια(eulabeia) **조심** 나쁜 것을 경계하기; 마음먹고 지키기

τάξις(taxis) **질서** 전체의 모든 상관 요소의 기능적 유사성을 찾아냄; 공동체 안에서의 적절한 배분; 전체의 모든 상관 요소의 원인; 배움에 관련된 적절한 배분

πρόσεξις(prosexis) **주의** 무엇인가를 배우려는 혼의 노력

εὐφυία(euphyia) **재능** 빨리 배움; 좋은 자질; 타고난 미덕

εὐμάθεια(eumatheia) **영리함** 빨리 배우는 혼의 재능

δίκη(dike) **재판** 불의인지 아닌지에 관한 토의

e εὐνομία(eunomoia) **준법** 훌륭한 법에 복종하는 것

εὐφροσύνη(euphrosyne) **쾌활함** 절제 있는 사람이 행할 법한 일을 행하는 즐거움

τιμή(time) **명예** 유덕한 행위에 따르는 특혜; 영예로운 관직; 품위 유지

προθυμία(prothymia) **열성** 적극적으로 의지를 표명하는 것

χάρις(charis) **자선** 자발적 선행; 적절할 때 쓸모 있는 좋은 것을 포기함

ὁμόνοια(homonoia) **화합** 어떻게 지배하고 어떻게 지배받을지에 관한 지배자들과 피지배자들 사이의 의견 일치

πολιτεία(politeia) **국가** 행복하게 살기에 충분한 많은 사람의 공동체; 법의 지배를 받는 다중의 공동체

πρόνοια(pronoia) **선견지명** 미래사에 대비함 414a

βουλή(boule) **숙의(熟議)** 앞으로 무엇이 유익할 것인지 검토함

νίκη(nike) **승리** 경쟁에서 힘의 우위

εὐπορία(euporia) **재치 있음** 말해진 것에 대해 올바른 판단을 재빨리 내리는 능력

δωρέα(dorea) **선물** 선의의 교환

καιρός(kairos) **기회** 좋은 것을 성취하기에 적당한 시점; 좋은 것을 얻는 데 도움이 되는 시점

μνήμη(mneme) **기억** 혼에 있는 진리를 간직하는 능력

ἔννοια(ennoia) **성찰** 집중적인 사고

νόησις(noesis) **직관** 지식의 시작

ἁγνεία(hagneia) **경건** 신들에게 잘못을 저지를까 조심함; 신의 명예를 위해 자연스러운 방법으로 봉사함 b

μαντεία(manteia) **예언** 증거 없이 미래사를 밝히는 지식

μαντική(mantike) **예언술** 사멸하는 생명체의 현재와 미래를 관조하는 지식

σοφία(sophia) **지혜** 사변적 지혜; 영원한 것에 대한 지식; 사물의 원인을 고찰하는 지식

φιλοσοφία(philosophia) **철학** 영원한 것을 알려는 욕구; 왜 진리가 진리인지 진리를 관조하는 마음가짐; 올바른 이성에 근거해 혼을

돌봄

ἐπιστήμη(episteme) **지식** 추론에 의해 논박될 수 없는 혼의 가정; 추론에

c 의해 논박될 수 없는 사물 또는 사물들을 가정하는 능력; 사고에 의해 논박될 수 없는 올바른 설명

δόξα(doxa) **의견** 추론에 의해 논박될 수 있는 가정; 사고의 운동; 추론에 의해 때로는 거짓으로 때로는 참으로 드러나는 사고

αἴσθεσις(aisthesis) **지각(知覺)** 몸을 통한 혼의 운동; 몸을 통해 사물을 인식하는 혼의 비(非)추론적 능력이 생겨나게 하는 인간에게 유리한 알림

ἕξις(hexis) **마음가짐** 사람들을 특정할 수 있게 하는 혼의 상태

d φωνή(phone) **말** 입을 통한 생각의 유출

λόγος(logos) **문장** 어떤 사물에 대한 진술을 내포한 문자화된 말; 음악이 없는 명사와 동사의 결합체

ὄνομα(onoma) **명사** 하나의 개념을 나타내고 명제를 구성하는 말

διάλεκτος(dialektos) **논술** 문자화된 인간의 말; 음악이 없는 통역이 가능한 공통 부호

συλλαβή(syllabe) **음절** 문자화될 수 있는 사람 목소리의 분절(分節)

ὅρος(horos) **정의(定義)** 유(類)개념과 차이점으로 구성된 설명

e τεκμήριον(tekmerion) **증거** 불분명한 문제에서 증거물이 되는 것

ἀπόδειξις(apodeixis) **증명** 올바른 결론; 이전에 알았던 것에 힘입어 무언가를 밝히는 논의

στοιχεῖον φωνῆς(stoicheion phones) **자모(字母)** 결합되지 않은 소리; 다

른 소리들이 소리이게 해주는 원인

ὠφέλιμον(ophelimon) **유용(有用)** 잘나감의 원인; 좋음의 원인

συμφέρον(sympheron) **유익한** 좋음에 이바지하는.

〔καλὸν τὸ ἀγαθόν(kalon to agathon) **진실로 훌륭함**〕

ἀγαθόν(agathon) **좋음** 존재하는 것들에게 보존의 원인이 되는 것; 모든 선택의 기준이어야 하는 것

σῶφρον(sophron) **분별 있는** 혼의 질서정연함

δίκαιον(dikaion) **정의로움** 정의를 산출하는 법령

ἑκούσιον(hekousion) **자발적인** 자진해 행하는 것; 그 자체 때문에 선택하는 것; 의도적으로 끝까지 행하는 것 415a

ἐλευθέριον(eleutherion) **자유로운** 스스로 자신을 지배하는.

μέτριον(metrion) **적절한** 기술의 모든 요구를 충족하는; 지나침과 모자람의 한가운데에 있는.

μέτρον(metron) **적도(適度)** 지나침과 모자람의 한가운데

ἆθλον ἀρετῆς(athlon aretes) **미덕의 상(賞)** 그 자체 때문에 선택한 것에 주는 포상

ἀθανασία(athanasia) **불사(不死)** 생명체의 영원한 존속

ὅσιον(hosion) **경건** 신의 마음에 들게 신을 섬김

ἑορτή(heorte) **축제** 법이 정한 신성한 기간

ἄνθρωπος(anthropos) **인간** 날개가 없고 발이 둘이며 손발톱이 편평한 동물; 추론에 의해 지식을 습득할 수 있는 유일한 존재 b

θυσία(thysia) **제물** 신에게 바치는 선물

εὐχή(euche) **기도** 좋은 것 또는 좋아 보이는 것들을 인간들이 신에게 요구하는 것

βασιλεύς(basileus) **왕** 법적으로 책임질 의무가 없는 국가의 지배자; 정치 공동체의 수장

ἀρχή(arche) **통치** 모든 것을 돌봄

ἐξουσία(exousia) **권한** 법이 허용하는 재량권

νομοθέτης(nomothetes) **입법자** 국가를 다스릴 법을 제정하는 사람

νόμος(nomos) **법률** 특정 기간에 국한되지 않는 민중의 정치적 판단

ὑπόθεσις(hypothesis) **전제** 자명한 제1원리

ψήφισμα(psephisma) **법령** 특정 기간에 국한된 정치적 판단

c πολιτικός(politikos) **정치가** 국가를 조직화할 줄 아는 사람

πόλις(polis) **도시국가** 같은 결정을 따르는 다수의 사람이 모여 사는 곳; 같은 법률의 지배를 받는 다수의 사람들

πόλεως ἀρετή(poleos arete) **도시국가의 미덕** 바른 정체(政體)의 확립

πολεμική(polemike) **전쟁 기술** 실전 경험이 있음

συμμαχία(symmachia) **군사동맹** 전쟁 공동체

σωτηρία(soteria) **구원** 무사 안전

τύραννος(tyrannos) **참주** 제멋대로 나라를 다스리는 통치자

σοφιστής(sophistes) **소피스트** 부유하고 명망 있는 젊은이들의 수업료를 노리는 사냥꾼

d πλοῦτος(ploutos) **부(富)** 행복하게 살기에 충분할 만큼 재산이 많음

παρακαταθήκη(parakatatheke) **기탁** 믿고 맡긴 것

κάθαρσις(katharsis) **정화(淨化)** 더 나은 것에서 더 못한 것을 떼어냄

νικᾶν(nikan) **이기다** 투쟁에서 우세하다.

ἀγαθός ἄνθρωπος(agathos anthropos) **훌륭한 사람** 남을 위해 좋은 일을 하는 사람

σώφρων(sophron) **자제심 있는** 적당한 욕망을 가진.

ἐγκρατής(enkrates) **자제력 있는** 혼의 부분들이 올바른 이성에 반항할 때 이들을 제압하는.

σπουδαῖος(spoudaios) **탁월한** 완전히 훌륭한; 인간에 걸맞은 미덕을 가진.

σύννοια(synnoia) **근심** 괴롭고 혼란스러운 생각 e

δυσμαθία(dysmathia) **우둔함** 느리게 배움

δεσποτεία(despoteia) **상전 노릇하기** 누구에게도 책임지지 않는 정당한 지배

ἀφιλοσοφία(aphilosophia) **철학의 결여** 논의를 싫어하는 사람의 마음가짐

φόβος(phobos) **두려움** 불길한 예감으로 혼이 놀라는 것

θυμός(thymos) **기개(氣槪)** 혼의 비이성적 부분이 갖는 강력한 충동

ἔκφληξις(ekphlexis) **놀람** 불길한 예감으로 두려워하는 것

κολακεία(kolakeia) **아첨** 최선이 아니라 즐거움만 생각하는 교제 방법; 상대방을 지나치게 즐겁게 해주려는 태도

ὀργή(orge) **분노** 혼의 격정적 부분이 갖는 복수하고픈 충동

ὕβρις(hybris) **오만** 누군가에게 불명예를 안겨주는 불의(不義)

ἀκρασία(akrasia) **자제력 부족** 올바른 추론에 반해 억지로 즐거워 보이는 416a

것으로 향하는 것

ὄκνος(oknos) **주저함** 노고를 피함; 겁나서 착수하기를 망설이는 것

ἀρχή(arche) **기원** 존재의 제1원리

διαβολή(diabole) **중상모략** 말로 친구들을 갈라놓는 것

καιρός(kairos) **기회** 어떤 일을 행하거나 당하기에 적절한 시기

ἀδικία(adikia) **불의(不義)** 법을 어기려는 마음가짐

ἔνδεια(endeia) **결핍** 재산이 부족한 것

αἰσχύνή(aischyne) **수치심** 나쁜 평판을 예상하고 두려워하는 것

ἀλαζονεία(alazoneia) **호언장담** 좋음 또는 좋음들을 갖고 있지 않으면서 갖고 있는 척하는 마음가짐

ἁμαρτία(hamartia) **실수** 올바른 추론에 어긋나는 행위

φθόνος(phthonos) **질투** 친구들의 현재 또는 과거의 좋음들을 배 아파하는 것

ἀναισχυντία(anaischyntia) **파렴치** 이익을 위해 불명예를 감수하는 마음가짐

θρασύτής(thrasytes) **만용** 겁내야 할 것을 지나치게 겁내지 않는 것

φιλοτιμία(philotimia) **호사를 부림** 생각 없이 돈을 펑펑 써대는 마음가짐

κακοφυία(kakophyia) **나쁜 자질** 타고난 나쁨; 타고난 질병

ἐλπίς(elpis) **희망** 좋음을 기대하는 것

μανία(mania) **광기** 올바른 사고를 방해하는 마음가짐

λαλιά(lalia) **수다** 자제력이 부족해 말을 많이 하는 것

ἐναντιότης(enantiotes) **대립** 같은 유(類)에 속하는 것끼리의 가장 먼 거리

ἀκούσιον(akousion) **본의 아닌** 의도 없이 행해진 것

παιδεία(paideia) **교육** 혼을 돌보는 행위

παίδευσις(paideusis) **교습** 교양의 전수

νομοθετική(nomothetike) **입법 기술** 좋은 국가를 만드는 지식

νουθέτησις(nouthetesis) **훈계** 남이 실수하지 않도록 좋게 나무라는 말

βοήθεια(boetheia) **도움** 현재 또는 미래의 나쁜 일을 예방함

κόλασις(kolasis) **징계** 지난 잘못과 관련해 혼이 받는 대우

δύναμις(dynamis) **능력** 말과 행동에서 탁월함; 유능한 사람이 가진 타고난 강점

σῴζειν(soizein) **구하다** 온전하게 지키다.

# 위작들

# 정의에 관하여

**대담자** 소크라테스와 그의 친구 중 한 명

372a **소크라테스** 자네는 정의가 무엇인지 말해줄 수 있는가? 아니면 정의에 대해 논의하는 것은 보람된 일이라고 생각하지 않는가?

**친구** 아주 보람된 일이라고 생각하네.

**소크라테스** 그러면 정의란 무엇인가?

**친구** 관습적으로 올바른 것이라고 여겨지는 것 말고 무엇이겠는가?

**소크라테스** 그렇게 대답하지 말고 이렇게 대답해주게. 예를 들어 "눈은 무엇인가?" 하고 자네가 물으면 "보는 데 쓰는 것일세." 하고 대답하고, 그것을 증명하기를 자네가 요구하면 나는 증명할 걸세. 그리고 "우리는 무엇을 혼(魂)이라 부르는가?" 하고 자네가 물으면, "사고하는 데 쓰는 것일세." 하고 나는 대답할 걸세. "목소리는 무엇인가?" 하고 자네가 계속해서 물으면 "대화하는 데 쓰는 것일세." 하고 나는 대답할 걸세. 그런 식으로 자네도 정의가 무엇이냐는 내 물음에 우리가 그것을 어디에 쓰는지 용도를 말해달란 말일세.

**친구** 그런 식으로는 자네에게 제대로 대답할 수 없을 것 같네.

**소크라테스** 그런 식으로는 대답할 수 없다면 이런 방식으로는 더 쉽게 알아낼 수 있을 걸세. 자, 우리가 더 긴 것과 더 짧은 것을 구별하기를 원한다면 무엇으로 구별할 수 있는가? 자막대기를 사용하지 않을까?

**친구** 그렇다네.

**소크라테스** 자막대기 말고도 우리는 어떤 기술을 사용하는가? 측량술을 사용하지 않을까?

**친구** 그렇다네. 측량술을 사용하네.

**소크라테스** 가벼운 것과 무거운 것을 구별할 때는 어떻게 하는가? 저울을 사용하지 않을까? 373a

**친구** 물론이지.

**소크라테스** 저울 말고도 우리는 어떤 기술을 사용하는가? 계측술을 사용하지 않을까?

**친구** 그렇고말고.

**소크라테스** 어떤가? 옳은 것과 옳지 못한 것을 구별하고자 할 때 우리는 그런 것들을 검토하기 위해 어떤 도구를 사용하는가? 그리고 그런 도구 말고도 우리는 그런 것들을 다룰 때 어떤 기술을 사용하는가? 그런 식으로는 그 역시 자네에게 분명하지 않은가?

**친구** 분명하지 않네.

**소크라테스** 그렇다면 다시 시작하기로 하세. 더 큰 것과 더 작은 것에 관해 우리 의견이 일치하지 않을 때 우리 사이에서 누가 그것을 결정하는가? 계측하는 사람 아닐까?

**친구** 그렇다네.

**소크라테스** 많음과 적음에 관해 우리 의견이 일치하지 않을 때는 누가 결정하는가? 계산하는 사람 아닐까? b

**친구** 왜 아니겠나?

**소크라테스** 옳은 것과 옳지 못한 것에 관해 서로 의견이 일치하지 않을 때 우리는 누구에게 가며, 누가 매번 우리 사이에서 그것을 결정하는가? 말해보게.

**친구** 재판관을 두고 그렇게 말하는 것인가, 소크라테스?

**소크라테스** 맞았네. 자, 이것도 말해보게. 큰 것과 작은 것을 결정하기 위해 계측하는 사람은 무엇을 하는가? 그는 계측하지 않을까?

**친구** 그렇지.

**소크라테스** 무거운 것과 가벼운 것을 결정하기 위해 저울질하는 사람은 무엇을 하는가? 그는 저울질하지 않을까?

**친구** 그야 물론 저울질하지.

**소크라테스** 많음과 적음을 결정하기 위해 계산하는 사람은 무엇을 하는가? 그는 계산하지 않을까?

**친구** 그렇지.

**소크라테스** 옳은 것과 옳지 못한 것을 결정하기 위해 재판관은 무엇을 하
c 는가? 대답해보게.

**친구** 대답할 수 없네.

**소크라테스** 그는 말한다고 말하게.

**친구** 그는 말한다네.

**소크라테스** 그럼 재판관이 옳은 것과 옳지 못한 것을 결정할 때마다 그는 말함으로써 우리 사이에서 결정하겠지?

**친구** 그렇다네.

**소크라테스** 그리고 계측하는 사람은 계측함으로써 큰 것과 작은 것을 결정하네. 그런 것들은 자막대기에 의해 결정되니까.

**친구** 그렇다네.

**소크라테스** 또한 저울질하는 사람은 저울질함으로써 무거운 것과 가벼운 것을 결정하네. 그런 것들은 저울에 의해 결정되니까.

**친구** 아닌 게 아니라 그렇다네.

**소크라테스** 또한 계산하는 사람은 계산함으로써 많은 것과 적은 것을 결정하네. 그런 것들은 수에 따라 결정되니까. d

**친구** 그렇다네.

**소크라테스** 또한 재판관은 조금 전에 우리 의견이 일치했듯이 말함으로써 우리 사이에서 옳은 것과 옳지 못한 것을 결정하네. 그런 것들은 말에 의해 결정되니까.

**친구** 좋은 말일세, 소크라테스.

**소크라테스** 그건 맞는 말이기도 하네. 보아 하니 옳은 것과 옳지 못한 것을 결정하는 것은 말인 것 같네.

**친구** 아닌 게 아니라 그런 것 같네.

**소크라테스** 옳은 것과 옳지 못한 것은 대체 무엇인가? 누가 우리에게 묻는다고 가정해보게. "더 큰 것과 더 작은 것을 결정하는 것이 자막대기와 계측술과 계측하는 사람이라면 더 큰 것은 무엇이며 더 작은 것은 무엇이죠?" 그러면 우리는 그에게 대답할 걸세. '더 큰 것'은 능가하는 것이고, '더 작은 것'은 능가당하는 것이라고. 또는 그가 이렇게 묻는다고 가정해보게. "무거운 것과 가벼운 것을 결정하는 것이 저울과 저울질하는 e

기술과 저울질하는 사람이라면, 무거운 것은 무엇이며 가벼운 것은 무엇이죠?" 그러면 우리는 그에게 대답할 걸세. "무거운 것은 저울판 위에서 아래로 내려가는 것이고 가벼운 것은 위로 올라가는 것이오." 그런 식으로 우리에게 "옳은 것과 옳지 못한 것을 결정하는 것이 말과 재판하는 기술과 재판관이라면, 옳은 것과 옳지 못한 것은 대체 무엇이죠?" 하고 묻는 사람이 있다면, 우리는 무엇이라고 대답할 수 있을까? 아니면 우리는 여전히 대답할 수 없을까?

**친구** 대답할 수 없네.

374a **소크라테스** 자네가 생각하기에 사람들은 의도적으로 불의를 저지르는가, 아니면 본의 아니게 저지르는가?

**친구** 의도적으로 저지른다고 생각하네, 소크라테스. 그런 자들은 사악하니까.

**소크라테스** 그러면 자네는 사람들이 의도적으로 사악하고 불의하다고 생각하는가?

**친구** 그렇다고 생각하네. 자네는 그렇게 생각하지 않는가?

**소크라테스** 그렇게 생각하지 않네. 우리가 시인의 말을 믿어야 한다면 말일세.

**친구** 어떤 시인 말인가?

**소크라테스** "의도적으로 사악한 사람도 없고, 본의 아니게 축복받은 사람도 없다"고 말한 시인[1] 말일세.

**친구** 하지만 소크라테스, 시인들은 거짓말을 많이 한다는 옛말도 그르다 할 수 없네.

**소크라테스** 이 시인이 그와 관련해 거짓말을 한다면 나는 놀라움을 금치 b
못할 걸세. 자네에게 그럴 시간이 있다면, 그의 말이 참말인지 거짓말인지 검토해보도록 하세.

**친구** 나야 그럴 시간이 있지.

**소크라테스** 자, 자네는 어느 것을 옳다고 생각하는가? 거짓말을 하는 것인가, 참말을 하는 것인가?

**친구** 참말을 하는 것일세.

**소크라테스** 그럼 거짓말을 하는 것은 옳지 못하겠지?

**친구** 그렇지.

**소크라테스** 자네는 어느 것을 옳다고 생각하는가? 속이는 것인가, 속이지 않는 것인가?

**친구** 그야 물론 속이지 않는 것이지.

**소크라테스** 그럼 속이는 것은 옳지 못하겠지?

**친구** 그렇다네.

**소크라테스** 자네는 어느 것을 옳다고 생각하는가? 해코지하는 것인가, 도움을 주는 것인가?

**친구** 도움을 주는 것이지.

**소크라테스** 그럼 해코지하는 것은 옳지 못하겠지?

**친구** 그렇다네.

1 시칠리아 출신의 초기 희극작가 에피카르모스(Epicharmos). 에피카르모스, 단편 7.

c **소크라테스** 그럼 참말을 하고 속이지 않고 도움을 주는 것은 옳고, 거짓말하고 해코지하고 속이는 것은 옳지 못하네.

**친구** 제우스에 맹세코, 물론이지.

**소크라테스** 적에게도 그런가?

**친구** 결코 그렇지 않네.

**소크라테스** 그럼 적을 해코지하는 것은 옳고 적을 돕는 것은 옳지 못하겠지?

**친구** 그렇지.

**소크라테스** 그럼 속임수를 써서라도 적을 해코지하는 것이 옳겠지?

**친구** 왜 아니겠는가?

**소크라테스** 적을 속이고 적에게 해코지하기 위해 거짓말하는 것은 어떤가? 그것은 옳지 않을까?

d **친구** 그렇지.

**소크라테스** 어떤가? 친구를 돕는 것은 옳다고 자네는 주장하지 않는가?

**친구** 나는 그렇다고 주장하네.

**소크라테스** 친구에게 도움을 주려면 친구를 속여서는 안 되는가, 속여도 되는가?

**친구** 속여도 되겠지.

**소크라테스** 속여서라도 친구를 돕는 것은 옳아도, 거짓말을 해서라도 돕는 것은 옳지 않다고 생각하는가? 아니면 거짓말을 해서라도 돕는 것이 옳다고 생각하는가?

**친구** 거짓말을 해서라도 친구를 돕는 것이 옳을 걸세.

**소크라테스** 그렇다면 거짓말을 하는 것도 참말을 하는 것도 옳기도 하고 옳지 않기도 하겠구먼.

**친구** 그렇다네.

**소크라테스** 그리고 속이지 않는 것도 속이는 것도 옳기도 하고 옳지 않기도 하네.

**친구** 그런 것 같네.

**소크라테스** 해코지하는 것도 돕는 것도 옳기도 하고 옳지 않기도 하네.

**친구** 그렇다네.

**소크라테스** 그런 것들은 모두 옳기도 하고 옳지 않기도 한 것 같네. e

**친구** 내가 보기에 그런 것 같네.

**소크라테스** 들어보게. 나도 남들처럼 오른쪽 눈과 왼쪽 눈이 있지?

**친구** 그렇다네.

**소크라테스** 오른쪽 콧구멍과 왼쪽 콧구멍도?

**친구** 물론이지.

**소크라테스** 오른손과 왼손도?

**친구** 그렇다네.

**소크라테스** 자네는 그런 것들을 같은 이름으로 부르면서도 어떤 것들은 오른쪽 것이라 하고 어떤 것들은 왼쪽 것이라 하네. "어떤 경우에 자네는 그것들을 오른쪽 것이라 하고 어떤 경우에 왼쪽 것이라 하는가?" 하고 내가 자네에게 묻는다면, 자네는 "이쪽에 있는 것들은 오른쪽 것이고, 저쪽에 있는 것은 왼쪽 것일세"라고 말할 수 있지 않을까?

**친구** 그렇다네.

**소크라테스** 그렇다면 우리 논점으로 되돌아가세. 여기서도 자네는 같은

것들을 어떤 때는 옳다고 하고, 어떤 때는 옳지 못하다고 하네. 자네는 어
375a 떤 때 옳고 어떤 때 옳지 못한지 말해줄 수 있겠나?

**친구** 내가 보기에 그런 것들은 저마다 적절한 장소에서 적절한 시기에 실행될 경우에는 옳고, 반대의 경우에는 옳지 못한 것 같네.

**소크라테스** 명답일세. 그렇다면 그런 것들을 저마다 적절한 시기에 실행하는 사람은 옳게 행동하는 것이고, 부적절할 때 실행하는 사람은 옳지 못하게 행동하는 것이겠지?

**친구** 그렇다네.

**소크라테스** 하지만 옳게 행동하는 사람은 옳고, 옳지 못하게 행동하는 사람은 옳지 못하겠지?

**친구** 그렇고말고.

**소크라테스** 적절한 시기에 적절한 부위를 수술하고 지짐술을 행하고 염증을 없앨 수 있는 사람은 누군가?

**친구** 의사겠지.

**소크라테스** 그가 그런 일을 알기 때문인가? 아니면 다른 이유에서인가?

b **친구** 그가 알기 때문이지.

**소크라테스** 적절한 시기에 땅을 파고 경작하고 씨를 뿌릴 수 있는 사람은 누군가?

**친구** 농부겠지.

**소크라테스** 그가 이 일을 알기 때문인가, 아니면 알지 못하기 때문인가?

**친구** 그가 알기 때문이지.

**소크라테스** 이 점은 다른 것들도 마찬가지겠지? 아는 사람은 적절한 장소

에서 적절한 시기에 적절한 것을 행할 수 있지만, 알지 못하는 사람은 그럴 수 없겠지?

**친구** 그렇고말고.

**소크라테스** 거짓말하고 속이고 도움을 주는 것은 어떤가? 아는 사람은 이 모든 행위를 적절한 장소에서 적절한 시기에 행할 수 있지만 알지 못하는 사람은 그럴 수 없겠지?

**친구** 맞는 말일세.

**소크라테스** 하지만 이 모든 것을 적절한 시기에 행하는 사람은 옳겠지? c

**친구** 그렇지.

**소크라테스** 그리고 그는 알기 때문에 그런 것들을 행하네.

**친구** 왜 아니겠나?

**소크라테스** 옳은 사람이 옳은 것은 알기 때문일세.

**친구** 그렇다네.

**소크라테스** 옳지 못한 사람이 옳지 못한 것은 그와 반대되는 이유에서겠지?

**친구** 그런 것 같네.

**소크라테스** 또한 옳은 사람이 옳은 것은 지혜롭기 때문일세.

**친구** 그렇다네.

**소크라테스** 옳지 못한 사람이 옳지 못한 것은 무지하기 때문일세.

**친구** 그런 것 같네.

**소크라테스** 그렇다면 정의는 선조가 우리에게 물려준 지혜이고, 불의는 선조가 물려준 무지인 것 같네.

**친구** 그런 것 같네.

d **소크라테스** 사람들이 무지한 것은 의도적인가, 고의가 아닌가?

**친구** 본의가 아닐세.

**소크라테스** 그렇다면 사람들이 옳지 못한 것도 고의가 아니겠지?

**친구** 그런 것 같네.

**소크라테스** 옳지 못한 사람들은 사악하겠지?

**친구** 그렇지.

**소크라테스** 그렇다면 그들이 사악하고 옳지 못한 것은 고의가 아니겠지?

**친구** 전적으로 동의하네.

**소크라테스** 그리고 그들이 옳지 못한 짓을 하는 것은 그들이 옳지 못하기 때문이겠지?

**친구** 그렇다네.

**소크라테스** 하지만 그들이 옳지 못한 것은 고의가 아니겠지?

**친구** 물론이지.

**소크라테스** 하지만 의도적으로 행한 것은 분명 본의 아니게 일어나지는 않네.

**친구** 일어날 수 없지.

**소크라테스** 그러나 사람들이 불의한 짓을 하는 것은 불의가 있기 때문일세.

**친구** 그렇다네.

**소크라테스** 그리고 불의는 고의가 아닐세.

**친구** 고의가 아니네.

**소크라테스** 그렇다면 그들이 불의를 행하고 불의하고 사악한 것은 고의가 아닐세.

**친구** 고의가 아닌 것 같네.

**소크라테스** 그렇다면 이 경우에도 시인은 거짓말을 한 것이 아닐세.

**친구** 거짓말하지 않은 것 같네.

# 미덕에 관하여

**대담자** 소크라테스와 그의 친구

376a **소크라테스** 미덕[1]은 가르쳐질 수 있는 것인가? 가르쳐질 수 없는 것이라면 사람들이 탁월해지는 것은 본성에 의해서인가, 아니면 다른 방법에 의해서인가?

**친구** 당장 대답할 수 없겠네, 소크라테스.

b **소크라테스** 그렇다면 다음과 같이 검토해보세. 말해보게. 전문 요리사를 탁월하게 만들어주는 미덕에서 탁월해지고 싶은 사람이 있다면, 어떻게 해야 그렇게 될까?

**친구** 그야 물론 탁월한 요리사들에게 배워야겠지.

**소크라테스** 어떤가? 탁월한 의사가 되고 싶은 사람이 있다면, 탁월한 의사가 되기 위해 누구를 찾아가야 할까?

**친구** 그야 물론 탁월한 의사 중 한 명을 찾아가야겠지.

**소크라테스** 전문 목수를 탁월하게 만들어주는 미덕에서 탁월해지고 싶은 사람이라면?

c **친구** 목수 중 한 명을 찾아가야겠지.

**소크라테스** 사람들을 훌륭하고 지혜롭게 만들어주는 미덕에서 탁월해지고 싶은 사람이라면, 그것을 배우기 위해 누구를 찾아가야 할까?

**친구** 생각건대 그런 미덕도 만약 그것이 배울 수 있는 것이라면 탁월한 사람들에게 배워야 할 걸세. 그 밖에 누구에게 배울 수 있겠나?

**소크라테스** 말해보게. 우리 나라의 탁월한 사람들은 누구누구인가? 그들이 과연 사람들을 탁월하게 만드는지 살펴보도록 하세.

**친구** 투퀴디데스, 테미스토클레스, 아리스테이데스, 페리클레스[2]일세.

**소크라테스** 우리는 그들 각자를 가르친 스승의 이름을 댈 수 있는가?

**친구** 댈 수 없네. 그런 스승의 이름을 들어본 적이 없으니까. d

**소크라테스** 어떤가? 우리는 외지인이든 동료 시민이든 그 밖의 다른 사람이든 자유민이든 노예든 그런 사람들과 함께함으로써 지혜롭고 탁월해졌다고 일컬어지는 제자의 이름을 댈 수 있는가?

**친구** 나는 그런 제자의 이름을 들어본 적이 없네.

**소크라테스** 자신의 지혜를 남과 공유하기에는 그들이 지나치게 샘이 많았던 것은 아닐까?

**친구** 그럴지도 모르지.

**소크라테스** 요리사와 의사와 목수가 샘이 많듯이, 그들도 경쟁자가 나타

1 arete. 문맥에 따라 '탁월함' '훌륭함'으로 옮길 수 있다.

2 투퀴디데스(Thoukydides)는 여기서 역사가가 아니라 페리클레스의 정적이었던 아테나이의 장군이자 정치가이다. 테미스토클레스(Themistokles)는 기원전 480년 살라미스(Salamis) 해전을 승리로 이끈 아테나이의 정치가이자 장군이다. 아리스테이데스(Aristeides)는 '의인'(義人)이라는 별명을 가진 아테나이의 사심 없는 정치가이자 장군이다. 페리클레스(Perikles)는 아테나이의 직접민주주의를 완성한 정치가이자 장군이다.

나기를 원하지 않았을지 모르지. 경쟁자가 많거나 비슷한 직업을 가진 많은 사람들 사이에 사는 것은 그들에게 이롭지 못하니까. 탁월한 사람들에게도 자신과 비슷한 사람들 사이에서 사는 것은 이롭지 못할 테니 말일세.

**친구** 아마도 그럴 것 같네.

**소크라테스** 하지만 그들은 탁월하기도 하고 올바르지도 않은가?

**친구** 그렇지.

**소크라테스** 좋은 사람들이 아니라 나쁜 사람들 사이에서 사는 것이 이로운 사람도 있는가?

**친구** 말할 수 없네.

**소크라테스** 해코지하는 것은 탁월한 사람들이 할 일이고 돕는 것은 나쁜 사람들이 할 일인지, 아니면 그 반대인지도 말해줄 수 없겠나?

**친구** 그 반대일세.

377a **소크라테스** 탁월한 사람들은 돕고 나쁜 사람들은 해코지하겠지?

**친구** 그렇다네.

**소크라테스** 도움받기보다 해코지당하고 싶은 사람이 있을까?

**친구** 물론 없겠지.

**소크라테스** 그렇다면 좋은 사람들보다는 나쁜 사람들 사이에서 살고 싶어 하는 사람은 아무도 없네.

**친구** 그렇고말고.

**소크라테스** 그렇다면 탁월한 사람은 아무도 남을 자기처럼 탁월하게 만드는 것을 시샘하지 않을 걸세.

**친구** 분명 시샘하지 않을 걸세. 자네 논리대로라면 말일세.

**소크라테스** 자네는 테미스토클레스에게 클레오판토스[3]라는 아들이 있다는 말을 들었는가?

**친구** 들었네.

**소크라테스** 테미스토클레스는 우리가 인정하듯 탁월한 사람이라면 남이 최대한 탁월해지는 것을 시샘하지 않을 사람인데, 그런 그가 자기 아들이 그렇게 되는 것을 시샘하지 않을 것은 분명하지 않은가? b

**친구** 그렇다네.

**소크라테스** 자네도 알다시피 테미스토클레스는 자기 아들을 전문 기수(騎手)가 되도록 가르쳤네. 아들은 말 위에 꼿꼿이 서 있을 수 있었고, 그런 자세로 말 위에서 창을 던질 수 있었으며 다른 묘기도 많이 보여줄 수 있었네. 그는 아들을 가르쳤고, 훌륭한 교사가 필요한 다른 많은 일에도 아들을 전문가로 만들었네. 아니면 자네는 나이 많은 사람들에게서 그런 말을 듣지 못했는가?

**친구** 들었네.

**소크라테스** 그렇다면 그의 아들이 나쁜 자질을 타고났다고 아무도 비난할 수 없을 걸세. c

**친구** 적어도 자네가 말한 것에 따르면 그런 비난은 정당화되지 않을 걸세.

**소크라테스** 이 점은 어떤가? 자네는 노소 불문하고 누군가가 테미스토클

3 Kleophantos.

레스의 아들 클레오판토스가 자기 아버지가 지혜로웠던 것들에서 탁월하고 지혜로운 사람이 되었다고 말하는 것을 들은 적이 있는가?

**친구** 듣지 못했네.

**소크라테스** 그럼 우리는 그는 그런 것들을 자기 아들에게 가르치려고 했지만, 자기가 가진 지혜에서 아들을 이웃에 사는 누구보다 더 탁월하게 d 만들기를 원하지 않았다고 생각할까? 만약 미덕이 가르쳐질 수 있는 것이라면 말일세.

**친구** 그럴 것 같지는 않네.

**소크라테스** 하지만 그는 자네가 말한 그런 교사 중 한 명이었네. 다른 사람을 살펴보기로 하세. 뤼시마코스[4]를 양육한 아리스테이데스 말일세. 그는 교사가 필요한 일들에 아들이 아테나이인 중에 최고의 교육을 받게 했지만, 아들을 누구보다도 더 탁월하게 만들지 못했네. 자네와 내가 그의 아들과 함께한 터라 그의 아들이 그렇다는 것을 알기에 하는 말일세.

**친구** 그렇다네.

**소크라테스** 자네도 알다시피 페리클레스도 아들 파랄로스와 크산팁포 e 스[5]를 양육했는데, 생각건대 자네는 그중 한 명과 사랑하는 사이였던 것 같네. 그는 이들을 자네도 알다시피 어떤 아테나이인 못지않은 기수가 되도록 가르쳤고, 시가(詩歌)와 다른 경기종목도 가르쳤으며, 가르칠 교사가 있는 온갖 기술에서 누구 못지않도록 교육했네. 그런 그가 아들들을 탁월한 사람으로 만들고 싶지 않았을까?

**친구** 소크라테스, 그들은 아마 그렇게 되었을 걸세. 젊어서 일찍 죽지 않았더라면 말일세.

**소크라테스** 자네가 연동[6]을 두둔하고 나서는 것은 당연하다 하겠지. 그러나 미덕이 가르쳐질 수 있고 사람들을 탁월하게 만드는 것이 가능하다면, 페리클레스는 분명히 자기 아들들을 시가나 경기에서보다는 자신의 기술에서 전문가로 만들었을 걸세. 하지만 그것은 가르쳐질 수 없는 것 같으이. 투퀴디데스도 두 아들 멜레시아스와 스테파노스[7]를 양육했지만 자네는 그들을 놓고 페리클레스의 두 아들에 대해 말한 것과 같은 말을 할 수 없을 테니까. 자네도 알다시피 그중 한 명은 노인이 될 때까지 살았고, 다른 한 명은 훨씬 더 오래 살았으니 말일세. 그들의 아버지는 그들이 무엇보다도 아테나이에서 최고의 레슬링 선수가 되도록 가르쳤네. 그는 한 명은 크산티아스에게 맡기고, 다른 한 명은 에우도로스[8]에게 맡겼는데, 이들은 당대 최고의 레슬링 선수라고 생각되었네.

378a

**친구** 그렇다네.

**소크라테스** 그는 분명 돈 들이지 않고도 아들들을 탁월하게 만들 수 있었다면 돈을 들여서 가르치지는 않았을 걸세. 그러니까 그는 아들들이 탁월한 사람이 되도록 가르쳤을 걸세. 그것이 가능하다면 말일세.

b

**친구** 그랬을 것 같네.

**소크라테스** 아마도 투퀴디데스는 평범한 사람이어서 아테나이인들과 그

4 Lysimachos. 아리스테이데스의 아들.

5 Paralos, Xanthippos.

6 paidika. 남자들끼리의 동성연애에서 수동적 역할을 하는 연하의 소년.

7 Melesias, Stephanos.

8 Xanthias, Eudoros.

들의 동맹군 사이에 친구가 많지 않았던 것일까? 천만에. 그는 명문거족 출신으로 아테나이에서도 헬라스[9]의 다른 도시들에서도 큰 영향력을 발휘할 수 있었네. 그러니 미덕이 가르쳐질 수 있는 것이라면, 그는 국내 c 에서나 외지에서 자기 아들들을 탁월하게 만들어줄 수 있는 누군가를 찾아냈을 걸세. 그 자신은 나랏일을 돌보느라 그럴 짬이 나지 않았다면 말일세. 하지만 친구여, 미덕은 가르쳐질 수 없는 것 같네.

**친구** 아마도 가르쳐질 수 없는 것 같네.

**소크라테스** 미덕이 가르쳐질 수 없는 것이라면 사람들은 본성적으로 탁월한 것일까? 아마도 다음과 같이 고찰하면 알아낼 수 있을 걸세. 자, 말해보게. 우리는 좋은 말(馬)은 특정한 본성이라고 생각하는가?

**친구** 특정한 본성이고말고.

d **소크라테스** 그렇다면 신체적으로 경주에 적합하고 정신적으로 씩씩한 좋은 말이나 무기력한 말의 본성을 알게 해주는 기술을 가진 사람이 있겠지?

**친구** 있고말고.

**소크라테스** 그럼 그것은 어떤 기술인가? 그 기술의 이름은 뭐지?

**친구** 승마술이지.

**소크라테스** 마찬가지로 사냥개와 관련해서도 사람들이 사냥개의 좋은 본성과 나쁜 본성을 구별하게 해주는 어떤 기술이 있겠지?

**친구** 있지.

**소크라테스** 그건 어떤 기술인가?

**친구** 사냥술일세.

**소크라테스** 금과 은의 경우는 어떤가? 우리는 척 보고 좋은 주화와 나쁜 주화를 구별하는 환전상들이 있다고 생각하는가?

**친구** 있고말고. e

**소크라테스** 자네는 그들을 무엇이라고 부르는가?

**친구** 은(銀) 감정인이라 부르지.

**소크라테스** 또한 탁월한 체육교사는 척 보고 인체의 어떤 특성이 모든 노고에 적합하고 어떤 특성이 적합하지 않은지, 나이든 소년이나 어린 소년의 어떤 특징이 가장 잘 발달할 성싶으며 그들의 몸을 써서 하는 일에 성공할 것으로 기대되는지 알고 있네.

**친구** 그렇다네.

**소크라테스** 이들 가운데 어느 것이 국가에 더 중요한가? 좋은 말과 좋은 개 따위인가, 아니면 탁월한 사람인가?

**친구** 탁월한 사람일세. 379a

**소크라테스** 어떤가? 자네는 사람들이 미덕을 위해 좋은 본성을 타고난다면, 그것을 알아내려고 온갖 노력을 기울일 것이라고 생각하지 않는가?

**친구** 당연하지.

**소크라테스** 이제는 어떤 기술이 탁월한 사람들의 타고난 본성에 배정되어 그 본성을 판단할 수 있는지 말해줄 수 있겠나?

**친구** 아니, 말해줄 수 없네.

9 Hellas. 그리스의 그리스어 이름.

**소크라테스** 하지만 그 기술도 그 기술을 가진 사람들도 아주 가치가 있네. 그들은 어떤 젊은이들이 아직은 소년이지만 탁월한 사람이 될 가망

b 이 있는지 보여줄 수 있으니까. 그러면 우리는 이들을 받아 보물처럼, 아니 보물보다 더 소중하게 공적 비용으로 성채 안에서 지킬 걸세. 이들이 전투나 다른 위험 때문에 불상사를 당하지 않도록 말일세. 오히려 이들은 성년이 되면 구원자가 되고 시혜자가 되도록 국가를 위해 보존될 걸세. 하지만 미덕은 사람들에게 본성에 의해 주어지는 것도 아니고 배움에 의해 주어지는 것도 아닌 것 같네.

**친구** 소크라테스, 사람들이 미덕을 갖추는 것이 본성에 의한 것도 배움

c 에 의한 것도 아니라면, 어떻게 사람들에게 미덕이 주어진다고 생각하는가?

**소크라테스** 그것을 설명하기란 쉽지 않을 것 같네. 하지만 추측건대 미덕을 가지는 것과 탁월한 사람이 되는 것은 신의 영감을 받은 예언자나 신탁 해설가의 경우가 그러하듯 무엇보다도 신의 선물인 것 같네. 이들은 본성에 의해서도 아니고 기술에 의해서도 아니고, 신들의 영감에 의해서 그렇게 된 것이니까. 그래서 탁월한 사람들도 매번 자신들의 도시에

d 미래의 성공과 임박한 사건들을 신의 영감에 힘입어 점쟁이보다 훨씬 더 탁월하고 더 명확하게 예언하는 것일세. 여자들도 "이 남자는 신과 같다"는 표현을 사용하며, 라케다이몬[10]인들도 누군가를 극찬할 때는 "그는 신과 같은 사람이다"라고 말한다네. 호메로스와 그 밖의 다른 시인들도 종종 같은 찬사를 쓴다네. 그리고 어떤 국가가 흥하기를 원하면 신은 그 안에 탁월한 사람들이 태어나게 하고, 어떤 도시가 망하기를 원하면

신은 그 도시에서 탁월한 사람들을 데려간다네. 그러니 미덕은 가르쳐질 수 있는 것도 타고나는 것도 아니며, 신의 섭리에 의해 그것을 가진 사람들에게 주어지는 것 같네.

**10** Lakedaimon. 스파르테 주변 지역을 가리키지만 대개는 스파르테와 같은 뜻으로 쓰인다.

# 데모도코스

## I

380a 데모도코스, 자네는 자네들이 만나서 의논하려는 것들에 대해 내가 조언해주기를 청하지만, 나는 오히려 자네들이 왜 모이는지, 자네들에게 조언하려는 사람들이 과연 그럴 용의가 있는지, 그리고 자네들은 각자 어디에 투표하려는지 묻고 싶네. 한편으로는 자네들이 만나서 의논하려는 것들에 관해 올바르고 정통한 조언을 하는 것이 불가능하다고 생각해보게. 그러면 올바른 조언을 할 수 없는 것들에 관해 의논하기 위해 자 b 네들이 모이는 것은 분명 우스울 걸세. 다른 한편으로는 그런 것들에 관해 올바르고 정통한 조언을 하는 것이 가능하다고 생각해보게. 그러면 그런 것들에 관해 올바른 조언을 하게 해주는 지식[1]이 없는 것은 불합리할 걸세. 그런 것들에 관해 올바른 조언을 하게 해주는 지식이 있다면, 그런 것들에 관해 올바른 조언을 할 줄 아는 사람들이 반드시 있을 걸세. 그리고 의논하려고 자네들이 만나는 것에 관해 올바른 조언을 할 줄 아는 c 사람들이 있다면, 자네들도 반드시 그런 것들에 관해 조언할 줄 알거나 조언할 줄 모르거나, 자네들도 더러는 알고 더러는 알지 못할 걸세. 만약 자네들이 모두 안다면 자네들 각자가 혼자서도 충분히 조언할 수 있는데, 자네들이 의논하기 위해 모일 필요가 어디 있겠는가? 자네들 가운데

아무도 알지 못한다면, 그것에 관해 어떻게 의논할 수 있겠는가? 그리고 의논할 수 없는 사람들이 모여봤자 자네들에게 무슨 도움이 되겠는가?

끝으로 자네들 가운데 더러는 알지만 더러는 알지 못해서 오히려 조언이 필요할 경우, 아는 사람 한 명이면 자네들 가운데 알지 못하는 사람들에게 충분히 조언할 수 있을 걸세. 조언할 줄 아는 사람들은 아마도 모두 같은 조언을 할 것이므로 자네들은 그 사람의 말만 듣고 가면 될 테니까. 하지만 자네들은 그러지 않고 여러 사람의 조언을 듣고 싶어 하네. 자네들은 자네들에게 조언하려는 사람들이 자신들이 조언하는 것들에 관해 실제로는 알지 못한다고 생각한다네. 그들이 안다고 생각했다면 자네들은 그중 한 명의 조언을 듣는 것으로 만족했을 테니까. 그러니 자네들에게 도움이 될 것이라 믿고 그런 것들에 관해 알지도 못하는 사람들의 조언을 듣기 위해 자네들이 모인다는 것이 어찌 불합리한 일이 아니겠는가?

d

381a

자네들에게 조언하려는 사람들의 용의와 관련하여 나는 이 점을 이해할 수 없네. 그들이 같은 것들에 관해 조언한다 하더라도 같은 조언을 하지 않는다고 가정해보게. 그러면 올바르게 조언하는 사람이 조언하는 것을 그들이 조언하지 않는데, 어떻게 그들 모두가 훌륭하게 조언한다 하겠는가? 또는 알지 못하는 것들에 관해 사람들이 조언할 용의가 있다면, 그런 용의가 어찌 불합리하지 않겠는가? 그들이 그런 것들을 안다면 올바르지 못한 조언을 해주기로 선택하지 않을 테니 말일세. 하지만 그들

b

1 episteme.

이 같은 조언을 한다면 그들 모두가 조언할 필요가 어디 있겠는가? 그들 중 한 명만 그런 조언을 하면 충분할 테니까. 그런데 그들이 아무 도움도 안 되는 일을 할 용의가 있다는 것이 어찌 우습지 않겠는가? 그러니 알지 c 못하는 사람들의 용의는 그것이 어떤 것이든 불합리할뿐더러 분별 있는 사람들은 그런 경우 그럴 마음이 내키지 않을 걸세. 그들은 자기들 가운데 한 명이면 가장 적절한 조언을 함으로써 혼자서도 같은 일을 해낼 수 있다는 것을 아니까. 그래서 나는 자네들에게 조언하려는 사람들의 용의가 어떻게 해야 우습지 않을지 알지 못해 어찌 할 바를 모르겠네.

무엇보다도 자네들이 시도하는 투표와 관련해 무엇을 하자는 것인지 도무지 이해할 수가 없네. 조언할 줄 아는 사람들을 자네들이 판단하겠다는 것인가? 하지만 그들은 자네들에게 하나 이상의 조언을 하지도 않을 것이며, 같은 것들에 관해 다른 조언을 하지도 않을 걸세. 그러니 자네 d 들은 그들에 관해 투표할 필요가 없을 걸세. 그게 아니면 자네들은 알지 못하는 사람들과 그릇된 조언을 하는 사람들을 판단하겠다는 것인가? 그런 사람들은 미치광이 못지않게 아예 조언하지 못하게 하는 것이 마땅하네. 자네들이 판단하는 것이 아는 사람들도 아니고 알지 못하는 사람들도 아니라면, 자네들은 대체 어떤 사람들을 판단하겠다는 것인가?

그 밖에도 자네들이 그런 것들을 스스로 판단할 수 있다면, 남들이 자네들에게 조언해야 할 필요가 어디 있는가? 또한 자네들이 판단할 수 없다면, 자네들은 무엇을 하겠다고 투표하는 것인가? 자네들에게 조언 e 이 필요하지만 스스로 조언할 수 없다고 생각하고는 조언을 듣기 위해 모였다가, 모인 다음에는 자네들이 판단할 수 있는 듯이 투표해야 한다고 생각하는 것은 분명 우스운 일일세. 자네들 개개인은 무지한데 자네들이 함께 모였다 해서 지혜로워진다는 것은, 또는 자네들 각자는 모르는데 모두가 한데 모였다 해서 더이상 모르지 않고 무엇을 해야 하는지 볼 수 있게 된다는 것은 있을 수 없는 일이니까. 누구에게 배우거나 스스로 알아내지 않고도 말일세. 그럴 수만 있다면 참으로 놀라운 일이겠지.

하지만 자네들이 무엇을 해야 하는지 볼 수 없다면 누가 그런 것들에 관해 자네들에게 올바른 조언을 하는지 판단할 수 없을 걸세. 또한 자네들의 하나뿐인 저 진실한 조언자도 자네들이 해야 할 일을 가르쳐줄 수 있다거나 누가 자네들에게 나쁜 조언을 하고 누가 훌륭한 조언을 하는지 판단할 수 있게 해주겠다고 약속하지 않을 걸세. 주어진 시간이 짧고 자네들이 다수라면 말일세. 그렇게만 할 수 있다면 이 역시 앞서 말한 것 못지않게 놀라운 일이겠지만 말일세. 하지만 만남도 자네들의 조언자도 자네들이 판단할 수 있게 만들지 못한다면, 자네들의 투표가 무슨 소용 있겠는가? 382a

또는 자네들이 모이는 것이 자네들이 투표하는 것과 어떻게 모순되지 않으며, 자네들이 투표하는 것이 자네들의 조언자들이 용의가 있는 것과 어떻게 모순되지 않겠는가? 자네들이 모인다는 것은 자네들이 조언을 할 수 없어 조언자를 필요로 한다는 것을 의미하고, 자네들이 투표한다는 것은 조언자들이 필요 없고 자네들 스스로가 판단하고 조언할 수 있다는 것을 의미하니 말일세. 또한 자네들의 조언자들이 용의가 있다는 것은 그들이 안다는 것을 의미하고, 자네들이 투표한다는 것은 자네들의 조언자들이 알지 못한다는 것을 의미하네. b c 또한 자네들은 투표를 하고 그는 자네들이 투표하는 것에 대해 자네들에게 조언을 한 뒤에 도대체 무엇을 행하기 위해 자네들이 투표를 했는지 아느냐고 누군가가 묻는다고 가정해보게. 자네들은 아마도 안다고 말할 수 없을 걸세. 그리고 그런 목표가 이루어질 수 있다면 그것이 자네들에게 도움이 될지도 자네들이 아는지 그가 계속해서 묻는다면, 자네들도 자네들의 조언자들도 그렇다고 말할 수 없을 걸세. 또한 어떤 사람이 그런 것들에 관해 무언가를 안다고 생각하느냐고 누군가가 자네들에게 묻는다 해도, 자네들은 그렇다고 말할 수 없을 걸세.

d 자네들이 조언하는 것들이 자네들에게 분명하지 못하고, 투표하는 자들도 조언하는 자들도 잘 알지 못한다면, 당연히 자네들은 나중에 조언자들을 불신하게 되고 자신들의 결정을 후회하는 일이 비일비재할 걸세. 하지만 훌륭한 사람들에게는 그런 일이 일어나지 않네. 그들은 자신들이 조언하는 것들의 본성이 어떻다는 것을 알며, 자신들이 설득한 사람들은 자신들이 조언하는 목표를 분명히 달성할 것이고, 자신들도 자신들이 설득한 사람들도 후회하는 일이 없을 것이라는 것을 아니까. 그
e 래서 나는 지각 있는 사람은 자네들이 내게 조언해주기를 요청하는 것들이 아니라 그런 것들에 관해 조언하는 것이 적절하다고 생각한 것일세. 후자에 관한 조언은 성공으로 끝나지만, 전자에 관한 허튼소리는 실패로 끝나기 마련이니까.

## II

나는 어떤 사람이 피고인의 말은 들어보지도 않고 고소인의 말만 믿고 자기 친구를 비난하는 것을 목격한 적이 있네. 친구가 그에게 말하기를, 자신이 직접 목격하거나 직접 목격했기에 그 말을 믿을 만한 친구들의 말을 들어보지도 않고 미리 유죄라고 생각하는 것은 큰 잘못을 저지르는 것이 (383a) 라고 했네. 그런데 그는 양쪽 말을 다 들어보지도 않고 경솔하게 고소인의 말을 믿었던 걸세. 정의는 칭찬하거나 비난하기 전에 고소인뿐 아니라 피고인의 말도 들어보기를 요구한다네. 그도 그럴 것이 양쪽 말을 다 들어보지도 않고 어떻게 사건을 공정하게 해결하거나 사람들을 적절하게 판단할 수 있겠는가? 자줏빛이나 금화처럼 논의들도 서로 비교해보아야 더 잘 판단할 수 있는 법일세. 무엇 때문에 양쪽에 시간이 배분되고, (b) 무엇 때문에 배심원들이 양쪽 말을 공평하게 듣겠다고 맹세하겠는가? 그래야만 배심원들이 사건을 더 공정하고 더 훌륭하게 판단할 것이라고 입법자가 생각하지 않았다면 말일세.

"자네는 널리 사람들 입에 오르내리는 옛말도 들어보지 못한 것 같네."

"그게 어떤 말이지?" 하고 그가 물었네.

"'양쪽 말을 다 들어보기 전에는 판단하지 말라.'[2] 이 말이 옳고 적절하 (c) 지 않다면 그렇게 널리 사람들 입에 오르내리지 않았을 걸세. 그래서 내

**2** 헤시오도스(Hesiodos), 단편 338 (Merkelbach–West). 헤시오도스는 기원전 700년경에 활동한 그리스의 서사시인이다.

자네에게 충고하는데 앞으로는 사람들을 그렇게 경솔하게 비난하거나 칭찬하지 말게." 하고 그는 말을 이었네.

그러자 다른 사람이 대답하기를, 한 사람이 말할 때는 그가 참말을 하는지 거짓말을 하는지 말할 수 없지만 두 사람이 말할 때는 말할 수 있다면, 또는 참말을 하는 사람에게서는 배울 수 없지만 거짓말을 하는 사람과 함께한다면 같은 사람에게서 같은 것들에 관해 배울 수 있다면, 또는 d 바른 말을 하고 참말을 하는 한 사람은 자기가 말하는 것을 분명히 할 수 없지만 그중 한 명은 거짓말을 하고 바른말을 하지 않는 두 사람은 바른 말을 하는 사람이 분명히 할 수 없는 것을 분명히 할 수 있다면, 이는 분명 이상한 일일 것이라고 했네.

그는 말을 이었네. "또한 나는 그들이 어떻게 분명히 할 수 있는지도 알 수 없네. 그들이 침묵을 지킴으로써, 아니면 말을 함으로써? 그들이 침묵을 지킴으로써 분명히 할 수 있다면 둘 중 누구의 말을 들을 필요도 없고 두 사람의 말을 다 들을 필요도 없을 걸세. 그들이 둘 다 말을 함으로 e 써 분명히 할 수 있다면 두 사람이 함께 말할 수는 없고 순서대로 한 명씩 말해야 하네. 그러니 두 사람이 동시에 무엇을 분명히 한다는 것이 어떻게 가능하겠는가? 그들이 둘 다 동시에 분명히 하려면 둘이 동시에 말해야 할 텐데, 그것은 허용되지 않으니 말일세. 그러니 그들이 말을 함으로써 분명히 한다면 그들이 저마다 말을 함으로써 그렇게 하고, 그들이 저마다 말을 한다면 그들은 저마다 분명히 하는 수밖에 없네. 그러니 한 사람이 먼저 말하고 다른 사람은 나중에 말할 것이고, 한 사람이 먼저 분명히 하고 다른 사람은 나중에 분명히 할 걸세. 하지만 각자가 순서대로 같은 것을 분명히 한다면 나중에 말하는 사람의 말을 들을 필요가 어디 있겠는가? 먼저 말한 사람에 의해 이미 모든 것이 분명해졌는데 말일세. 또 384a 한 두 사람이 분명히 한다면 그것은 분명 그들이 저마다 분명히 하는 것이 아니고 무엇이겠는가? 그도 그럴 것이, 둘 중 한 사람이 무엇을 분명히 하지 않는다면 어떻게 그들 둘 다 분명히 하겠는가? 하지만 그들이 저마다 분명히 한다면 분명 먼저 말하는 사람이 먼저 밝히게 될 걸세. 그렇다면 그의 말만 들어도 사태가 어떠한지 알 수 있지 않겠는가?"

두 사람의 말을 듣고 나는 어리둥절해했고 어느 쪽 말이 맞는지 판단할 수가 없었네. 그 자리에 있던 다른 사람들은 먼저 말한 사람이 옳다고 했지만 말일세. 그러니 할 수만 있다면 자네가 나를 도와주게. 한쪽 말만 b 들어도 그가 무슨 말을 하는지 알 수 있는가, 아니면 그가 참말을 하는지 알기 위해서는 상대방의 말도 들을 필요가 있는가? 아니면 양쪽 말을 다 들을 필요가 없는가? 자네는 어떻게 생각하는가?

## III

얼마 전에 어떤 사람(A)이 자기를 믿고 돈을 빌려주려 하지 않는다고 다른 사람(B)을 비난했네. 그러자 비난받은 사람이 변명을 했고, 그 자리에 있던 누군가(C)가 믿고 돈을 빌려주려 하지 않는다고 해서 그가 잘못을 저지른 것이냐고 비난하는 사람에게 물었네. C가 말을 이었네. "오히 c 려 돈을 빌려주도록 그를 설득하지 못한 그대가 잘못을 저지른 것이 아닐까요?"

그러자 A가 대답했네. "내가 무슨 잘못을 저질렀다는 거요?"

"그대가 보기에 어느 쪽이 잘못을 저지르는 것 같소?" 하고 C가 말했네. "원하는 것을 얻는 데 실패한 사람이오, 아니면 성공한 사람이오?"

"실패하는 사람이오." 하고 A가 대답했네.

C가 말했네. "그런데 그대는 실패했소. 그대는 돈을 빌리기를 원했지만, 그는 돈을 빌려주지 않기를 원했고 빌려주지 않는 데 실패하지 않았으니 말이오."

"그렇소." 하고 A가 말했네. "하지만 그가 돈을 빌려주지 않았다 하더라도 내가 왜 잘못을 저지른 거죠?"

C가 말했네. "요구해서는 안 될 것을 그에게 요구했는데 그대가 어떻게 잘못을 저지르지 않았다고 생각하시오? 하지만 그것을 주지 않은 그는 올바르게 행동했소. 그리고 그대가 요구할 것을 그에게 요구하다가 그것을 얻는 데 실패한다 해도 그대는 당연히 잘못을 저지른 것이 아닐까요?"

d

"그럴지도 모르지요. 하지만 나를 믿지 않은 그는 어떻게 아무런 잘못도 저지르지 않은 거죠?" 하고 A가 말했네.

C가 말했네. "그와 적절히 교유했다면 그대가 잘못을 저지르는 일은 전혀 없었을 것이오."

"물론 없었겠지요."

"그렇다면 그대는 그와 적절히 교유하지 않은 것이오."

"그런 것 같아요." 하고 A가 말했네.

"그대가 그와 적절히 교유하지 않았기에 그가 설득되지 않은 것이라면, 그대가 그를 비난하는 것이 어떻게 정당화되겠소?"

"나는 할 말이 없소." e

"그대는 예의 바르지 않게 대하는 사람에게는 상냥할 필요가 없다는 것도 모르시오?"

"그건 잘 알지요." 하고 A가 말했네.

"그런데 적절히 교유하지 않는 사람들이야말로 서로에게 예의 바르지 않게 대한다고 생각되지 않으시오?" 하고 C가 물었네.

"나야 그렇게 생각하지요." 하고 A가 말했네.

"그러면 그대가 예의 바르지 않게 대하는데 그가 상냥하지 않다고 해서 무슨 잘못을 저지른 거죠?"

"아무런 잘못도 저지르지 않은 것 같소." 하고 A가 말했네.

C가 말했네. "그렇다면 왜 사람들은 그런 식으로 서로 나무랄까요? 말하자면 자신이 설득하지 못한 사람들은 나무라면서 그들을 설득하지 못한 자신은 왜 조금도 나무라지 않는 걸까요?" 385a

그러자 그 자리에 있던 다른 사람이 대답했네. "그대가 누군가에게 잘해주기도 하고 도와주기도 하고 나서 그가 그대에게 똑같이 대해주기를 요구하다가 거절당했다고 생각해보시오. 그럴 경우 그대가 그를 나무라는 것은 당연하지 않을까요?"

"그대가 똑같이 대해주기를 요구받은 사람은 그대에게 잘해줄 수 있거나 잘해줄 수 없을 것이오. 그렇지 않을까요? 그가 그럴 수 없다면, 그가 할 수 없는 것을 요구하니 그대가 부당한 요구를 하는 것이고, 그가 그럴 수 있다면 그대는 어째서 그런 사람을 설득하지 않았소? 그런 말을 하는 사람이 어떻게 올바른 주장을 한다고 하겠소?"

b "제우스에 맹세코, 그는 그런 처신을 나무라야 마땅하오. 상대방이 앞으로 자기에게 더 잘 대하도록 말이오. 그러면 다른 친구들도 그가 나무라는 것을 듣고 더 잘 대할 것이오."

"그대는 사람들이 어떤 때 더 잘 대할 것이라 생각하시오? 누군가가 적절한 말을 하고 적절한 요구를 할 때일까요, 아니면 부적절한 말을 하고 부적절한 요구를 할 때일까요?"

"적절한 말을 할 때겠지요."

"그런데 그대는 그가 부적절한 요구를 한다고 생각했소."

"그렇소."

"그렇다면 사람들이 그런 비난의 말을 듣고 어떻게 더 잘 대해줄 수 있겠소?"

"결코 그럴 수 없겠지요."

c "그렇다면 무엇 때문에 그렇게 나무라는 거죠?"

그러자 상대방은 할 말이 없다고 했네.

## IV

남의 말을 금세 믿는다고 해서 어떤 사람(A)이 다른 사람(B)을 순진하다고 나무랐네.

"그대의 동료 시민이나 친족의 말을 믿는 것은 당연한 일이지만, 전에 본 적도 없고 들은 적도 없는 사람을 믿는 것과 대부분의 사람이 허풍쟁이이고 악당이라는 것을 모르는 것은 어리석음의 작지 않은 징표라오."

그 자리에 있던 사람들 중 한 명(C)이 말했네. "나는 그대가 느리게 인지하는 사람보다도 무엇이든 빨리 인지하는 사람을 더 높이 평가하는 줄 알았소." d

그러자 A가 말했네. "아닌 게 아니라 나는 그런다오."

"그럼 왜 그대는 진실을 말하는 사람이면 아무나 금세 믿는다고 그를 나무라는 거요?" 하고 C가 물었네.

"내가 그를 나무라는 것은 그 때문이 아니라 그가, 거짓말을 하는데도 아무나 금세 믿기 때문이오." 하고 A가 대답했네.

"하지만 오랜 시간이 지나도록 그가 아무도 믿지 못하고 오히려 속았다고 가정해보시오. 그러면 그대는 그를 더 나무라지 않았을까요?"

"그랬겠지요." 하고 A가 대답했네.

"그가 느리게 믿고 아무나 믿지 않기 때문인가요?"

"제우스에 맹세코, 그렇지 않소." 하고 A가 대답했네. e

"그렇다면 그대가 누군가를 비난받아 마땅하다고 생각하는 것은 그 때문이 아니라, 그가 믿음직스럽지 못한 말을 하는 사람을 믿기 때문인 것 같군요." 하고 C가 말했네.

"그렇소." 하고 A가 말했네.

"그렇다면 그대는 사람들을 느리게 믿고 아무나 믿지 않는다고 해서 그를 나무라는 것은 옳지 않지만, 금세 믿고 아무나 믿는다고 해서 나무라는 것은 옳다고 생각하는 거요?" 하고 C가 말했네.

"그렇게 생각하지 않소." 하고 A가 대답했네.

"그렇다면 그대는 왜 그를 나무라는 거요?" 하고 C가 물었네.

"숙고해보지도 않고 아무나 금세 믿는 것은 잘못을 저지르는 것이기 때문이오."

386a "하지만 오랜 시간이 지나도록 숙고하지 않는다면 그가 잘못을 저지른 것이 아닐까요?"

A가 말했네. "제우스에 맹세코, 숙고하지 않는 것도 작지 않은 잘못을 저지른 것이겠지요. 하지만 아무나 믿어서는 안 된다는 것이 내 생각이오."

C가 말했네. "아무나 믿어서는 안 된다는 것이 그대의 생각이라면 모르는 사람을 금세 믿는 것이 어떻게 온당할 수 있지요? 그러기 전에 그들이 참말을 하는지 숙고해보아야 한다고 생각하지 않으시오?"

"물론 그래야겠지요." 하고 A가 말했네.

"그럼 그들이 친구나 친척이라면 그들이 참말을 하는지 숙고할 필요가 없나요?"

"나는 숙고할 필요가 있다고 주장하오." 하고 A가 대답했네.

"이들 중에도 더러는 아마도 믿을 수 없는 말을 하는 사람이 있기 때문이겠지요." 하고 C가 말했네.

"물론이지요." 하고 A가 대답했네.

b C가 물었네. "그렇다면 왜 아무나 믿기보다 친구나 친척을 더 믿어야 하지요?"

"말할 수 없소." 하고 A가 대답했네.

"어떻소? 아무나보다 친척을 더 믿어야 한다면 아무나보다는 친척이 더 믿음직하다고 생각해야 하지 않을까요?"

"왜 아니겠소?" 하고 A가 대답했네.

"그들이 우리에게는 친척이고 남들에게는 모르는 사람이라면, 그대는 분명히 그들을 실제보다 더 믿음직하다고 생각할 것이오. 그대의 주장에 따르면, 아는 사람과 모르는 사람을 똑같이 믿음직하다고 생각해서는 안 될 테니 말이오."

"그건 받아들일 수 없소." 하고 A가 말했네.

"마찬가지로 그들이 말한 것을 어떤 사람은 믿고, 다른 사람은 믿을 수 없다고 여길 테지만, 어느 쪽도 잘못을 저지르는 것은 아니오."

"그 또한 불합리하겠지요." 하고 A가 말했네.

"또한 친척들이 아무나와 같은 말을 한다면 그들이 하는 말은 똑같이 믿음직하거나 아니면 믿을 수 없을 것이오. 그렇지 않을까요?" 하고 C가 말했네. c

"당연하지요." 하고 A가 말했네.

"그렇다면 그런 말을 하는 것이 이 사람이든 저 사람이든 똑같이 믿어야 하지 않을까요?" d

"그럴듯한 말이오." 하고 A가 말했네.

그들이 그렇게 논의하는 동안 나는 도대체 누구를 믿어야 하고 누구를 믿지 말아야 하는지, 믿음직하고 자기가 무엇에 관해 말하는지 아는 사람을 믿어야 하는지 아니면 친척과 지인을 믿어야 하는지 알 수 없었네.

# 시쉬포스

**대담자** 소크라테스, 시쉬포스

387b **소크라테스** 시쉬포스, 어제도 우리는 미사여구를 늘어놓는 스트라토니코스[1]의 연설 때문에 자네를 한참 기다렸네. 이론과 실천에서 아름다운 것을 많이 보여준 대가의 말을 자네가 우리와 함께 들을 수 있도록 말일세. 그러나 자네가 오지 않을 것이라고 생각되어서 그 사람의 말을 들으러 우리끼리 갔네.

**시쉬포스** 그러길 정말 잘하셨어요. 급한 볼일이 생겼는데 그것을 외면할 수 없었으니까요. 어제 우리 정부에서 회의를 하며 저더러 그 자리에 참 c 석할 것을 요구했는데, 정부가 우리 중 누군가에게 회의에 참석할 것을 요구하면, 우리 파르살로스[2] 시민들은 법률에 따라 정부의 명령에 복종해야 해요.

**소크라테스** 법률에 복종하는 것은 훌륭한 일이지. 동료 시민들에 의해 훌륭한 조언자로 여겨지는 것도 그렇고. 자네가 파르살로스에서 훌륭한 조언자로 여겨지는 것처럼 말일세. 시쉬포스, 나는 당장에는 훌륭한 조언에 관해 자네와 논의할 수가 없네. 그러자면 많은 시간과 긴 논의가 필 d 요할 것 같으니 말일세. 하지만 회의 자체와 그것의 본질에 관해서라면 일단 자네와 논의해보고 싶네. 회의란 대체 무엇일까? 자네가 말해줄 수 있겠나? 잘 또는 나쁘게 또는 훌륭하게 회의하는 것이 아니라 회의 자체가 무엇인지 말일세. 자네는 분명 아주 쉽게 그럴 수 있을 걸세. 자네야말로 아주 훌륭한 조언자이니까. 그리고 그런 것을 따져 묻는다고 해서 설마 내가 주제넘은 것은 아니겠지?

**시쉬포스** 회의가 무엇인지 정말로 모르세요?

**소크라테스** 정말로 모른다네, 시쉬포스. 그것이 자기가 무엇을 하는지 모르는 사람이 예감과 짐작으로 알아맞히려 하는 것과 다른 것이라면 말일세. 그는 마치 홀수 짝수 놀이를 하는 사람들처럼 생각나는 대로 말하는데, 이들은 자기가 손에 쥔 것이 짝수인지 홀수인지 알지도 못하면서 요행으로 알아맞힌다네. 회의란 아마도 자기가 무엇에 관해 회의하는지 알지도 못하는 사람이 요행으로 알아맞히는 것과 같은 것인 듯하네. 회의가 그런 것이라면 나는 회의가 무엇인지 대충은 알겠으나, 그런 것이 아니라면 회의가 무엇인지 아직도 모르겠네.

e

388a

**시쉬포스** 회의란 어떤 사안에 관해 아무것도 모르는 것과 같은 것이 아니라, 그것의 일부는 이미 알지만, 일부는 아직도 모르는 것과 같아요.

**소크라테스** 자네가 말하는 회의란 이런 것인가? 그러고 보니 나도 자네의 훌륭한 회의에 대한 의견을 점치는 것 같은 느낌이 드는구먼. 말하자면 누군가 가장 훌륭한 행동 방침을 찾아내려고 하는데, 아직은 그것을 명확히 알지 못하고 숙고 중에 있는 것 말일세. 자네가 말하는 것은 그런 것

b

1 Stratonikos.

2 Pharsalos. 그리스의 남(南)텟살리아(Thessalia) 지방에 있는 도시.

이 아닌가?

**시쉬포스** 그렇습니다.

**소크라테스** 사람들은 어떤 것을 찾아내려 하는가? 아는 것들인가, 아니

c 면 모르는 것들인가?

**시쉬포스** 둘 다요.

**소크라테스** 사람들은 아는 것들과 모르는 것들을 둘 다 찾으려 한다고 말할 때, 자네가 말하려는 것은 이런 것인가? 이를테면 누군가 칼리스트라토스[3]가 누군지는 알지만 어디서 그를 찾을지 모를 수 있네. 둘 다 찾아내려 한다고 말할 때 자네가 말하는 것은 그런 뜻인가?

**시쉬포스** 그렇습니다.

**소크라테스** 자네가 칼리스트라토스를 이미 안다면 그를 알려고 하지 않을 걸세. 그렇지 않은가?

d **시쉬포스** 물론 그러지 않겠지요.

**소크라테스** 하지만 자네는 그가 어디 있는지는 찾아내려 할 걸세.

**시쉬포스** 저도 그렇게 생각합니다.

**소크라테스** 그러나 그를 어디서 찾아내야 하는지 안다면 굳이 그를 찾아내려 하지 않을 걸세. 그런 경우에는 자네가 가서 당장 그를 찾아낼 걸세. 그렇지 않은가?

**시쉬포스** 그렇습니다.

**소크라테스** 그렇다면 사람들이 찾아내려는 것은 이미 아는 것들이 아니라 모르는 것들인 것 같네. 하지만 시쉬포스, 그런 명제는 궤변처럼 들릴 걸세. 사안의 본질을 밝히기 위해서가 아니라 단지 하나의 쟁점으로 제

시된다면 말일세. 그러니 다음과 같이 검토하고 방금 말한 것에 동의하 e
는지 살펴보게. 자네도 알다시피 기하학에서도 그런 일이 일어난다네. 기하학은 대각선을 알지 못하지만, 대각선이냐 대각선이 아니냐 하는 문제는 존재하지 않네. 그들은 그런 것이 아니라, 이등분되는 평면의 변에 비해 대각선이 얼마나 긴지 찾아내려는 것일세. 그것이 대각선과 관련해 그들이 찾아내려는 것이 아닐까?

**시쉬포스** 저는 그렇다고 생각해요.

**소크라테스** 그리고 그것은 모르는 것일세. 그렇지 않은가?

**시쉬포스** 물론이지요.

**소크라테스** 또한 정육면체를 갑절로 늘린다고 생각해보게. 자네도 알다시피 기하학자들은 계산함으로써 그것이 얼마나 큰지 알아내려 하지 않을까? 정육면체 자체와 관련해 그것이 정육면체인지 아닌지 알아내려 하지는 않네. 그 정도는 그들이 아니까. 그렇지 않은가?

**시쉬포스** 그렇습니다.

**소크라테스** 또한 대기를 생각해보게. 자네도 알다시피 아낙사고라스와 389a
엠페도클레스[4]와 그 밖의 모든 우주론자는 그것이 무한한지 아니면 유한한지를 찾아내려고 하는 것일세.

**시쉬포스** 그렇습니다.

3 Kallistratos.

4 아낙사고라스(Anaxagoras)는 소아시아 출신의 자연철학자이다. 엠페도클레스(Empedokles)는 시칠리아 출신의 자연철학자이자 정치가이다.

**소크라테스** 하지만 그것이 대기인지는 묻지 않네. 그렇지 않은가?

**시쉬포스** 물론 묻지 않지요.

**소크라테스** 그렇다면 그런 것들과 관련해 우리 결론은 누구나 모르는 것을 찾아내려 하고, 아는 것을 찾아내려는 사람은 아무도 없다는 것일세. 자네도 이에 동의하는가?

**시쉬포스** 동의합니다.

b **소크라테스** 그러면 회의도 가장 훌륭한 행동 방침을 찾아내려 하는 것이라고 생각해야 하지 않을까?

**시쉬포스** 그렇습니다.

**소크라테스** 그리고 우리는 회의란 실무와 관련하여 무엇인가를 찾아내려고 하는 것이라고 생각했네. 그렇지 않은가?

**시쉬포스** 물론 그랬지요.

**소크라테스** 그러면 이제 우리는 사람들이 찾아내려고 하는 것을 찾아내지 못하게 방해하는 것이 무엇인지 살펴보아야 할 걸세.

**시쉬포스** 저도 그렇게 생각합니다.

**소크라테스** 우리는 그들의 무지 말고 다른 것이 그들을 방해한다고 말할 c 수 있을까?

**시쉬포스** 제우스에 맹세코, 살펴보도록 합시다.

**소크라테스** 우리는 사람들 말마따나 모든 돛을 활짝 펴야 할 걸세. 우리 함께 이 점을 검토해보세. 자네는 시가(詩歌)[5]에 대해 아무것도 모르고 어떻게 키타라[6]를 연주하고 다른 시가 활동을 하는지도 모르는 사람이 시가에 관해 회의를 할 수 있다고 생각하는가?

**시쉬포스** 저는 그럴 수 없다고 생각합니다.

**소크라테스** 군사작전과 항해술에 대해서는 어떻게 생각하는가? 자네는 이 둘 중 어느 것도 모르는 사람이 둘 중 각 분야에서 무엇을 해야 할지 회의를 할 수 있다고 생각하는가? 군사작전과 항해술에 대해 아무것도 모른다면 그가 어떻게 군대를 지휘하고 배를 운항할지 회의할 수 있을까? d

**시쉬포스** 할 수 없어요.

**소크라테스** 이 점은 다른 분야도 모두 마찬가지가 아닐까? 어느 누구도 자기가 모르는 것에 관해서는 회의도 할 수 없을 걸세.

**시쉬포스** 동의합니다.

**소크라테스** 하지만 모르는 것을 찾아내려고 하는 것은 가능할 걸세. 그렇지 않은가?

**시쉬포스** 물론이지요.

**소크라테스** 그렇다면 찾아내려고 하는 것은 더이상 회의하는 것과 같은 것일 수 없네. e

**시쉬포스** 어째서 그렇지요?

**소크라테스** 찾아내려고 하는 것은 분명 모르는 것인데, 모르는 것에 관해서는 어느 누구도 회의할 수 없으니까. 우리가 방금 말한 것은 그런 것이 아니었던가?

**시쉬포스** 물론 그런 것이었지요.

5 mousike.

6 kithara. 고대 그리스의 발현악기.

**소크라테스** 자네들이 어제 한 일도 그런 것이 아니었나? 알지도 못하면서 자네들의 국가를 위해 가장 좋은 것들을 찾아내려 했으니까. 안다면 자네들은 그런 것들을 찾아내려 하지 않았을 테니 말일세. 우리가 이미 아는 것은 찾아내려고 하지 않듯이 말일세. 그렇지 않은가?

**시쉬포스** 우리는 찾아내려 하지 않지요.

**소크라테스** 그런데 시쉬포스, 자네는 모르는 사람이 어떻게 해야 한다고 생각하는가? 찾아내려고 해야 하는가, 배워야 하는가?

390a **시쉬포스** 제우스에 맹세코, 저는 배워야 한다고 생각해요.

**소크라테스** 그건 자네 생각이 옳네. 한데 찾아내려 하기보다는 배워야 한다고 자네가 생각하는 것은, 모르면서 자력으로 찾아내려 하기보다는 아는 사람들한테서 배우면 더 빨리 더 쉽게 찾아낼 수 있다고 생각하기 때문인가? 아니면 다른 이유가 있는가?

**시쉬포스** 아니요. 그런 이유 때문입니다.

**소크라테스** 그렇다면 왜 자네들은 어제 모르는 것들에 대해 수고스럽게 회의를 하며 국가를 위해 가장 훌륭한 행동 방침을 찾아내려 했는가? 자네들이 국가를 위해 가장 훌륭한 행동 방침을 취할 수 있도록 차라리 그런 것들을 아는 사람들한테서 배우지 않고 말일세. 자네들은 어제 배우려고 애쓰지는 않고 대신 온종일 회의장에 앉아 알지도 못하는 것들에 대해 수다를 떨고 점을 치며 시간을 보낸 것 같네. 자네를 포함해 파르살로스를 다스리는 사람들 말일세. (b)

자네는 아마도 내가 대화에 능하다는 것을 보여주기 위해 농담 삼아 이런 말을 하는 것이고, 진지하게 입증한 것은 아무것도 없다고 주장하겠

지. 시쉬포스, 자네는 이제 이 점을 진지하게 생각해보게. 실제로 회의 c
같은 것이 있다고 치세. 그리고 방금 밝혀졌듯이 그것이 허울만 그럴싸
할 뿐 무지와 짐작과 추측에 불과하다고 생각해보게. 그럴 경우 자네는
훌륭하게 회의를 하는 것이나 훌륭하게 회의를 하는 사람들과 관련해
사람들 사이에 차이가 있다고 생각하는가? 전문기술의 모든 분야에서
어떤 사람은 다른 사람과 다른 것처럼 말일세. 예를 들어 어떤 목수는 다
른 목수와 다르고, 어떤 의사는 다른 의사와 다르며, 어떤 피리 연주자 d
는 다른 피리 연주자와 다르고, 모든 분야의 서로 다른 장인들 사이에도
그런 차이가 있듯이 말일세. 각각의 분야에서 전문가들이 서로 다르듯
이, 회의에서도 사람들 사이에 차이가 있다고 생각하는가?

**시쉬포스** 저는 그렇다고 생각해요.

**소크라테스** 말해보게. 회의를 잘하는 사람들이든 회의를 못하는 사람들
이든 모두 미래사에 관해 회의를 하는 것이겠지?

**시쉬포스** 물론이지요.

**소크라테스** 하지만 미래사는 아직은 존재하지 않는 것이겠지?

**시쉬포스** 물론이지요.

**소크라테스** 그렇지 않다면 그것은 앞으로 존재할 것이 아니라, 이미 존재
하겠지? 그렇지 않은가?

**시쉬포스** 그렇습니다. e

**소크라테스** 아직 존재하지 않는다면, 아직 생성되지도 않았겠지?

**시쉬포스** 생성되지도 않았습니다.

**소크라테스** 아직 생성되지 않았다면 그것은 나름의 본성을 갖고 있지 않

겠지?

**시쉬포스** 갖고 있지 않아요.

**소크라테스** 그렇다면 미래사에 관해 회의할 때는 회의를 잘하는 사람들이든 회의를 잘 못하는 사람들이든 모두 존재하지도 않고 생성되지도 않았고 본성을 갖고 있지도 않은 것들에 관해 회의를 하는 것일세. 그렇지 않은가?

**시쉬포스** 그런 것 같아요.

**소크라테스** 그런데 존재하지도 않는 것을 잘 알아맞히거나 잘못 알아맞힐 수 있다고 생각하는가?

**시쉬포스** 무슨 말씀이신지요?

**소크라테스** 내가 말하고자 하는 것이 무엇인지 설명하겠네. 궁수들이 여

391a 러 명 있다고 생각해보게. 자네는 그중 누가 훌륭한 궁수이고 누가 열등한 궁수인지 어떻게 구별할 텐가? 그것은 알기 어려운 일이겠지? 자네는 아마도 그들에게 어떤 과녁을 쏘아 맞히라고 요구할 걸세. 그렇지 않을까?

**시쉬포스** 물론이지요.

**소크라테스** 그리고 과녁을 가장 자주 제대로 맞히는 사람을 자네는 승자로 판정하겠지?

**시쉬포스** 물론이지요.

**소크라테스** 하지만 그들이 겨냥할 과녁이 세워져 있지 않아 각자 아무데나 멋대로 활을 쏜다면, 자네는 어떻게 훌륭한 궁수와 열등한 궁수를 구

b 별할 수 있겠나?

**시쉬포스** 구별할 수 없겠지요.

**소크라테스** 자신들이 무엇에 관해 회의하는지 모른다면 자네는 훌륭하게 회의하는 자들과 나쁘게 회의하는 자들을 구별하지도 못할 걸세.

**시쉬포스** 못하겠지요.

**소크라테스** 그리고 회의하는 자들이 미래사에 관해 회의한다면 존재하지 않는 것들에 관해 회의하는 것이겠지?

**시쉬포스** 물론이지요.

**소크라테스** 존재하지 않는 것을 알아맞히는 것은 누구에게나 불가능하겠지? 자네는 누군가가 존재하지 않는 것을 어떻게 알아맞힐 수 있다고 생각하는가?

**시쉬포스** 결코 알아맞힐 수 없어요. c

**소크라테스** 존재하지 않는 것을 알아맞히는 것은 불가능하므로 존재하지 않는 것들에 관해 회의하는 사람은 미래사를 알아맞힐 수 없네. 미래사는 존재하지 않는 것에 속하니까. 그렇지 않은가?

**시쉬포스** 저는 그렇다고 생각해요.

**소크라테스** 그럼 미래사는 아무도 알아맞힐 수 없으므로 어느 누구도 훌륭하게 회의하거나 나쁘게 회의할 수 없네.

**시쉬포스** 없는 것 같아요.

**소크라테스** 또한 어느 누구도 존재하지 않는 것을 알아맞히는 데 더 훌륭하거나 더 열등하지 않다면, 그는 남보다 더 훌륭한 회의자이거나 더 열등한 회의자일 수 없네.

**시쉬포스** 없고말고요. d

**소크라테스** 사람들이 어떤 사람은 훌륭한 회의자라고 부르고 어떤 사람은 나쁜 회의자라고 부를 때 무엇을 기준으로 삼는 것일까? 시쉬포스, 이 또한 탐구해볼 만한 가치가 있지 않을까?

# 에뤽시아스

**이야기 속 등장인물** 소크라테스, 에뤽시아스, 에라시스트라토스(Erasistratos), 크리티아스(Kritias)

## 소크라테스가 이야기하다

내가 스테이리아[1] 구역 출신인 에뤽시아스와 함께 해방자 제우스의 주랑 안을 거닐고 있을 때 크리티아스와 에라시스트라토스의 아들 파이악스[2]의 조카인 에라시스트라토스가 우리에게 다가왔네. 에라시스트라토스는 얼마 전에야 시켈리아[3]와 근처의 다른 지역에서 돌아왔네. 그는 내게 다가오더니 "안녕하세요, 소크라테스님." 하고 말했네. 392a

"자네도 안녕하신가." 하고 나는 대답했네. "어떤가? 시켈리아에서 좋은 소식이라도 가져왔는가?" b

"물론이지요." 하고 그가 말했네. "하지만 먼저 자리에 앉으실까요? 어제 메가라[4]에서 걸어온 터라 아직도 피곤하네요."

"그렇게 함세. 자네 뜻이 정 그렇다면."

"여러분은 그곳 사정에 관해 먼저 무엇을 듣고 싶으세요? 시켈리아인

1 Steiria. 앗티케(Attike) 지방의 174개 구역(區域 demos) 중 하나.
2 Phaiax.
3 Sikelia. 시칠리아의 그리스어 이름.
4 Megara. 아테나이(Athenai)와 코린토스(Korinthos) 사이에 있는 도시.

들이 무엇을 꾀하는지, 아니면 그들이 우리 도시에 대해 어떤 태도를 취하는지 듣고 싶으세요? 내가 보기에 우리에 대한 그들의 감정은 말벌들과도 같아요. 조금만 자극하고 성나게 하는 사람이 있으면 녀석들은 제어할 수 없어요. 벌집을 공격해 완전히 몰아내기 전에는. 쉬라쿠사이[5]인들도 그와 같아요. 우리가 작심하고 대군(大軍)을 이끌고 그들의 도시로 가지 않는다면 그들은 결코 우리에게 복종하지 않을 겁니다. 미봉책은 그들을 성나게 할 뿐이고, 그러면 그들은 다루기가 아주 어려워질 겁니다. 이번에도 그들이 우리에게 사절단을 보냈는데, 내 생각에 어떻게든 우리 나라를 속이기 위한 것인 듯해요."

우리가 그렇게 이야기하고 있는데 마침 쉬라쿠사이의 사절단이 지나갔네. 그러자 에라시스트라토스가 그중 한 명을 가리키며 말했네. "소크라테스님, 저기 저 사람이 시켈리아와 이탈리아에 거주하는 헬라스[6]인 중에서 가장 부자입니다. 그가 어떻게 가장 부자가 아니겠어요?" 그는 말을 이었네. "엄청난 토지를 갖고 있어 경작하기를 원하는 사람에게는 아무에게나 넓은 땅을 떼어줄 수 있는데 말입니다. 그의 토지는 다른 토지와는, 적어도 헬라스에 있는 토지와는 달라요. 그는 우리를 부자로 만드는 다른 것들도 많이 갖고 있어요. 노예, 말, 금, 은 말입니다."

나는 그가 그 사람의 재산에 관해 수다를 떨려는 것을 보고 물었네. "에라시스트라토스, 시켈리아에서 그의 평판은 어떤가?"

그러자 에라시스트라토스가 대답했네. "사람들은 그가 시켈리아와 이탈리아에 거주하는 모든 헬라스인 중에서 가장 사악하다고 여기며, 실제로도 그렇습니다. 그는 부자인 것보다도 더 악당입니다. 그래서 그대가 누구를 가장 악당으로 여기고, 누구를 가장 부자로 여기느냐고 시켈리아에 거주하는 헬라스인에게 물으면, 누구나 그 사람이라고 같은 대답을 할 거예요."

나는 에라시스트라토스가 사소한 것이 아니라, 사람들이 가장 중요하게 여기는 것 즉 미덕[7]과 부에 관해 말하는 것이라고 생각하고 물었네. b

"누가 더 부유한가? 1탈란톤[8]의 은을 가진 사람인가, 아니면 2탈란톤 가치의 농토를 가진 사람인가?"

"농토를 가진 사람이라고 생각해요." 하고 그가 대답했네.

"같은 논리에 따라 시켈리아 친구의 재산보다 더 값진 겉옷이나 깔개나 그 밖의 다른 것을 갖고 있는 사람이 있다면 그가 더 부유할 걸세." 하고 내가 말했네.

에라시스트라토스도 동의했네.

"자네에게 둘 중 하나를 고르라고 하는 사람이 있다면, 자네는 어느 것을 원할 텐가?"

"저는 그중 가장 값진 것을 고를 거예요." 하고 에라시스트라토스가 말했네. c

"그걸 선택하면 자네가 더 부유해질 것이라고 생각하는가?"

5 Syrakousai. 시칠리아 동남해안에 있는 큰 도시.

6 Hellas. 그리스의 그리스어 이름.

7 arete.

8 talanton. 고대 그리스의 화폐단위.

"네."

"그렇다면 우리는 가장 값진 것을 가진 사람이 가장 부자라고 생각하는가?"

"그렇습니다."

그래서 내가 말했네. "그럼 건강한 사람이 병든 사람보다 더 부자일 걸세. 병든 사람의 재산보다 건강이 더 값질 테니까. 아무튼 대왕(大王)[9]의 재산을 갖고 있지만 병들기보다는 돈은 적지만 건강하기를 선호하지 않을 사람은 아무도 없네. 분명 건강을 더 값진 것이라고 여기기 때문일세. 무엇보다도 건강을 부보다 더 바람직한 것이라고 생각하지 않는다면 건강을 선택할 사람은 아무도 없을 걸세."

d

"아무도 없겠지요."

"또한 다른 것이 건강보다 더 값져 보인다면 그것을 가진 사람이 가장 부자일 걸세."

"그렇습니다."

"어떤 사람이 지금 우리에게 다가와 묻는다고 가정해보게. '소크라테스님, 에뤽시아스님 그리고 에라시스트라토스님, 말씀해주실 수 있겠습니까? 사람에게 가장 값진 재산이 무엇입니까? 그것을 갖고 있으면 어떻게 해야 사람이 자신의 일과 친구의 일을 가장 효과적으로 처리할 수 있을지 가장 훌륭하게 결정하게 해주는 것이겠지요?' 우리는 그것이 무엇이라고 말할 텐가?"

e

"소크라테스님, 제 생각에는 행복[10]이 인간에게 가장 값진 재산인 것 같아요."

"틀린 대답은 아닐세. 그렇다면 가장 잘나가는 사람을 세상에서 가장 행복한 사람으로 여길까?"

"저는 그래야 한다고 생각해요."

"그럼 가장 잘나가는 사람이란 자신에 관련된 일과 다른 사람에 관련된 일에 실수를 가장 적게 하고 대부분 올바로 처리하는 그런 사람이 아닐까?" 394a

"물론이지요."

"그렇다면 나쁜 것과 좋은 것을 알고 무엇을 해야 하고 무엇을 하지 말아야 하는지 아는 사람이 가장 올바로 처리하고 실수를 가장 적게 하겠지?" 에라시스트라토스도 이에도 동의했네. "그렇다면 같은 사람이 가장 지혜롭고 가장 잘나가고 가장 행복하고 가장 부유한 것 같네. 지혜가 가장 값진 재산으로 드러났으니 말일세."

"그렇습니다."

그러자 에뤽시아스가 끼어들었네. "하지만 소크라테스님, 네스토르[11]보다 더 지혜롭다 해도 먹을거리, 마실 거리, 옷가지 등 생필품이 없는 사람이 있다면 무슨 도움이 되겠어요? 그에게 지혜가 무슨 도움이 될까요? 또는 그가 기본 생필품을 갖고 있지 않으면 구걸해야 할 텐데 어떻게 가장 부유할 수 있지요?" b

9 페르시아 왕.

10 eudaimonia.

11 Nestor. 트로이아전쟁 때 조언과 언변에 능한 그리스군 노장.

나는 에뤽시아스의 말이 일리가 있다고 보고 이렇게 대답했네. "그런 생필품은 없지만 지혜를 가진 사람에게 그런 일이 일어날까? 그리고 누군가 풀리티온[12]의 집을 갖고 있고 그의 집이 금과 은으로 가득차 있다면 c 그에게는 필요한 것이 아무것도 없을까?"

그가 대답했네. "그는 생존에 필요한 것을 구입하기 위해 당장 재산을 처분하거나 현금으로 바꿔 그런 것들을 구하고, 무엇이든 곧바로 넉넉히 마련할 수 있겠지요."

"남들이 네스토르의 지혜보다 풀뤼티온의 집을 갖기를 더 간절히 원 d 한다면 그렇겠지. 하지만 남들이 사람의 지혜와 그것이 가져다주는 것을 더 높이 평가하는 그런 사람들이라면, 지혜로운 사람은 지혜를 훨씬 더 쉽게 팔 수 있을 걸세. 사람들은 정말로 그런 집을 갖기를 간절히 원하고, 작고 볼품없는 오두막보다는 그런 집에서 사는 것이 누군가의 삶에 결정적인 영향을 미치는 걸까? 지혜를 사용하는 것은 가치가 적고, 가장 중요한 일과 관련하여 지혜로운지 무지한지는 미미한 영향을 미치는 데 e 말일세. 아니면 사람들은 지혜는 무시하고 돈을 주고 사려고 하지 않지만, 그런 집에서 자란 삼나무 목재와 펜텔리콘[13]산에서 캐온 대리석을 사고 싶어 하는 사람은 많을까? 아무튼 자기 기술에 능한 키잡이이거나 의사이거나 그런 종류의 다른 기술을 올바르고 훌륭하게 실행할 줄 아는 사람은 재물을 가장 많이 소유한 어느 누구보다도 높은 평가를 받을 걸세. 자신을 위해서도 남을 위해서도 어떻게 하면 성공할 수 있는지 좋은 조언을 할 사람도 원한다면 그런 기술을 팔 수 있지 않을까?"

395a 그러자 에뤽시아스가 모욕당했다는 듯이 노려보며 말참견을 했네.

"소크라테스님, 그대가 진실을 말해야 한다면, 과연 그대가 힙포니코스의 아들 칼리아스[14] 보다 더 부자라고 주장하시겠습니까? 그대는 어떤 중대사와 관련해서도 더 무식하지 않고 더 지혜롭다고 주장할 수는 있겠지만, 그렇다고 해서 그대가 더 부자가 되지는 않을 겁니다."

내가 말했네. "에뤽시아스, 아마도 자네는 우리가 지금 나누는 대화를 사실과 다른 놀이라고 생각하는 것 같네. 그것을 움직이면 상대방을 꼼짝 못 하게 만드는 장기판의 외통수와 같은 것이라고 생각하는 것 같단 말일세. 부와 관련해서도 사정은 다르지 않아 어떤 논의는 진실하면서 거짓이기도 하다고 자네는 생각하네. 그런 논의를 펼치는 사람은 우리가 보기에 가장 지혜로운 사람이 가장 부자라고 주장하는 상대방을 제압할 수 있을 걸세. 상대방은 진실을 말하고 그는 거짓말을 하는데도 말일세. 그건 어쩌면 놀랄 일도 아닐세. 그건 마치 두 사람이 문자에 대해 말다툼을 하며, 한 사람은 소크라테스(Σωκράτης)란 이름이 시그마(Σ)로 시작한다고 주장하고 다른 사람은 알파(A)로 시작한다고 주장하는데, 알파로 시작한다는 주장이 시그마로 시작한다는 주장보다 더 우세할 때와도 같다네."

b

c

그러자 에뤽시아스가 토론이 처음 시작됐을 때는 함께하지 않은 것처

12 Poulytion.

13 Pentelikon. 아테나이 시 북동부에 있는 산.

14 힙포니코스(Hipponikos)의 아들 칼리아스(Kallias)는 소크라테스 당시 아테나이의 갑부로 소피스트의 열렬한 후원자였다. 『소크라테스의 변론』(*Apologia Sokratous*) 20a 참조. 또한 그의 집은 대화편 『프로타고라스』(*Protagoras*)의 배경이기도 하다.

럼 그 자리에 있던 사람들을 빙 둘러보더니 웃음을 머금은 채 얼굴을 붉히며 말했네.

d "소크라테스님, 저는 우리 논의가 여기 있는 사람 중 어느 누구도 설득할 수 없거나 아무런 도움을 줄 수 없는 그런 것이어서는 안 된다고 생각했어요. 지성이 있는 사람이라면 누가 가장 지혜로운 사람이 가장 부자라는 말에 설득될 수 있겠어요? 기왕 부가 논의 대상이 되었으니 우리는 오히려 어떤 상황에서 부유한 것이 아름답고 어떤 상황에서 추한지, 부는 어떤 것인지, 좋은 것인지 아니면 나쁜 것인지 논의해야 할 겁니다."

내가 대답했네. "좋아. 앞으로는 조심하겠네. 그리고 좋은 조언을 해 e 주어서 고맙네. 자네가 문제를 제기했으니 말인데, 부유한 것을 자네가 좋은 것으로 생각하는지 나쁜 것으로 생각하는지 왜 자네가 직접 말하지 않는가? 자네는 지금까지의 우리 논의가 그 주제를 다루지 않았다고 생각하니 말일세."

"저는 부유한 것은 좋은 것이라고 생각해요." 하고 그가 말했네.

에뤽시아스가 말을 이으려고 하는데 크리티아스가 끼어들며 말했네. "에뤽시아스님, 말해주세요. 그대는 부유한 것을 좋은 것이라고 생각하나요?"

"제우스에 맹세코, 나는 그렇게 생각하오. 그렇지 않다면 내가 제정신이 아니겠지요. 그리고 이에 대해서는 내게 동의하지 않을 사람은 아무도 없을 것이라고 생각하오."

396a 크리티아스가 말했네. "나도 어떤 사람에게는 부유한 것이 나쁜 것이라는 데 누구나 동의하게 만들 자신이 있소. 하지만 그것이 정말로 좋은

것이라면 우리 중 어떤 사람에게도 나쁜 것으로 보이지 않겠지요."

내가 그들에게 말했네. "기마술에 관해 둘 중 누구의 말이 맞는지를 놓고 자네들 두 사람이 의견을 달리하고, 내가 기마술에 관해 아는 것이 있다면 나는 자네들의 말다툼에 종지부를 찍으려 할 걸세. 무엇보다도 그 자리에 있으면서 자네들의 말다툼을 막기 위해 할 수 있는 일을 다 하지 않는다면 부끄러워할 테니까. 그 점은 자네들이 무엇인가에 대해 의견을 같이하지 못해 합의에 이르지 못한 채 친구가 아닌 적으로 헤어지려 할 때도 마찬가지일세. 한데 자네들은 평생토록 다루어야 할 것에 대해 의견을 달리하고 있고, 자네들이 그것을 쓸모 있다고 생각하는지 생각하지 않는지에 따라 큰 차이가 생길 수 있네. 게다가 헬라스인들은 그것을 시시한 일이 아니라 중대사에 속하는 것으로 여겼네. 그래서 아버지들은 아들들이 철이 날 나이가 됐다 싶으면 맨 먼저 어떻게 하면 부자가 될 수 있는지 숙고하라고 조언하는 걸세. 가진 자는 가치가 있고 갖지 못한 자는 가치가 없으니까. 이를 진지하게 받아들이고, 자네들이 다른 점에서는 의견을 같이하지만 이 중대한 일에 대해서는 의견을 달리한다면, 무엇보다도 부가 검은지 흰지 아니면 가벼운지 무거운지가 아니라 부가 좋은지 나쁜지에 대해 의견을 달리한다면—좋은 것과 나쁜 것에 대해 의견을 달리한다면 자네들이 설령 절친한 친구나 친척 사이라 하더라도 철천지원수가 될 걸세—나는 할 수 있는 한 자네들이 의견을 달리하도록 내버려두지 않고 할 수만 있다면 자네들에게 사실을 설명하고 자네들의 논쟁에 종지부를 찍을 걸세. 하지만 나는 지금 그럴 능력이 없고 자네들은 저마다 다른 사람이 동의하게 만들 자신이 있다고 생각하니, 자

b c d

네들이 부에 관해 의견을 같이할 수 있도록 힘닿는 데까지 도울 용의가
e 있네. 크리티아스, 자네가 기왕 시작했으니 우리가 의견을 같이할 수 있도록 자네가 시도해보게."

그러자 크리티아스가 말했네. "저는 의도한 대로, 불의한 자와 올바른 사람이 있다고 생각하는지 여기 있는 에뤽시아스님에게 묻고 싶어요."

"제우스에 맹세코, 물론 있다고 생각하오."

"어떻소? 그대는 불의를 저지르는 것을 나쁜 것이라 생각하시오, 좋은 것이라 생각하시오?"

"나쁜 것이라 생각하오."

"어떤 사람이 돈으로 매수해 이웃 아내와 간통하려 한다면 그대는 그가 불의를 저지르는 것이라고 생각하시오, 그렇지 않다고 생각하시오? 특히 국가와 그 법이 이를 금할 때 말이오."

"내 생각에 그는 불의를 저지르는 것 같소."

"그렇다면 그런 짓을 저지르고 싶어 하는 불의한 자가 부자이고 그런
397a 일에 돈을 쓸 수 있다면 그는 죄를 지을 것이오. 그러나 그가 부자가 아니어서 쓸 돈이 없다면 자기가 원하는 것을 해낼 수 없을 것이고, 그러면 죄를 짓지 않을 것이오. 따라서 이 사람은 원하는 것이 나쁜 것일 때 원하는 것을 행할 기회가 덜 주어지니 부자가 아닌 것이 더 이득이 될 것이오. 또한 그대는 병이 드는 것은 나쁜 것이라 주장하시오, 좋은 것이라 주장하시오?"

"나쁜 것이라 주장하오."

"어떻소? 그대는 어떤 사람은 의지가 약하다고 생각하시오?"

"나는 그렇다고 생각하오." b

"그런 사람의 건강을 위해서는 먹을거리와 마실 거리와 사람들이 즐겁다고 여기는 그 밖의 다른 것들을 멀리하는 것이 더 좋지만 의지가 약해서 그럴 수가 없다면, 그에게는 필요한 것이 넘쳐나는 것보다도 그런 것들을 구할 수단이 없는 것이 더 낫지 않을까요? 그럴 경우 그에게는 아무리 그러고 싶어도 잘못을 저지를 기회가 주어지지 않을 테니까요."

나는 크리티아스가 대화를 훌륭하게 잘 이끌었고, 그래서 에뤽시아스가 그 자리에 있던 다른 사람들을 어려워하지 않았다면 벌떡 일어서서 크리티아스를 한 대 때려주었을 것이라고 생각했네. 에뤽시아스는 뭔가 중요한 것을 빼앗겼다고 생각했네. 부에 대한 자신의 이전 의견이 옳지 않다는 것이 분명해졌으니 말일세. c

나는 그의 감정이 그렇다는 것을 알아차리고 두 사람이 서로 험담을 하고 말다툼을 할까 염려되어 이렇게 말했네. "며칠 전에 케오스 출신의 프로디코스라는 현자가 뤼케이온[15]에서 그런 주장을 한 적이 있네. 그곳에 있던 사람들은 그가 허튼소리를 한다고 생각했고, 그래서 그는 자기가 진실을 말하고 있다고 그들 중 어느 누구도 설득할 수 없었네. 그러자 수다스러운 새파란 젊은이가 다가와 프로디코스 곁에 앉더니 비웃고 놀리고 괴롭히기 시작했네. 프로디코스에게 그가 말한 것을 설명해달라고 d

15 케오스(Keos)는 앗티케 지방의 수니온(Sounion)곶 앞바다에 있는 섬이다. 프로디코스(Prodikos)는 소크라테스와 동시대인인 유명한 소피스트이다. 뤼케이온(Lykeion)은 아테나이 시의 동쪽에 있는 체육관이다.

요구하면서 말일세. 그 젊은이는 청중에게 프로디코스보다 더 박수갈채를 받았네."

에라시스트라토스가 말했네. "그 대화를 우리에게 전해주실 수 있을까요?"

e "물론이지. 기억이 난다면. 그 대화는 이런 것이었던 것 같네. 젊은이는 그에게 어떤 점에서 부를 나쁘다고 생각하고 어떤 점에서 좋다고 생각하는지 물었네. 그러자 프로디코스가 방금 자네가 대답한 것처럼 대답했네. '부는 진실로 훌륭한 사람 즉 어떤 경우에 자신의 재산을 사용해야 하는지 아는 사람에게는 좋지만, 사악하고 무지한 사람에게는 나쁘네. 다른 것들도 모두 마찬가지일세. 어떻게 사용하는지에 따라 사물의 본성이 결정될 수밖에 없으니까. 그래서 나는 다음과 같은 아르킬로코스[16]의 시행이 옳다고 생각하네."

사람들의 생각은 그들이 부닥치는 사물과도 같다.[17]

398a 젊은이가 말했네. "그럴 경우 훌륭한 사람들이 지혜로운 분야와 같은 분야에서 어떤 사람이 나를 지혜롭게 만들려 한다고 생각해보세요. 그는 내 다른 행위도 훌륭하게 만들어야 할 겁니다. 그러기 위해 무언가를 덧붙이지 않고, 단지 나를 무지한 자에서 지혜로운 자로 만듦으로써 말입니다. 그것은 누군가가 지금 나를 문자에 밝은 사람으로 만들려 할 때와도 같아요. 그는 내 다른 행위도 문자에 밝은 사람의 행위로 만들어야 하며, 이는 음악의 경우에도 마찬가지입니다. 누군가가 나를 훌륭한 사람

으로 만드는 경우 그는 내 행위도 분명히 훌륭하게 만들었을 겁니다." b

그런 비유들을 프로디코스는 인정하지 않았지만 젊은이가 처음에 말한 것에는 동의했네.

젊은이가 말했네. "좋은 것을 행하는 것도 집을 짓는 것과 같아서 사람이 하는 일이라고 생각하세요? 아니면 사물은 좋은 것이든 나쁜 것이든 반드시 처음 생겨난 그대로인가요?"

내가 보기에 프로디코스는 이 논의가 어디로 향할지 알아차리고는 단둘이 있는 자리에서 지는 것은 별거 아니라고 생각했지만 그곳에 모인 사 c 람들이 모두 보는 앞에서 젊은이에게 지지 않기 위해 매우 교활하게도 좋은 일을 행하는 것은 사람이 하는 일이라고 대답했네. 그러자 젊은이가 물었네. "미덕은 가르쳐질 수 있는 것이라고 생각하세요, 아니면 타고난 것이라고 생각하세요?"

프로디코스가 말했네. "나는 가르쳐질 수 있는 것이라고 생각하네."

젊은이가 물었네. "신들에게 기구(祈求)해야 문자나 음악이나 그 밖에 그것을 습득하려면 반드시 남에게 배우거나 스스로 알아내야하는 전문지식에서 밝을 수 있다고 생각하는 사람이 있다면, 그대는 그가 어리석다고 생각하지 않으세요?"

프로디코스는 거기에도 동의했네. d

젊은이가 말했네. "프로디코스님, 그대가 성공하고 좋은 일들이 있기

16 Archilochos. 기원전 7세기 초에 활동한 그리스 서정시인.

17 아르킬로코스, 단편 70 (Edmonds).

를 신들에게 기구한다면 그대는 바로 진실로 훌륭한 사람이 되게 해달라고 기도하는 겁니다. 정말로 사물들이 진실로 훌륭한 사람에게는 훌륭하지만, 하찮은 사람에게는 나쁜 것이라면 말이에요. 하지만 미덕이 가르쳐질 수 있는 것이라면, 그대가 기도하는 것은 바로 그대가 모르는 것이 가르쳐질 수 있게 해달라는 겁니다."

그래서 내가 프로디코스에게 말했네. 만약 신들에게 기구하는 것들을 곧바로 얻을 수 있다는 그의 생각이 잘못된 것이라면 큰 착각을 하는 것이라고 말일세. "그대도 서둘러 아크로폴리스로 올라갈 때마다 좋은 것들을 내려달라고 신들에게 기도하고 기구하지만, 신들은 간청하는 것들을 줄 수 있다는 것을 그대는 모르고 있소. 그것은 그대가 문법 교사의 문간에 가서 아무 노력도 하지 않고 그대가 문자에 밝게 해달라고 간청하는 것과도 같아요. 그렇게 된 뒤에는 그대도 당장 문법 교사 노릇을 할 수 있도록 말이오."

내가 그렇게 말하는 동안 프로디코스는 신들에게 기도해도 소용없자 짜증을 내며 자기변호를 하려고 젊은이에게 다가가기 시작했는데, 방금 자네가 증명하려던 것을 증명할 참이었네. 그러나 그때 체육관 관장이 그에게 다가가 체육관을 떠나라고 했네. 프로디코스의 담론이 젊은이들에게는 적합하지 않으며, 적합하지 않다면 해로울 것이 분명하다고 생각했기 때문일세.

"크리티아스, 내가 자네에게 이런 이야기를 들려준 것은 사람들이 철학에 대해 어떤 감정을 품고 있는지 보여주기 위해서였네. 만약 프로디코스가 여기서 그렇게 토론을 하고 있다면 자네들은 모두 그가 미쳤으니 체육관 밖으로 쫓아내야 한다고 생각할 걸세. 하지만 자네는 방금 토론을 잘 이끈 까닭에 여기 있는 사람들을 모두 설득했을뿐더러, 자네의 적대자도 자네에게 동의하게 만든 것 같네. 그 점은 분명 법정에서도 마찬가지일세. 두 사람이 똑같은 증언을 하는데 그중 한 명은 진실로 훌륭한 사람이고 다른 사람은 사악한 사람이라면, 배심원들은 사악한 자의 증언은 믿지 않고 어쩌면 그가 바라는 것과 반대되는 행위를 할 수 있을 걸세. 하지만 진실로 훌륭하다고 여겨지는 사람이 같은 말을 하면 그의 말은 명백한 진실이라고 여겨질 걸세. 여기 있는 사람들은 아마도 자네와 c 프로디코스에게도 똑같이 대했을 걸세. 그들은 프로디코스는 소피스트이고 허풍쟁이라고 생각했지만 자네는 나랏일을 돌보는 요인(要人)이라고 생각할 걸세. 그들은 또한 주장 자체보다는 주장하는 사람의 인격에 주목해야 한다고 생각한다네."

그러자 에라시스트라토스가 말했네. "소크라테스님, 그대는 농담 삼아 그렇게 말하지만 내가 보기에 크리티아스의 말에는 일리가 있는 것 같아요."

내가 말했네. "제우스에 맹세코, 결코 농담하는 것이 아닐세. 자네들 두 사람은 토론을 그렇게 훌륭하게 이끌어놓고 왜 마무리는 하지 않는 d 가? 내 생각에 자네들이 검토해야 할 일이 아직도 남은 것 같네. 부가 어떤 사람에게는 좋은 것이지만 어떤 사람에게는 나쁜 것이라는 데 대해 합의가 이루어져야 할 것 같으니 말일세. 지금 검토해야 할 것은 부가 무엇인지일세. 먼저 그것이 무엇인지 알지 못하면 부가 좋은 것인지 나쁜 것인지에 대해 합의가 이루어질 수 없기 때문일세. 나도 힘닿는 데까지 자

e 네들과 함께 검토할 용의가 있네. 그러니 부가 좋은 것이라고 주장하는 사람은 왜 그렇다고 생각하는지 설명해보게."

에라시스트라토스가 말했네. "부에 대한 제 의견은 남과 다르지 않아요, 소크라테스님. 많은 재산을 소유하는 것, 그것이 부입니다. 크리티아스도 부에 대해 저와 같은 의견을 갖고 있을 것이라고 확신해요."

"그렇다면 재산이 무엇인지 살펴보는 일이 남았네." 하고 내가 말했네. "잠시 뒤에 이에 대해서도 서로 의견을 달리하는 것으로 드러나지 않도록 말일세. 예를 들어 카르케돈[18]인들은 다음과 같은 주화를 사용하

400a 네. 그것은 작은 가죽 조각에 대략 1스타테르[19] 크기의 것을 싼 것인데, 무엇이 싸여 있는지는 그것을 싼 사람들 말고는 아무도 모르네. 그러고 나서 봉인된 뒤에 유통되는데, 그런 것을 많이 가진 자가 가장 재산이 많은 사람으로, 가장 큰 부자로 여겨진다네. 우리 가운데 그런 것을 가장 많이 가지고 있는 사람이 있다면, 산에서 수많은 조약돌을 가져다놓았을 때보다 조금도 더 부자로 여겨지지 않을 걸세. 라케다이몬[20]에서는

b 무쇠 중에서도 가장 쓸모없는 종류가 무게에 따라 화폐로 유통되네. 그런 종류의 무쇠의 무게가 가장 많이 나가는 사람이 부자로 여겨지지만, 다른 곳에서는 그런 재산이 쓸모가 없네. 아이티오피아[21]에서는 조각한 돌들을 사용하는데, 라케다이몬인들은 그것들을 쓸모없다고 여길 걸세. 또한 유목민족인 스퀴타이족[22] 사이에서는 풀뤼티온[23]의 집을 가진 자가 우리 사이에서 뤼카베토스[24] 산을 가진 자가 부자로 여겨지는 것보다 더 부자로 여겨지지 않을 걸세.

c 따라서 그런 것들은 제각기 재산일 수 없네. 그런 것들을 소유한 사람

중에 더러는 그로 인해 더 부유한 것 같지 않으니 말일세. 하지만 그런 것들은 제각기 어떤 사람들에게는 재산이며, 이들은 그것을 소유하기에 부자일세. 그러나 다른 사람들에게는 그것은 재산이 아니며 이들을 더 부유하게 만들지도 않네. 마찬가지로 같은 것들이 모든 사람에게 아름답거나 추한 것이 아니라, 사람 따라 다르다네. 만약 우리가 집들이 왜 스퀴타이족에게는 재산이 아닌데 우리에게는 재산인지, 왜 가죽이 카르케돈인들에게는 재산인데 우리에게는 아닌지, 왜 무쇠가 라케다이몬인들에게는 재산인데 우리에게는 아닌지 검토하려 한다면, 다음과 같은 방법으로 알아낼 수 있지 않을까? 예를 들어 아테나이에 있는 누군가가 장터에서 무게가 1,000탈란톤[25]이나 나가는 돌들을 발견했다고 치세. 그 돌들이 우리에게 쓸모없다면 그것을 가졌다고 해서 우리가 그를 더 부자라고 여길 이유가 있을까?" d

"제가 보기에는 없는 것 같아요."

"하지만 그가 같은 무게의 파로스[26]산(産) 흰 대리석을 갖고 있다면 우

18 Karchedon. 카르타고(Carthago)의 그리스어 이름.

19 stater. 아테나이의 주화로 은 17.5그램이다.

20 Lakedaimon. 스파르테와 그 주변 지역을 말한다.

21 Aithiopia. 에티오피아의 그리스어 이름.

22 Skythai. 흑해 북쪽 기슭과 남러시아에 살던 기마 유목민족.

23 394b 참조.

24 Lykabettos. 아테나이에 있는 산.

25 1탈란톤(talanton)은 26킬로그램쯤 된다.

26 Paros. 에게해의 섬으로, 유명한 대리석 산지.

리는 그를 큰 부자라고 말할 수 있겠지?"

e "물론이지요."

"그중 하나는 쓸모 있는데 다른 하나는 우리에게 쓸모없기 때문이겠지?" 하고 내가 말했네.

"그렇습니다."

"스퀴타이족에게 집이 재산이 아닌 것도 그들에게는 집이 아무 쓸모가 없기 때문일세. 스퀴타이족은 가장 아름다운 집이라도 두꺼운 가죽 외투보다 더 선호하지 않을 걸세. 그중 하나는 쓸모 있고, 다른 하나는 쓸모없으니까. 우리는 또한 카르케돈의 주화도 쓸모 있다고 생각하지 않네. 우리는 은화처럼 그것을 주고 필요한 것을 얻을 수 없고, 그래서 그것은 우리에게 쓸모없으니 말일세."

"그런 것 같아요."

"따라서 우리에게 쓸모 있는 것은 재산이지만 쓸모없는 것은 재산이 아닐세."

401a "소크라테스님, 어떤가요?" 하고 에뤽시아스가 끼어들었네. "우리는 서로 대화도 하고 마주보기도 하고 그 밖의 다른 짓을 많이 하지 않나요? 그런 것들도 우리에게는 재산인가요? 그런 것들은 쓸모 있어 보이니까요. 그렇다 하더라도 우리에게는 재산이 무엇인지가 분명하지 않아요. 어떤 것이 재산이기 위해서는 쓸모 있어야 한다는 데는 사실상 모두가 동의하지만, 쓸모 있다고 해서 모두 재산은 아닌 만큼 쓸모 있는 것 가운데 어떤 것들이 재산인가요?"

[27]"자, 이번에는 우리가 질병에서 벗어나기 위해 발명한 약(藥)과 비교

함으로써 문제를 풀어보면 어떨까? 말하자면 우리가 구하는 것을, 다시 b
말해 우리는 무엇을 재산으로 취급하며, 무엇을 위해 재산을 소유하는지 더 잘 알아낼 수 있지 않을까? 그렇게 접근하면 그 점이 더 분명히 밝혀질 것 같으니 말이야. 재산인 것은 모두 쓸모도 있어야 하고, 우리가 재산이라고 부르는 것은 쓸모 있는 것의 일종인 것 같으니, 남은 일은 어떤 용도에 재산이 쓸모 있는지 살펴보는 일일 테니까. 예를 들어 우리가 작업에 사용하는 모든 것이 쓸모 있는 것은 마치 생명을 가진 모든 것이 동 c
물인 것과도 같네. 하지만 우리는 동물의 한 종만 인간이라고 부르지. 의술과 의료기구가 필요 없기 위해서는 우리가 무엇에서 벗어나야 하느냐고 우리에게 묻는 사람이 있다면, 몸이 질병에서 해방되거나 아예 발병하지 않거나 발병하더라도 금세 나으면 그럴 것이라고 우리는 대답할 수 있을 걸세. 그러니 의술은 병을 제거하는 데 쓸모 있는 지식인 것 같네.

그러나 우리에게 재산이 필요 없기 위해서는 무엇이 없어져야 하느냐 d
고 또 묻는 사람이 있다면 우리가 대답할 수 있을까? 대답할 수 없다면 이번에는 이렇게 살펴보도록 하세. 어떤 사람이 먹을거리나 마실 거리 없이 살 수 있고 배도 고프지 않고 목도 마르지 않다면, 그에게 그런 것들이 또는 그런 것들을 마련할 돈이나 다른 수단이 필요할까?"

"저는 필요 없다고 생각해요."

"다른 것들도 마찬가지일세. 예를 들어 난방과 냉방처럼 우리 몸을 돌

**27** 다음 두 단락은 소크라테스에게 배정했다.

e 보는 데 지금 필요한 것들과 우리 몸에 없기에 필요한 모든 것이 필요 없어진다면, 이른바 재산이라는 것이 우리에게 쓸모없어질 걸세. 우리 몸의 그때그때의 욕구와 필요를 충족하기 위해 우리가 재산을 갖기를 원하는 모든 것이 누구에게도 전혀 필요 없을 테니 말일세. 그러니 재산을 소유하는 것이 필요한 것은 몸에 필요한 것들을 마련하기 위해서라면, 이들 필요를 없애버린다면 우리는 재산이 필요하지 않을 것이며, 어쩌면 재산은 아예 존재하지도 않을 걸세."

"그런 것 같아요."

"그렇다면 그런 일을 하는 데 필요한 것들이 재산인 것 같네."

에뤽시아스도 이에 동의했으나 그런 논리가 몹시 혼란스러운 것 같았다.

402a "그런 고찰 방식을 어떻게 생각하는가? 우리는 같은 것이 같은 목적을 위해 어떤 때는 쓸모 있고 어떤 때는 쓸모없다고 말할 수 있을까?"

"저는 그렇게 생각하지 않아요. 같은 목적을 위해 우리에게 어떤 것이 필요하다면 저는 그것을 쓸모 있다고 생각하지만, 그렇지 않으면 쓸모없다고 생각해요."

"우리가 불을 사용하지 않고 동상을 만들 수 있다면 우리는 동상을 만드는 데 불이 필요 없네. 그리고 우리에게 불이 필요 없다면 불은 또한 쓸

b 모없을 걸세. 다른 것들에도 같은 논리가 적용될 걸세."

"그런 것 같아요."

"그렇다면 어떤 것이 생겨날 때 필요하지 않은 것은 그런 특정한 경우에는 우리에게 쓸모없기도 하네."

"쓸모없고말고요."

"어느 날 우리가 은이나 금이나 그 밖에 먹을거리나 마실 거리나 겉옷이나 담요나 집을 사용하듯 몸을 위해 실제로는 사용하지 않는 다른 것들 없이도 몸이 필요로 하는 것들을 다시 생겨나지 않도록 끝장낼 수 있다면, 그런 것들 없이도 몸이 필요로 하는 것들이 어느 날 제거될 수 있다면, 그런 특정한 목적을 위해 금과 은과 그런 종류의 다른 것들은 쓸모없을 걸세." c

"쓸모없고말고요."

"그런 것들이 쓸모없다면 재산이 아닌 것 같네. 비록 그런 것들이 쓸모있는 것들을 획득할 수 있게 해준다 하더라도 말일세."

"소크라테스님, 저는 금과 은과 그런 종류의 다른 것들이 우리에게 재산이 아니라고 도저히 믿을 수 없어요. 저는 우리에게 쓸모없는 것들은 재산이 아니며, 재산은 우리에게 가장 쓸모 있는 것들에 속한다고 확신해요. 하지만 그런 것들로 필요한 것을 획득할 수 있는 만큼 그런 것들이 d 우리가 살아가는 데 정말로 필요 없다고 믿을 수가 없어요."

"자, 다음에 대해서 우리는 뭐라고 말할 텐가? 시가(詩歌)나 읽고 쓰기나 그 밖의 다른 기술을 가르쳐주고 보수를 받아 생필품을 마련하는 사람들이 있겠지?"

"있습니다."

"이 사람들은 우리가 금과 은을 주고 생필품을 마련하듯이 기술을 가 e 르쳐주고 보수를 받음으로써 자신들의 기술로 생필품을 마련할 수 있을 걸세."

"동의합니다."

"그들이 그 대가로 생필품을 마련한다면 그것은 살아가는 데도 필요한 것일세. 그래서 우리는 재산이 쓸모 있는 것은 그것으로 우리 몸에 필요한 것을 획득할 수 있기 때문이라고 말하지 않았던가?"

"그래요. 그렇게 말했지요."

"그런 기술들이 그런 목적을 위해 쓸모 있는 것들에 속한다면 금과 은이 재산인 것과 같은 이유에서 그런 것들도 재산인 것 같네. 게다가 그런 기술을 가진 자들은 분명 더 부자일세. 하지만 조금 전[28]만 해도 우리는 이들이 가장 큰 부자들이라는 주장을 좀처럼 받아들일 수 없었네. 방금 우리가 합의한 것에 근거해 우리는 그런 기술에 더 능한 사람이 때로는 더 부자라는 결론을 이끌어낼 수 있을 걸세. 예를 들어 말이 모든 사람에게 쓸모 있다고 생각하느냐고 우리에게 묻는 사람이 있다면, 자네는 말을 사용할 줄 아는 사람에게는 말이 쓸모 있지만, 사용할 줄 모르는 사람에게는 쓸모없다고 대답하지 않을까?"

403a

"저는 그렇게 대답할 겁니다."

내가 말을 이었네. "같은 논리에 따라 의술도 누구에게나 쓸모 있는 것이 아니라, 사용할 줄 아는 사람에게만 쓸모 있지 않을까?"

"동의합니다."

"다른 것도 다 마찬가지겠지?"

"그런 것 같아요."

b

"그렇다면 금과 은과 재산으로 여겨지는 그 밖의 다른 것들은 그것들이 어떻게 사용되어야 하는지 아는 사람에게만 쓸모 있을 걸세."

"그렇습니다."

"그런데 우리는 앞서[29] 그런 것들이 저마다 언제 어떻게 사용되어야 하는지 아는 것은 진실로 훌륭한 사람의 몫이라고 생각했네. 그렇지 않은가?"

"동의합니다."

"그럼 그런 것들은 진실로 훌륭한 사람들에게만 쓸모 있을 걸세. 그들만이 그것들이 어떻게 사용되어야 하는지 아니까. 하지만 그런 것들이 그들에게만 쓸모 있다면 그들에게만 재산인 것 같네. 또한 기마술에 대해 아무것도 모르며 자기에게 쓸모없는 말을 갖고 있는 어떤 사람을 유능한 기수(騎手)로 만드는 사람이 있다면, 전에는 그에게 쓸모없던 것을 쓸모 있는 것으로 만든 만큼 그를 또한 더 부자로 만들었다고 할 수 있을 걸세. 그는 그에게 어떤 지식을 전수함으로써 당장 부자로 만들었으니 말일세." c

"그런 것 같아요."

"하지만 크리티아스는 분명 그런 논리에 전혀 수긍이 가지 않는 것 같은데."

크리티아스가 말했네. "제우스에 맹세코, 수긍이 간다면 제가 제정신이 아니겠지요. 금과 은과 그런 종류의 그 밖의 다른 것들처럼 재산으로 여겨지는 것들이 재산이 아니라는 그대 논의를 계속하여 마무리하세요. 방금 그런 논의들을 제시하는 것을 듣고 그대도 제가 얼마나 감탄했 d

28 394a~395d 참조.

29 397e 참조.

는지 모르실 겁니다."

"크리티아스, 자네는 호메로스의 시를 노래하는 음송시인들을 듣듯이 내 말을 듣는 것 같구먼. 자네는 내가 한 말을 한 마디도 참말이 아니라고 생각하고 있네. 하지만 자, 자네는 다음에 대해 뭐라고 말할 텐가? 자네는 집을 지을 때 목수들에게 여러 가지가 쓸모 있다고 말하는가?" e

"저는 그렇다고 생각해요."

"우리는 석재, 벽돌, 널빤지 따위처럼 그들이 집을 짓는 데 사용하는 것들을 쓸모 있다고 말할 텐가? 아니면 그들이 집을 짓는 데 사용하는 도구들과, 널빤지와 석재를 마련하는 도구들과, 이들 도구를 마련하는 도구들을 쓸모 있다고 말할 텐가?"

크리티아스가 말했네. "저는 작업에 필요한 것은 모두 쓸모 있다고 생각해요."

"그 점은 다른 작업들도 마찬가지가 아닐까? 우리가 각각의 작업에 사용하는 것들뿐 아니라, 그런 것들을 마련할 수 있게 해주고 없으면 작업을 할 수 없는 것들도 쓸모 있는 것이 아닐까?"

"그야 물론이지요."

404a "그렇다면 마찬가지로 그런 것들이 마지막으로 만들어지게 한 것들은 그 이전 것들로 이어지고, 그 이전 것들은 또 그 이전 것들로 끊임없이 이어질 텐데, 이 모든 것이 우리가 작품을 만드는 데 쓸모 있다고 생각해야 하는가?"

"그렇습니다. 그러지 말란 법이 어디 있지요?" 하고 그가 말했네.

"어떤가? 어떤 사람이 먹을거리나 마실 거리나 몸에 필요한 그 밖의 다른 것들을 갖고 있다면, 금이나 은이나 그런 것들을 획득할 그 밖의 다른 수단이 필요할까? 그에게는 이미 그런 것들이 있는데도 말일세."

"저는 필요하지 않다고 생각합니다."

"어떤 사람이 몸에 사용하기 위해 그런 것들이 하나도 필요 없을 때는 그런 일이 일어나지 않겠지?" b

"일어나지 않고말고요."

"그런 것들이 그런 목적을 위해 쓸모없다면 결코 쓸모 있지 않겠지? 우리 논리에 따르면 사물이 같은 목적을 위해 때로는 쓸모 있고 때로는 쓸모없는 것은 불가능하니까."

크리티아스가 말했네. "그렇다면 우리는 같은 말을 하고 있는 것 같아요. 그런 것들이 그런 목적을 위해 쓸모 있는 것이라면 그런 목적을 위해 쓸모없는 것으로 드러나지는 않을 테니까요. 어떤 목적을 위해서는…."[30] c

"어떤 것은 나쁜 짓을 하는 데 쓸모 있고, 다른 것은 좋은 일을 하는 데 쓸모 있겠지?"

"저는 그렇다고 주장합니다."

"나쁜 것이 좋은 일을 하는 데 쓸모가 있을까?"

"제가 보기에 그런 것 같지 않아요."

"사람이 미덕을 좇아 행하는 행위는 좋은 것이라 할 수 있겠지?"

"동의합니다."

30 텍스트의 일부가 파손된 것으로 보인다.

“사람이 청각이나 다른 감각기관을 완전히 상실한다면 구두(口頭)로 가르쳐지는 것을 배울 수 있을까?”

“제우스에 맹세코, 그럴 수 없다고 생각해요.”

d “그렇다면 청각은 미덕을 위해 쓸모 있는 것으로 분류될 걸세. 미덕은 청각을 통해 가르쳐질 수 있고, 배우는 데 우리는 청각을 사용하니 말일세.”

“그런 것 같습니다.”

“의술은 환자를 치유할 수 있으므로 때로는 미덕을 위해 쓸모 있는 것으로 분류될 걸세. 의술을 통해 청각을 회복할 수 있는 사람이 있다면 말일세.”

“그러지 못하게 방해하는 것은 아무것도 없어요.”

“또한 재산을 통해 의술을 얻을 수 있다면 재산도 분명 미덕을 위해 쓸

e 모 있을 걸세.”

“그렇고말고요.” 하고 그가 말했네.

“우리가 재산을 획득하는 수단도 마찬가지가 아닐까?”

“전적으로 동의합니다.”

“자네는 어떤 사람이 사악하고 수치스러운 행위로 돈을 마련해 그 돈으로 의학 지식을 획득하고 그 지식으로 잃어버린 청력을 회복해 그런 능력을 미덕이나 그와 비슷한 다른 목적을 위해 사용할 수 있다고 생각하는가?”

“저는 단연코 그렇다고 생각해요.”

“사악한 것은 분명 미덕을 위해 쓸모 있을 수 없겠지?”

"그럴 수 없어요."

"그렇다면 우리가 이런저런 목적을 위해 쓸모 있는 것을 획득하는 수단들은 같은 목적을 위해서도 꼭 쓸모 있는 것은 아닐 걸세. 그렇지 않다 405a 면 나쁜 것도 때로는 좋은 목적을 위해 쓸모 있을 수 있을 테니까. 이렇게 보면 더 분명해질 걸세. 사물이 이런저런 목적을 위해 쓸모 있고 그 목적은 그런 것들이 전제되지 않고서는 이루어질 수 없다면 자네는 다음에 대해 뭐라고 말할 텐가? 무지는 지식을 위해, 질병은 건강을 위해, 사악함은 미덕을 위해 쓸모가 있는 걸까?"

"저는 그렇지 않다고 생각해요."

"하지만 우리는 지식을 위해서는 무지가, 건강을 위해서는 병약함이, 미덕을 위해서는 사악함이 전제된다는 데 대해 의견을 같이할 걸세."

"저도 그럴 거라고 생각해요." b

"그럼 다른 것이 생성되는 데 필요한 것들은 같은 것을 위해서도 꼭 쓸모 있는 것은 아닌 것 같네. 그렇지 않다면 무지는 지식을 위해, 질병은 건강을 위해, 사악함은 미덕을 위해 쓸모 있다고 생각될 테니까."

크리티아스는 우리가 언급한 모든 것이 재산일 수 없다는 논의에 대해서도 동의하기가 어렵다고 생각했네. 나는 그를 설득하기가 사람들 말마따나 돌을 삶는 것만큼이나 어렵다는 것을 알아차리고 이렇게 말했네. "이번 논의는 잊어버리기로 하세. 우리는 쓸모 있는 것과 재산이 같은 것 c 인지 아닌지에 대해 의견을 같이할 수 없으니까. 하지만 다음에 대해 우리는 뭐라고 말할 텐가? 우리는 어떤 사람을 더 행복하고 더 나은 사람으로 여길 것인가? 몸과 생계를 위해 되도록 많은 것이 필요한 사람인가, 아니면 되도록 적고 하찮은 것이 필요한 사람인가? 그것을 알 수 있는 최선의 방법은, 그의 상태가 더 나은 것이 그가 아플 때인지 아니면 건강할 때 d 인지 살펴봄으로써 그 사람을 그 자신과 비교해보는 것일 걸세."

"그런 것이라면 오래 살펴볼 필요가 없을 것 같아요." 하고 그가 말했네.

그래서 내가 말했네. "하긴 건강한 사람의 상태가 병든 사람의 상태보다 더 바람직하다는 것은 누구나 쉽게 알 수 있을 테니까. 어떤가? 우리가 어떤 상태일 때 온갖 것이 더 많이 필요한가? 우리가 아플 때인가, 건강할 때인가?"

"우리가 아플 때겠지요."

e "그렇다면 육체적 쾌락에 관한 한, 우리가 가장 강력한 욕구와 결핍을 느끼는 것은 우리 상태가 최악일 때겠지?"

"그렇습니다."

"어떤 사람이 그런 종류의 욕구를 가장 덜 느낄 때 최선의 상태에 있다면, 한 사람의 욕구와 필요는 많고 강력하고 다른 사람의 욕구와 필요는 적고 온건할 경우 두 사람에게도 같은 논리가 적용될 걸세. 예를 들어 노름꾼이나 주정뱅이나 대식가를 생각해보게. 그런 상태는 욕구 외에 다른 것이 아닐세."

"그렇고말고요."

"한데 그런 욕구들은 모두 어떤 것에 대한 필요 이외의 다른 것이 아닐세. 그리고 가장 많이 필요한 사람이 전혀 필요하지 않거나 되도록 적게 필요한 사람보다 더 나쁜 상태에 있네."

406a "제가 보기에 그런 사람은 상태가 아주 나쁘며, 많이 필요할수록 상태

가 더 나빠요."

"한데 우리는 사물이 어떤 목적을 위해 쓸모없다고 생각할 수 있을까? 그런 목적을 위해 사물이 필요하지 않다면 말일세."

"동의합니다."

"그렇다면 그런 목적을 위해 쓸모 있는 것을 가장 많이 가진 사람이 그런 목적을 위해 가장 많은 것이 필요한 것 같네. 그는 쓸모 있는 것이면 무엇이든 필요할 수밖에 없으니까."

"제가 보기에도 그런 것 같아요."

"그런 논리에 따르면 큰 재산을 가진 사람이 또한 몸을 돌보는 데 필요한 것들이 많이 필요한 것 같네. 재산은 그런 목적을 위해 쓸모 있는 것으로 밝혀졌으니 말일세. 그러니 우리가 보기에 가장 큰 부자가 그런 것들이 가장 많이 필요한 만큼 필연적으로 최악의 상태에 있는 것 같네."

# 악시오코스

**이야기 속 등장인물** 소크라테스, 클레이니아스(Kleinias), 악시오코스

**소크라테스가 이야기하다**

364a 내가 퀴노사르게스 체육관으로 가다가 일리소스[1] 강 근처에 이르렀을 때 누군가가 "소크라테스님, 소크라테스님!" 하고 외치는 소리가 들렸네. 그 소리가 어디서 들려오는지 알아보려고 돌아섰을 때 악시오코스의 아들 클레이니아스가 음악가 다몬과 글라우콘의 아들 카르미데스와 함께 칼리르로에[2] 샘으로 달려가는 것이 보였네. 다몬은 클레이니아스의 음악 교사이고, 카르미데스와 클레이니아스는 동료 사이이자 연인과 b 연동[3] 사이였네. 그래서 나는 되도록 속히 그들과 합류하기 위해 가던 길에서 벗어나기로 했네. 클레이니아스가 눈물을 글썽이며 말했네.

"소크라테스님, 지금이야말로 사람들이 늘 찬양하는 그대의 지혜를 보여주실 기회인 것 같아요. 제 아버지께서 갑자기 몸이 편찮으시더니 죽음을 앞두고 계신데, 죽는 것이 몹시 두려우신가 봐요. 전에는 두려움에 떠는 사람들을 비웃고 약간 조롱하기까지 하시더니 말입니다. 그러니 그대가 오셔서 늘 하시던 대로 제 아버지를 위로해주세요. 그분께서 불 c 평 없이 자기 운명을 맞으시고, 저와 다른 유족은 적절한 장례를 치르도록 말입니다."

"클레이니아스, 자네의 정당한 요청을 어찌 거절하겠나. 자네의 요청

은 경건하기까지 한데 말일세. 어서 가세. 상황이 그렇다면 최대한 서둘러야 하네."

"소크라테스님, 그대를 보시기만 해도 제 아버지께서 좋아지실 겁니다. 그분께서는 전에도 그런 상태에서 기력을 회복하시곤 했으니까요."

우리가 성벽을 따라 이토니아이 문으로 급히 걸어가서 보니 — 악시오코스는 문 근처 아마조네스족의 원주(圓柱)[4] 옆에 살았으니까 — 그는 벌써 정신이 돌아오고 체력도 회복했으나 마음이 약해져 위로가 필요했고 자꾸 흐느끼고 신음하는가 하면 눈물을 흘리며 손뼉을 쳤네. 그래서 내가 내려다보며 그에게 말했네. d 365a

"악시오코스님, 이게 무슨 짓이오? 그대의 이전의 자신감과 온갖 미덕에 대한 끊임없는 찬사와 흔들리지 않는 용기는 어디로 갔단 말이오? 그대는 연습할 때는 잘하는 것처럼 보여도 실제 경기에서는 지는 허약한 b

1 퀴노사르게스(Kynosarges)는 아테나이의 북동부에 있는 체육관이고, 일리소스(Ilissos 또는 Ilisos)는 앗티케 지방의 강이다.

2 악시오코스(Axiochos)는 유명한 알키비아데스(Alkibiades)의 삼촌이다. 클레이니아스(Kleinias)와 카르미데스(Charmides)는 소크라테스와 가까이 지내는 미남 청년으로 각각 플라톤의 대화편『에우튀데모스』(*Euthydemos*)와『카르미데스』에 나온다. 칼리르로에(Kallirrhoe)는 일리소스 강변에 있는 샘이다.

3 연인(戀人)은 남자끼리의 동성애에서 능동적인 역할을 하는 연상의 파트너를 말하고, 연동(eromenos 또는 ta paidika 戀童)은 남자끼리의 동성애에서 수동적인 역할을 하는 연하의 파트너를 말한다.

4 이토니아이 문(Itoniai pylai)은 아테나이의 성문 중 하나이다. 아마조네스족의 원주(圓柱)는 아테나이의 영웅 테세우스(Theseus)가 호전적인 여인족인 아마조네스족(Amazones)을 물리친 것을 기념하기 위해 세운 원주인 것 같다.

운동선수 같아요. 그대가 어떤 사람인지 생각해보시오. 그대는 이 나이에도 논의에 귀를 기울일뿐더러 무엇보다도 그대는 아테나이인이오. 그런 그대가 인생은 잠시 머물다 가는 것이라는 것도 모르시오? 그건 누구나 말하는 상투 문구인데도 말이오. 또한 인생을 훌륭하게 산 사람들은 사실상 찬가를 부르며 즐거운 마음으로 운명을 맞으러 가야 한다는 것도 모르시오? 그런 유약함과 어린애 같은 집착은 분별력 있는 나이에는 걸맞지 않아요."

c "소크라테스님, 맞는 말씀이오. 그대의 말씀이 옳은 것 같아요. 하지만 무서운 순간에 바싹 다가서는 지금, 왜 그런지 몰라도 그런 강력하고도 인상적인 논의들이 이상하게도 힘을 잃어 그것들을 진지하게 받아들일 수가 없어요. 그리고 어떤 두려움만 남아 여러 가지로 마음이 괴로워요. 나는 이 햇빛과 이토록 좋은 것들을 잃고는 눈에 띄지도 않고 잊힌 채 어딘가에서 썩어가기 위해 구더기와 설치류들 사이에 누워 있겠지요."

d "악시오코스님, 그대는 마음이 산란한 나머지 그런 줄도 모르고 감각과 무감각을 혼동하시는군요. 그대가 말하고 행동하는 것은 자기모순에 빠져 있어요. 감각이 없어지는 것을 한탄하면서 동시에 그대가 썩고 즐거움을 잃을 것을 슬퍼하니 말이오. 마치 죽음이란 그대가 태어나기 전에 존재한 완전한 무감각 속으로 빠져드는 것이 아니라 다른 삶으로 옮아가는 것인 듯이 말이오. 드라콘과 클레이스테네스[5]가 통치할 때 그대에게 나쁜 일이 아무것도 일어나지 않았듯이—그대에게 나쁜 일이 일

e 어나도록 그대는 그때 존재하지 않았으니까요—그대가 죽은 뒤에는 그

대에게 나쁜 일이 아무것도 일어나지 않을 것이오. 그대에게 나쁜 일이 일어나도록 그대는 존재하지 않을 테니까요.

그러니 그런 어리석은 생각일랑 모두 멀리하고, 일단 결합이 해소되면 혼(魂)은 자기에게 걸맞은 곳으로 가고, 뒤에 남은 몸은 의식이 없는 흙이지 사람이 아니라는 것을 명심하시오. 우리는 저마다 혼이며, 사멸하는 감옥에 갇힌 불멸의 생명체라오. 그리고 자연은 우리가 고통당하도록 366a 이런 천막으로 우리를 에워쌌는데, 그것의 즐거움들은 피상적이고 일시적이고 수많은 괴로움과 섞여 있지만 그것의 괴로움들은 희석되지 않고 오래가고 즐거움이라고는 없소. 그래서 감각기관들의 병과 염증과 그 밖에 몸의 다른 속병들이 모든 기공(氣孔)에 자리잡고 있는 혼은 함께 느끼면서 자신과 동족인 천상의 맑은 대기를 동경하고 갈구하며 그곳에서의 잔치와 무도회를 바라고 위로 솟아오르려 하지요. 그러니 삶에서 해방 b 되는 것은 나쁜 것에서 좋은 것으로 옮아가는 것이라오."

"소크라테스님, 그대가 삶을 나쁜 것으로 여기신다면 왜 살아 있으시오? 무엇보다도 그대는 이런 일들로 골머리를 앓고 우리들 대중보다 훨씬 더 현명한데 말이오?"

"악시오코스님, 그대가 나에 대해 한 말은 사실이 아니오. 대부분의 아테나이인처럼 그대는 내가 탐구하려고 노력하는 까닭에 많은 것을 알

5 드라콘(Drakon)은 기원전 7세기 후반기에 활동한 아테나이의 입법자이다. 클레이스테네스(Kleisthenes)는 기원전 6세기 후반에 활동한 입법자로 아테나이 민주정체의 초석을 쌓았다.

고 있을 것이라고 생각하니 말이오. 하지만 내가 알고 싶은 것은 평범한 것들이며, 심오한 것들이 아니라오. 내가 하는 말은 지혜로운 프로디코스[6]의 메아리인데, 어떤 것은 반(半) 드라크메[7]를 주고 샀고, 다른 것은 2드라크메를 주고 샀으며, 또 다른 것들은 4드라크메를 주고 샀지요. 그 사람은 누구도 거저 가르쳐주지 않고, '한 손이 다른 손을 씻어준다. 받으려거든 주라'라는 에피카르모스[8]의 말을 입에 달고 다니니까요. 아무튼 며칠 전에 그는 힙포니코스의 아들 칼리아스[9]의 집에서 강연을 했는데 삶을 어찌나 깎아내리던지 하마터면 삶과 작별할 뻔했소. 그 이후로 내 혼은 죽는 것이 소원이라오, 악시오코스님."

"그가 무슨 말을 했나요?"

"기억나는 대로 전하겠소. 인생의 어느 시기가 괴로움에서 자유롭지요? 젖먹이는 고통 속에서 인생을 시작하며 태어나는 순간부터 울부짖지 않나요? 젖먹이는 어떤 괴로움에서도 자유롭지 못한 채 허기와 갈증과 추위와 더위와 구타로 고통당하지만 무엇이 문제인지 말할 수 없고, 울음이 고통을 표현하는 유일한 방법이지요. 수많은 고통을 이기고 일곱 살이 되면 폭군 같은 개인 교사와 초급 교사와 체육교사에게 시달리고, 나이가 더 들면 학자와 기하학자와 군사학 교사에게 시달리는데, 이들 모두는 폭군의 거대한 무리지요. 그가 성인 명부에 이름이 등록되고 두려움이 줄어들면, 이번에는 뤼케이온과 아카데메이아[10]와 체육관 관장과 매질과 엄청난 처벌이 뒤따르지요. 그리고 그는 청년 감독관과 아레이오스 파고스[11]의 청년 위원회의 감독을 받으며 온 청년 시절을 보냅니다.

이 모든 것에서 벗어나자마자 그에게 여러 걱정과 어떻게 살아갈지에 관한 고민이 슬그머니 다가오는데, 이전의 괴로움들은 나중의 괴로움들에 비하면 애들을 겁주기 위한 어린애 장난으로 보이지요. 종군과 부상과 끊임없는 전투 말입니다. 그 뒤 노년이 눈에 띄지 않게 살금살금 다가오면 본성상 허약하고 치유할 수 없는 모든 것이 그 안으로 흘러들지요. 그리고 인생에 빚진 것을 되갚기도 전에 자연이 고리대금업자처럼 다가와 어떤 사람에게서는 시력을, 다른 사람에게서는 청력을, 때로는 둘 다 담보로 잡지요. 그리고 누군가 살아남으면 마비되고 절단되고 불구가 되지요. 어떤 사람은 고령에도 몸은 정정하지만 마음은 치매에 걸려 두 번째로 어린애가 되지요. b

6 Prodikos. 소크라테스와 동시대인인 소피스트.

7 drachme. 고대 그리스의 화폐단위. 고대 그리스의 화폐단위는 다음과 같다.

| 탈란톤(talanton) | 므나(mna) | 드라크메(drachme) | 오볼로스(obolos) |
|---|---|---|---|
| 1 | 60 | 6,000 | 36,000 |
| | 1 | 100 | 600 |
| | | 1 | 6 |

8 Epicharmos. 기원전 5세기에 활동한 시칠리아 출신 희극작가.

9 힙포니코스(Hipponikos)의 아들 칼리아스(Kallias)는 당시 아테나이의 갑부로 철학자들 특히 소피스트들의 열렬한 후원자였다(『소크라테스의 변론』 20a 참조). 또한 그의 집은 플라톤의 대화편 『프로타고라스』(*Protagoras*)와 크세노폰(Xenophon)의 『향연』(*Symposion*)의 무대이기도 하다.

10 뤼케이온(Lykeion)과 아카데메이아는 아테나이 근교의 체육관으로 전자는 아리스토텔레스가, 후자는 플라톤이 학원을 개설한 곳이다.

11 Areios pagos(라/Areopagus). 아크로폴리스 서쪽 맞은편 언덕에 있는 아테나이의 최고 법정.

그래서 인간의 운명을 아는 신들은 자신들이 가장 존중하는 사람을 c 더 빨리 삶에서 해방해주는 것이라오. 예를 들어 퓌토 신의 신전을 세운 아가메데스와 트로포니오스[12]는 자신들에게 가장 좋은 일이 일어나게 해달라고 기도하자 잠이 들어 다시는 깨어나지 않았소. 또한 아르고스에 모신 헤라[13] 여신의 여사제의 아들들은 수레를 끌던 말 두 필이 걸음이 너무 느려 자신들이 몸소 수레를 끌고 어머니를 신전으로 모셔드렸는데, 그런 효성에 보답할 만한 것을 내려달라고 그들의 어머니가 여신에게 기도하자 그들은 그날 저녁에 세상을 하직했지요.

d 신들의 말씀에 비견될 수 있는 노래로 인간의 운명을 예언하는 시인들이 인생을 얼마나 비탄하는지 일일이 다 말하자면 이야기가 너무 길어질 것이오. 그중 가장 언급할 가치가 있는 한 분의 말씀만 인용하겠소.

그렇게 신들은 비참한 인간들의 운명을 정해놓았소.
괴로워하며 살아가도록….[14]

그분은 또한 이렇게 말했소.

대지 위에서 숨쉬며 기어다니는 만물(萬物) 중에서도
e 진실로 인간보다 비참한 것은 없을 테니까.[15]

368a 그분은 암피아라오스에 대해서는 뭐라고 말씀하시지요?

아이기스를 가진 제우스와 아폴론이 온갖 애정으로 암피아라오스를 사랑해주었다. 그러나 암피아라오스는 노령의 문턱에 이르지 못했다.[16]

우리에게 다음과 같이 명령하는 자에 대해서는 어떻게 생각하시오?

갓난아이를 위해 만가(挽歌)를 불러라. 수많은 고통이 그를 기다리고 있으니까.[17]

이쯤 해두겠소. 내가 약속을 어기고 다른 사례들을 열거함으로써 이야기가 길어지지 않도록 말이오. 우리가 어떤 일이나 어떤 직업을 고른들 불평불만이 없겠소? 새벽부터 밤까지 노동해야 겨우 생계를 유지하며 신세타령을 하고 울며불며 뜬눈으로 밤을 지새우는 노동자들과 수공업자들을 살펴볼까요? 아니면 수많은 위험 속을 항해하고, 비아스[18]

b

12 퓌토(Pytho)는 델포이의 옛 이름이고 '델포이 신'이란 아폴론을 말한다. Agamedes, Trophonios.
13 아르고스(Argos)는 펠로폰네소스반도 북동부에 있는 도시이자 지역이다. 헤라(Hera)는 제우스의 누이이자 아내이다.
14 호메로스, 『일리아스』 24권 525~526행.
15 『일리아스』 17권 446~447행.
16 호메로스, 『오뒷세이아』 15권 245~246행. 암피아라오스(Amphiaraos)는 예언자이자 이른바 '테바이를 공격한 일곱 장수' 중 한 명인데 적지에서 적과 싸우다 죽는다.
17 에우리피데스, 『크레스폰테스』(*Kresphontes*) 단편 452 (Dindorf). 에우리피데스는 고대 그리스 3대 비극 작가 중 한 명이다.

의 말처럼 죽은 사람에도 속하지 않고 산 사람에도 속하지 않는 장사꾼 에 대해 말해볼까요? 뭍에 사는 인간이 자신을 전적으로 운에 맡기고 c 양서류처럼 바닷속으로 뛰어드니 말이오. 농사는 즐거운 것일까요? 오히려 사람들 말마따나 끊임없이 괴로워하게 만드는 종양 덩어리가 아닐까요? 때로는 가물어서, 때로는 비가 너무 많이 와서, 때로는 병충해가 생겨서, 때로는 너무 덥거나 너무 추워서 농부를 울리는 종양 덩어리 말이오.

다른 많은 사례는 생략하고, 사람들이 높이 떠받드는 정치[19]는 어떤가요? 그것은 얼마나 많은 끔찍한 일을 겪습니까? 그것이 가져다주는 즐거움은 열병이나 염증으로 고통받을 때처럼 일시적이고, 실패는 고통스럽 d 고 천 번 죽는 것보다 더 고약하지요. 대중의 비위를 맞추고 살면서 장난감처럼 귀여움받고 박수받고 공직에서 쫓겨나고 조롱거리가 되고 벌금을 물고 살해되고 동정의 대상이 되는 사람이 있다면 어떻게 행복하겠소? 정치가 악시오코스님, 밀티아데스는 어떻게 죽었고, 테미스토클레스는 어떻게 죽었으며, 에피알테스[20]는 어떻게 죽었지요? 최근에는 10명의 장군들이 어떻게 죽었지요?[21] 내가 민회에서 민중의 의견을 물어보 e 지 않았는데도 말이오. 내가 그렇게 한 것은 폭도들 앞에서 사회를 보는 것은 적절하지 않다고 생각했기 때문이오. 하지만 이튿날 테라메노스와 칼리크세노스[22]가 이끄는 정파가 의장들을 매수하여 재판도 없이 그들 369a 을 사형에 처하게 했소. 민회에 참석한 시민 3만 명 가운데 그들을 옹호한 것은 그대와 에우뤼프톨레모스 두 사람뿐이었소."

"옳은 말씀이오, 소크라테스님. 그때 이후로 나는 연단(演壇)이 싫어졌고, 정치보다 더 진저리나는 것은 아무것도 없다고 생각하오. 그건 겪어본 사람이면 누구나 다 아는 사실이지요. 그대는 저 멀리 높은 곳에서 내려다보는 사람처럼 말하지만, 우리는 실제로 겪어봐서 정확히 아니까요. 친애하는 소크라테스님, 민중[23]은 배은망덕하고 변덕스럽고 잔인하고 심술궂고 교양이 없소. 말하자면 어중이떠중이를 모아놓은 어리석은 폭도들의 집단이란 말이오. 그리고 그들과 가까이 지내는 자는 훨씬 더 비참하오." b

"악시오코스님, 그대가 가장 자유민다운 직업을 가장 혐오스러운 것으로 여기시니, 다른 직업에 대해서는 우리가 어떻게 생각해야 하나요?

**18** Bias. 소아시아 프리에네(Priene) 시 출신으로 고대 그리스 세계의 일곱 현인 중 한 사람.

**19** politeia.

**20** 밀티아데스(Miltiades)와 테미스토클레스(Themistokles)와 에피알테스(Ephialtes 또는 Epialtes)는 셋 다 기원전 5세기 아테나이의 민주정체를 이끈 정치가들이다. 이 중 밀티아데스는 마라톤(Marathon) 전투에서, 테미스토클레스는 살라미스(Salamis) 해전에서 페르시아군을 물리쳤다.

**21** 트라쉴로스(Thrasyllos)와 에라시니데스(Erasinides) 등이 이끄는 아테나이 해군은 기원전 406년 소아시아 해안과 레스보스(Lesbos)섬 사이에 있는 아르기누사이(Arginousai)섬들 주위에서 벌어진 해전에서 스파르테 해군에게 대승한다. 그러나 아테나이 장군들이 날씨가 좋지 않다는 핑계를 대며 익사한 전사자들의 시신을 거두려고 노력하지 않았다는 이유로 아테나이 민중이 분개하자 아테나이 평의회는 귀국하지 않은 두 명을 제외한 나머지 장군들에게 법에 따라 개별적으로 사형을 선고하는 대신 일괄하여 사형을 선고하고 집행했다. 크세노폰, 『그리스 역사』(*Hellenika*) 1권 6~7장 참조.

**22** Theramenos, Kallixenos.

**23** demos.

다른 직업은 피해야 하지 않을까요? 나는 또 프로디코스가 죽음은 산 자와도 무관하고 죽은 자와도 무관하다고 말하는 것을 들었소."

"무슨 말씀이신지요, 소크라테스님?"

"산 자에게는 죽음이 존재하지 않고, 죽은 자는 존재하지 않으니까 c 요. 따라서 그대는 죽지 않았으니 죽음은 지금 그대와 무관하고, 앞으로 무슨 일이 일어난다 해도 그대는 존재하지 않을 테니 그대와 무관할 것이오. 그러니 악시오코스에게는 존재하지도 않고 존재하지도 않을 것 때문에 악시오코스를 위해 걱정하는 것은 헛걱정이오. 마치 그대에게는 지금 존재하지도 않고 나중에 그대가 죽은 뒤에도 존재하지 않을 스퀼라나 켄타우로스[24] 때문에 그대가 걱정하는 것처럼 말이오. 무서운 것은 존재하는 자에게 존재하는데, 어떻게 존재하지 않는 자에게 존재할 수 있겠소?"

d "그대의 그 영리한 생각들은 오늘날 누구나 말하는 궤변에서 빌려온 것이오. 젊은이들이 듣기 좋게 손질한 그런 시시한 농담은 거기서 유래한 것이지요. 하지만 소크라테스님, 그대가 더 설득력 있는 논거를 제시한다 해도 나는 인생의 좋은 것들을 빼앗기는 것이 괴롭소. 내 마음은 달변에 홀려 그것들을 이해하지 못하고 한 귀로 듣고 한 귀로 흘리오. 그래 e 서 그것들은 말의 성찬일 뿐 과녁을 맞히지 못하오. 내 고통은 정교한 논리가 아니라 내 혼에 와 닿는 것에 의해 완화되지요."

"악시오코스님, 그것은 그대가 죽을 것이라는 것을 잊고는 그런 줄도 370a 모르고 좋은 것들을 빼앗기는 것을 새로운 고통을 느끼는 것으로 혼동하기 때문이오. 좋은 것들을 빼앗긴 자가 괴로워하는 것은 좋은 것들이 나쁜 것들로 대치되었다는 것이며, 존재하지 않는 자는 그런 박탈감도 느낄 수 없소. 무엇인가가 괴롭다는 것을 알 수 없는 사람이 어떻게 고통을 느낄 수 있겠소? 악시오코스님, 그대가 잘못 알고 죽은 자도 감각이 있다고 전제하지 않았다면, 그대가 죽음을 두려워하는 일은 결코 없었을 것이오. 하지만 그대는 사실은 자기모순에 빠져 있소. 그대는 혼을 빼앗길까 두려워하여 자신의 혼을 빼앗김과 결부하면서도 감각을 통해 존재하지도 않을 감각을 느낄 수 있다고 생각하니 말이오.

혼이 불멸한다는 명백한 증거가 많은 점은 차치하고라도 사멸하는 본성이라면 분명 그런 위업을 달성하지 못했을 것이오. 말하자면 야수들의 우월한 체력을 무시하고, 바다를 건너고, 도시를 건설하고, 나라를 세우고, 하늘을 쳐다보고, 별들의 운행과 해와 달의 진로와 해와 달의 뜨고 짐과 일식과 월식과 이전 상태로의 재빠른 복원과 춘분 및 추분과 하지 및 동지와 플레이아데스[25]들이 질 계절에 부는 세찬 바람과 여름 바람과 억수 같은 폭우와 갑자기 불어오는 폭풍을 알아보고는 영원한 미래를 위해 우주의 변화들을 미리 확정할 수 없었을 것이오. 만약 혼이 신의 입김에 힘입어 그런 것들을 이해하고 통찰할 수 없다면 말이오.

그러니 악시오코스님, 그대는 죽음이 아니라 불멸을 향해 떠날 것이

**24** 스퀼라(Skylla)는 바위 동굴에 살며 지나가는 선원들을 잡아먹는 식인 괴물이다. 켄타우로스(Kentauros)는 상반신은 사람이고 하반신은 말〔馬〕인 호전적인 괴물이다.

**25** Pleiades. 일곱 별로 이루어진 성단(星團)으로 그리스에서는 5월 중순부터 10월 말까지 눈에 보이는데, 이때가 항해하기 좋은 계절이다.

고, 가지고 있던 좋은 것들을 빼앗기는 것이 아니라 더 순수하게 즐기게

d 될 것이며, 죽어야 할 몸과 섞이지 않고 고통에서 완전히 벗어난 즐거움을 맛보게 될 것이오. 일단 이 감옥에서 풀려나면 그대는 모든 투쟁과 슬픔과 늙음에서 해방되고, 어떤 나쁜 것으로도 괴롭힘을 당하지 않는 고요한 삶이 있고, 흐트러지지 않은 평화 속에서 쉬며 청중의 무리를 위해서가 아니라 꽃이 만발하는 진리 안에서 자연을 관조하고 철학을 실천하는 곳으로 건너가게 될 것이오."

"그대의 말씀을 듣고 생각을 바꿨소. 나는 더이상 죽음이 두렵지 않

e 소. 연설가를 흉내내어 과장 어법을 쓰자면 죽음이 그리울 정도라오. 나는 이미 하늘의 현상들에 몰입하며 그것들의 신과 같은 불멸의 궤적을 추적 중이오. 그리고 지금까지는 허약했으나 이제는 원기를 회복하고 새 사람이 되었소."

371a "좋으시다면 페르시아의 사제 고브뤼아스[26]가 내게 전해준 다른 이야기도 들어보시오. 그에 따르면, 그와 이름이 같은 그의 할아버지는 크세르크세스[27]가 바다를 건넜을 때 두 신이 태어난 섬의 성소를 보호하도록 델로스[28] 섬에 파견된 적이 있는데, 그곳에서 오피스와 헤카에르게[29]가 휘페르보레이오이[30] 족의 나라에서 가져온 어떤 동판을 보고 혼은 몸에서 풀려난 뒤 보이지 않는 곳으로, 지하의 거처로 간다는 것을 알았다 하오. 그곳에 있는 플루톤[31]의 왕궁은 제우스의 궁전 못지않다고 하오. 대

b 지는 우주의 중앙을 차지하고 있는 데 반해 하늘은 구형(球形)으로 그것의 절반은 하늘의 신들 몫이고 다른 절반은 지하의 신들 몫인데 이들은 서로 형제간이거나 아저씨와 조카 사이라 하오. 플루톤의 궁전으로 들

어가는 문들은 무쇠 자물쇠와 빗장들이 지킨다 하오. 문들이 활짝 열리면 아케론 강이, 그다음에는 코퀴토스[32] 강이 나룻배를 타고 미노스와 라다만튀스[33]가 있는 곳으로, 진리의 들판[34]이라고 불리는 곳으로 건너 c 가야 하는 자들을 맞이하오. 그곳에는 재판관들이 앉아 그곳에 도착하는 사람마다 어떤 삶을 살았으며, 몸 안에서 살았을 때 어떤 활동을 했는지 묻는데, 거짓을 말하는 것은 불가능하오.

살아생전에 훌륭한 수호신[35]에게 영감을 받은 자들에게는 경건한 자들이 머무는 곳이 처소로 주어지는데, 그곳에는 풍성한 계절들이 온갖 열매로 넘쳐나고, 샘들에서 깨끗한 물이 솟아오르고, 울긋불긋한 꽃과 함께 온갖 들꽃이 피어 있고, 철학자들이 담론하고, 시인들이 공연하고, 윤무(輪舞)와 연주회가 있고, 즐거운 술잔치와 자력으로 준비한 회 d 식이 있고, 고통에서 자유로운 즐거움과 유쾌한 삶이 있지요. 그곳에는

**26** Gobryas.

**27** Xerxes. 기원전 480년 대군을 이끌고 그리스를 침공한 페르시아의 왕.

**28** Delos. 에게해 퀴클라데스(Kyklades) 군도의 중앙에 위치한 섬으로 남매 신인 아폴론과 아르테미스(Artemis)가 태어난 곳이다.

**29** Opis, Hekaerge,

**30** Hyperboreioi. 대지의 북쪽 끝에 산다는 경건하고 행복한 부족.

**31** Plouton. 저승의 신 하데스를 달리 부르는 이름.

**32** Acheron, Kokytos. 둘 다 저승을 흐르는 강이다.

**33** 미노스(Minos)와 라다만튀스(Rhdamanthys)는 제우스와 에우로페(Europe)의 아들들로 사후에 저승에서 사자(死者)들의 재판관이 되었다고 한다.

**34** '진리의 들판'(pedion aletheias).

**35** daimon.

극심한 추위도 불볕더위도 없고, 햇볕에 부드럽게 데워진 미풍이 솔솔 불지요.

그곳에는 비의(秘儀)에 입문한 자들을 위한 특별한 장소가 있어 그곳에서 그들은 제례를 지낸다오. 그대는 신들과 친척인데, 왜 그런 특권을 누리지 않는 거요? 전설에 따르면, 헤라클레스와 디오뉘소스[36] 일행은 하데스의 나라로 내려가기 전에 비의에 입문했고, 엘레우시스의 여신들[37]은 그들이 저승으로 여행할 수 있도록 용기를 불어넣었다고 하오.

e

하지만 악행으로 인생을 허송세월한 자들은 복수의 여신들에 의해 타르타로스[38]를 거쳐 암흑과 혼돈[39]으로 인도되는데, 그곳에는 불경한 자들을 위한 장소가 있고, 다나오스의 딸들의 채워지지 않는 물동이가 있고,[40] 탄탈로스의 갈증[41]과 끊임없이 뜯어먹혔다가 다시 생겨나는 티튀오스[42]의 내장과 시쉬포스[43]의 휴식을 모르는 돌덩이가 있소. 그에게는 노고의 끝이 새로운 시작이니까요. 거기서 그들은 야수들의 먹이가 되고, 복수의 여신들에 의해 끊임없이 불태워지고, 영원히 벌받으며 온갖 고통에 시달린다오.

372a

나는 고브뤼아스에게서 그렇게 들었소. 결정은 그대가 하시오, 악시오코스님. 나는 그 이야기에 감동했으며, 내가 확실히 아는 것은 한 가지뿐이오. 혼은 불멸하며, 이곳을 떠나면 고통에서 해방된다는 것 말이오. 그러니 악시오코스님, 그대는 위에서든 아래에서든 분명히 행복할 것이오. 그대가 경건한 삶을 살았다면 말이오."

"소크라테스님, 이런 고백을 하는 것이 부끄럽소만, 나는 죽음을 두려워하기는커녕 이제는 죽음을 사랑합니다. 이 논의에도 하늘에 관한 논의에도 감동받았소. 이제는 삶을 경멸하오. 더 나은 집으로 가고 있으니까요. 이제 나는 그대가 말씀하신 것을 혼자서 조용히 따져볼 것이오. 하지만 소크라테스님, 오후에 나를 다시 방문해주시오."

"그대가 말씀하신 대로 하겠소. 내 이제 퀴노사르게스로 산책하러 돌아가겠소. 그리로 가다가 이리로 불려왔으니까요."

**36** 헤라클레스(Herakles)는 고대 그리스의 영웅이고, 디오뉘소스는 주신(酒神)이다.

**37** 곡물의 여신 데메테르(Demeter)와 그녀의 딸 페르세포네(Persephone)를 기리는 비의가 아테나이 서쪽에 있는 엘레우시스(Eleusis) 시에서 해마다 개최되었는데, 당시 고대 그리스 세계에서 가장 중요한 이 비의에 참가한 자들은 자신들이 사후에 저승에서 행복한 삶을 보장받는다고 믿었다.

**38** Tartaros. 대지의 가장 깊숙한 곳에 있는 지하 감옥.

**39** Erebos, Chaos.

**40** 다나오스(Danaos)의 딸들은 첫날밤에 신랑을 살해한 죄로 저승에 가서, 새는 동이에 물을 채워야 하는 벌을 받는다.

**41** 제우스의 아들 탄탈로스(Tantalos)는 신들의 전지(全知)를 시험한 죄로 또는 신들의 비밀을 인간에게 누설한 죄로 저승에 가서 눈앞에 과일이 주렁주렁 열려 있고 발아래 물이 흐르는 것을 보기만 할 수 있을 뿐 영원한 허기와 갈증에 시달린다.

**42** 대지의 여신 가이아(Gaia)의 아들 티튀오스(Tityos)는 아폴론과 아르테미스의 어머니 레토(Leto)를 겁탈하려다 저승에 가서 프로메테우스(Prometheus)처럼 독수리에게 간을 먹히고 간이 다시 자라나면 또 먹히는 벌을 받는다.

**43** 코린토스(Korinthos) 왕 시쉬포스(Sisyphos)는 인간들과 신들을 속이며 악행을 일삼다가 저승에 가서 돌덩이를 밀어 올려 산꼭대기에 이르면 돌덩이가 도로 굴러 떨어져 다시 밀어 올려야 하는 벌을 받는다.